明紀

四部備要

史部

中華書局據江蘇書局刻本校刊

桐鄉陸費逵總勘
杭縣高時顯
吳汝霖輯校
杭縣丁輔之監造

明紀卷第三十二

賜進士出身工部候補主事虞衡司行走陳鶴纂

卹贈知府銜給雲騎尉世職內閣候補中書孫男克家參訂

世宗紀五 起嘉靖十九年庚子訖嘉靖二十四年乙巳凡六年

十九年春正月丙午命以原官入閣鑾初輔政有修潔聲中持服家居至困頓不能自給比行邊諸邊文武大吏橐鞬郊迎恆恐不得當鑾意饋遺不貲歸裝千輛用以遺貴近得再柄政聲譽頓衰　封左都督方銳爲安平伯皇后之父也　辛亥吉囊寇大同殺指揮周岐

嚴嵩屢被彈劾求去帝慰留謝瑜言嵩矯飾浮詞欺罔君上箝制言官且援明堂大禮南巡盛事爲解而謂諸臣中無爲陛下任事者欲以激聖怒奸狀顯然帝留疏不下嵩奏辨且言瑜擊臣不已欲與朝廷爭勝帝於是切責瑜而慰諭嵩甚至　霍韜之被詔詰問也對請問之郭勛帝責其支詞務令指實韜窘乃言扈從諸臣無不受饋

遺折取夫隸直者第問之夏言令自述至各官取賄實迹勛具悉始末當不欺如必欲臣言請假臣風憲職循途按之當備列以奏帝下所司韜懼不當帝旨尋赴京列所遇進鮮船內臣貪橫狀帝亦不問

二月左春坊左司直任瀚拜疏引疾出郭戒行疏再上不報復自引還給事中周來劾瀚帝令自陳瀚語侵掌詹事霍韜帝怒勒為民

翁萬達遷浙江右參政張經以征安南非萬達不可奏留之乃命以參政涖廣西經進萬達及張岳於毛伯溫伯溫與岳語數日曰交事屬君矣萬達亦言揖讓而告成功上策也懾之以不敢不從中策也芟夷絕滅終為下策伯溫然之乃會總兵官安遠侯柳珣及經萬達岳等議徵兩廣福建湖廣狼土官兵凡十二萬五千餘人分三哨自憑祥龍峒思陵州入而以奇兵二為聲援檄雲南巡撫汪文盛帥兵駐蓮花灘亦分三道進文盛以副使鮑象賢領中哨萬達獲安南諜者丁南傑解其縛厚遇遣之怵以天朝兵威莫登庸大懼珣景之

孫也　日本貢使至京乞賜新勘合部議勘合不可遽給務繳舊易新貢期限十年人不過百舟不過三從之　三月癸巳朔日有食之臺官言當食不食帝喜以爲天眷　王廷相言遼東總兵官馬永善用兵且廉潔宜仍用之薊鎮作京師藩屏未及調卒遼人爲罷市喪過薊州州人亦灑泣兩鎮並立祠永爲將厚撫間諜得敵人情僞故戰輒勝雅知人所拔卒校後多至大帥論者以永與梁震有古良將風　戊戌詔修西苑仁壽宮　擢洗馬鄒守益太常寺少卿掌南京翰林院夏言欲遠之也御史毛愷言守益不當投散地請留侍東宮以阻成命謫寧國府推官　夏五月工部尚書蔣瑤致仕京師營建率役京軍多爲豪家占匿及大工頻仍歲募民充役費二百餘萬瑤以爲言請停不急之工豪家所匿軍畢出在任年餘募直大減　先是以大工頻興役外衞班軍四萬六千人郭勛籍其不至者責輸銀雇役廩食視班軍戶部尚書李廷相嘗量給之及梁材代廷相堅執

不與勛劾材帝命補給醮壇須龍涎香材不以時進帝銜之會勛又
以軍不足籍逃亡軍布棉折鑲銀募工材言今班軍四萬餘已足用
不宜藉口耗國儲帝從其奏勛益怒劾材變亂舊章帝遂責材沽名
誤事六月落職閑住歸未幾卒年七十一當是時大臣多阿上取寵
材獨不撓以是終不容自材去邊儲國用大窘帝乃歎曰材在當不
至此　沙賊黄艮等復起帝詰兵部以罷江淮總兵之故乃復設以
都督僉事湯慶爲之給旗牌符敕提督沿江上下後復裁罷　辛巳
瓦剌部長款塞　秋七月癸卯吉囊入萬全右衛總兵官白爵逆戰
於宣平敗之壬子又敗之於桑乾河　戊午振江西災　河決野雞
岡由渦河入淮舊決口俱塞徐呂二洪流漸微命總河都御史郭持
平治之　合肥人段朝用以燒鍊術干郭勛言所化金銀皆仙物用
爲飲食器供齋醮卽神仙可致也勛進之帝帝立召與語大悅陶仲
文又薦之朝用獻萬金助雷壇工費帝嘉其忠授紫府宣忠高士加

勛歲祿百石朝用請進數萬金以資國用又言帝深居無與外人接則黃金可成不死藥可得帝益喜思習修攝術八月諭廷臣令太子監國朕少假一二年親政如初舉朝愕不敢言太僕寺卿楊最抗疏諫曰陛下春秋方壯乃聖諭及此不過得一方士欲服食求神仙耳神仙乃山棲澡鍊者所爲豈有高居黃屋紫闥衮衣玉食而能白日翀舉者哉臣雖至愚不敢奉詔帝大怒立下錦衣獄丁丑予杖百杖未畢而卒監國議得寢而廷臣益震懾大臣爭諂媚取容神仙禱祠日亟矣　韃靼別部入平虜城劉天和伏兵花馬池寇戰不勝走河上遇伏兵多死於水吉囊乘虛寇固原剽掠且饜會涇潦弓矢盡膠無鬬志而諸將多畏縮劉天和斬指揮二人召故總兵周尚文令立功九月陝西總兵官魏時角寇至黑水苑尚文盡銳夾擊殺吉囊子小十王寇敗欲自寧夏去寧夏巡撫都御史楊守禮延綏總兵官任傑等復邀擊敗之鐵柱泉斬獲共四百四十餘級　仇鸞陵柳珣令

戎服謁珣不聽鸞劾珣珣亦自訴帝責鸞輕傲己酉召還卽以珣代
毛伯温等進駐南寧檄安南臣民諭以天朝興滅繼絶之義罪止莫
登庸父子舉郡縣降者以其地授之懸重購購登庸父子而宣諭登
庸籍土地人民納款卽如詔書宥罪登庸大懼卽遣使詣翁萬達乞
降萬達送之伯温所伯温承制許之期十一月束身來歸萬達先築
壇鎮南關張御幄置幞以待　冬十月庚申罷各處礦場從給事中
曾鈞之奏也　甲子顧鼎臣卒年六十八贈太保謚文康鼎臣官侍
從時憫東南賦役失均屢陳其弊帝爲飭撫按釐定崑山無城言於
當事爲築城後倭亂起崑山獲全鄉人立祠祀焉　十一月操江都
御史王學夔蘇松副使王儀討賊敗績停俸戴罪未幾殪賊江中進
秩一等　莫方瀛已死莫登庸帥從子文明及部目二十四人囚首
徒跣匍匐叩頭壇上進降表毛伯温稱詔赦之復詣軍門匍匐再拜
上土地軍民籍請奉正朔永爲藩臣伯温宣天子恩威納其圖籍并

所還欽州四峒地權令還國聽命馳疏以聞安南遂定是役也功成於伯溫然伐謀制勝汪文盛之功居多　丙辰慈寧宮成　帝有疾既而瘳喜陶仲文祈禱功特授少保禮部尚書仲文起筦庫不二歲登三孤恩寵出邵元節上乃請建雷壇於所居黃岡祝聖壽以其徒臧宗仁爲左至靈馳驛往督黃州同知郭顯文監之工稍稽謫顯文典史遣工部郎何城代督促甚急公私騷然　十二月贊善羅洪先司諫唐順之校書趙時春疏請來歲朝正後皇太子出御文華殿受羣臣朝賀時帝數稱疾不視朝諱言儲貳臨朝事見疏大怒曰是料朕必不起也降手詔百餘言切責之並除名洪先歸益尋求王守仁學甘淡泊鍊寒暑躍馬輓強考圖觀史自天文地志禮樂典章河渠邊塞戰陳攻守下逮陰陽算數靡不精究人才吏事國計民情加意諮訪曰苟當其任皆吾事也邑田賦多宿弊請所司均之所司即以屬洪先精心體察弊頓除歲饑移書郡邑得粟數千石帥友人躬振

給流寇入吉安主者失措爲畫策戰守寇引去嘗曰儒者學在經世而以無欲爲本江漲壞其室巡撫馬森欲爲營之固辭不可　張經以崖萬二州黎岐叛亂攻偪城邑請設參將一員駐劄瓊州分守王杲之振河南也還朝薦王慎中可重用

二十年春正月大計吏部注慎中不及夏言在禮部慎中與相忤遂內批以不謹落職慎中古文卓然成家與唐順之齊名天下稱曰王唐　免南畿被災稅糧　韃靼犯寧夏總兵官李義禦之鎮朔堡敗之　二月乙丑顯陵成給復承天三年　丙寅御史楊爵上書極諫言今天下大勢如人衰病已極腹心百骸莫不受患卽欲拯之無措手地且奔競成俗賕賂公行遇災變而不憂非祥瑞而稱賀讒諂面諛流爲欺罔士風人心頹壞極矣諍臣拂士日益遠而快情恣意之事無敢齟齬於其間此天下大憂也去年自夏入秋恆暘不雨畿輔千里已無秋禾旣而一冬無雪元日微雪卽止民失所望憂旱之心

遠近相同此正撤樂減膳憂懼不寧之時而輔臣言尙書嵩等方以爲符瑞而稱頌之欺天罔人不已甚乎翊國公勛中外皆知爲大奸大蠹陛下寵之使稔惡肆毒羣狡趨赴善類退處此任用匪人足以失人心而致危亂者一也臣巡視南城一月中凍餒死八十人五城共計未知有幾孰非陛下赤子欲延須臾之生而不能而土木之工十年未止工部屬官增設至數十員又遣遠修雷壇以一方士之故朘民膏血而不知卹是豈不可以已乎況今北寇跳梁內盜竊發加以頻年災沴上下交空尙可勞民糜費結怨天下哉此興作未已足以失人心而致危亂者二也陛下卽位之初勵精有爲嘗以敬一箴頒示天下矣乃數年以來朝御希簡經筵曠廢大小臣庶朝參辭謝未得一覩聖容敷陳復逆未得一聆天語恐人心日益怠偷中外日益渙散非隆古君臣都俞吁咈協恭圖治之氣象也此朝講不親足以失人心而致危亂者三也左道惑衆聖王必誅今異言異服立於

朝苑金紫赤紱賞及方外夫保傅之職坐而論道今舉而畀之奇邪
之徒流品之亂莫以加矣陛下誠與公卿賢士日論治道則心正身
修天地鬼神莫不祐享安用此妖誕邪妄之術列諸清禁爲聖躬累
耶臣聞上之所好下必有甚近者妖盜繁興誅之不息風聲所及人
起異議貽四方之笑取百世之譏非細故也此信用方術足以失人
心而致危亂者四也陛下臨御之初延訪忠謀虛懷納諫一時臣工
言過激切獲罪多有自此以來臣下震於天威懷危慮禍未聞復有
犯顏直諫以爲沃心助者往歲太僕卿楊最言出而身殞近日贊善
羅洪先等皆以言罷斥國體治道所損甚多臣非徒爲最等惜也古
今有國家者未有不以任諫而興拒諫而亡忠藎杜口則讒諛交進
安危休戚無由得聞此阻抑言路足以失人心而致危亂者五也望
陛下念祖宗創業之艱難思今日守成爲不易覽臣所奏賜之施行
宗社幸甚自周相得罪帝中年益惡言者中外相戒無敢觸忌諱爵

疏上帝震怒立下錦衣獄搒掠血肉狼籍關以五木死一夕復甦所司請送法司擬罪帝不許命嚴錮之仍令東廠伺爵言動五日一奏校尉周宣稍左右爵受譴獄卒以帝意不測屏其家人不許納飲食爵屢瀕於死處之泰然　段朝用術不驗其徒王子嚴攻發其詐帝執子嚴朝用付錦衣獄拷訊朝用所獻銀故出郭勛貲事既敗帝亦寖疏勛　吉囊寇甘肅總兵官楊信敗之尋寇蘭州參將鄭東戰死

夏四月己未毛伯温送莫文明等至京帝大喜命削安南國爲安南都統使司授莫登庸都統使世襲秩從二品銀印舊所僭擬制度悉除去改其十三道爲十三宣撫司令自署置黜陟廣西歲給大統曆仍三歲一貢以爲常更令覈黎寧真僞果黎氏後割所據四府奉其祀事否則已之寧後遷漆馬江　辛酉九廟災燬成祖仁宗主奉安列聖主於景神殿遣大臣詣長陵獻陵告題帝后主亦奉安景神殿　胡汝霖偕同官聶靜李乘雲劾文武大臣救火緩慢者二十六

人嚴嵩與焉帝怒所劾不盡下錦衣獄訊治俱鐫級調外汝霖旣謫官乃請解於嵩反附以進　敕王廷相曰御史巡方職甚重卿總憲有年自定六條後不考黜一人今宜痛修省廷相惶恐謝　戸部主事周天佐言陛下以宗廟災變痛自修省許諸臣直言闕失此轉災爲祥之會也乃今闕政不乏而忠言未盡蓋示人以言不若示人以政求言之詔示人以言耳御史楊爵獄未解是未示人以政也國家置言官以言爲職爵繫獄數月聖怒彌甚一則曰小人二則曰罪人夫以盡言直諫爲小人則爲緘默逢迎之君子不難也以秉直納忠爲罪人又孰不能爲容悅將順之功臣哉人君一喜一怒上帝臨之陛下所以怒爵果有合於天心否耶爵身非木石命且不測萬一溘先朝露使諍臣飲恨直士寒心損聖德不細願旌爵忠以風天下帝覽奏大怒杖之六十下錦衣衛獄天佐體素弱不任楚獄吏絕其飲食不三日卽死年甫三十一與爵無生平交入獄時爵第隔扉相問

訊而已比屍出獄暾日中雷忽震人皆失色大興民有祭於柩而哭之慟者或問之民曰吾傷其忠之至而死之酷也　戚賢劾郭勛擅作威福罔利虐民諸事因及尚書張瓚樊繼祖等而薦聞淵熊浹劉天和王畿程文德徐樾萬鏜呂柟魏校程啓充馬明衡魏良弼葉洪王臣可任用賢嘗陳考選庶吉士請屬徇私之弊爲夏言所惡及是言滋不悅斥畿僞學激帝怒謫賢山東布政司都事諸被薦者皆奪俸賢尋以父老自免歸　丙子詔行寬卹之政　郭持平治河久弗效徐呂二洪竭漕舟膠五月降俸戴罪而命兵部侍郎王以旂兼僉都御史總理河漕以旂至請濬山東諸泉入野雞岡新開河道以濟徐呂而築長堤沛縣以南聚水如閘河制務濟漕運從之　戊子侍郎潘鑑都御史戴金分往湖廣四川採辦大木　南京禮部侍郎崔銑致仕尋卒贈尚書謚文敏　甲寅振遼東饑　六月振畿內山西饑掌南京　翰林院侍讀學士鄒守益陳上下交修之道言殿中宗

高宗反妖爲祥享國長久帝大怒落職歸　秋七月辛酉俺答及其
屬阿不孩使石天爵等款鎮遠堡求貢言小王子等九部牧青山艷
中國縑帛入掠止人畜所得寡且不能無亡失故令天爵輸誠巡撫
大同都御史史道以聞朝議不納以尚書樊繼祖總督宣大兵懸賞
格購俺答阿不孩首　免河南陝西山東被災稅糧　左都御史王
廷相掌內臺最久有威重而兼督團營與郭勛共事逡巡其間不能
有所振飭給事中李鳳來等論權貴奪民利章下都察院廷相檄五
城御史覈實遲四十餘日給事中章允賢劾廷相徇私慢上廷相適
以御史所覈聞惟勛侵最多京師店舍至千餘區帝令勛自奏而責
廷相朋比阿黨斥爲民副都御史胡守中劾勛以族父憲理刑東廠
肆虐無辜帝置勿治　晉府輔國將軍表柙謀襲交城王爵秦府承
壽王庶子惟熺與庶長孫懷墡爭襲皆重賄嚴嵩嵩許之八月御史
葉經指其事劾嵩嵩懼甚力彌縫且疏辨帝乃付襲爵事於廷議而

置嵩不問　辛酉昭聖皇太后崩詔問夏言皇太子服制言報疏有
譌字帝切責言謝罪且乞還家治疾帝益怒庚辰令以少保尚書大
學士致仕言始聞帝怒己上禦邊十四策冀以解帝曰言既蘊忠謀
何堅自愛負朕眷倚姑不問　俺答阿不孩吉囊大舉入犯俺答下
石嶺關趨太原吉囊由平虜衛入掠平定壽陽諸處詔起都御史翟
鵬整飭畿輔山西河南軍務兼督餉總兵官趙卿帥京營兵禦之鵬
馳至山西俺答已飽去而吉囊部衆復入副總兵丁璋遊擊將軍周
宇戰死鵬往來馳驅不能有所挫　給事中邢如默等應詔會薦邊
才毛伯温劉天和等二十人而故御史段汝礪副都御史翟瓚參議
王洙與焉給事中劉繪言汝礪乃大學士翟鑾姻戚瓚洙則夏言諭
指如默排羣議而薦之者相臣挾權以遏言官言官懼勢而咈公議
上下雷同非社稷福乞罷鑾言罪如默爲徇私植黨者戒帝是其言
出如默於外置鑾不問　召毛伯温掌都察院事伯温力薦翁萬達

張岳於朝且言岳可南達可北也二人遂得任用　初夏言撰青詞
及他文最當帝意言罷獨翟鑾在非帝所急也言將出都詣西苑齋
宮叩首謝帝聞而憐之特賜酒饌俾還私第治疾俟後命郭勛以言
官重劾亦引疾在告崔元新有寵直內苑忌勛帝從容問元言勛皆
朕股肱相妬何也元不對帝問言歸何時曰俟聖誕後始敢請問勛
何疾曰勛無疾言歸即出耳帝頷之初帝用言官言給勛敕與王廷
相陳鏸同清軍役敕具勛久不領言官劾其作姦植黨勛疏辨有何
必更勞賜敕語帝大怒責其強悖無人臣禮言所厚給事中高時遂
盡發勛貪縱不法十數事且言交通張延齡帝益怒九月乙未下勛
錦衣獄尋諭鎮撫司勿加刑訊復移法司定罪給事中劉大直劾勛
亂政十二罪請併治刑部郎中錢德洪據獄詞當勛絞廷臣欲坐勛
不軌言德洪不習刑名帝雅不欲勛死因言官疏下德洪錦衣獄所
司上其罪已出獄矣帝曰始朕命刑官毋梏勛德洪故違之與勛不

領敕何異再下獄久之亦斥爲民帝意欲寬勛屢示意指而廷臣惡
勛甚繆爲不喻者法司詳議更當勛不軌罪斬沒入妻孥田宅奏上
留中不下言雖在告閣事多取裁勛獄悉其指授也　辛亥俺答犯
山西入石州　山西提學副使滁州胡松上邊務十二事謂去秋俺
答掠興嵐卽傳箭徵兵剋期深入守臣皆稔聞之而巡撫史道總兵
官王陛等備禦無素待其壓境始以求貢上聞又陰致賂遺令勿侵
己分地冀嫁禍他境今山西之禍實大同貽之宜亟致重典以厲諸
鎮大同自兵變以來壯士多逃漠北爲寇用今宜招使歸有攜畜產
器械來者聽其自有更給牛種費優復數年則我捐金十萬可得壯
士二萬拊而用之皆勁旅也孰與棄之以資強敵哉大同最敵衝爲
鎮巡者較諸邊獨難今宜不拘資格精擇其人豐給祿廩使得收召
猛士畜豢健丁又久其期非十年不得代彼知不可驟遷必不爲苟
且旦夕計而邊圉自固又必稍寬文綱非大干憲典言官毋得輕劾

以壞其成功至用間之道兵家所貴今寇諜獲於山西者已數十人他鎮類是故我之虛實彼無不知今宜厚養死士潛縱遣之得間則斬其名王部長及諸用事貴人否亦可覘強弱虛實而陰爲備又寇貪而好利我誠不愛金帛東賂黃毛三衛以牽其左西收亦不剌遺種予善地以綴其右使首尾掣曳自相狼顧則我可起乘其敝坐收全勝矣他所條析咸切邊計帝嘉其忠懇進秩左參政松疏上當事者已惡其侵官及遷擢益忌之不畀以兵柄令於三關聽用欲因以陷之　冬十月癸丑振山西被寇者復徭役二年　南京給事中王暐等言外寇陸梁兵部尚書張瓚及總督尚書樊繼祖新遷侍郎費寀不堪重寄章下所司　丁卯復夏言少傅入直辦閣事　先是九廟災許讚以自陳免居半載帝難其代復起讚任之請發內帑借百官俸括富民財開鬻爵之令以濟邊需時議內地築墩堡讚謂非計帝以借俸括財非盛世事已之墩堡議亦寢　陝西巡按御史浦鋐

馳疏言臣惟天下治亂在言路通塞言路通則忠諫進而化理成言路塞則奸諛恣而治道隳御史楊爵以言事下獄幽囚已久懲創必深臣行部富平皆言爵慤誠孚鄉里孝友式風俗有古賢士風且爵本以論郭勛獲罪今勛奸大露陛下業致之理則爵前言未爲悖妄望宏覆載之量垂日月之照賜之矜釋使列朝端爵必能盡忠補過不負所學鋐在陝西連上四十餘疏總督三邊尚書楊守禮請破格超擢未報而救爵疏上帝大怒趣校尉逮之陝西民遠近奔送舍車下者常萬人皆號哭曰願還我使君鋐赴徵業已病既至下錦衣獄搒掠備至除日復杖之百錮以鐵柙爵迎哭之鋐息已絕徐張目曰此吾職也子無然又七日而卒　寇退召翟鵬趙卿還　十一月辛卯葬敬皇后於泰陵禮臣以舊制上帝謂郊社不宜瀆罷祭告又謂躬行諸禮前已諭代亦罷謁廟禮及太常寺以朝祖祔廟請各廟捧主官詔主俱不必出廷臣無敢言者　丙申免四川被災稅糧　王

曄等復劾張瓚及尚書嚴嵩總督侍郎胡守中與巨奸郭勛相結納
嵩所居第宅則勛私人代營之御史伊敏生鄭芸陳策亦言嵩所居
宅乃勛私人孫澐所居澐籍沒嵩第應在籍中帝怒奪敏生等俸一
級嵩不問而守中竟由曄疏獲罪　先是聽選官以雲南荒徼憚不
欲往因設告就遠方之法巡按御史包節言此曹志甘投荒非年迫
衰遲則家貧急祿志在爲己豈在恤民滇中長吏所以多不得人也
請自今以附近選人充之而州縣佐貳始用此曹庶吏治可舉吏部
請以節言概行於雲貴兩廣制可
二十一年春正月帝以變亂舊法由餘鹽敕罷之淮浙長蘆悉復舊
法夾帶者割沒入官應變賣者以時估爲準又從御史吳瓊請令各
邊中鹽皆輸本色　前刑部尚書王時中卒　二月巡撫寧夏都御
史范鏓言邊將各有常祿無給田之制自郭勛奏以軍餘開墾田園
給將領委奸軍爲莊頭害殊大宜給還軍民任耕種便從之鏓持重

有方略既治重鎮不上首功一意練步騎廣儲蓄繕治關隘亭障寇爲遠徙　先是俺答大入樊繼祖掩敗三以捷聞御史童漢臣等劾之繼祖坐罷三月除翟鵬兵部侍郎代爲總督鵬上言將吏遇被掠人牧近塞宜多方招徠殺降邀功者宜罪寇入官軍遏敵雖無功竟賴以安者當錄若賊衆我寡奮身戰雖有傷折未至殘生民者罪當原於法俘馘論功損挫論罪乃有摧鋒陷陣不暇斬首而在後掩取者反積級受功有逡巡觀望幸得茍全而力戰當先者反以損軍治罪非戎律之平帝皆從其議　夏言一品九年滿遣中使賜賚畫復其官階賜宴禮部時帝雖優禮言然恩眷不及初矣　夏四月庚申大高元殿成　析南直隸華亭上海二縣地置青浦縣　故事繕運艘軍三民七顧寰以軍民困敝請發兩淮餘鹽銀七十萬戶部尚書李如圭不可王杲請改折兩年漕運十之三以所省轉輸費治運艘勿重困軍民從之　張經平思恩九土司五月又平瓊州黎　閏月

戊辰俺答阿不孩復遣石天爵款大同塞巡按都御史龍大有誘縛之上之朝詭言用計禽獲帝悅擢大有兵部侍郎邊臣陞賞者數十人磔天爵於市俺答怒將大舉入寇翟鵬以聞清紀郎周鈇以中樞無籌策請早爲計帝以爲浮詞亂政責降廬州府知事鵬連乞兵饟帝怒令革職閑住因罷總督不設　六月辛卯俺答寇朔州克郵堡皆屠之壬寅抵廣武都指揮周宇戰死乘夜入雁門關丁未犯太原巡按御史童漢臣督諸將擊卻之　王以旂清山東舊泉百七十八開新泉三十一復奏善後四事郭持平濬孫繼口扈運口李景高口三河使東由蕭碭入徐濟運漕道遂通　初慈慶慈寧兩宮崩郭勛請改其一居太子夏言不可已而帝猝問太子當何居言忘前語對如勛指帝不悅言官之劾勛也帝疑出言意建大享殿命中官高忠監視言不進敕稾諸臣入直西苑帝皆令乘馬賜香葉束髮巾用皮帛爲履言獨乘腰輿謂巾履非人臣法服不受帝積數憾欲去言嚴

嵩與言同鄉稱先達而事言甚謹言入閣援嵩自代以門客畜之嵩心恨甚言既失帝意嵩日以柔佞寵言懼斥呼嵩與謀嵩潛造陶仲文第謀齮言代其位言知愠甚諷言官劾嵩帝方憐嵩不聽嵩燕見頓首雨泣愬言見陵狀帝使悉陳言罪嵩因振暴其短帝大怒手敕禮部歷數言罪且曰勛已下獄猶千羅百織言官爲朝廷耳目專聽言指使朕不早朝言亦不入閣軍國重事取裁私家王言要密視等戲玩言官不一言徒欺謗君上致神鬼怒雨甚傷禾言大懼請罪居十餘日獻帝諱辰猶召言入拜候直西苑言因謝恩乞骸骨語極哀疏留八日秋七月己酉朔日有食之既帝下手詔曰日食過分正坐下慢上之咎其落言職閑住因自引三失布告天下御史喬佑給事中沈良才皆具疏論言且請罪帝大怒詔考察去留嵩因欲去所不悅者考功郎中鄭曉去佑等十三人多嵩所厚嵩大憾帝又以勛故特旨謫高時遠邊以風廷臣廷臣終無爲勛請者　致仕南京禮部

侍郎呂柟卒年六十四高陵人爲罷市者三日解梁及四方學者聞之皆設位持心喪訃聞上輟朝一日賜祭葬柟受業渭南薛敬之接河東薛瑄之傳學以窮理實踐爲主仕三十餘年家無長物終身未嘗有惰容時天下學者不歸王守仁則歸湛若水獨守程朱不變者惟柟與羅欽順云　復設宣大總督起翟鵬故官令兼督山東河南軍務巡撫以下並聽節制　俺答自太原南下沁汾襄垣長子皆被殘己未寇潞安還屯祁縣參將張世忠力戰敵圍之數重自巳至申所殺傷相當已而世忠矢盡見殺百戶張宣張臣俱死敵遂從忻崞代而北出雁門關故道去　毛伯温請築京師外城報可給事中劉養直言廟工方興物力難繼乃命暫止　翟鵬受命寇已出塞即馳赴朔州請調陝西薊遼客兵八支及宣大二關主兵兼募土著選驍銳者十萬統以良將列四營分布塞上每營當一面寇入境游兵挑之誘其追諸營夾攻脫不可禦急趨關南依牆守邀擊其困歸帝從

之鵬乃浚濠築垣修邊牆九百三十餘里增新墪二百九十二護墪堡一十四建營舍一千五百間得地萬四千九百餘頃募軍千五百人人給五十畝省倉儲無算　劉繪言俺答方彊必爲腹心患議者謂宜守不宜戰以故邊將多自全或拾殘騎報首功督巡諸臣亦第列士馬守要害名曰清野實則避鋒名曰守險實則自衞請專任翟鵬得便宜從事馳發宣大山西士馬合十七八萬人三路並舉有進無退寇雖多可計日平也帝壯其言令假鵬便宜得戮都指揮以下然鵬竟不能出塞　山西頻中寇民無寧居平陽知府聶豹令富民出錢罪疑者贖得萬餘金修郭家溝冷泉靈石諸關隘練鄉勇六千守之寇卻廷議以豹爲知兵擢陝西副使備兵潼關　劉繪劾山西巡撫都御史劉臬結納夏言且請斥吏部尚書許讚宣府巡撫都御史楚書八月臬書並罷　給事中馮艮知劾胡松建言冒賞無寸功紀功科道官張堯年王珩劾總兵官張達等並論松虛議無補斥爲

民　辛巳募兵於直隸山東河南　許讚請開餘鹽以足邊用從之
壬午振山西被兵州縣免田租　癸巳嚴嵩以本官兼武英殿大
學士預機務給事中沈良才御史喻時等交章劾嵩奸貪不聽嵩年
六十餘精爽溢發不異少壯朝夕直西苑未嘗一歸洗沐帝益謂嵩
勤　言官論兵部尚書劉天和衰老天和遂乞休歸天和初內召陶
仲文以刺迎稱戚屬天和返其刺曰誤矣吾中外姻連無是人仲文
恚其罷官仲文有力焉　帝用陶仲文言建祐國康民雷殿於太液
池西所司希帝意務宏侈程工峻急工部員外郎劉魁欲諫度必得
重禍先命家人鬻棺以待九月癸丑上疏言頃泰享殿大高元殿諸
工尚未告竣內帑所積幾何歲入幾何一役之費動至億萬土木衣
文繡匠作班朱紫道流所居擬於宮禁國用已耗民力已竭而復爲
不經無益之事非所以示天下後世疏奏帝震怒杖於廷錮之錦衣
獄　謝瑜言武廟盤遊佚樂邊防宜壞而未甚壞今聖明在上邊防

宜固而反大壞者大臣謀國不忠而陛下任用失也自張瓚爲中樞掌兵而天下無兵擇將而天下無將說者謂瓚形貌魁梧足稱福將夫誠邊塵不聳海宇晏然謂之福可也今瓚無功而恩廕屢加有罪而褫奪不及此其福乃一身之福非軍國之福也昔舜誅四凶萬世稱聖今瓚與郭勛嚴嵩胡守中聖世之四凶陛下旬月間已誅其二天下翕然稱聖何不並此四凶放之流之以全帝舜之功也大學士翟鑾起廢棄中授以巡邊之寄乃優游曼衍糜費供億以盛苞苴者爲才獻淫樂者爲敬遂使邊軍益瘠邊備更弛行邊若此將焉用之故不清政本天下必不治也不易本兵武功必不競也疏入留不下嵩復疏辨帝更慰諭瑜復被譙讓嵩以初得政未敢顯擠陷帝亦未深罪言者瑜得居職如故時童漢臣王曄給事中陳瑄御史陳紹等相繼論嵩奸貪曄疏並及嵩子世蕃語尤剴切帝皆不省未幾嵩假他事貶瑜官　冬十月郭勛死於獄帝責法司淹繫褫刑部尚書吳

山職侍郎都御史以下鐫降有差免勛籍沒僅奪誥券而已　初曹妃有色帝愛之冊爲端妃丁酉帝宿端妃宮宮婢楊金英等伺帝熟寢以組縊帝項誤爲死結得不絕同事張金蓮知事不就走告皇后后馳至解組帝蘇后命內監張佐等捕宮人雜治言金英等弒逆王寧嬪首謀又曰端妃雖不與亦知謀時帝病悸不能言后傳帝命收端妃寧嬪金英等悉磔於市幷誅其族屬十餘人太醫院使許紳調峻藥進帝歷四時忽作聲去紫血數升始能言又數劑而愈帝進后父安平伯鋭爵爲侯加紳禮部尚書未幾卒賜諡恭僖久之帝始知端妃冤　帝移居西苑永壽宮　張瓚貪黷爲兵部尚書八年戎備盡隳及是病卒十一月帝以毛伯温代伯温會廷臣議上防邊二十四事軍令一新　時國儲告匱諸邊請增饟無虛月四方多水旱給事中李文進請議廣儲蓄戶部尚書王杲列九事以獻帝咸納之方鋭乞張家莊馬房地杲言此地二千餘頃正供所出不可許宜以大

慈恩寺入官地二十頃予之帝從其議　免畿內陝西河南福建被
災稅糧
二十二年春正月丙午朔日有食之　二月童漢臣與巡撫都御史
李珏覈上樊繼祖等失事狀章下吏部初漢臣劾嚴嵩并及許讚及
是讚言漢臣勘遲延宜並論嵩遂擬旨鐫珏一階留任謫漢臣湖廣
布政司都事舉朝皆知爲嵩所中莫能救也　雲南巡撫都御史劉
渠索沐朝輔賂朝輔與之因上章言臣家世守茲土上下相承今有
司紛更典制闕臣職守率不與聞接見不循故例臣疏遠孤危動作
掣肘無以彈壓蠻方乞申飭諸臣悉如其舊詔許之給事中萬虞愷
劾朝輔並論渠詔罷渠而令朝輔治事如故　莫福海遣使朝貢方
瀛之子也　三月庚戌復遣使採木湖廣　貴州平頭苗賊龍桑科
作亂桑科居蜡爾山東屬湖廣鎮溪筸子坪西屬平頭及銅仁北接
四川酉陽廣袤數百里桑科流劫湖廣桂陽閒官兵不能制甲寅帝

以諸苗再叛責激亂者而起萬鏜副都御史相機勦撫　吉囊死諸子狼台吉等散處河西勢分俺答獨盛數擾延綏諸邊　夏五月翟鵬遣千戶火力赤帥兵三百哨至豐州灘不見寇復選精銳百遠至豐州西北遇牧馬者百餘人擊斬二十三級奪其馬還未入塞寇大至官軍飢憊盡棄所獲奔鵬具實陳狀帝以將士敢深入仍行還賞鵬疏請東自平刑西至偏關畫地分守增游兵三支分駐雁門寧武偏關寇攻牆戍兵拒游兵出關夾攻此守中有戰東大同西老營堡因地設伏伺寇所向又於宣大三關間各設勁兵而別選戰士六千分兩營遇警令總督武臣張鳳隨機策應此戰中有守帝從其議舊例兵皆團操鎮城聞警出戰自邊患熾每夏秋間分駐邊堡謂之暗伏鵬請入秋悉令赴塞畫地分守九月終還鎮謂之擺邊遂著為令

言官建議請覈實新軍京軍及內府力士匠役以裕國儲毛伯温上宂濫當革者二十餘條凡錦衣騰驤諸衛御馬內官尚膳諸監素

爲中貴盤踞者盡在革中帝稱善立命淸汰宿弊頗釐而左右近習多不悅　六月翟鑾爲禮部主事張惟一求吏部嚴嵩爲監生錢可教求東陽知縣俱書抵文選郎中王與齡與齡偕員外郎吳伯亨主事李大魁周鈇白之許讚具疏以聞言平時請屬甚多臣等違抗積罪如山非聖明覆庇則二權奸主於中羣鷹犬和於外臣等不爲前選郎王嘉賓之斥得爲近日御史謝瑜之罷幸矣疏入鑾言惟一資望應遷嵩抵無致書事請逮可教訊治因言聖明日覽奏章革弊釐奸悉由宸斷而讚等妄意臣輩爲之借以修怨然讚柔良第受制所屬耳帝方信嵩又見疏中引嘉賓瑜事遂發怒切責讚除與齡名伯亨等俱調御史徐宗魯等以爲言皆奪俸讚自是懾嵩不敢抗亦頗以賄聞矣與齡既罷錦衣遣使偵其裝襆被外無長物稱歎而去

給事中周怡言人臣以盡心報國爲忠協力濟事爲和未有公卿大臣爭於朝文武大臣爭於邊而能修內治禦外侮者也大學士鑾嵩

與尚書瓚互相詆訐而總兵官張鳳周尚文與總制侍郎翟鵬督鑲侍郎趙廷瑞交惡此最不祥事誤國孰甚今陛下日事禱祠而四方災祲未銷歲開輸銀之例而府庫未充累頒蠲租之令而百姓未蘇時下選將練士之命而邊境未寧內則財貨匱而百役興外則寇敵橫而九邊耗乃鑾嵩憑藉寵靈背公營私播弄威福市恩酬怨夫輔臣真知人賢不肖宜明告吏部進之退之不宜挾勢徇私屬之進退嵩威靈氣燄陵轢百司凡有陳奏奔走其門先得意指而後敢聞於陛下中外不畏陛下惟畏嵩久矣鑾淟涊委靡讚雖小心謹畏然不能以直氣正色銷權貴要求之心柔亦甚矣且直言敢諫之臣於權臣不利於朝廷則大利也御史謝瑜童漢臣以劾嵩故嵩皆假他事罪之諫諍之臣自此箝口雖有檮杌讙兜誰復言之帝覽疏大怒降詔責其謗訕令對狀杖之闕下錮錦衣衛獄與楊爵劉魁同繫久不釋三人屢瀕死講誦不輟　秋八月俺答二萬騎抵綏德遊擊將軍

張鵬卻之總兵官吳瑛等追至塞外東路參將周文兵亦至夾擊敗之巡按御史殷學言寇入內地五百里請治諸將罪部議延綏游兵俱調宣大寇方避實擊虛而我能以寡勝衆宜錄其功從之學謫外故事鄉試錄文多出學使者手山東巡按御史葉經乞唐順之文提學副使呂高心憾寓書京師言經紕繆嚴嵩方惡經指發策語爲誹謗激帝怒廷杖經八十斥爲民創重卒提調布政使陳儒及參政張臬副使談愷潘恩並謫邊方典史　冬十月廷議廟制請以孝宗睿宗同居一廟同爲昭帝責諸臣不竭忠任事寢其議已而左庶子江汝璧請遷皇考廟於穆廟首以當將來世祖與成祖廟並峙右贊善郭希顏又欲於太祖廟文世室外止立四親廟而祧孝宗武宗帝降旨譴之禮部尙書張璧等力斥其妄乃止　朶顏入寇攻圍墓田谷殺守備陳舜副總兵王繼祖等赴援擊斬三十餘級哈舟兒陳通事者俱中國人被擄遂爲之用導三衞頻入寇　初鄭曉調文選嚴

嵩欲用趙文華爲考功曉言於許讚曰昔黃禎爲文選調李開先考功皆山東人詔不許今調文華曉避位而已讚以謝嵩嵩欲以子世蕃爲尙寶司丞曉曰治中遷知府例也遷尙寶丞無故事嵩益怒十二月吏部擬擢河間通判周鈇爲南京吏部主事嵩言鈇調官甫四月不得驟遷帝怒詰責讚等令錄左降官遷擢者姓名讚引罪並列陳叔頤等十六人以聞詔奪讚等俸貶曉和州同知鈇叔頤等並褫職爲民世蕃尋遷尙寶司少卿　乙酉免南畿被災稅糧　夏言久貴用事家富厚服用豪侈多通問遺及家居監司府縣吏稍慢易之悒悒不樂遇元旦聖壽必上表賀稱草土臣帝亦漸憐之復尙書大學士　御史趙大佑上前侍郎林鶚節行

二十三年春正月贈鶚刑部尙書諡恭肅　帝以去歲無寇爲將帥力降敕獎翟鵬賜以襲衣　韃靼入甘州魯迷貢使留甘州者九十餘人總兵官楊信驅以禦寇死者九人巡撫甘肅都御史詹榮言彼

以好來而用之鋒鏑失遠人心且示中國弱詔奪信官櫬死者送之
歸番人感悅　丙寅俺答犯黃崖口二月戊寅犯大木谷　大同總
兵官周尚文請增饟及馬兵部言尚文陳請過當詔切責尚文與巡
撫都御史趙錦不協乞休弗允日相搆御史王三聘乞移尚文他鎮
廷議大同敵衝尚文假此避不宜墮其奸謀乃令錦與詹榮易任
三月癸丑俺答犯龍門所總兵官郤永等卻之斬五十一級進翟鵬
兵部尚書帝倚鵬殄寇錫命屢加所請多從而責效甚急鵬亦竭智
力然不能呼吸應變御史曹邦輔劾鵬鵬乞罷弗允　萬鏜納土指
揮田應朝策誘致蜡爾山酋督兵破之夏五月條上善後七事因言
龍母叟雖降然其罪大宜置重典詔安置之遼東餘悉如鏜議未幾
銅平酋龍子賢復叛御史繆文龍言鏜勦撫皆失詔下撫按官勘覆
歸罪於參將李經事乃解　塞上多警召何卿沈希儀等卿以疾辭
帝怒奪卿都督命以都指揮使詣部聽調希儀鎮柳慶每戰必先登

身被數創陰雨輒痛劇既至京亦辭以病帝疑其規避奪都督如卿
秋七月俺答數萬騎入大同前衛詹榮與周尚文破之黑山陽尚
文斬俺答子滿罕歹追至涼城斬獲多日本復來貢未及期且無表
文部臣謂不當納卻之其人利互市留海濱不去巡按御史高節請
治沿海文武將吏罪嚴禁奸豪交通得旨允行而內地諸奸利其交
易多爲之囊橐不能絕　嚴嵩入閣翟鑾以資地居其上權遠出嵩
下而嵩終惡之不能容會鑾子汝儉汝孝與其師崔奇勛所親焦清
同舉會試帝疑鑾子濫一甲廷試時抑第一爲第三以第三置三甲
及拆卷而所擬第三者果汝孝也帝大疑之八月嵩遂屬給事中王
交王堯日劾主考少詹事江汝璧房考編修彭鳳歐陽㬂朋私通賄
且追論順天主考諭德秦鳴夏贊善浦應麒阿附鑾罪帝怒下吏部
都察院議鑾疏辨引西苑入直自解帝益怒下汝璧等錦衣衛獄獄
具杖汝璧鳴夏應麒各六十褫其官勒鑾父子及鳳等並爲民　九

月癸卯免浙江被災稅糧　丁未許讚以本官兼文淵閣大學士張璧以本官兼東閣大學士預機務嚴嵩以讚柔和易制故引之與璧皆不與聞票擬事政事一歸嵩讚嘗歎曰何奪我吏部使我旁睨人嵩欲示厚同列塞言者意且顯夏言短請凡有宣召與成國公朱希忠京山侯崔元及讚璧偕入如祖宗朝蹇夏三楊故事帝不聽然心益善嵩　壬子振湖廣災　薊州巡撫都御史朱方請撤諸路防秋兵兵部議從之并撤宣大三關客兵　冬十月戊辰免河南被災稅糧　俺答寇膳房堡爲郤永所拒甲戌於萬全右衛毀牆入掠順聖川戊寅掠蔚州犯滹屠峪直抵完縣列營四十里京師戒嚴何卿營盧溝橋帝大怒屢下詔責翟鵬鵬在朔州聞警夜半至馬邑調兵食復趨渾源遣諸將遏敵御史楊本深劾鵬逗遛致賊震畿輔給事中戴夢桂繼之乙酉遣官械鵬及朱方以兵部侍郎張漢代鵬擢大理寺少卿郭宗皋僉都御史代方鵬等至下錦衣衛獄廷杖之方死杖

下鵬坐永戍行至河西務爲民家所詹告鈔關主事杖之廠獄以聞
復逮至京卒於獄御史舒汀言方止議撤薊兵而并撤宣大兵則兵
部尚書毛伯温與職方郎韓最也帝遂削伯温籍杖最八十戍極邊
俺答出大同塞而北周尚文邀之不克十一月庚子京師解嚴
帝自二十年遭宮婢變移居西内日求長生郊廟不親朝講盡廢君
臣不相接獨陶仲文得時見見輒賜坐稱之爲師而不名心知臣下
必議己每下詔旨多憤疾之辭廷臣莫知所措士大夫罷閑無耻者
顧可學盛端明朱隆禧輩皆緣以進會大同獲諜者王三帝歸功上
元加仲文少師仍兼少傅少保一人兼領三孤終明世唯仲文而已
南京兵部尚書張邦奇卒年六十一贈太子太保謚文定邦奇學
以程朱爲宗躬修力踐跬步必謹先是以便養乞改南京帝猶時念
之嚴嵩言邦奇性至孝母老不樂北來帝信之遂不復召　十二月
丙子振江西災　楚王顯榕生世子英燿性淫惡嘗烝顯榕宮人顯

榕知之杖殺其所使陶元兒英燿又使卒劉金納妓宋么兒於別館顯榕欲罪金金遂誘英燿謀弑逆

二十四年春正月壬子張燈置酒饗顯榕別宴武岡王顯槐於西室酒半金等從座後出以銅瓜擊顯榕腦立斃顯槐驚救被傷奔免英燿從顯榕屍宮中命長史孫立以中風報王從者朱貴抉門出告變撫按官以聞英燿懼具疏奏辨且偪崇陽王顯休爲保奏通山王英炊不從直奏英燿弑逆狀詔遣中官及駙馬都尉鄔景和侍郎喻茂堅往訊　閏月錦衣指揮同知陸炳掌衞事尋進都督同知炳驟貴同列多父行炳陽敬事之徐以計去其易己者嘗捶殺兵馬指揮詔不問威燄大張　應天巡按御史呂光洵奏蘇松水利五事言三吳澤國西南受太湖諸澤地勢尤卑而東北際海岡隴之地特高高苦旱卑苦澇昔人於下流疏爲塘浦又引江潮流衍於岡隴外瀦洩有法近多堙廢不治宜先度要害於澱山等茭蘆地導太湖水散入陽

城昆承三泖等湖又開吳淞江及大石趙屯等浦洩澱山之水以達於海濬白茆鮎魚諸口洩昆承之水開七浦鹽鐵等塘洩陽城之水以達於江又導田間之水悉入小浦以納大浦則下流治矣乃濬艾祁通波以溉青浦濬顧浦吳塘以溉嘉定濬大瓦等浦以溉崑山之東濬許浦等塘以溉常熟之北濬臧邨等港以溉金壇濬澡港等河以溉武進凡岡隴支河堙塞不治者皆濬之則上流亦治此三吳水利之經也其四事則曰修圩岸以固橫流復板閘以防淤澱量緩急以處工費重委任以責成功詔悉如議委巡撫都御史歐陽必進行之　二月給事中陳棐請罷元世祖陵廟之祀及從祀木華黎等從之　戊申詔流民復業予牛種開墾閑田者給復十年　張漢既代翟鵬寇已出境乃命陝西巡撫都御史翁萬達總督宣大山西保定軍務以漢專督畿輔河南山西諸軍漢條上選將練兵信賞必罰四事請令大將得專殺偏裨而總督亦得斬大將人知退怯必死自爭

赴敵帝不欲假臣下權惡之兵部言漢老邊事言皆可從帝令再議部臣乃言漢議皆當而專殺大將與會典未合帝姑報可　考察拾遺言官劾總督侍郎張漢剛愎三月壬午械繫錦衣衛獄謫戍鎮西衛　夏四月置陝西岷州改軍民指揮使司爲衛以州屬鞏昌府

五月壬戌朔日有食之　嚴嵩怨王曄屬尚寶司丞諸傑貽書南京考功郎中薛應旂令黜之應旂反黜傑嵩大怒應旂又黜常州知府符驗嵩令御史桂榮劾應旂挾私黜郡守謫建昌府通判嵩又以大計密諷主者黜謝瑜爲民瑜遂廢棄終於家　巡按福建御史何維柏疏劾嵩奸貪罪比之李林甫盧杞且言嵩進顧可學盛端明修合方藥邪媚要寵帝震怒遣官逮治士民遮道號哭維柏意氣自如下錦衣獄廷杖除名　翁萬達劾罷宣府總兵官郤永副總兵姜奭薦何卿趙卿沈希儀趙卿遂代永萬達謹偵候明賞罰每當防秋發卒乘障陰遣卒傾硃於油察離次者硃其處卒歸輒縛毋敢復離次者

嚴殺降禁違輒抵死得降人撫之如所親以是益知敵情　先是以
太廟舊基隘命翟鑾等相度規制議三上不報久之乃命復同堂異
室之舊六月壬辰太廟成定位次太祖居中左四序成宣憲睿右四
序仁英孝武皆南向四時歲袷樂章器物悉仍舊制及奉安神主帝
將遣官代祭御史鄢懋卿言其不可帝怒降手詔數百言諭廷臣且
言更有脅君取譽者必罪不宥舉朝悚息御史周冕獨抗章爭之帝
震怒立下冕錦衣獄搒掠終以其言直釋還職而命皇太子攝祀
楊廷和蔣冕既卒毛紀以恩詔敘復大學士及是卒年八十三賜太
保諡文簡　升河南歸德州爲府置商邱縣爲府治以睢州及所屬
二縣隸焉　秋七月壬戌有事於太廟赦徒罪以下　帝於禁中築
乩仙臺間用其言決威福八月有神降於乩帝感之出楊爵劉魁周
怡於獄未幾吏部尚書熊浹極論乩仙之妄帝大怒欲罪之以前議
禮故不遽斥因發怒曰朕固知釋爵等諸妄言歸過者紛至矣復令

東廠追執之爵抵家甫十日校尉至與共麥飯畢即就道校尉曰盍處置家事爵立屏前呼婦曰朝廷逮我我去矣竟行不顧左右觀者爲泣下魁未抵家校尉已先至繫其弟以行魁在道聞之趣就獄復與爵怡同繫獄卒以帝怒不測桎梏加嚴飲食屢絕爵等處之如前無幾微尤怨　丙午瘞暴骸　己酉張璧卒　庚戌俺答別部犯遼東松子嶺殺守備張文瀚俺答數萬騎犯大同中路入鐵裹門故總兵官張達力戰卻之又犯鵓鴿谷參將張鳳指揮劉欽諸生王邦直等戰死翁萬達與周尚文備陽和而遣騎四出邀擊頗有斬獲寇登山見官兵大集乃引去　英燿辭服詔逮入京九月告太廟誅之焚屍揚灰悉誅其黨湖廣總兵官豐城侯李熙言於御史得平反無辜株連者二百餘人愍王次子英⿰火僉嗣封楚王熙旻從子也　帝微覺嚴嵩貪恣復思夏言丁丑遣官齎敕召之　和川奉國將軍充灼坐罪奪祿怨代王充燿不爲解與襄垣中尉充㜲謀引敵入大同殺王

應州人羅廷璽等以白蓮教惑衆見充灼爲妖言因畫策約奉小王子入塞藉其兵攻雁門取平陽立充灼爲主事定卽計殺小王子充灼然之冬十月遣人陰持火箭焚大同草場五六所詹榮奏奪其祿已充灼令通蒙古語者衞奉闌出邊爲周尚文邏卒所獲並得其所獻小王子表鞫實以聞翁萬達言大同狹瘠祿饟不支代宗日繁衍衆聚而貧且近邊易生反側請量移和川昌化諸郡王於山陝隙地詔改遷山西　徽王厚爝好琴斲琴者與鈞州知州陳吉交惡厚爝庇之劾吉十一月逮詔獄巡撫都御史駱昂巡按御史王三聘白吉寃帝怒并逮之昂杖死三聘吉俱戍邊議者不直厚爝厚爝乃厚結陶仲文仲文具言王忠敬奉道帝喜封厚爝太清輔元宣化真人予金印　南京戶部尚書徐問致仕問清節自勵居官四十年敝廬蕭然田不滿百畝好學不倦粹然深造爲士類所宗　京師有崔鑑者年十三忿父妾陵母手刃之刑部主事吳桂芳爲著論擬赦尚書聞

淵曰此董仲舒春秋斷獄柳宗元復讎議也鑑遂得宥　許讚年踰
七十數乞休帝責其忘君愛身辛巳落職閒住　熊浹坐事奪俸者
再知帝意終不釋稱病乞休帝大怒黜爲民浹少有志節自守嚴雖
由議禮顯不甚黨庇尤愛護人才其去吏部善類多思之　十二月
夏言至京盡復少師諸官階亦加嚴嵩少師以慰之言旣入直陵嵩
出其上凡所批答略不顧嵩嵩噤不敢吐一語所引私人言斥逐之
亦不敢救嵩子尚寶少卿世蕃橫行公卿閒言欲發其罪嵩大懼父
子長跪泣謝乃已銜次骨　壽王祐榰薨謚曰定無子封除　致仕
兵部尚書劉天和卒贈太保謚莊襄

明紀卷第三十二

明紀卷第三十三

賜進士出身工部候補主事虞衡司行走陳鶴纂

卹贈知府銜給雲騎尉世職內閣候補中書孫男克家參訂

世宗紀六 起嘉靖二十五年丙午訖嘉靖二十九年庚戌凡五年

二十五年春正月雲南元江土舍那鑑殺其土知府那憲奪其印并收因遠驛印記巡撫都御史應大猷以聞命鎮巡官發兵討之 皇太子生十一年猶未出閣講學周冕極言諭教不可緩請早降綸言慎選侍從帝大怒謫冕雲南通海縣典史 土魯番滿速兒死子沙嗣沙弟馬黑麻亦稱速檀分據哈密結婚瓦剌以抗其兄且謀入犯其部下來告馬黑麻乃叩關求貢許之復求內地安置不許 總督兩廣都御史張岳討破封川獞蘇公樂等 翁萬達屢疏請修築邊牆自大同東路陽和口至宣府西陽河須帑銀二十九萬帝已許之兵部撓其議以大同舊有二邊不當復於邊內築牆帝不聽二月萬

達與詹榮周尚文自大同東路天城陽和開山口諸處爲牆百二十八里堡七墩臺百五十四宣府西路西陽河洗馬林張家口諸處爲牆六十四里敵臺十斬崖削坡五十里工五十餘日成　顯陵守備中官廖斌擅威福巡按御史包節欲繩之語先洩斌侯節謁陵時故獻膳羞遽使撤去詭稱節麾出之鍾祥民王憲告斌黨庇奸豪周章等節捕章斃之杖下斌益怒遂奏節不以正旦謁陵次日始謁時當進膳不旁立褻慢大不敬奏已入節始奏斌前事帝大怒三月建節錦衣獄搒掠永戍莊浪衞節與弟南京御史孝並有至性節官北京日孝解官歸養母母亡哀毀卒節聞之悲慟不已亦卒時並稱其孝

戊辰四川白草番亂何卿充副總兵討之　起前總督兩廣尚書張經於三邊給事中劉起宗言經在兩廣剋饟銀糧前命　玉林衞百戶楊威爲俺答所掠自詭能定貢市夏五月戊辰俺答釋威還復與阿不孩遣使款大同左衞塞邊帥家丁董寶等狃石天爵前事復

殺之以首功報翁萬達言北敵弘治前歲入貢疆埸稍寧自虞臺嶺之戰覆我師漸輕中國侵犯四十餘年石天爵之事臣嘗痛邊臣失計今復通款卽不許當善辭諭遣誘而殺之此何理也請亟誅寶等榜塞上明告以朝廷德意解其蓄怨搆兵之謀帝不聽　郭宗皐言密雲最要害宜宿重兵乞敕馬蘭太平燕河三屯歲發千人以五月赴密雲有警則總兵官自將赴援居庸白楊地要兵弱遇警必待部奏不能及事請預擬借調之法令建昌二屯軍平時則協助密雲遇警則移駐居庸俱報可　六月甲辰俺答犯宣府千戶汪洪戰死

秋七月癸酉以醴泉出承華殿廷臣表賀停諸司封事二十日嗣後慶賀齋祀悉停封奏　吏部尚書唐龍所至著勞績及是年老多疾每事諮僚佐爲所欺御史陳九德劾前文選郎高簡罔上行私幷論龍衰暮乃下簡錦衣獄龍引疾未報給事中楊上林徐良輔復論簡詔杖簡六十遣戍上林良輔以不早言罷職龍黜爲民輿出國門卒

龍故與嚴嵩善龍之罷夏言主之　王杲又上制財用十事舊制歲漕四百萬石杲以粟有餘而用不足遇災傷率改折以便民一日帝見改折者過半大驚以詰戸部杲等引罪敕自今務遵祖制毋輕變　俺答阿不孩復奉印信番文欲詣邊陳款翁萬達言今屆秋彼可一逞乃屢被殺戮猶請貢不已者緣入犯則利在部落獲貢則利歸其長處之克當邊患可弭若臣等封疆臣責亦備不貢亦備不緣此懈也兵部尚書陳經等言敵難信請敕邊臣詰實責萬達十日內回奏萬達還其使與約至期使者不至萬達慮帝督過以使者去無可究爲辭已而使狎至牢拒之好言慰答而已　俺答十萬餘騎由寧塞營入大掠延安慶陽境總督三邊侍郎曾銑帥兵數千駐塞門起前參將李珍於徒中令擣寇巢斬首百餘級寇始遁　八月壬子免山東被災稅糧　九月俺答犯寧夏冬十月丁亥犯清平堡游擊高極戰死副總兵蕭漢敗績　充灼逮至京癸巳賜死焚其屍王府長

史等官皆逮治論周尚文功加太保廕子錦衣千戶終明之世總兵官加三公者尚文一人而已　甲午殺故建昌侯張延齡　蜡爾山苗龍許保及其黨吳黑苗復亂　巡撫甘肅都御史楊博大興屯利請募民墾田永不征租又以暇修築肅州榆樹泉及甘州平川境外大蘆泉諸處墩臺鑿龍首諸渠　總督侍郎張岳討平廣西馬平諸縣猺賊誅賊魁韋金田等尋召岳為刑部侍郎十二月以御史徐南金言留任　套寇牧近塞久零騎往來居民不敢樵采曾銑方築塞慮為所擾乃選銳卒擊之寇稍北間以輕騎入掠銑復帥參將李珍韓欽等驅之遠徙詔增俸一級賜銀幣有加銑念寇居河套終為中國患上疏曰賊據河套侵擾邊鄙將百年孝宗欲復而不能武宗欲征而不果使吉囊據為巢穴出套則寇宣大三關以震畿輔入套則寇延寧甘固以擾關中深山大川勢顧在敵而不在我封疆之臣曾無有以收復為陛下言者竊嘗計之秋高馬肥弓矢勁利彼聚而攻

我散而守則彼勝冬深水枯馬無宿槀春寒陰雨壤無燥土彼勢漸弱我乘其獘則中國勝臣請以銳卒每當春夏交水陸交進直擣其巢則寇不能支此一勞永逸萬世社稷所賴也遂條八議以進銑又與延寧撫臣欲西自定邊營東至黃甫川千五百里築邊牆禦寇請帑金數十萬期三年畢功疏並下兵部部臣難之請令諸鎮文武將吏協議夏言繼妻父蘇綱雅與銑善亟稱於言言密疏薦之謂羣臣無如銑忠者帝降旨曰賊據套爲中國患久矣朕宵旰念之邊臣無分主憂者今銑倡恢復議甚壯其令銑與諸鎮臣悉心議方略予修邊費二十萬　丁未免湖南被災稅糧　安南都統使莫福海卒子宏瀷嗣初莫登庸以石室人阮敬爲義子封西寧侯敬有女嫁方瀛次子敬典因與方瀛妻武氏通得專兵權宏瀷立方五歲敬益專恣用事登庸次子正中與莫文明避之都齋其同輩阮如桂范子儀等避居田里敬舉兵偪都齋正中如桂子儀等禦之不勝正中文明帥

家屬奔欽州子儀收殘卒遁海東
二十六年春正月巡撫山西都御史楊守謙言偏頭老營堡二所餘地千九百餘頃請興舉營田因薦副使張鎬爲提調牛種取給本土帝稱爲忠卽報可守謙尋移鎮延綏請久任鎬終其事　故事京營歲發五軍詣薊鎮防秋郭宗臯請罷三軍以其犒軍銀充本鎮募兵費又請發修邊餘銀增築燕河營古北口帝疑有侵冒令罷歸聽勘
左都御史宋景卒贈太子少保諡莊靖　吏部尚書周用卒贈太子太保諡恭肅　以沈希儀爲廣東副總兵命自今將領至自川廣雲貴者毋推京營及西北邊著爲令　朝鮮國王李峘咨禮部言福建人從無泛至本國者因往日本市易爲風所漂前後共獲千人以上皆挾軍器貨物致中國火器亦爲倭有恐起兵端詔巡按御史察參仍賜王銀幣以旌其忠　二月翁萬達會宣大山西鎮巡官議上邊防修守事宜其略曰山西起保德州黃河岸歷偏頭抵老營二百

五十四里大同西路起丫角山歷中北二路東抵東陽河鎮口臺六百四十七里宣府起西陽河歷中北二路東抵永寧四海治千二十三里凡千九百二十四里皆偪巨寇險在外所謂極邊也山西老營堡轉南而東歷寧武雁門至平刑關八百里又轉南而東歷龍泉倒馬紫荊之吳王口插箭嶺浮圖峪至沿河口千七十餘里又東北歷高崖白羊至居庸關一百八十餘里凡二千五十餘里皆峻山層岡險在內所謂次邊也外邊大同最難守次宣府次山西之偏老大同最難守者北路宣府最難守者西路山西偏關以西百五十里恃河爲險偏關以東百有四里略與大同西路等內邊紫荊寧武雁門爲要次則居庸倒馬龍泉平刑邇年寇犯山西必自大同犯紫荊必自宣府先年山西防秋止守外邊偏老一帶歲發班軍六千人備禦大同仍置兵寧雁爲聲援比棄極衝守次邊非守要之意宣府亦專備西中二路而北路空虛且連年三鎮防秋徵調遼陝兵馬糜糧賞不

訾恐難持久幷守之議實爲善經外邊四時皆防城堡兵各有分地冬春徂夏不必參錯徵發若泥往事臨時調遣近者數十里遠者百餘里首尾不相應萬一如往年潰牆而入越關而南京師震駭方始徵調何益事機擺邊之兵未可遽罷易曰王公設險以守其國設之云者築垣乘障資人力之謂也山川之險險與彼共垣塹之險險爲我專百人之堡非千人不能攻以有垣塹可憑也修邊之役必當再舉夫定規畫度工費二者修邊之事愼防秋幷兵力重責成量徵調實邊堡明出塞計供億節財用八者守邊之事因條十事上之請帑銀六十萬兩修大同西路宣府東路邊牆凡八百里減省防秋客兵省費幾百萬又議掣山西兵幷力守大同帝悉報許萬達精心計善鉤校牆堞近遠濠塹深廣曲盡其宜與詹榮周尙文規畫戰守備邊民息肩者數年　裁南京糧儲都御史以戶部侍郎兼理　三月楊博請重定朝貢事宜禮部言祖宗故事惟哈密歲一貢貢使三百人

送十之一赴京餘留關內有司供給他若哈烈哈三土魯番天方撒
馬兒罕諸國或三年或五年一貢止送三五十人其存留賞賚如哈
密例宜敕邊臣恪遵從之　夏四月巡撫山西都御史孫繼魯言紫
荆居庸山海諸關拱護京師雁門寧武偏頭諸關屏蔽全晉一也議
者不撤紫荆以幷守宣府豈可獨撤雁門以幷守大同況自偏頭寧
武雁門東抵平刑關爲山西長邊自右衛雙溝墩至東陽河鎭口臺
爲大同長邊自丫角山至雙溝百四十里爲大同緊邊自丫角山至
老牛灣百四十里爲山西緊邊論長邊則大同爲急山西差緩論緊
邊則均爲最急此皆密邇河套譬之門闥山西守左大同守右山西
幷力守左尚不能支又安能分力以守大同之右翁萬達言增兵擺
邊始於近歲與額設守邊者不同繼魯乃以危言相恐復遺臣書言
往歲建雲中議宰執幾不免近年撤各路兵督撫業蒙罪其詆排如
此今防秋已偪乞別調繼魯否則早罷臣無誤邊事兵部是繼魯言

帝方倚萬達怒繼魯騰私書議君上夏言亦惡繼魯遂逮下詔獄瘐死繼魯性耿介所至以清節聞好剛使氣嘗忤中官被逮言救免之不謝官山西參政數繩宗藩及遷按察使宗藩百餘人擁馬發其裝敝衣外無長物乃載酒謝過其卒也山西人咸爲痛惜宗藩有上書訟其冤者即前奪視其裝者也　致仕吏部尙書羅欽順卒年八十三贈太子太保謚文莊　何卿再涖松潘將士咸喜己巳會巡撫都御史張時徹討平白草叛番禽渠惡數人俘斬九百七十有奇克營砦四十七毀碉房四千八百獲馬牛器械儲積各萬計卿素有威望爲番人所憚自威茂迄松潘龍安夾道築牆數百里行旅往來無剽奪患先後涖鎭二十四年軍民戴之若慈母　俺答以通好散處其衆不設備亦不殺哨卒頃之復至詞益恭己酉翁萬達又爲奏曰敵懇懇求貢去而復來今宜大興版築正當羈縻使無擾請限以地以人以時悉聽則許之貢不聽則曲在彼帝責其瀆奏不許已萬達上

復套議曰河套本中國故壤成祖三犂王庭殘其部落舍黃河衛東勝後又撤東勝以就延綏套地遂淪失然正統弘治間我未收彼亦未取乃因循畫地守捐天險失沃野之利弘治前我猶歲搜套後乃任彼出入盤據其中畜牧生養欲一舉復之毋乃不易乎提軍深入山川之險易塗徑之迂直水草之有無皆未熟知我軍出塞三日已疲彼騎一呼可集我軍數萬衆緩行持重則備益固疾行趨利則輜重在後卽得小利歸師尚艱儻失嚮道全軍殆矣彼還徙遠近靡常一戰之後或保聚或陽遁犄角時動壁壘相持已離復合終不渡河我軍於此戰耶退耶兩相守耶數萬衆出塞亦必數萬衆援之又以驍將通糧道是皆至難而不可任者也夫馳擊者彼所長守險者我所便弓矢利馳擊火器利守險舍火器守險與之馳擊於黃沙白草間大非計議者欲以六萬衆爲三歲期春夏馬瘦彼弱我利於征秋冬馬肥彼強我利於守春蒐套秋守邊三舉彼必遠遁我乃拒河守

夫馬肥瘦我與敵共之卽彼弱然坐以待懼其擾擊我及彼強又懼其報復我且六萬之衆千里襲人一舉失利議論蠭起烏能待三卽三舉三勝彼敗而守終不渡河版築亦無日議者見近時搗巢恒獲首功昔年城大同五堡寇不深競以爲套易復然搗巢因其近塞乘不備勝則倏歸舉足南向卽家門復套則深入其地後援不繼事勢異也往城諸邊近我土彼原不以爲利套乃其四時駐牧地肯宴然已乎事體異也曰伺彼出套據河守先亟築渡口垣牆以次移置邊堡彼控弦十餘萬豈肯空套出築垣二千餘里豈不日可成堡非百數十不相聯絡堡兵非千人不可居而游徼瞭望者不與當三十萬衆不止也況循邊距河動輒千里一歲食糜億萬自內輸邊自邊輸河飛輓之艱不可不深慮若令彼有其隙我乘其敝從而圖之未嘗不可今塞下喘息未定邊卒瘡痍未起橫挑強寇以事非常愚所不解也議上不省其後俺答與小王子隙小王子欲寇遼東俺答以其

謀告請與中國夾攻以立信萬達不敢聞使者再至爲言於朝帝不許　六月靖江王邦薴與巡按御史徐南金相訐奏奪祿米罪其官校　秋七月丙辰河決曹縣水入城二尺漫金鄉魚臺定陶城武衝穀亭溺死者甚衆總河都御史詹瀚請於趙皮寨諸口多穿支河以分水勢詔可　初太祖定制片板不許入海承平久奸民闌出句倭人及佛郎機諸國入互市閩人李光頭歙人許棟踞寧波之雙嶼爲之主司其質契勢家護持之漳泉爲多或與通婚姻假濟渡爲名造雙桅大船運載違禁物將吏不敢詰也或負其直棟等即誘之攻剽負直者脅將吏捕逐之泄師期令去期他日償他日至負如初倭大怨恨益與棟等合而浙閩海防久隳戰船哨船十存一二漳泉巡檢司弓兵舊額二千五百餘僅存千人倭剽掠益無所忌來者接踵巡按浙江御史楊九澤言寧紹温台皆濱海界連福建福興漳泉諸郡有倭寇患雖設衛所城池及巡海副使備倭都指揮但海寇出沒無

常兩地官弁不相統攝制禦爲難請如往例特遣巡視重臣盡統濱海諸郡庶事權歸一威令易行廷臣稱善乃改南贛巡撫都御史朱紈於浙江兼提督福建漳泉建寧五府軍務　八月丙戌免陝西被災稅糧　少詹事黄佐與夏言論河套事不合會吏部缺侍郎所司推禮部侍郎崔桐及佐給事中徐霈御史艾朴言桐與左侍郎許成名競進至相詬詈而佐及同官王用賓亦爭覬望言從中主之成名等並賜罷　九月給事中馬錫劾戶部尚書王杲巡倉御史艾朴受賄給事中厲汝進查秉彝徐養正劉起宗劉祿亦劾兩淮副使張祿遣使入都廣通結納如太常少卿嚴世蕃府丞胡奎等皆承賂受屬有證世蕃竊弄父權嗜賄張燄詞連倉場尚書王暐嚴嵩上章自理且求援於中官激帝怒帝下杲等獄杲朴皆謫戍暐斥爲民責汝進代杲解釋杖八十秉彝等六十並謫雲南廣西典史嵩猶畏夏言疏遣世蕃歸省墓杲掌邦計事無不辦帝深倚之嘗有詔貿龍涎香久

不進以此不悅　逮貴州巡撫都御史王學益　大計拾遺言官論聶豹在平陽乾沒夏言亦惡豹閏月逮下錦衣獄落職歸　黔國公沐朝輔卒二子融鞏皆幼詔視琮璘故事令融嗣公給半祿而授朝輔弟朝弼都督僉事佩印代鎮　丙午振成都饑　冬十月逮山東巡撫都御史何鼇　巡撫延綏都御史楊守謙言激勸軍士在重賞今斬一首者陞一級不願者予白金三十兩賞已薄又文移察勘動涉歲時以故士心不勸近宜大事棘稍加賞格請倍增其數鎮巡官驗明即給蓋增級襲廕有官者利之窮卒覬賞而已兵部以爲然定斬首一級者與銀五十兩著爲令　朱紈巡海道采僉事項高及士民言謂不革渡船則海道不可清不嚴保甲則海防不可復上疏具列其狀於是革渡船嚴保甲搜捕奸民閩人資衣食於海驟失重利雖士大夫家亦不便也欲沮壞之會日本使周良等以舟四人六百待明年貢期守臣沮之以風爲解紈乃以便宜要良自請後不爲例

錄其船延長入寧波賓館十一月事聞閩人林懋和爲主客司宣言先期非制且人船越額宜敕守臣勒回詔從其議長等不肯去紈亦以中國制馭諸番宜守大信疏爭之強且曰去外國盜易去中國盜難去中國瀕海之盜猶易去中國衣冠之盜尤難閩浙人益恨之奸民投書激變紈防範密計不得行　壬午大內火大高元殿災帝禱於露臺　乙未皇后崩詔曰后比救朕危奉天濟難其以元后禮葬預名葬地曰永陵親定謚禮視昔加隆　海禁既嚴佛郎機人無所獲利整衆犯漳州之月港浯嶼副使柯喬等禦卻之　先是河套議起諸巡撫延綏張問行陝西謝蘭寧夏王邦瑞及巡按御史盛唐以爲難久不會奏曾銑怒疏請於帝帝爲責讓諸巡撫會問行已罷楊守謙代之意與銑同銑遂合諸臣條上方略十八事已又獻營陳八圖並優旨下廷議　十二月辛酉曾銑劾甘肅總兵官仇鸞阻撓楊博亦發其貪罔三十事詔逮問　乙亥倭犯寧波台州大肆殺掠二

郡將吏並獲罪　嚴嵩貪忮海內士大夫怨之謂夏言能壓嵩制其命深以爲快而言以廢棄久務張權所譴逐不盡當朝士仄目御史陳其學以鹽法事劾崔元陸炳言擬旨逮治皆造言請死炳長跪乃得解二人與嵩比而構言言未之悟也帝數使小內豎詣言所言負氣岸奴視之嵩必延坐親納金錢袖中以故日譽嵩而短言言進青詞往往失帝旨嵩聞益精治其事總督三邊侍郎曾銑之議復河套也言贊決之甚力兵部尙書王以旂等見帝意向銑議上一如銑言銑鳩兵繕塞輒破敵而嵩欲借以傾言與元炳媒孽其間

二十七年春正月帝手詔諭輔臣曰今逐套賊師果有名否兵食果有餘成功可必否一銑何足言如生民荼毒何言大駭請帝自裁斷帝命刋手詔遍給與議諸臣嵩遂力言河套不可復語侵言故引罪乞罷以激帝怒言益懼謝罪且言嵩未嘗異議今乃盡委於臣帝責言強君脅衆嵩復騰疏攻言謂向擬旨褒銑臣皆不與聞言復力辯

而帝已入嵩譖怒不可解以旂會廷臣覆奏盡反前說癸未遣官逮銑出以旂代之責科道官不言悉杖於廷停俸四月盡奪言階官以尚書致仕　把都兒寇廣寧參將閻振戰死　兵部侍郎范鍃上經略潮河川居庸關諸處事宜請於古道門外蠭窩嶺增墩臺一濬濠設橋潮河川西南兩山對處各設敵臺薊鎮五里垛划車开連口慕田谷等地設墩臺惡谷紅生谷香爐石等斬岸塹修築居庸關外諸口加潮河川提督爲守備增副將居庸關領天壽山黃花鎮設橫嶺守備塞懷來路又議紫荆倒馬龍泉等關及山海關古北口經略事宜請於紫荆之桑谷倒馬之中窯關峪龍泉之陸石嶺創築城垣增設敵樓營舍薊州所轄燕河太平馬蘭密雲四路修築未竟者竣之移參將分駐石門杜家莊俾保定總兵駐紫荆移建昌營游擊於山海關又言諸路緩急以密雲之分守爲最各關要害以密雲之迤西爲最若燕河之冷口馬蘭之黃崖太平之榆木嶺擦崖子皆所急下

所司議行　嚴嵩揣帝無意殺夏言會有蜚語聞禁中謂言去時怨謗嵩乃代仇鸞草疏誣曾銑掩敗不奏剋軍饟鉅萬遣子淳屬蘇綱賂言交關爲奸利其言絕無左驗而帝深入其說立逮淳綱下錦衣衛獄遣給事中申玠等往覈給事中齊譽等以帝怒銑甚請早正刑章帝責譽黨奸避事鐫級調外任三月癸巳銑逮至法司比擬邊帥失陷城砦者律帝必欲依正條坐銑交結近侍律斬妻子流二千里即日行刑遣官校逮言价等因劾李珍與指揮田世威郭震爲銑爪牙並逮下獄連及謝蘭張問行戚唐副總兵李琦等皆斥罰勒淳綱贓卹陣亡軍及居民被難者銑嘗檄府衛銀三萬兩製車仗亦責償於淳酷刑拷珍令其實剋饟行賂事珍瀕死不承淳用是免珍竟論死綱世威震並謫戍銑有膽略長於用兵居官廉家無餘貲既被誣後俺答歲入寇帝卒不悟輒曰此銑欲開邊故行報復耳　詹榮以守邊當積粟近邊宏賜諸堡三十一所延亙五百餘里闢治之皆費

腴田可數十萬頃乃奏請召軍佃作復其租徭移大同一歲市馬費市牛賦之秋冬則聚而遏寇帝立從焉　翁萬達言諸部求貢不遂慚且憤聲言大舉犯邊乞令邊臣便宜從事帝怒切責之　癸卯出仇鸞於獄　朱紈討平覆鼎山賊將進攻雙嶼使柯喬及都指揮黎秀分駐漳泉福寧遏賊奔逸都指揮使盧鏜將福清兵由海門進夏四月遇賊於九山洋俘日本國人稽天許棟亦就禽棟黨汪直等收餘衆遁鏜築寨雙嶼而還番舶後至者不得入分泊南麂礁門青山下八諸島勢家既失利宣言被禽者皆良民非賊黨又挾制有司以脅從被擄予輕比重者引強盜拒捕律紈上疏曰今海禁分明不知何由被擄何由脅從若以入番導寇爲強盜海洋敵對爲拒捕臣之愚暗實所未解遂以便宜行戮　夏言抵通州聞曾銑所坐大驚墮車曰噫吾死矣再疏訟冤言鸞方就逮上諭降不兩日鸞何以知上語又何以知嵩疏而附麗若此蓋嵩與崔元輩詐爲之以傾臣嵩靜

言庸違似共工謙恭下士似王莽奸巧弄權父子專政似司馬懿在內諸臣受其牢籠知有嵩不知有陛下在外諸臣受其箝制亦知有嵩不知有陛下臣生死係嵩掌握惟歸命聖慈曲賜保全帝不省獄成刑部尚書喻茂堅左都御史屠僑等援議貴議能條以上帝不從切責茂堅等奪其俸猶及言不戴香冠事　五月丙戌葬孝烈皇后

六月贈前大學士楊一清太保諡文襄　龍許保等勢盛貴州巡撫都御史李義壯告警命張岳總督湖廣貴州四川軍務討之進右都御史　周亶復求貢朱紈以聞禮部言日本貢期及人船數雖違制第表辭恭順若概加拒絕則航海之勞可憫若猥務含容則宗設素卿之事可鑒宜敕紈起送五十人餘留嘉賓館量加犒賞諭令歸國報可秋七月巡按浙江御史周亮上疏詆紈請改巡撫爲巡視以殺其權其黨在朝者左右之竟如其請亮亦閩人也　戊寅京師地震　帝頻修齋醮諸王爭遣使進香鄭王厚烷獨上書請帝修德講

學進居敬窮理克己存誠四箴演連珠十章以神仙土木爲規諫語切直帝怒下其使者於獄詔曰前宗室有謗訕者置不治茲復效尤王今之西伯也欲爲爲之　廣東連山賊李金與廣西賀縣賊倪仲亮等出沒衡永郴桂積三十年不能平張岳大合兵督沈希儀等進討破禽之巨寇悉平　庚子西苑進嘉穀薦於太廟　八月丁巳俺答犯大同不克退攻五堡伏兵其旁誘指揮顧相等出圍之彌陀山周尙文急督副總兵林椿參將呂勇游擊李梅及二子君佐君仁出塞援圍始解相及指揮周奉千戶呂愷郝經等已陳沒尙文轉戰次野口伏突起尙文等殊死戰斬其長一人相持月餘寇引去尙文設伏殺其殿卒而還寇趨山西諸將禦卻之九月壬午寇犯宣府大掠永寧隆慶懷來軍民死者數萬守備魯承恩等戰死　山東提學僉事王曄給由入都道病後期嚴嵩遂奪其官曄在臺嘗劾罷方面官三十九人直聲甚著比歸環堵蕭然數年卒　朱紈討溫盤南麂諸

賊連戰三月大破之還平處州礦盜　乙未免陝西被災稅糧　冬十月癸卯殺前華蓋殿大學士夏言妻蘇流廣西從子主事克承從孫尚寶丞朝慶削籍爲民言豪邁有俊才縱橫博辯人莫能屈既受特眷揣帝意不欲臣下黨比遂日與諸議禮貴人抗帝以爲不黨遇益厚及柄大政裁決庶務頗專恣志驕氣溢卒爲嚴嵩所擠死時年六十七其後嵩禍及天下久乃多惜言者　十二月禮部尚書費寀卒

二十八年春正月套寇自西海還肆掠永昌鎮羌總兵官王繼祖禦卻之　朱紈言臣整頓海防稍有次第周亮欲侵削臣權致屬吏不肯用命既又陳明國是正憲體定紀綱扼要害除禍本重斷決六事語多憤激中朝士大夫先入閩浙人言亦有不悅紈者矣　二月乙巳振陝西饑　辛亥南京吏部尚書張治爲禮部尚書兼文淵閣大學士祭酒呂本爲少詹事兼翰林院學士入閣預機務治等以疏遠

擢用不敢預可否嚴嵩益專　翁萬達言俺答將復寇宣府總兵官趙卿怯請以周尚文統其兵帝從之而命趙國忠代卿尚文國忠皆未至壬子寇犯滴水崖指揮董暘江瀚唐臣張淮等戰死寇遂南下駐隆慶石河營游騎分掠東及永寧川南及岔道灰嶺柳溝大小紅門諸口關南大震游擊將軍王鑰袁正力戰隆慶州橋南寇移而南乙卯尚文萬騎遇敵曹家莊參將田琦騎千餘與尚文合連戰斬四首搴其旂寇據險不退萬達督參將姜應熊等自懷來馳赴順風鼓譟揚塵蔽天寇驚曰翁太師至矣是夜東去丙辰國忠至岔道命參將孫勇帥精卒逆擊寇於大滹沱敗之與尚文分道追擊寇連敗盡走帝偵萬達督戰狀大喜立進兵部尚書兼右副都御史尚文等並敘功陞賞應熊奭之子也　初徐階爲吏部侍郎折節下士接見庶官必深坐咨邊腹要害吏治民瘼皆自喜得階意願爲用尚書熊浹唐龍周用皆重階階數署部事及聞淵代用自以前輩事取獨斷階

意不樂求出避之帝命改掌翰林院事進禮部尚書階勤又所撰青詞獨稱旨遂召直無逸殿與張治李本俱賜飛魚服廷推吏部尚書帝不聽曰階方侍左右何外擬也　給事中楊允繩奉命會英國公張溶撫寧侯朱岳定西侯蔣傳等簡應襲子弟於閱武場指揮鄭璽忽傳寇至溶等皆懼走允繩獨不動因奏之詔褫璽職奪溶岳營務罰傳等俸允繩由是知名溶崙之子岳麒之子傳驥之孫也　三月辛未朔日有食之　乙酉皇太子行冠禮丁亥薨諡莊敬與哀沖太子並建寢園歲時祭祀從諸陵後　佛郎機國人行劫至詔安朱紈督官軍迎擊於走馬溪禽賊首李光頭等九十六人復以便宜戮之具狀聞因言長澳諸大俠林恭等句引夷舟作亂而巨姦關通射利因爲鄉導躪我海濱宜正典刑部覆不允夏四月御史陳九德劾紈擅殺詔落紈職遣給事中杜汝禎往按問紈聞之慷慨流涕曰吾貧且病又負氣不任對簿縱天子不欲殺我閩浙人必殺我吾死自決

之不須人也製壙誌作絕命詞仰藥死紈清強峭直勇於任事欲爲
國家杜亂源乃爲勢家搆陷朝野太息自紈死罷巡視大臣不設中
外搖手不敢言海禁事浙中衞所四十一戰船四百三十九尺籍盡
耗紈招福清捕盜船四十餘分布海道在台州海門衞者十有四爲
黃巖外障副使丁湛盡散遣之撤備弛禁未幾海寇大作荼毒東南
者十餘年　范子儀妄言莫宏瀷死迎正中歸立剽掠欽廉等州嶺
海騷動提督兩廣侍郎歐陽必進檄都指揮僉事俞大猷討之賊攻
廉州甚急大猷馳至以舟師未集遣數騎諭降且聲言大兵至賊不
測果解去無何舟師至設伏冠頭嶺賊犯欽州大猷遮奪其舟追戰
數日生禽子儀弟子流斬首千二百級窮追至海東雲屯檄宏瀷殺
子儀函首來獻　帝才范鏓甚會兵部尚書趙廷瑞爲楊允繩劾罷
即命鏓代鏓以老辭且言隨事通變乏將順之宜帝怒責鏓不恭削
其籍而召翁萬達還部侍郎詹榮署部務奏行秋防十事　套寇復

犯鎮番山丹諸處參將蔡勳馬宗援三戰皆捷前後斬首一百四十餘級　五月太保左都督周尙文卒年七十五尙文淸約愛士得士死力善用閒知敵中曲折故戰輒有功初尙文僉後府事嚴世蕃方爲都事驕蹇尙文面叱將劾奏之嵩謝得免乃調世蕃治中而銜尙文刺骨謀傾陷之尙文功高帝方藉以抗強敵讒不得入比卒嵩格卹典不予給事中沈束言尙文爲將忠義自許曹家莊之役奇功也雖晉秩未疇勳宜贈封爵延子孫他如董暘江瀚力抗強敵繼之以死雖已廟祀宜賜祭以彰死事忠今當事之臣任意予奪冒濫或倖蒙忠勤反捐棄何以鼓士氣激軍心疏奏嵩大恚激帝怒下吏部都察院議聞淵屠僑等言束無他腸第疏狂當治帝愈怒奪淵僑俸下束錦衣獄已刑部坐束奏事不實輸贖還職特命杖於廷仍錮錦衣獄　秋七月浙江海賊起　初罕東屬番避土魯番亂還肅州境上時與居民戕殺監生李時暘以爲言事下守臣八月楊博築金塔白

城七堡召其長令帥屬徙居之諸番徙七百餘帳州境肅清　套寇數萬屯寧夏塞外將大入官軍擊之斬首六十餘級寇宵遁　瓊州五指山熟黎素畏法供徭賦知州邵濬虐取之其酋那燕遂結崖州感恩昌化諸黎爲亂詔發兩廣官軍九千進勦給事中鄭廷鵠言瓊州諸黎盤踞山峒而州縣反環其外其地彼高而我下其土彼膏腴而我鹹鹵其勢彼聚而我散故自開郡來千六百餘年無歲不遭黎害今日之患非九千兵可辦必添調狼土官兵召募打手集數萬衆一鼓而四面攻之然後可克也往嘉靖十九年嘗大渡師徒攻毀巢岡議於德霞建城立邑招新民耕守業已舉行中道而廢旋爲賊資今宜分奇兵由萬州陵水進先攻連郎温腳二峒岐賊而以大兵徑擣崖賊使彼此不相顧慰安諸部以解其黨收德崖千家羅活等膏腴之地設立屯田且耕且守由羅活磨斬開路以達安定由德霞沿溪水以達昌化仍建參將府於德霞各州縣許便宜行事新民中有

異志者或遷之海北或編入附近衛所戎籍如漢徙潳山蠻故事詔
悉允行尋以俞大猷爲崖州參將　嚴嵩既搆殺夏言勢益橫部權
無不侵數以小故奪聞淵俸九月淵遂乞骸骨歸淵居官始終一節
晚扼權相功名頗損　俺答三萬騎犯萬全左衛總兵官陳鳳副總
兵林椿與戰鷂兒嶺殺傷相當總督宣大山西侍郎郭宗臯坐奪俸
朵顏三衛犯遼東　冬十月辛丑免畿內被災稅糧　黔國公沐
融卒鞏嗣朝弼心害之朝弼母李氏請護鞏居京師待其長還鎮報
可鞏未至京而卒　翁萬達以父憂歸詹榮復當署部務辭疾乞休
帝怒奪職閒住吏部侍郎丁汝夔代爲兵部尚書兼督團營時俺答
屢寇邊羽書疊至帝方齋居西內厭兵事而嚴嵩竊權邊帥率以賄
進疆事大壞　李義壯持萬鏜議欲招撫蜡爾山賊十一月張岳劾
其阻兵罷之王學益與鏜附嚴嵩主撫議數從中撓岳岳持益堅
初獻皇帝入太廟非公議帝恐後世議祧及孝烈皇后崩帝欲祔之

廟又恐壓於孝潔皇后會孝烈大祥禮臣請安主奉先殿東夾室帝曰奉先殿東夾室非正也可即祔太廟嚴嵩等請設位於太廟東皇妣睿皇后之次後寢藏主則設幄於憲廟皇祖妣之右帝曰祔禮至重豈可權就后非帝乃配帝者自有一定之序安有享從此而主藏彼之禮其祧仁宗祔以新序即朕位次勿得亂禮嵩等言祔新序非臣下所敢議且陰不可當陽位乃命姑藏主睿皇后側

二十九年春正月大計削厲汝進籍　三月龍許保襲執印江知縣徐文伯石阡推官鄧本忠　郭鄖子守乾襲武定侯　歐陽必進會總兵官平江伯陳圭等討那燕議分兵五道沈希儀適病最後至謂必進曰萬州陵水黎未有黨惡之實柰何幷誅盆樹敵莫若止三道乃偕參將武鸞俞大猷直入五指山下斬那燕及其黨五千四百有奇俘獲者五之一招降三千七百人大猷言於必進曰黎亦人也率數年一反一征豈上天生人意宜建城設市用漢法雜治之乃單騎

入峒與黎定要約海南遂安　俺答移駐威寧海子　初帝幸承天河南巡撫都御史胡纘宗以事笞陽武知縣王聯聯尋爲巡按御史陶欽夔劾罷以毆其父論死久之其父請得出獄復坐殺人求解不得知帝喜告訐乃摭纘宗迎駕詩穆王八駿語爲謗詛言纘宗命己刊布不從屬欽夔論黜羅織成大辟候長至日令其子詐爲常朝官闌入闕門訟冤凡所不悅副都御史劉隅給事中鮑道明御史胡植馮章張洽參議朱鴻漸知府項喬賈應春等百十人悉構入之帝大怒立遣官捕纘宗等下獄命法司嚴訊夏四月刑部尚書劉訒等盡得其誣罔仍坐聯死當其子詐冒朝官律斬而爲纘宗等乞宥帝坐聯父子辟而以纘宗等命禮部都察院參議嚴嵩爲之解乃革纘宗職杖四十訒亦除名法司正貳停半載俸郎官承問者下錦衣獄嵩以對制平獄有功令兼支大學士俸時帝以喜怒爲生殺每遇大獄刑官率骫法徇上意訒於是獄能持法天下稱之　改楊守謙巡撫

保定兼督紫荆諸關守謙去鎮之日傾城號泣有追送數百里外者
六月丁巳俺答犯大同總兵官張達副總兵林椿戰死給事中唐禹言全軍悉陷乃數十年未有之大衂閏月逮郭宗皋及巡撫都御史陳燿各杖一百燿死宗皋戍陝西靖虜衞起翁萬達代宗皋萬達方病疽廬墓間乃疏請終制　免陝西河南江北被災夏稅　秋七月俺答傳箭諸部大舉　杜汝楨及巡按浙江御史陳宗虁還言朱紈所誅皆滿剌加商人與海濱無賴之徒鬻販拒捕無僭號流劫事紈擅自行誅誠如御史所劾時滿剌加已爲佛郎機所幷汝楨等不知遂以實紈罪詔逮紈紈已前死柯喬盧鏜等並論重辟　八月甲子俺答犯宣府諸將拒之不得入丁汝虁言寇不得志於宣府必東趨遼薊請敕諸將嚴爲備潮河川乃陵京門戶宜調遼東一軍赴白馬關保定一軍赴古北口從之　嚴嵩旣傾殺夏言益僞爲恭謹言嘗加上柱國帝亦欲加嵩嵩言尊無二上上非人臣所宜稱國初雖

設此官左相國達功臣第一亦止爲左柱國乞陛下免臣此官著爲令典以昭臣節帝大喜從之以世蕃爲太常寺卿嵩無他才略惟一意媚上竊權罔利帝英察自信果刑戮頗護己短嵩以故得因事激帝怒戕害人諸所不悅者多用他故置之死或假遷除考察斥之未嘗有迹也　胡纘宗之獄株連甚衆會帝以京師災異頻見咨陶仲文仲文言慮有冤獄得雨方解帝從之果得雨丙寅以平獄功封仲文爲恭誠伯　俺答自宣府引而東駐大興州去古北口百七十里大同總兵官仇鸞聞之帥所部馳至居庸南哈舟兒爲寇鄉導詐言向西北順天巡撫都御史王汝孝以聞丁汝夔信之請令鸞還大同勿東詔俟後報及興州報至命鸞壁居庸汝孝守薊州寇循潮河川而下丁丑至古北口薄關城汝孝帥總兵官羅希韓盧鉞禦之寇陽引滿內嚮而別遣精騎從鴿子洞曹榆溝潰牆入汝孝師大潰巡按御史王忬言潮河川有徑道一日夜可達通州因疾馳至通爲守禦

計盡徙舟楫之在東岸者戊寅寇由石匣營達密雲轉掠懷柔圍順義大同隊長馬芳馳斬其將寇亦聞保定兵駐城內乃解而南夜半至通州阻白河不得渡壁於河東孤山帝密遣中使覘軍見忬方厲士乘城還奏帝大喜寇分兵四掠焚湖渠馬房殺掠不可勝紀京師戒嚴召鸞及河南山東兵入援分遣文武大臣各九人守京城九門蔣傳及兵部侍郎王邦瑞總督之陸炳及禮部侍郎王用賓給事御史各四人巡視皇城四門詔大小文臣知兵者許汝夔委用汝夔條上八事請列正兵四營於城外四隅奇兵九營於九門外近郊正兵營各一萬奇兵營各六千急遣大臣二人經略通州涿州且釋罪廢諸將使立功贖罪帝悉報可楊守謙帥師倍道入援帝聞其至甚喜令營崇文門外副總兵朱楫參將祝福馮登各以兵至人心稍安寇游騎四出散掠枯柳諸村去京城二十里汝夔遣偵卒出城不數里輒奔還妄言誑汝夔既而言不讎弗罪也募他卒偵之復如前寇衆

寡遠近皆不能知京營冊籍多虛數見卒僅四五萬老弱半之又半
役內外提督大臣家不歸伍在伍者亦涕泣不敢前從武庫索甲仗
主庫奄人勒常例不時發久之不能軍乃發居民及四方應武舉諸
生乘城都御史商大節帥五城御史統之發帑金五千兩命便宜募
壯士鸞與副將徐鈺游擊張騰等軍白河西守謙楫移營東直門外
趙國忠偕參將趙臣孫時謙袁正游擊姚冕山西游擊羅恭等營玉
河諸處勤王兵先後至者五六萬人詔守謙鸞調度京城及各路援
兵相機戰守兵部核援兵數行賞賚議者謂城內虛城外有邊兵足
恃宜移京軍備內釁汝夔亦以爲然遂畫掣禁軍入營十王府慶壽
寺前朱希忠掌營務恐以兵少獲譴乃東西抽掣爲掩飾計士疲不
得息而莫曉孰爲調者爭詈汝夔鸞兵無紀律掠民閒帝方眷鸞令
勿捕汝夔亦戒勿治鸞兵民益怨怒勤王兵聞變卽赴未齎糗糧犒
師制下牛酒無所出越二三日始得數餅餌皆飢疲不任戰辛巳寇

自通州渡河而西前鋒七百騎駐安定門外教場詔守謙與楫等合擊莫敢前壬午寇悉師薄城分掠西山黄村沙河大小榆河諸將高秉元徐鏞等禦之不能卻國忠移營護諸陵陳紅門外寇騎至不敢入帝拜鑾大將軍進守謙兵部右侍郎協同提督內外諸軍事趣諸將戰甚急汝夔以咨嚴嵩嵩曰塞上敗或可掩失利輦下帝無不知誰執其咎寇飽自颺去耳汝夔遂戒諸將勿輕戰鑾自孤山還至東直門斬死人首六級報功守謙孤軍薄俺答營無後繼不敢戰客勸之應曰周亞夫何人乎客曰公誤矣今日何得比漢法守謙不納諸將皆閉營不出引汝夔及守謙爲辭流聞禁中帝不悅敵縱所擄馬房中官楊增入城謾書求貢帝召嵩及呂本徐階對便殿嵩曰饑賊耳不足患階曰傳城而軍殺人若刈菅何謂饑賊帝然之問求貢書安在嵩出諸袖曰禮部事也帝復問階階曰寇深矣不許恐激之怒許則彼厚邀我請遣譯者諭令退屯塞外因邊臣以請往返之間我

得箚爲備援兵集寇且走帝稱善者再階請帝還大內召羣臣計兵事從之詔百官廷議俺答求貢事司業趙貞吉奮袖大言曰城下之盟春秋恥之既許貢必入城儻要索無已奈何階曰君必有良策貞吉曰爲今之計請至尊速御正殿下詔引咎錄周尙文功以勵邊帥出沈束於獄以開言路輕損軍之令重賞功之格遣官宣諭諸將監督力戰退敵易易耳錦衣衞經歷沈鍊是貞吉吏部尙書夏邦謨目之曰若何官鍊曰大臣不言故小吏言之何怪也廷臣皆莫敢言帝偵知狀諭嵩曰貞吉言是第不當及周尙文沈束事耳議罷貞吉盛氣謁嵩嵩辭不見貞吉怒叱門者適趙文華至復叱之嵩大恨帝召貞吉入左順門令手疏便宜立擢左諭德兼監察御史奉勅宣諭諸軍給白金五萬兩聽便宜勞賞寇燬城外廬舍城西北隅火光燭天內臣園宅在焉環泣帝前稱將帥爲文臣制故寇得至此帝怒曰守謙擁衆自全朕親降旨趣戰何得以部檄爲解癸未羣臣昧爽入至

日晡帝始御奉天殿不發一詞但命階奉敕諭至午門集羣臣切責之而已帝怒文武臣不任事尤怒汝夔吏部因請起楊守禮劉源清史道許論於家汝夔不自安請督諸將出城戰而以侍郎謝蘭署部事帝責其推諉命居中如故嵩撰貞吉敕不令督戰以輕其權且不與一卒護行時敵騎充斥貞吉馳入諸將營散金犒士宣諭德意越宿即復命帝大怒謂貞吉漫無區畫徒為尙文東遊說下之錦衣獄通政使樊深陳禦寇七事言鸞養寇要功帝立斥深為民邦瑞屯禁軍郭外以巡捕軍營東西長安街大啓郭門納四郊避寇者寇縱橫內地八日所掠過望甲申整輜重從容趨白羊口而去鍊上疏請以萬騎護陵寢萬騎護通州軍儲而令勤王師十餘萬人擊其惰歸可大得志帝弗省汝夔蘭及戶部尙書李士翺工部尙書胡松侍郎雒容孫禬皆引罪命革士翺職停松俸俱戴罪辦事侍郎俱停俸五月執汝夔及守謙下獄鸞步卒掠民資守通州都御史王儀捕笞之枷

市門外鑾訴於帝忬及御史姜廷頤復劾之帝立命逮儀超擢忬僉
都御史代之邦瑞攝兵部事召翁萬達爲尚書乙酉逮汝孝希韓鉞
寇未盡去官校不敢前詭言汝孝等追寇白羊口遠不可卒至丙戌
京師解嚴杖貞吉於廷謫荔波縣典史帝欲大行誅以懲後汝夔窘
求救於嵩嵩懼其引己使人語之曰我在必不令公死及見帝怒甚
不敢言給事御史劾汝夔禦寇無策帝責其不早言奪俸有差趣具
獄丁亥怒法司奏當緩杖都御史屠僑刑部侍郎彭黯大理寺卿沈
良才各四十降俸五等給事中張侃等循故事覆奏各杖五十斥侃
爲民坐汝夔守備不設守謙失誤軍機即日並戮於市梟汝夔首妻
流三千里子戍鐵嶺衛汝夔臨刑方悔爲嵩所賣方廷訊時職方郎
中王尚學當從坐汝夔曰罪在尚書郎中無預得減死論戍汝夔赴
市問左右王郎中免乎尚學子化在側謝曰荷公恩免矣汝夔歎曰
汝父勸我速戰我爲政府誤汝父免我死無恨聞者爲泣下守謙坦

易無城府馭下多恩意守官廉位至開府蕭然若寒士臨刑時慨然曰臣以勤王反獲罪讒賊之口實蔽聖聰皇天后土知臣此心邊鄙吏士知守謙死無不流涕者寇將出白羊口鸞尾之寇猝東返鸞出不意兵潰死傷千餘人戊子寇由古北口出塞諸將收斬遺屍得八十餘級以捷聞　九月辛卯朔振畿內被寇者　王汝孝等逮至帝怒漸解汝孝復以首功聞命俱減死戍邊　王邦瑞言國初京營勁旅不減七八十萬元戎宿將常不乏人自三大營變爲十二團營又變爲兩官廳寖不如初然額軍尚三十八萬有奇今武備廢弛見籍止十四萬餘而操練者不過五六萬皆老弱疲憊市井遊販之徒衣甲器械取給臨時支糧則有調遣則無敵騎深入戰守皆困此其弊不在逃亡而在占役不在軍士而在將領蓋提督坐營號頭把總諸官多世冑紈袴平時占役營軍以空名支饟臨操則集市人呼舞博笑而已先年尙書王瓊毛伯溫劉天和嘗有意振刷將領惡其害己

軍士習於驕惰陰謀阻撓競倡流言事復中止釀害至今乞大振乾綱遣官精核帝是其言命兵部議興革乙未悉罷團營兩官廳復三大營舊制更三千曰神樞設戎政府總督京營武臣協理文臣各一人以仇鸞及邦瑞爲之其下設副總兵參將等官二十六員又從部議以四武營歸五軍營中軍四勇營歸左右哨四威營歸左右掖各設坐營官一員爲正兵備城守參將二員備征討丁酉邦瑞條上興革六事中言宦官典兵古今大患請盡撤提督監槍者帝報從之邦瑞又舉前編修趙時春工部主事申旞知兵並改兵部分理京營事

戊申免畿輔被災稅糧　分遣御史郎中募兵畿輔山東西河南商大節兼管民兵經略京城內外大節訓練鼓舞軍容甚壯所募民兵四千請以三等授饟上者月二石其次遞減五斗帝亟從之大名知府張瀚閱戶籍三十丁簡一人使二十九人供其饟即日得八百人使者稱其才　初鄭康王薨無子見滋子祐橏應及以前罪廢乃

立東垣王子祐櫸已祐檜求復郡王爵怨鄭王厚烷不爲奏乘帝怒摭厚烷四十罪以叛逆告詔駙馬中官即訊還報反無驗治宮室名號擬乘輿則有之帝怒曰厚烷訕朕躬在國驕傲無禮大不道壬子廢爲庶人錮之鳳陽世子載堉篤學有至性痛父非罪見繫築土室宮門外席藁獨處者十九年　楊允繩請令五軍都督府府軍前衞及錦衣衞堂上官每遇考選軍政之歲各具疏自陳聽科道官拾遺騰驤四衞及錦衣指揮以下聽兵部考察詔皆從之著爲令　冬十月甲戌張治卒　刑部郎中徐學詩言臣聞外攘之備在於內治內治之要在於端本今大學士嵩輔政十載奸貪異甚內結權貴外比羣小文武遷除率邀厚賄致此輩掊克軍民釀成寇患國事至此猶敢謬引佳兵不祥之說以謾清問近因都城有警密輸財賄南還大車數十乘樓船十餘艘水陸載道駭人耳目又納奪職總兵官李鳳鳴二千金使鎮薊州受老廢總兵官郭琮三千金使督漕運諸如此

比難可悉數舉朝莫不歎憤而無有一人敢牴牾者誠以內外盤結上下比周積久勢成而其子世蕃又凶狡成性擅執父權凡諸司奏請必先白其父子然後敢聞於陛下陛下又安得而盡悉之乎蓋嵩權力足以假手下石機械足以先發制人勢利足以廣交自固文詞便給足以掩罪飾非而精悍警敏揣摩巧中足以趨利避害彌縫闕失私交密惠令色脂言又足以結人歡心箝人口舌故前後論嵩者嵩雖不能顯禍之於正言之時莫不假事託人陰中之於遷除考察之際如前給事中王曄陳璒御史謝瑜童漢臣輩於時亦蒙寬宥而今皆安在哉陛下誠罷嵩父子別簡忠良代之外患自無不寧矣帝覽奏頗感動陶仲文密言嵩孤立盡忠學詩特爲所私修隙耳遂下學詩錦衣獄嵩求去優詔慰留嵩又請遣世蕃回籍帝亦不許斥學詩爲民　申旞疾仇鸞專恣言兵戎大事不當決於一人鸞奏旞侵官帝爲下旞錦衣獄罷巡視部官不設　仇鸞請選各邊兵六萬四

千人分番入衛令京營將領分轄訓練兵部侍郎聶豹疏陳四慮謂宜固守宣大宣大安則京師安鸞怒伺豹過無所得乃已帝竟從鸞計　十一月癸巳分遣御史赴各邊選軍自是邊軍盡隸京師塞上有警邊將不得徵集邊事益壞　翁萬達家嶺南距京師八千里聞寇警倍道行四十日抵近郊寇氛熾帝日夕俟萬達至遲之以問嚴嵩嵩故不悅萬達言寇患在肘腋諸臣觀望非君召不俟駕之義帝遂用王邦瑞於兵部不數日萬達至具疏自明帝責其欺謾念守制姑奪職聽別用初仇鸞鎮兩廣縱部卒爲虐萬達爲知府縛其尤橫者杖之鸞銜宿怨譏言搆於帝萬達益失眷未幾降兵部右侍郎兼僉都御史經略紫荊諸關　那鑑密約武文淵爲亂沐朝弼及巡撫都御史胡奎巡按御史林應箕以聞請以副使李維參政胡堯時督兵勦之制可　帝終欲祔孝烈皇后於太廟命再議徐階言不可給事中楊思忠力贊之餘莫敢言帝覘知狀及議上帝震怒嚴旨譙責

命階思忠更定階思忠惶恐乃請於太廟及奉先殿各增二室以祔
孝烈則仁宗可不祧孝烈可速正南面之位陛下亦無預祧以俟之
嫌帝曰臣子之誼當祧當祔力請可也苟禮得其正何避豫爲階益
恐不敢守前議因上祧祔儀注會請忌日祭帝猶銜前議報曰孝烈
繼后所奉者又入繼之君忌不祭亦可階等請益力帝曰非天子不
議禮后當祔廟居朕室次禮官顧謂今日未宜徒飾說以惑衆聽因
諭嚴嵩等禮官從朕言勉強耳即不忍祧仁宗且置后主別廟將來
由臣下議處忌日令奠一卮酒不至傷情於是階等不敢復言第請
如敕行壬寅祧仁宗祔孝烈皇后於太廟　薊州督鑲都御史李遂
未謝恩請關防符驗用新銜帝怒削其籍　仇鸞搆王邦瑞於帝帝
眷漸移十二月鸞奏革薊州總兵官李鳳鳴大同總兵官徐珏任而
薦京營副將成勳代鳳鳴密雲副將徐仁代珏旨從中下邦瑞言朝
廷易置將帥必采之公卿斷自宸衷所以愼防杜漸示臣下不敢專

也且京營大將與列鎮將不相統攝何緣京營乃黜陟各鎮今曲狥
鑾請臣恐九邊將帥悉奔走託附非國之福也帝不悅下旨誚讓鑾
又欲節制邊將罷築薊鎮邊垣邦瑞皆以爲不可鑾大憾益肆讒構
陳九德疏薦謫戍侍郎張漢等帝怒削其籍　俺答遣子脫脫陳
款命嚴備　先是喻茂堅長刑部上言自弘治間定例垂五十年乞
會同三法司申明問刑條例及嘉靖元年以後欽定事例永爲遵守
其弘治十三年以後嘉靖元年以前奉詔革除事例有因事條陳擬
議精當可采者亦宜詳檢若官司妄引條例故入人罪者當議黜罰
會茂堅去官及是尚書顧應祥等定議增至二百四十九條　嚴嵩
貴幸用事邊臣爭致賄遺及失事懼罪益輦金賄嵩賄日以重沈鍊
時時扼腕

明紀卷第三十三

明紀卷第三十四

賜進士出身工部候補主事虞衡司行走陳鶴纂

卹贈知府銜給雲騎尉世職内閣候補中書孫男克家參訂

世宗紀七 起嘉靖三十年辛亥訖嘉靖三十四年乙卯凡五年

三十年春正月上疏言昨歲俺答犯順陛下奮揚神武欲乘時北伐此文武羣臣所願戮力者也然制勝必先廟算廟算必先為天下除奸邪今大學士嵩當主憂臣辱之時不聞延訪賢豪咨詢方略惟與子世蕃規圖自便忠謀則多方沮之諛諂則曲意引之要賄鬻官沽恩結客引朝廷賞罰歸之於己請舉其罪之大者言之納將帥之賄以啓邊陲之釁一也受諸王饋遺每事陰為之地二也攬吏部之權雖州縣小吏亦皆貨取致官方大壞三也索撫按歲例致有司遞相承奉而閭閻之財日削四也陰制諫官俾不敢直言五也妬賢嫉能一忤其意必致之死六也縱子受財斂怨天下七也運財還家月無

虛曰致道路驛騷八也久居政府擅寵害政九也不能協謀天討上
貽君父憂十也因弁論夏邦謨諂諛黷貨狀請均罷斥以謝天下帝
大怒搒之數十謫佃保安　時增兵設戍饟額過倍戶部尚書洛陽
孫應奎束手無策始建議加派自北方諸府暨廣西貴州外其他量
地貧富驟增銀一百十五萬有奇而蘇州一府乃八萬五千御史郭
仁吳人也詰應奎請減不從仁遂劾應奎帝以仁不當私屬調之外
二月徐階請立皇太子不報復連請皆不報後當冠婚復請先裕
王後景王帝不懌　王邦瑞復陳安攘大計嚴旨落職以冠帶辦事
居數日京察自陳斥爲民　翁萬達自陳乞終制帝疑其避事免歸
瀕行復摘謝疏譌字爲不敬斥爲民　張岳使總兵官沈希儀及參
將石邦憲等分道討龍許保躬入銅仁督之先後斬賊魁五十三人
破苗寨十有五竄山箐者搜捕殆盡獨許保及吳黑苗跳不獲三月
岳以捷聞言貴苗漸平湖苗聽撫請遣土兵歸農朝議許之未幾西

陽宣撫冉元嗾許保黑苗突思州劫執知府李允簡邦憲兵邀奪允簡還允簡竟死嚴嵩父子故憾岳欲逮治之徐階持不可乃奪右都御史以侍郎督師　仇鸞有寵用事帝倚以辦寇鸞中情怯畏寇甚乃請開互市市馬冀與俺答媾幸無戰鬭固恩寵帝許之壬辰開馬市於宣府大同命侍郎史道經理其事趙時春憤曰此秦檜續耳身爲大將而效市儈可乎兵部員外郎楊繼盛疏陳十不可五謬大略言互市者和親別名也俺答蹂躪我陵寢虔劉我赤子天下大讎也而先之和不可一往下詔北伐天下曉然知聖意日夜征繕助兵食忽更之曰和失信於天下不可二以堂堂中國與之互市冠履倒置不可三海內豪傑爭磨礪待試一旦委置無用異時欲號召誰復興起不可四使邊鎭將帥以和議故美食媮安弛懈兵事不可五往時邊卒私通境外吏率裁禁今乃導之使與通不可六盜賊伏莽徒懾國威不敢肆耳今知朝廷畏怯睥睨之漸必開不可七俺答往歲深

入乘我無備故也備之一歲以互市終彼謂國有人乎不可八或俺答負約不至至矣或陰謀伏兵突入或今日市明日復寇或以下馬索上直不可九歲帛數十萬得馬數萬四十年以後帛將不繼不可十議者曰吾外爲市以羈縻之內修我甲兵此一謬也夫寇欲無厭其以釁終明甚苟內修武備安事羈縻曰吾因市以益吾馬此二謬也夫和則不戰馬將焉用且彼寧肯予我良馬哉曰市不已彼且入貢此三謬也夫貢之賞不貲是名美而實大損也曰俺答利我市必無失信此四謬也吾之市能盡給其衆乎能信不給者之必無入掠乎曰佳兵不祥此五謬也敵加己而應之何佳之有疏入帝頗心動下鸞及朱希忠嚴嵩呂本徐階兵部尚書趙錦侍郎張時徹聶豹議鸞攘臂詈曰豎子目不睹寇宜其易之希忠等遂言遣官已行勢難中止帝尙猶豫鸞復進密疏乃下繼盛錦衣獄貶狄道典史其地雜番俗罕知詩書繼盛簡子弟秀者百餘人聘三經師教之鬻所乘馬

出婦裝市田資諸生縣有煤山爲番人所據民仰薪二百里外繼威召番人諭之咸服曰楊公卽須我曹穹帳亦舍之況煤山耶番民信愛之呼曰楊父兩廣提督侍郎周延總兵官顧實決策請於朝令莫宏瀷襲都統使赴關領牒會部目黎伯驪與黎寧臣鄭檢合兵來攻宏瀷奔海陽不克赴　仇鸞盡統中外兵惡商大節獨爲一軍不受其節制欲困之夏四月壬午請畫地分守以京城四郊委大節大節言臣雖經略京城實非有重兵專戰守責者也京城四郊利害鸞欲專以臣當臣節制者止巡捕軍鸞又時調遣奸宄竊發誰爲捍禦哉帝方寵鸞不欲人撓其事責大節懷奸避難立下錦衣獄法司希旨當大節斬嚴嵩言大節誠有罪但法司引律非是幸赦其死戍極邊不聽　那鑑縱兵攻掠沐朝弼與巡撫都御史石簡調武定北勝亦佐等土漢兵分五哨進破木龍寨降甘莊賊漸蹙乃遣經歷張維等詣南羨監督王養浩乞降左布政徐樾以督饟至闡維言信之約翼

日令鑑面縛出城左右咸謂夷詐不可許檝不聽如期親帥百人往城下受降鑑縱象馬夷兵突出衝之檝及左右皆死姚安土官高鵠奮身赴救亦被殺巡按御史趙炳然以聞幷糾朝弼等失事罪詔褫簡職停養浩等俸剋期捕賊贖罪　龍許保等既破思州復糾黨欲攻石阡不克六月還過省溪千戶安大朝等邀之斬獲大半盡奪其輜重賊不能軍石邦憲使使購老獮老𤞑等執許保及思州印獻軍門張岳以吳黑苗未獲不敢報功已而冉元謀露岳發其奸元賄嚴世蕃責岳絕苗黨　初叛人蕭芹呂明鎮以罪亡入韃靼挾白蓮邪教與其黨趙全邱富周原喬源諸人導俺答爲患俺答市畢旋入掠邊臣責之以芹等爲辭芹詭有術能墮城已而不驗秋七月縛芹及明鎮來獻而全富等竟匿不出　沐朝弼與石簡集五哨兵環元江而壁令南羨哨督兵渡江攻城選路通哨甘莊哨各精卒二千佐之那鑑知二哨精卒悉歸南羨潛遣兵象乘虛衝路通哨官兵不意賊

至倉卒燒營走監督郝維嶽奔入甘莊哨甘莊亦大潰督哨李維亦遁惟餘南羨偪城而軍武定女土官瞿氏寧州土舍祿紹先廣南儂兵頭目陸友仁恨那鑑戕主奪嫡誓死不退督哨王養浩因激獎之翼日鼓譟攻城賊大敗閉門不出官軍圍之鑑乞降官兵懲徐樾之敗不應　九月乙未京師地震有聲詔脩省　史道徇俺答請以粟豆易牛羊給事中何光裕御史龔愷等劾道委靡遷就馬市既開復請封號今其表意在請乞而道以爲謝恩況表文非出賊手道不去則彼有無厭之求我無必戰之志誤國事不小帝方嚮仇鸞責光裕等借道論鸞以探朝廷杖光裕愷八十餘奪俸光裕不勝杖卒　嚴嵩柄政擅黜陟權吏部尚書李默每持己意嵩銜之冬十月遼東巡撫缺默推布政使張臬謝存儒以上帝問嵩嵩言其不任奪默職爲民　十一月薊遼總督何棟購捕哈舟兒陳通事至京伏誅　俺答犯大同時馬市尚開寇旋入抄掠大同市則掠宣府宣府市則掠大

同幣未出境警報隨至然諸部嗜馬市利未敢公言大舉邊臣亦多畏懾以互市啗之延綏寧夏亦開市市馬五千四其長狠台吉等約束所部終市無譁者王以旂以聞詔大賚二鎮文武將吏　前兵部侍郎詹榮卒　免兩畿河南江西遼東貴州山東山西被災稅糧時國用猶不足孫應奎言今歲入二百萬而諸邊費六百餘萬一切取財法行之已盡請令諸曹所隸官吏儒士廚役校卒悉去冗者而臣部出入之數亦總其大綱列籍進御使百司庶府咸知爲國惜財報可

三十一年春正月命應奎條上京邊備用芻糧之數　壬辰俺答犯大同甲午入宏賜堡　元江城中析屋而爨斗米銀三四錢會瘴毒起大兵乃復撤期秋末征之尋敕沐朝弼會同新任巡撫都御史鮑象賢鳩兵討賊　二月癸丑朔振宣大饑　辛酉俺答犯懷仁川指揮僉事王恭禦之於平川墩恭戰死　己巳建內府營操練內侍

饒陽王充熿數以事侵代王廷琦恐得罪乃以陳邊事爲名奏鎭巡官之罪三月詔爲黜大同巡撫都御史何思逮總兵官徐仁等充熿益驕　戊子仇鸞帥師赴大同　嚴嵩以徐階嘗爲夏言所薦忌之中傷之百方一日獨召對語及階嵩徐曰階所乏非才但多二心耳蓋以其嘗請立太子也階危甚度未可爭乃謹事嵩而益精治齋詞迎帝意左右亦多爲地者辛卯命階以本官兼東閣大學士預機務

夏四月丙寅把都兒辛愛犯遼東新興堡囤百戶常祿指揮姚大謨劉棟劉啓基於三道溝祿等皆戰沒備禦指揮王相赴援大戰於寺兒山殺傷相當敵舍去千戶葉廷瑞帥百人助相明日相裹創復邀敵於蠟黎山殊死鬬矢竭與麾下將士三百人皆死之廷瑞被創死復蘇敵亦引退　丙子倭寇浙江　孫應奎言自臣入都至今計正稅加賦餘鹽五百餘萬外他所搜括又四百餘萬而所出自諸邊年例二百八十萬外新增二百四十五萬有奇脩邊振濟諸役又八

百餘萬帝以耗費多疑有侵冒分遣科道官往諸邊覈實五月給事
中徐公遴劾應奎麤踈自用遂改南京工部尚書應奎初以風節自
勵晚官戶部一切爲苟且計功名大損　甲申召仇鸞還　戊申倭
陷黃巖　六月給事中袁洪愈劾檢討梁紹儒阿附權要文選郎中
白璧招權鬻官吏部尚書萬鏜侍郎葛守禮不檢下詔切責鏜守禮
下璧錦衣獄斥紹儒於外紹儒嚴嵩私人也　秋七月丙申免陝西
被災夏稅　浙江倭寇日劇大奸汪直徐海陳東麻葉輩爲之主謀
海中巨盜襲倭服飾旗號分艘掠內地無不大利廷議復設巡視大
臣壬寅命山東巡撫都御史王忬提督軍務巡視浙江及福興漳泉
四府移俞大猷寧台諸郡參將　初仇鸞與嚴嵩約爲父子已而鸞
挾寇得帝重嵩猶兒子蓄之寖相惡嵩密疏劾鸞帝不聽而頗納鸞
所陳嵩父子過少疏之嵩當入直帝不召嵩見徐階呂本入卽與俱
至西華門門者以非詔旨格之嵩還第與世蕃對泣鸞恃寵淩嵩獨

悍陸炳炳曲奉之不敢與鈞禮而私出金錢結鸞所親愛得其陰私嵩乃結炳共圖鸞俺答數敗約入寇鸞奸大露階密疏發鸞罪狀帝命炳跡之炳乃盡發鸞不軌事帝大驚八月乙未收鸞大將軍印鸞方疽發於背憂懼死乙亥剖鸞棺剉其屍傳首九邊遣所乘龍舟過海子召嵩載直西內如故嵩以階與鸞嘗同直欲因以傾階已聞鸞罪發自階乃愕然止而忌階益甚帝既誅鸞益重階數與謀邊事時議減鸞所益衞卒階言不可減又言京營積弱之故卒不在乏而在冗宜精汰之取其廩以資賞賚又請罷提督侍郎孫襘帝始格於嵩久而皆用之　己卯俺答犯大同分掠朔應山陰馬邑九月乙酉犯山西三關壬辰犯寧夏　丁酉河決徐州房村集至邳州新安運道淤阻五十里總河都御史曾鈞請濬劉伶臺至赤晏廟八十里築草灣老黃河口增高家堰長堤繕新莊等舊牐以遏橫流從之　庚子戎政侍郎蔣應奎左通政唐國卿以冒邊功杖於廷　癸卯罷各邊

馬市　冬十月南京御史王宗茂言嚴嵩本邪詔之徒久持國柄作威作福如吏兵二部每選請屬二十人人索賄數百金任自擇善地致文武將吏盡出其門又任私人萬寀爲考功郎凡外官遷擢不察其行能不計其資歷唯賄是問輸資南返輦載珍寶不可數計廣市良田徧於江西數郡府第之後積石爲大坎實以金銀珍玩爲子孫百世計蓄家奴五百餘人往來京邸所至騷擾驛傳虐害居民長吏皆怨怒而不敢言募朝士爲義子至三十餘輩若尹耕梁紹儒早已敗露此輩實衣冠之盜而皆爲之爪牙助其虐燄夫天下之所恃以爲安者財也兵也不才之文吏以賂而出其門則必剝民之財去百而求千去千而求萬民安得不困不才之武將以賂而出其門則必剋軍之饟或缺伍而不補或踰期而不發兵安得不疲邇者四方地震其占爲臣下專權夫今日之專權孰有過於嵩者哉疏至通政司趙文華密以示嵩留數日始上嵩得預爲地詔以宗茂誣詆大臣謫

平陽驛丞宗茂拜官甫三月疏上自謂必死及得貶恬然就道嵩怒未釋奪其父橋官　己未兵部尚書趙錦坐仇鸞黨戍邊起翁萬達代之未聞命卒年五十五萬達事親孝父沒負土成墳好談性命之學與歐陽德羅洪先唐順之王畿魏良政善通古今操筆頃刻萬言爲人剛介坦直勇於任事履艱危意氣彌厲臨陣常身先士卒尤善御將士得其死力嘉靖中邊臣行事適機宜建言中肯綮者萬達稱首　壬戌免江西被災稅糧　商大節故部曲石鏜孫九思等數百人伏闕訟冤章再上張時徹等言大節爲逆鸞掣肘以底於法乞順羣情赦之帝怒鐫時徹二級大節竟卒於獄　石邦憲復以計擒烏朗土官田興邦等斬吳黑苗蜡爾山苗患始息　提督光祿寺中官杜泰乾沒歲鉅萬十二月少卿馬從謙發之巡視給事中孫允中御史狄斯彬劾泰如從謙言帝方惡人言齋醮而從謙奏頗及其事泰因誣從謙誹謗帝怒下從謙及泰錦衣獄所司言誹謗無左證帝益

怒改下從謙法司以允中斯彬黨庇謫邊方雜職法司擬從謙戍遠邊詔廷杖八十戍煙瘴泰以能發謗臣罪宥之丁巳從謙竟死杖下給事中李用敬請開膠萊新河給事中賀涇御史何廷鈺亦以爲言詔廷鈺會山東撫按官行視旣而以估費浩繁報罷　廢青浦縣

孝烈皇后之祔廟也帝獨銜楊思忠每當遷輒報罷

三十二年春正月戊寅朔日食陰雲不見六科合疏賀帝摘疏中語詰爲不成文曰思忠懷欺不臣久矣杖百斥爲民餘皆奪俸　己卯侍郎吳鵬振淮徐水災　鮑象賢調集土漢兵七萬人廣集糧運剋期進勦元江爲必取計那鑑懼仰藥死象賢檄百戶汪輔入城撫諭其衆獲戕殺土官及布政使之阿捉光龍光色等並誅之鑑子恕獻所掠鎭沅府印及所占那旂封鑾等村寨詔廢恕貸其死命那從仁統其衆　仇鸞死帝乃思楊繼盛言由諸城知縣三遷復爲兵部員外郎嚴嵩尤惡鸞心善繼盛欲驟貴之而繼盛惡嵩甚於鸞抵任甫

一月草疏劾嵩齋三日乃上疏言臣孤直罪臣蒙天地恩超擢不次夙夜祗懼思圖報稱蓋未有急於請誅賊臣者也方今外賊惟俺答內賊惟嚴嵩未有內賊不去而可除外賊者去年春雷久不聲占曰大臣專政冬日下有赤色占曰下有叛臣又四方地震日月交食臣以爲災皆嵩致請以嵩十大罪爲陛下陳之高皇帝罷丞相設立殿閣之臣備顧問視制草而已嵩乃儼然以丞相自居凡府部題覆先面白而後草奏百官請命奔走直房如市無丞相名而有丞相權天下知有嵩不知有陛下是壞祖宗之成法大罪一也陛下用一人嵩曰我薦也斥一人曰此非我所親故罷之陛下宥一人嵩曰我救也罰一人曰此得罪於我故報之伺陛下之喜怒以恣威福羣臣感嵩甚於感陛下畏嵩甚於畏陛下是竊君上之大權大罪二也陛下有善政嵩必令世蕃告人曰主上不及此我議而成之又以所進揭帖刊刻行世名曰嘉靖疏議欲天下以陛下之善盡歸於嵩是掩君上

之治功大罪三也陛下令嵩司票擬蓋其職也嵩何取而令世蕃代擬又何取而約諸義子趙文華輩羣聚而代擬題疏方上天語已傳如沈鍊劾嵩疏陛下以命呂本本卽潛送世蕃所是嵩以臣而竊君之權世蕃復以子而盜父之柄故京師有大丞相小丞相之謠是縱姦子之僭竊大罪四也嚴效忠嚴鵠乳臭子耳未嘗一涉行伍嵩先令效忠冒兩廣功授錦衣所鎮撫矣效忠以病告鵠襲冒兒職又冒瓊州功擢千戶以故總督歐陽必進躐掌工部總兵陳圭洊統後府巡按黃如桂驟亞太僕旣藉私黨以官其子孫又因子孫以拔其私黨冒朝廷之軍功大罪五也逆鸞先以下獄論罪賄世蕃三千金薦爲大將鸞冒禽哈舟兒功世蕃亦得增秩嵩父子自誇能薦鸞矣及知陛下有疑鸞心復互相排詆以泯前迹鸞句賊而嵩世蕃復句鸞引背逆之奸臣大罪六也前俺答深入擊其惰歸此一大機也兵部尚書丁汝夔問計於嵩嵩戒無戰及汝夔逮治嵩復以論救給之汝

夔臨死大呼曰嵩誤我是誤國家之軍機大罪七也郎中徐學詩劾嵩革任矣復欲斥其兄中書舍人應豐給事厲汝進劾嵩謫典史矣復以考察令吏部削其籍內外之臣被中傷者何可勝計是專黜陟之大柄大罪八也凡文武遷擢不論可否但衡金之多寡而畀之將弁惟賄嵩不得不朘削士卒有司惟賄嵩不得不掊克百姓士卒失所百姓流離毒徧海內臣恐今日之患不在境外而在域中失天下之人心大罪九也自嵩用事風俗大變賄賂者薦及盜跖疏拙者黜逮夷齊守法度者爲迂疏巧彌縫者爲才能勵節介者爲矯激善奔走者爲練事自古風俗之壞未有甚於今日者蓋嵩好利天下皆尙貪嵩好諛天下皆尙謟源之弗潔流何以澄是敝天下之風俗大罪十也嵩有是十罪而又濟之以五奸知左右侍從之能察意旨也厚賄結納凡陛下言動舉措莫不報嵩是陛下之左右皆嵩之間諜也以通政司主出納用趙文華爲使凡有疏至先送嵩閱竟然後入御

王宗茂劾嵩之疏停五日乃上故嵩得展轉遮飾是陛下之喉舌乃嵩之鷹犬也畏廠衛緝訪則令世蕃結爲婚姻陛下試結嵩諸孫之婦皆誰氏乎是陛下之爪牙皆嵩之瓜葛也畏科道多言進士非其私屬不得預中書行人選推官知縣非通賄不得預給事御史選既選之後入則杯酒結歡出則饋遺相屬所有愛憎授之論刺歷俸五六年無所建白卽擢京卿諸臣忍負國家不敢忤嵩是陛下之耳目皆嵩之奴隸也科道雖入籠絡而部寺中有如學詩輩亦可懼也令世蕃擇其有才望者羅致門下凡有事欲行者先令報嵩預爲布置連絡蟠結各部堂司大半皆其羽翼是陛下之臣工皆嵩之心膂也陛下奈何愛一賊臣而忍百萬蒼生陷於塗炭哉至如大學士徐階蒙陛下特擢乃亦每事依違不敢持正不可不謂之負國也願陛下聽臣之言察嵩之奸或召問裕景二王或詢諸閣臣重則置憲典輕則勒致仕內賊既去外賊自除雖俺答亦必畏陛下聖斷不戰而喪

膽矣疏入嵩摘召問二王語密構於帝帝大怒下繼盛錦衣獄嵩屬陸炳究主使階戒炳曰卽不慎一及皇子如宗社何又爲危語動嵩曰上惟二子必不忍以謝公所罪左右耳公奈何顯結宮邸怨嵩愯懼得寢炳詰繼盛何故引二王繼盛曰非二王誰不懾嵩者獄上杖之百令刑部定罪繼盛創甚夜半始蘇刑部侍郎王學益嵩黨也受嵩屬坐繼盛詐傳親王令旨律絞郎中史朝賓持之嵩怒謫之外尚書何鼇遂不敢違如嵩指成獄　總督湖廣貴州四川軍務侍郎張岳卒於沅州喪歸沅人迎哭者不絕已敘功復右都御史贈太子少保諡襄惠岳博覽工文章經術湛深不喜王守仁學以程朱爲宗

自莊敬太子薨帝惑陶仲文二龍不相見之說諱言建儲會有詔二王出邸同日婚禮部尚書歐陽德以裕王儲貳不當出外疏言曩太祖以父婚子諸王皆處禁中宣宗孝宗以兄婚弟始出外府今事與太祖同請從初制帝不許德又言會典醮詞主器則曰承宗分藩則

曰承家今裕王當何從帝不悅曰既云王禮自有典制如若言何不竟行冊立耶德卽具冊立儀上帝滋不悅然終諒其誠二月乙卯裕王婚戊午景王載圳婚　歐陽必進奏辨嚴效忠冒功事章下兵部武選郎中周冕言臣奉詔檢得二十七年通政司狀效忠年十六因武會試未第咨兩廣軍門聽用已而必進及陳圭奏黎賊平遣效忠報捷授錦衣試所鎭撫未踰月嚴鵠言兄效忠曾斬首七級幷功加賞應得署副千戶今效忠身抱痼疾鵠請代職臣心疑其僞方將覈實以聞嚴世蕃乃自創一稾付臣屬臣依違題覆臣觀其稾率誕謾舛戾如云效忠曾中武舉則初無本籍起送文牒今又稱民人而不言武舉如效忠果鵠之兄世蕃之子則世蕃數子皆幼無名效忠者如云效忠斬首七級則當時諸將俱無斬獲功何宰相一孫獨勇冠三軍如云效忠對敵脛臂受創則自臨陳至差委相去未一月何以萬里軍情卽能馳報如云效忠到京以創甚疾故則鵠代職之日何

以止告不能受職如云效忠鎮撫當代則奏捷功止及身例無傳襲如云效忠功當并論則例先奏請何止用通狀而倡令司官奉行臣悉心廉訪蓋初未有效忠其人赴軍門聽用其姓名乃詭設首級亦要買而非有纖豪實蹟也必進既嵩鄉曲圭又世蓄姻親依阿朋比共爲欺罔臣如不言陛下何從知其奸且自累朝以來未聞有宰相之子孫送軍門報效者今嵩不惟咨送又詭託姓名破壞祖宗之制彼蔣應奎唐國相輩何怪其效尤臣職守攸關義不敢隱乞特賜究正使天下曉然知朝廷有不可倖之功不可犯之法臣雖得罪死無所恨疏上嵩父子大懼力爲彌縫帝責寬報復下錦衣獄拷訊斥爲民　甲子倭犯温州參將湯克寬擊敗之　壬申俺答犯宣府參將史略戰死　三月丁丑朔振陝西饑　陳圭娶仇鸞妹而深嫉鸞鸞數短於帝幾得罪及鸞敗圭以此見重命總京營兵　辛巳吉能犯延綏殺副總兵李梅　壬午兵部侍郎楊博巡邊初俺答薄都城由

潮河川入議者爭請爲備水湍悍不可城博緣水勢建石墩置戍守

甲申振山東饑　雲南清軍御史陳錦言臣伏見日食元旦變異

非常又山東徐淮仍歲大水四方頻地震災不虛生昔太祖高皇帝

罷丞相散其權於諸司爲後世慮至深遠也今之內閣無宰相之名

而有其實非高皇帝本意頃夏言以貪暴之資恣睢其間嚴嵩又以

佞奸之雄繼之怙寵張威竊權縱欲事無鉅細罔不自專人有違忤

必中以禍百司望風惕息天下事未聞朝廷先以聞政府白事之官

班候於其門請求之賂輻輳於其室銓司黜陟本兵用舍莫不承意

指邊臣失事率賄削軍資納賕嵩所無功可以受賞有罪可以逭誅

至宗藩勳戚之襲封文武大臣之贈謚其遲速予奪一視賂之厚薄

以至希寵干進之徒妄自貶損稱號不倫廉恥掃地有臣所不忍言

者陛下天縱聖神乾綱獨運自以予奪由宸斷題覆在諸司閣臣擬

旨取裁而已諸司奏稾並承命於嵩陛下安得知之今言誅而嵩得

播惡者言剛暴而疏淺惡易見嵩柔佞而機深惡難知也嵩窺伺逢迎之巧似乎忠勤諂諛側媚之態似乎恭順引植私人布列要地伺諸臣之動靜而先發以制之故敗露者少厚賄左右親信之人凡陛下動靜意向無不先得故稱旨者多或伺聖意所注因而行之以成其私或乘事機所會從而鼓之以肆其毒使陛下思之則其端本發於朝廷使天下指之則其事不由於政府幸而洞察於聖心則諸司代嵩受其罰不幸而遂傳於後世則陛下代嵩受其謗陛下豈誠以嵩為賢邪自嵩輔政以來惟恩怨是酬惟貨賄是斂羣臣憚陰中之禍而忠言不敢直陳四方習貪墨之風而閭閻日以愁困自二十九年之後外寇陸梁陛下嘗募天下之武勇以足兵竭天下之財力以給饟搜天下之遺逸以任將行不次之賞施莫測之威以風示內外矣而封疆之臣卒未有為陛下寬宵旰憂者蓋緣權臣行私將吏風靡以掊克為務以營競為能致朝廷之上用者不賢賢者不用賞不

當功罰不當罪陛下欲致太平則羣臣不足承德於左右欲遏戎寇則將士不足禦侮於邊疆財用已竭而外患未見底寧民困已極而內變又虞將作陛下躬稟至聖憂勤萬幾三十二年於兹矣而天下之勢其危如此非嵩之奸邪何以致之臣願陛下觀上天垂象察祖宗立法之微念權柄之不可使移紀綱之不可使亂立斥罷嵩以應天變則朝廷清明法紀振飭寇戎雖橫臣知其不足平矣時楊繼盛以劾嵩得重譴周冕爭冒功事亦下獄帝方蓄怒以待言者錦疏至手批其上謂欺天謗君遣使逮治復慰諭嵩備至錦父廣西參議塡投劾罷錦萬里就徵屢墮檻車瀕死者數比至下錦衣獄拷訊搒四十斥爲民　甲辰俺答犯宣府副總兵郭都戰死　閏月總督三邊尚書王以旂卒贈少保諡襄敏以旂在鎭六年脩延綏城堡四千五百餘所又築蘭州邊垣比卒軍民爲罷市　韓王融燧徼宗室之橫頗繩以法不逞者怨之襄陵王融焚及諸宗二百餘人訐奏王奸利

事勘無實革融焚等祿　兵部尚書聶豹請築京師外城從之　汪直句諸倭大舉入寇連艦數百蔽海而至浙東西江南北瀕海數千里同時告警賊陷寧波昌國衞俞大猷擊卻之蘇州同知任環禦賊寶山洋小校張治戰死環奮前搏賊相持數日始遁去夏四月陷紹興臨山衞轉掠至松陽知縣羅拱辰力禦賊而大猷邀諸海斬獲多尋又犯太倉環卽馳赴遇賊短兵接環身被三創宰夫徐佩捍環出佩遂死環裹創出海擊賊怒濤作操舟者失色環意氣彌厲竟敗賊俘斬百餘賊陷上海及南匯吳淞二所寇嘉興五月浙江參政潘恩按部海鹽湯克寬亦至賊圍之數匝恩克寬與僉事姜廷頤力拒賊不能克已陷乍浦城及蓁嶼所掠奉化寧海克寬追圍於獨山民家火焚之賊半死餘奪圍遁環連戰陰沙寶山南沙皆捷賊留內地三月餘蘇松寧紹諸衞所州縣被焚掠者二十餘處六月剽掠厭悉歸大猷逐賊海中焚其舟五十廷議以將士無紀律設大將統制之乃

進克寬副總兵駐金山衞提督海防諸軍擢環僉事賊三百人在南沙舟壞不能去克寬列兵守之　總督三邊侍郎賈應春言諸邊間諜不通寇入莫測所向往往無所不備兵分勢孤以致失事夫寇將內犯必聚衆治器腊肉飼馬傳箭祭旂其形先露而我民被掠者間亦臨邊傳報頗有左驗使邊臣厚以官賞令密偵候視漫然散守者功相十百乃定賞格以請帝立從之　楊博還督京城九門因寇警歲以七月分兵守陴博曰寇至須鎮靜奈何先自擾罷其令　秋七月戊午俺答大舉入寇犯渾源靈邱廣昌乙丑河套諸部入延綏殺掠五千餘人賈應春督諸將邀擊獲首功二百四十己巳俺答急攻插箭滓圖等峪固原游擊陳鳳寧夏游擊朱玉帥兵赴援大戰卻之敵分兵東犯蔚西掠代繁峙已駐鄜延二十日延慶諸城屠掠幾徧

庚午河南賊師尙詔反陷歸德檢校董倫率民兵巷戰手刃數賊與其妻賈氏俱死之賊西陷柘城聞舉人陳聞詩名劫爲帥誘說百

端不屈引其家數人斬之曰不從滅而族聞詩紿曰必欲吾行毋殺人毋縱火賊許諾擁以行聞詩遂不食三日至鹿邑賊陷其城聞詩乘間自縊　八月丙子小王子犯宣府赤城堡　師尙詔之西也歸德舉人沈鯉策賊必再至急白守臣捕殺城中通賊者嚴爲守具賊還偪見有備去奸人倡言屠城將驅掠居民鯉請諭止之衆始定初嚴嵩以萬鏜同年引爲吏部尙書鏜每事委隨又頗通饋遺會撫治鄖陽都御史缺鏜以趙文華名上給事中朱伯辰劾文華貪佞下部改推文華言納言之職例不外推鏜意在出臣又嗾所親伯辰論劾欲去臣且鏜以侍郞起用乃朦朧奏二品九年滿得加太子少保又以不得一品面謾腹誹無大臣禮帝怒遂與伯辰並斥爲民　丙申師尙詔攻太康都指揮尙允紹與戰於鄢陵敗績賊走霍山允紹邀擊之爲所圍諸軍莫敢進副使曹邦輔斬最後者士卒競進賊大潰禽斬六百餘人　戊戌振山東災免稅糧　倭劫金山衞及崇明

嘉定　俺答以萬騎入大同縱掠神池利民八角諸堡巡撫山西都御史趙時春帥馬步兵往禦之九月丙午至廣武諸將畢會諜報寇騎二千餘去兩舍時春擐甲欲馳總兵官李淶固止之時春大言曰賊知吾來必遁緩追卽不及遂策馬前及於大蟲嶺伏兵四起敗績時春倉皇投一墩守卒縋之上得免淶及參將馮恩等皆力戰死一軍盡覆時春善騎射好談兵憤將帥避寇不擊爲督撫者安居堅城不躬自搏寇思欲以武功自奮遂至於敗　師尚詔攻掠宿州官軍追至五河縣擊敗之尚詔走莘縣　俺答等先後出塞總督宣大侍郎蘇祐以大捷聞爲巡按御史毛鵬所發聶豹言寇雖有所掠而我師斬獲過當實上元垂祐陛下威靈所致宜擇吉祭告論功行賞帝喜辛酉以敵退告謝郊廟進秩任子者數十人　冬十月甲戌朔振河南山東饑　初常熟知縣王鈇之官海濱多大猾匿亡命作奸鈇悉貰其罪語之曰何以報我咸請効死乃立耆長部署子弟得數百

人合防卒訓練縣無城帥士卒城之及是倭來薄禦卻之　獲師尙詔於莘縣庚子伏誅　辛丑京師外城成　先是民間行濫惡錢率以三四十文當銀一分後益雜鉛錫薄劣無形製至以六七十文當銀一分翦楮夾其中不可辨乃用李用敬言以制錢與前代雜錢相兼行分爲三等上者七文下者二十一文各當銀一分鑄洪武至正德九號錢每號百萬錠嘉靖錢千萬錠錠五千文悉禁私造濫惡錢不行十一月以民間錢少發內庫新舊錢八千一百萬文折給俸糧小錢行久驟革之民頗不便而內庫錢給俸不論新舊美惡悉以七文折算諸以俸錢市易者亦悉以七文抑勒與民民益騷然

三十三年春正月壬寅朔以賀疏違制杖六科給事中張思靜等於廷　康妃杜氏薨裕王生母也歐陽德奏喪儀請輟朝五日裕王主喪事遵高皇帝孝慈錄斬衰三年帝謂當避君父之尊嚴嵩言自孝慈錄後久無是事及茲當作則垂訓於後帝命比賢妃鄭氏故事輟

朝二日賜謚榮淑葬金山　寧國知府羅汝芳入覲勸徐階聚四方
計吏講學階遂與歐陽德聶豹侍郎程文德大會四方之士於靈濟
宮與論良知之學赴者五千人　官軍圍倭於南沙五閱月不克會
新倭大至戊辰官軍敗舊倭潰圍出移舟寶山湯克寬追敗之南家
觜賊轉掠華亭上海嘉定　二月庚辰官軍敗績於松江巡撫應天
都御史彭黯遷南京工部尚書畏賊不俟代去下獄除名　饒陽王
充𤥨與代王廷琦互訐前後勘官莫能判山西巡撫都御史侯鉞奏
奪充𤥨祿充𤥨怒不承詔遣司禮少監王臻郎訊充𤥨乃伏三月下
法司錮高牆　時連歲大祲四方流民就食京師死者相枕籍論者
謂錢法不通使然御史何廷鈺請許民用小錢以六十文當銀一分
戶部執不從廷鈺訐奏尚書方鈍郎中劉爾牧帝怒杖爾牧削其籍
采廷鈺議命從民便然諸濫惡小錢以初禁之嚴竟不復用民間競
私鑄嘉靖通寶錢與古錢並行焉　沐朝弼嗣封黔國公　禮部尚

書歐陽德卒贈太子少保諡文莊　乙丑倭犯通泰餘衆入青徐界
大江南北漕艘幾阻總督漕運侍郎鄭曉請發帑金數十萬造戰舸
築城堡練兵將積芻糗詔從之俞大猷擊倭之在寧波普陀山者賊
然火毬擲官兵武舉火斌輒手接之還燒賊舟賊退屯山中斌直擣
其營多殺傷半登後軍不繼賊突出斌被禽不屈賊支解之所屬三
百人皆死官爲建祠曰忠勇斌真之裔孫也　夏四月甲戌振畿內
饑　倭陷嘉善縣乙亥犯嘉興都指揮周應楨等戰死乙酉賊陷崇
明知縣唐一岑死之五月壬寅賊薄蘇州府城閉鄉民繞城號任環
盡納之全活數萬計副將解明道擊退賊賊尋陷崇德縣丁巳南京
兵部尚書張經總督江南江北浙江山東福建湖廣諸軍討倭便宜
行事撥山東民兵及青州水陸槍手千人赴淮陽聽經調用　河東
巡鹽御史宋儀望請開桑乾河通宣大鑲道言河發源金龍池下甕
城驛古定橋會衆水東流千餘里入盧溝橋其間惟大同卜村有叢

石宣府黑龍灣石崖稍險然不踰五十里水淺者猶二三尺疏鑿甚易曩大同巡撫侯鉞嘗乘小艇赴懷來歷卜村黑龍灣又自懷來泝流載米三十石達之古定河足利漕可徵時方行究運率三十石致一石儀望疏至下廷議聶豹請從之工部尚書歐陽必進言道遠役重遂報罷　癸亥彗星見天權旁犯文昌行入近濁積二十七日而沒　俺答犯寧夏六月癸酉犯大同總兵官岳懋中伏力戰死　倭由吳江掠嘉興還屯柘林縱橫往來若入無人之境王忬方視師閩中諸將盧鏜等頻失利趙炳然劾忬帝特宥之忬因請築嘉善崇德桐鄉德清慈谿奉化象山城而卹被寇諸府　己丑刑部侍郎陳儒振大同軍士　秋七月俞大猷敗倭於吳淞所　時帝益求長生日夜禱祠簡文武大臣駙馬都尉鄔景和尚書李默都督陸炳侍郎郭朴等入直西苑供奉青詞四方奸人王金藍道行藍田玉龔可佩之屬咸以燒鍊符籙蠱帝陶仲文恩寵日隆士大夫或緣以進景和以

不諳玄理辭帝不悅　八月應天巡撫都御史兼提督軍務屠大山以疾免尋坐失事下錦衣獄爲民　癸未倭犯嘉定官軍敗之庚寅復戰敗績　中國奸民利倭賄多與通通州人顧表者尤桀黠爲倭導以故營砦皆據要害盡知官兵虛實鄭曉懸重賞捕表戮之募鹽徒驍悍者爲兵增設泰州海防副使築瓜州城廟灣麻洋雲梯諸海口皆增兵設堠九月破倭於通州連敗之如皐海門襲其軍呂四圍之狼山前後斬首九百餘賊潰去曉上言武健才諝之徒困無所逞甘心作賊非國家廣行網羅使有出身之階恐有如孫恩盧循輩出乎其間禍滋大矣洪武時倭寇近海州縣以高皇帝威靈兼謀臣宿將築城練兵經略數年猶未乂安乃招漁丁島人鹽徒蜑戶數萬人籍爲水軍又遣使出海宣布威德久之倭始不爲患今江北雖平而風帆出沒倏忽千里倭恃華人爲耳目華人借倭爲爪牙非詳爲區畫後患未易弭也帝頗采納之　有事清馥殿在直諸臣俱行鸞祝

禮鄖景和不俟禮成而出已賞賚諸臣景和與焉疏言無功受賞懼增罪戾乞容辭免俾洗心滌慮以效他日馬革裹尸銜環結草之報帝大怒謂詛呪失人臣禮削其職黜歸崑山　丁卯俺答把都兒打來孫十餘萬騎犯薊鎮攻牆百道並進警報日數十至京師戒嚴帝憂甚數遣騎偵總督薊遼保定侍郎楊博博環甲宿古北口城上督總兵官周益昌等力禦帝大喜冬十月馳賜緋豸衣犒軍萬金寇攻四晝夜不得入乃并攻孤山口登牆官軍斷一人腕乃退屯虎頭山博募死士夜以火驚其營寇擾亂比明悉遁去　初山西人呂鶴與邱富以左道惑衆富叛降俺答爲之謀主鶴遣其黨闌出塞外引寇入犯爲偵卒所獲總督宣大山西侍郎許論遣兵捕鶴並誅其黨初翁萬達築邊牆六百里里建一墩臺於牆內後以兵少牆不能守盡撤而守臺論言兵既守臺則寇攻牆不得用其力及寇入牆卒震駭逃散請改築於牆外每三百步建一臺俾矢石相及去牆不得越三

十步趾方四丈五尺其顚損三之一高亦如之上置女牆營舍守以壯士十人築月城穴門通出入度工費不過九萬金數月而足詔立從之　倭寇嘉善圍嘉興劫秀水歸安副使陳宗夔及湯克寬與賊戰不利百戶賴榮華中礮死嘉善知縣鄧植棄城走賊入城大掠十一月改張經右都御史兼兵部右侍郎專辦討賊倭二萬據柘林川沙窪抄掠四出其黨復踵至經日選將練兵爲搗巢計以江浙山東兵屢敗欲俟狼土兵至用之　初容美土官田世爵與向元楫累世相讎誣陷之發兵盡俘向氏籍其土陰與龍潭宣撫司黃俊等謀叛乃詔湖廣川貴總督幷節制容美十四司俊據支羅洞寨與子中及羣盜李仲實等恣行於雲陽奉節間十二月副使熊逵等討禽俊與仲實俊死於獄中自縛出降執餘黨譚景雷等自贖帝命戮俊屍梟其首仲實等論斬中謫戍而賞有功者

三十四年春正月丁酉朔倭奪舟犯乍浦海寧陷崇德縣轉掠塘棲

新市橫塘雙林等處攻德清殺裨將梁鶚等　二月俺答犯薊鎮參將趙傾葵戰死　聶豹嘗爲華亭知縣識徐階於童子中而嚴嵩其鄉里故帝倚之甚西北邊數遭寇東南倭又起豹無應變才所條奏皆虛文漸不得帝意會趙文華條禦倭七事首請遣官望祭海神於江陰常熟次令有司掩骼輕徭次增募水軍次蘇松常鎮民田一夫過百畝者重科其賦且預征官田稅三年次募富人輸財力自效事定論功次遣重臣督師次招通番舊黨並海鹽徒易以忠義之名令偵伺賊情因以爲間致仕侍郎朱隆禧亦請設巡視福建大臣開海濱互市禁豹悉格不行帝大怒切責豹震慴請罪乃議行文華所條五事而力辨遣重臣增田賦開市禁之非丙戌帝再下詔譙讓降豹俸二級而用嵩言卽遣文華祭告海神兼區處防倭頃之豹竟以中旨罷　打來孫復犯薊州周益昌擊卻之　貴州臺黎砦苗關保倡亂四川容山廣西洪江諸苗應之遠近騷然撫勦莫能定三月總兵

官石邦憲與湖廣兵分道討破之傳檄十八砦許執首惡贖罪諸苗聽撫設盟受約而還　倭自三丈浦分掠常熟江陰甲寅蘇松兵備副使任環與王鈇指揮孔燾分統官民兵三千破其巢於南沙斬首百五十有奇焚舟二十七餘倭皆遁田州土官婦瓦氏以狼兵應調至蘇州勦倭欲速戰張經不可東蘭諸兵繼至經以瓦氏隸副總兵俞大猷以歸順思恩東莞兵隸參將湯克寬以東蘭那地南丹兵隸游擊鄒繼芳分鎮金山衞乍浦閔港掎賊三面以待永順保靖兵之集趙文華恃嚴嵩內援恣甚經與浙江巡撫都御史李天寵不附也巡按御史胡宗憲獨附之文華悅因相與力排二人夏四月倭犯金山大猷戰失利犯嘉興宗憲中以毒酒死數百人狼兵稍有斬獲功文華厚犒之使進勦至漕涇戰敗亡頭目十四人文華恚趣經進兵經曰賊狡且衆待永保兵至夾攻庶萬全文華再三言經守便宜不聽　戊子俺答犯宣府參將李光啓被執不屈死　保靖宣慰彭藎

臣永順宣慰彭明輔彭翼南先後至蘇松趙文華復趣張經進兵經慮文華輕淺洩師期不以告文華益怒密疏劾經糜餉殃民畏賊失機惑湯克寬言欲俟倭飽颺勦餘寇報功宜亟治以紓東南大禍是日經破倭石塘灣五月甲午朔倭突嘉興經遣參將盧鏜督保靖兵先進大猷督永順兵爲繼由泖湖趨平望以克寬引舟師由中路擊之合戰於王江涇大破之斬賊首一千九百餘級焚溺死者甚衆自軍興以來稱戰功第一時新倭復大至賊三千餘艘突青邨所與南沙小烏口浪港諸賊合犯蘇州陸涇壩直抵婁門敗南京都督周于德兵乙巳賊分爲二北掠滸墅南掠橫塘延蔓常熟江陰無錫之境出入太湖大抵真倭十之三餘皆從賊者賊戰則驅之爲軍鋒法嚴人皆致死帝得文華疏以問嚴嵩嵩對如文華指且謂蘇松人怨經帝怒己酉下詔逮經及克寬巡撫應天都御史周珫代爲總督王江涇捷奏至李用敬偕同官閻望雲等言王師大捷倭奪氣不宜易帥

帝大怒曰經欺誕不忠聞文華劾方一戰用敬等黨奸杖於廷人五十斤爲民已而帝疑之以問嵩嵩言徐階呂本江浙人皆言經養寇不戰文華宗憲合謀進勦經冒以爲功因極言二人忠帝深入其言經克寬逮至並論死經備陳進兵始末且言任總督半載前後俘斬五千乞賜原宥帝不省　盧鏜督保靖土兵及蜀將陳正元兵擊賊張莊焚其壘追擊之後港爲賊所敗　俞大猷任環大敗賊陸涇壩焚舟三十餘又遮擊其自三丈浦出海者沈七舟賊乃退泊三板沙他倭犯吳江大猷環又邀破之鶯脰湖賊走嘉興　常熟知縣王鈇及里居江西參政錢泮追倭於上滄港並死之　先是韃靼入威遠伏驍騎鹽場而以二十騎挑戰陽和衞總旂馬芳知其詐用百騎薄伏所三分其軍銳以次擊之奮勇跳盪敵騎辟易十里斬首凡九十級已復禦之新平寇營野馬川剋日戰芳度寇且遁急乘之斬級益多衆方賀芳遽策馬曰賊至矣趣守險而身斷後頃之寇果麕至芳

戰益力寇乃去亡何戰泥河復大破之六月論功擢芳都指揮僉事
充宣府游擊將軍　三板沙倭掠民舟將遁任環俞大猷追擊於馬
蹟山禽其魁別部屯嘉定者火爇之盡死金涇許浦白茅港賊俱出
海大猷追及於茶山焚五舟賊走保馬蹟山三板沙將士復追及壞
其三舟他倭據江陰蔡涇閘分衆犯塘頭知縣錢錞戰九里山死之
副使王崇古擊之夏港追殲之靖江賊遂走官兵分擊於馬蹟馬圖
寶山颶風作賊舟多覆　趙文華劾周琉李天寵薦胡宗憲壬午勒
琉天寵爲民南京戶部侍郎楊宜代琉總督軍務而超擢宗憲僉都
御史代天寵爲巡撫鑄督察軍務關防即軍中賜文華文華威出總
督上宜懲張經禍曲意奉之文華視之蔑如益顛倒功罪易置文武
大吏惟所愛憎納賄賂不貲牽制兵機紀律大乖將士人人解體賊
寇愈熾　四川宜賓苗亂秋七月巡撫都御史張臯討之武生劉顯
陷陳手格殺五十餘人禽首惡三人諸軍繼進賊盡平顯由是知名

俺答數犯宣薊朝廷再下賞格購其首萬金爵伯獲邱富周原者三百金授三品武階富等在敵中招集亡命居豐州築城自衞構宮殿墾水田號曰板升板升華言屋也趙全教敵益習攻戰事俺答愛之甚每入寇必置酒全所問計　倭六十七人自焚其舟登岸劫掠自杭州北新關西剽淳安突徽州歙縣至績谿旌德過涇縣乙巳陷南陵流劫蕪湖燒南岸奔太平犯江寧鎭丙辰徑侵南京兵部尚書張時徹等閉城不敢出倭紅衣黃蓋帥衆犯大安德門及夾岡越二日趨秣陵關而去入溧水縣給事御史劾時徹及守備諸臣罪御史葉恩追論李天寵失事胡宗憲亦言天寵縱寇時徹及侍郎陳洙皆罷天寵逮下獄論死　播州宣慰楊烈殺長官王黼黼黨李保等治兵相攻且十年總督侍郎馮岳與石邦憲討平之　柘林倭爲官軍所擊沈二十餘舟餘賊退登陸八月任環遭母喪詔奪情賊汎舟出海環與僉事董邦政及俞大猷分擊獲九舟賊又遭風壞三舟餘三

百人登岸走據華亭陶宅鎮　倭在溧水者流劫溧陽宜興聞官兵由太湖出一晝夜奔八十餘里越武進抵無錫駐惠山進至滸墅壬辰應天巡撫都御史曹邦輔督王崇古董邦政及把總婁宇等擊敗之賊走太湖追及之楊林橋盡殲其衆副將何卿勦賊師潰邦輔援之以火器破賊舟前後俘斬六百餘人趙文華欲攘其功邦輔捷書先奏文華大恨乃大集浙直兵與胡宗憲親將之約邦輔合擊倭於陶宅九月乙未營於松江之甎橋倭悉銳來衝文華兵先潰遂大敗邦輔進攻亦敗文華奏邦輔避難擊易致後師期楊宜亦劾邦輔故違節制給事中夏栻孫濬爭之邦輔得無罪　丙午俺答大舉犯大同宣府參將丁碧戰死戊午犯懷來京師戒嚴辛酉參將馬芳敗寇於保安進左都督偏裨加左都督自芳始　倭出沒台州外海都指揮王沛敗之大陳山賊登山官軍焚其舟盧鏜禽其酋林碧川等餘倭盡滅　免江北山東被災秋糧　張經既逮周珫楊宜節制不行

狠士兵肆焚掠東南民益困楊允繩言近者督撫命令不行於有司非官不尊權不重也督撫涖任例賂權要名謝禮有所奏請佐以苞苴名候禮及俸滿營遷避難求去犯罪欲彌縫失事希庇覆輸賄載道爲數不貲督撫取諸有司有司取諸小民有司德色以事上督撫靦顏以接下上下相蒙風紀莫振不肖吏又乾沒其間指一科十孑遺待盡之民必將挺而爲盜隱憂不止海島間也　冬十月陶宅倭夜屯周浦永定寺官兵四集進圍之時柘林失風賊九舟巢於川沙窪糾合至四十餘艘勢猶未已曹邦輔劾俞大猷縱賊帝怒奪其世廕責取死罪招立功自贖　庚寅殺總督都御史張經巡撫副都御史李天寵兵部員外郎楊繼盛繼盛繫三載帝無意殺之嵩揣帝必殺經天寵因附繼盛名並奏得報繼盛妻張氏伏闕上書乞代夫死嵩屏不奏繼盛臨刑賦詩曰浩氣還太虛丹心照千古生平未報恩留作忠魂補三人死天下寃之給事中吳國倫刑部郎中王世貞兵

部員外郎王遴經紀繼盛喪先後皆爲嵩所陷世貞忬之子也　倭二百人自樂清登岸流劫黃巖仙居奉化餘姚上虞被殺擄者無算辛卯掠寧波犯會稽歷五十日至嵊縣始滅　十一月壬辰朔日有食之　操江都御史史褒善遷大理寺卿給事中楊巍言東南倭患方劇參贊巡撫俱論罪褒善獨倖免又夤緣美遷請并吏部罰治帝怒停文選官俸還褒善故官巍既忤吏部遂出爲山西僉事　倭犯舟山指揮閔溶等敗死庚申犯興化泉州　周浦圍急賊乘夜東北奔游擊將軍曹克新邀斬百三十級閏月賊與川沙窪賊合諸軍日夜擊之賊焚巢出海俞大猷偕王崇古入洋追之及於老鸛觜焚巨艦八斬獲無算餘賊奔上海浦東　丁丑免畿內水災稅糧　十二月甲午開山東四川銀礦　壬寅山西陝西河南同時地震渭南華州朝邑三原蒲州尤甚或地裂湧泉中有魚物或城郭房屋陷入地中或平地突成山阜或一日數震或累日震不止河渭大泛溢華山

珍倣宋版印

終南山鳴河清數日官吏軍民壓死八十三萬有奇致仕尚書韓邦奇南京光祿寺卿馬理國子監祭酒王維楨與焉事聞贈邦奇太子少保謚恭簡華陰訓導張後覺署縣事救災扶傷人胥悅服　趙文華自甎橋之敗氣奪欲委責去會俞大猷破賊海洋遂以寇息請還朝帝悅許之　楊宜以狼兵徒剽掠不可用請募江浙義勇山東箭手益調江浙福建漕卒河南毛兵比客兵大集宜不能馭川兵與山東兵私鬭幾殺參將西陽兵潰於高橋奪舟徑歸蘇州　倭屯新場任環與都司李經等帥永順保靖兵攻之中伏保靖土舍彭翅永順土官田菑田豐等皆死之　楊允繩與御史張巽言巡視光祿寺劾署丞胡膏僞增物直下法司按問膏言玄典隆重所用品物不敢徒取充數允繩憎臣簡別太精斥言齋醮之用取具可耳何必精擇其欺謗玄脩如此帝遂大怒下允繩及膏錦衣獄何鼇當允繩儀仗內訴事不實律絞帝命仍與巽言杖於廷巽言奪三官膏調外任膏尋

以貪墨被劾誅　言者數奏南京諸營耗士之弊詔立振武營簡諸營銳卒充之益以淮陽趫捷者江北舊有池河營專城守護陵寢二營兵各三千領以勳臣別設場團練

明紀卷第三十四

明紀卷第三十五

賜進士出身工部候補主事虞衡司行走陳鶴纂
卹贈知府銜給雲騎尉世職內閣候補中書孫男克家參訂

世宗紀八（起嘉靖三十五年丙辰訖嘉靖四十年辛酉凡六年）

三十五年春正月庚辰彗星見進賢旁長尺許西南指漸至三尺餘埽太微垣次相東北入紫微垣犯天牀歷七十餘日始滅　壬午官軍擊倭於松江敗績　二月甲午振平陽延安災　趙文華還朝爲帝言餘倭無幾因盛毀總督楊宜而薦胡宗憲會御史邵惟中上新場失事狀己亥奪宜職閒住宜在事僅踰半載故得禍輕文華及嚴嵩欲用宗憲吏部尚書李默推王誥嵩文華皆恨巡按蘇松御史周如斗再以敗狀聞帝頗疑文華妄數詰嵩嵩曲爲解默試選人策問言漢武唐憲以英睿興盛業晚節用匪人而敗文華思以告訐自解遂奏默誹謗且言殘寇不難滅以督撫匪人敗衂由默恨臣劾其同

鄉張經思爲報復臣論曹邦輔卽嗾夏栻孫濬媒孽臣延今半載疆事日非昨推總督又不用宗憲而用誥東南塗炭何時解陛下宵旰何時釋帝大怒下禮部及法司議奏默偏執自用失大臣體所引漢唐事非所宜言帝益怒戊午下默錦衣衞獄幷逮邦輔謫戍朔州責禮部尚書王用賓等黨護默各奪俸三月停誥新命進宗憲侍郎代爲總督張景賢代邦輔阮鶚代宗憲何鼇坐默子罵父律絞帝曰律不著臣罵君謂必無也今有之其加等斬錮於獄默竟瘐死默博學有才辯以氣自豪凡有銓除與嵩爭可否氣甚壯然性褊淺用愛憎爲軒輊頗私鄉舊以恩威自歸士論亦不甚附之默既得罪繼之者吳鵬歐陽必進視嵩父子意承順惟謹吏部權盡失　初以倭患急特命都督劉遠爲浙江總兵官兼轄蘇松諸郡數月無所爲廷臣爭言俞大猷才三月罷遠以大猷代　呂本署吏部事希嚴嵩指考察廷臣署吏部侍郎葛守禮下考勤致仕後帝問守禮安在左右謬以

老病對帝爲歎息久之　初汪直誘倭入犯倭大獲利各島日至既而多殺傷有全島無一歸者死者家怨直直乃與養子滶及葉碧川王清溪謝和等據五島自保島人呼爲老船主胡宗憲與直同鄉里欲招致之釋直母妻於金華獄資給甚厚令客蔣洲陳可願往諭指直見洲等心動又知母妻無恙大喜曰俞大猷絶我歸路故至此若貸罪許市吾亦欲歸耳但日本國王已死各島不相攝須次第諭之因留洲而遣滶護可願歸宗憲厚遇滶令立功滶遂破倭舟山再破之列表宗憲請於朝賜金幣縱之歸　帝以鄭曉知兵夏四月改右都御史協理戎政　丙申振陝西饑　徐海引大隅薩摩二島倭分掠瓜洲上海慈谿自引萬餘人攻乍浦陳東麻葉與俱焚其舟示其黨無還意甲辰賊劫圌山無爲州同知齊恩帥舟師擊之恩子嵩年十八最驍勇敗賊斬百餘級進至安港伏發被圍恩家二十餘人俱力戰死惟嵩等三人獲全賊犯西庵沈莊及清水窪俞大猷董邦政

擊敗之賊走陶山揚州同知朱裒敗賊沙河殲其酋未幾賊復大至溥城東門裒督兵奮擊兵潰死胡宗憲壁塘棲與阮鶚相犄角海趨阜林鶚遣游擊將軍宗禮擊之崇德縣三里橋三戰三捷辛亥敗沒禮驍健敢戰練士三千連破倭既死鶚走桐鄉賊乘勝圍之宗憲計曰與鶚俱陷無益也遂還杭州　趙文華既陷李默至死帝以爲忠進工部尚書加太子太保嚴嵩因薦文華文學宜供奉青詞直內閣帝不許東南警遝至部議再遣大臣督師已命兵部侍郎沈良才矣五月乙丑嵩令文華自請行因言江南人矯首望文華帝以爲然命兼右副都御史提督江南浙江諸軍事　胡宗憲遣指揮夏正等持汪激書要徐海降海驚曰老船主亦降乎時海病創意頗動因曰兵三路進不由我一人也正曰陳東已他有約所慮獨公耳海遂疑東巳東知海營有宗憲使者亦大驚二人遂有隙正乘間說下海海遣使來謝索財物宗憲報如其請海乃歸俘二百人解桐鄉圍東留攻

一日亦去復巢乍浦阮鶚知不能當海乃東渡錢塘禦他賊　丁亥左通政王槐採礦銀於玉旺峪　時兩浙皆被倭而慈谿焚殺獨慘餘杭次之柘林乍浦烏鎮皁林皆爲賊巢前後至者二萬餘人詔胡宗憲急圖方略慈谿人杜文明被僉爲部長團結鄉勇其子槐傷父老以身任之數敗倭副使劉起宗令守餘姚慈谿上海槐遇賊定海之白沙一日戰十三合斬三十餘人馘一酋身被數鎗墮馬死文明擊賊鳴鶴場亦斬一酋無何追至奉化楓樹嶺亦戰死　六月丙申俞大猷破倭於黃浦賊陷仙居趨台州副總兵盧鏜破之彭溪　辛丑俺答三萬騎犯宣府遊擊將軍張紘迎戰敗死　胡宗憲使人語徐海曰若已內附而吳淞江方有賊何不擊之以立功且掠其舸爲緩急計海以爲然逆擊之朱涇斬三十餘級宗憲令俞大猷潛焚其舟海心怖以弟洪來質獻所戴飛魚冠堅甲名劍及他玩好宗憲因厚遇洪諭海縛陳東麻葉許以世爵海遂縛葉以獻宗憲解葉縛令

以書致東圖海而陰泄其書於海海怒海妾受宗憲賂亦說海於是海復以計縛東來獻帥其衆五百人去乍浦別營梁莊秋七月辛巳官軍焚乍浦巢斬首三百餘級焚溺死稱是海遂刻日請降　帝惑乩仙言手詔問禮部古用芝入藥今產何所尚書吳山博引本草黃帝內傳漢舊儀王充論衡瑞命記言歷代皆以芝爲瑞然服食之法未有傳所產之地亦未敢預擬八月壬寅詔有司採之五嶽及太和龍虎三茅齊雲鶴鳴諸山宛平民獻芝五本帝悅賚銀幣自是來獻者接踵　徐海先期猝至留甲士平湖城外帥酋長百餘冑而入趙文華等懼欲勿許胡宗憲強許之海叩首伏罪宗憲摩其頂慰諭之海自擇沈莊屯其衆莊東西各一以河爲塹宗憲居海東莊以西莊處陳東黨辛亥宗憲令東致書其黨曰督府檄海夕禽若屬矣東黨懼乘夜將攻海海挾兩妾走間道中稍明日官軍圍之海投水死盧鏜亦禽大隅島賊辛五郎至遂俘東五郎徐洪麻葉及海首獻京師

九月鄖景和入賀聖誕因言臣自五世祖寄籍錦衣衛世居北地今被罪南徙不勝犬馬戀主之情扶服入賀退而私省公主墳墓邱封翳然荆棘不翦竊自傷悔託命貴主獨與逝者魂魄相弔於數千里外臣罪重不敢祈恩惟陛下幸哀故主使得寄籍原衛長與相依許之　土蠻犯遼東指揮劉洪臣等戰死　初徽恭王薨子載埨嗣王益以奉道自媚於帝帝命緰其父真人印南陽人梁高輔自言能導引服食載埨進之帝已而有隙載埨嘗壞民屋作臺榭苑囿庫官王章諫杖殺之又微服之揚州鳳陽爲邏者所獲羈留二月走歸高輔乘間白之帝會民耿安奏載埨奪其女下巡撫河南都御史潘恩等按治恩等盡發其諸不法事乙丑詔廢爲庶人錮高牆載埨居宮中所司防守嚴獄詞不得聞及帝遣內臣同撫按至始大懼登樓望龍亭後有紅板輿歎曰吾不能自明徒生奚爲遂與妃沈氏次妃林氏皆自縊死子安陽王翊鍏萬善王翊鈁并革爵及未封子女皆遷

開封聽周王約束國除　壬午以平浙江倭祭告郊廟社稷　冬十
月丙戌朔日有食之　俺答掠大同邊總兵官孫朝禦卻之　任環
乞終制許之環在行閒與士卒同寢食所得賜予悉分給之軍事急
終夜露宿或數日絕餐嘗書姓名於肢體曰死倭職也爲二親記此
髮膚將士皆感激故所向有功　十一月戊午打來孫十餘萬騎深
入廣寧總兵官殷尙質等戰死　以平倭功命嚴嵩兼支尙書俸無
謝自是褒賜皆不謝嵩直廬隘撤小殿材爲營室帝自十八年葬章
聖太后後卽不視朝及居永壽宮大臣益希得見惟嵩獨承顧問御
札一日數下同列不獲聞以故嵩得逞志帝又慮廷臣附嵩不盡用
其言閒取獨斷或故示異同欲以殺離其勢嵩及世蕃獨得帝窾要
欲有所救解必順帝意痛詆之而婉曲解釋以中帝所不忍卽欲排
陷者必先稱其𢦤而以微言中之或觸帝所諱以是移帝喜怒往往
不失士大夫輻輳附嵩吳鵬及兵部尙書許論輩皆惴惴事嵩文選

郎中萬寀職方郎中方祥號文武管家世蕃剽悍陰賊熟諳中外官饒瘠險易責賄多寡毫髮不能匿帝於父子素薄裕王旣就邸歲時不得燕見常祿外例有給賜亦不敢請積三歲邸中窘甚王左右以千金賄世蕃世蕃以屬戶部得并給三歲資然世蕃常自疑一日屏人問王講官高拱陳以勤曰聞殿下近有惑志謂家大人何拱故爲詭語以勤正色曰國本默定久矣生而命名從后從土首出九域此君意也故事諸王講官止用檢討今兼用編修獨異他邸此相意也殿下每謂首輔社稷臣君安從受此言世蕃稍自安　有倭船自浙直敗還漂入朝鮮國王李峘遣兵擊殲之以所得中國被俘及助逆者三十餘人來獻　廣東新興新寧恩平間多高山叢箐亡命陳以明等誘諸猺爲亂衆至萬餘人流劫高要陽江諸縣數敗官軍總兵官靖遠伯王瑾與巡撫都御史談愷檄諸路土兵誅以明諸巢悉平瑾驥之元孫也　打來孫復以十萬騎屯青城分遣精騎犯一片石

三道關總兵官歐陽安拒卻之　十二月召趙文華還文華既寵貴
志日驕事中官及嚴世蕃漸不如初諸人憾之　徐海既平浙西倭
悉靖獨寧波舟山倭負險官兵環守不能克土兵狠兵悉已遣歸四
川貴州所調麻寮大刺鎮溪桑植兵六千始至俞大猷乘大雪帥以
攻賊賊死戰殺土官一人諸軍四面競進焚其柵賊多死其遁出者
盡殪之　丁未俺答五千騎犯環慶爲都督袁正所破其掠莊涼者
守將邀斬百二十人　東南倭患已四年朝議練鄉兵禦賊浙江參
將戚繼光請期三年而後用之台州知府譚綸亦練千人立束伍法
自裨將以下節節相制分數既明進止齊一未久卽成精鋭　以趙
文華言特設福建巡撫
三十六年春正月命阮鶚爲之胡宗憲兼浙江巡撫事　二月俺答
以二萬騎分掠大同邊殺守備唐天祿把總汪淵　陸炳劾司禮中
官李彬侵盜工所物料營墳墓僭擬山陵與其黨杜泰並論斬籍其

貲銀四十餘萬金珠珍寶無算炳任豪惡吏爲爪牙悉知民間銖兩
姧富人有小過輒收捕沒其家積貲數百萬嚴嵩嚴世蕃盡攬六曹
事炳無所不關說文武大吏爭走其門歲入亦不貲營別宅十餘所
莊田徧四方結權要周旋善類舉無所吝勢傾天下然折節士大夫
未嘗搆陷一人大獄數起多所保全以故朝士多稱之者　三月癸
丑把都兒擁衆數萬入流河口犯永平及遷安副總兵蔣承勛力戰
死別部入瀋陽鄉兵金仲良禽其長討賴吉能寇延綏殺副總兵陳
鳳　廣東扶黎葵梅諸山峒馮天恩等據險爲寇數十年王瑾復督
軍分道進勦破巢二百餘　初帝器王忬才甚眷之及所部屢失事
則以爲不足辦寇夏四月諭嚴嵩與兵部計防守之宜嵩言流河口
邊牆有缺故寇乘之入宜大脩邊牆且令忬補選額兵操練戰守不
得專恃他鎭援兵部條六事如嵩指帝乃下詔責忬赦其罪實主兵
減客兵如議於是練兵之議起　致仕南京吏部尚書朱希周卒年

八十四贈太子少保諡恭靖希周性恭謹不妄取予父名文希周瀕沒屬諸子曰他日儻蒙易名典勿犯我家諱竟如其志　丙申奉天殿災延燒華蓋謹身二殿文武二樓奉天左順右順午門及午門外左右廊盡燬越日乃熄壬寅下詔引咎脩齋五日止諸司封事停刑

倭犯如皐海門攻通州五月癸丑朔掠揚州高郵陷寶應犯徐州入山東界　癸亥採木於四川湖廣　辛未倭犯天長盱眙遂攻泗州南京兵部尚書張鏊檄參將劉顯防浦口丙子賊犯淮安府六月乙酉顯測賊將遁偕兵備副使于德昌追擊至安東方暑顯被單衣帥四騎誘賊伏精甲岡下賊出斬一人所乘馬中矢下拔其鏃射殺追者誘至岡下大敗之賊出所俘女子蠱將士顯悉送有司明日伺賊出潛燬其舟賊敗走舟舟已焚死者無算　俺荅突犯宣府馬尾梁參將祈勉戰死　甲午罷廣西礦　秋七月庚午詔廣東採珠初方士王金以仙酒獻趙文華文華獻之帝帝飲之甘使小璫再索

之不應帝遣使賜文華值其醉拜跪不如禮西苑造新閣不以時告成帝一日登高見西長安街有高甍問誰宅左右曰趙尚書新宅也旁一人曰工部大木半爲文華作宅何暇營新閣三殿災帝欲建正朝門樓責成甚亟文華猝不能辦帝積怒且聞其連歲視師黷貨要功狀思逐之八月諭嚴嵩曰門樓庀材遲文華似不如昔嵩力爲掩覆且言文華觸熱南征因致疾宜增侍郎一人專督大工帝從之文華因上疏稱疾請賜假靜攝旬月帝手詔曰大工方興司空是職文華既有疾可回籍休養制下舉朝相賀時帝怒猶未解而言官無攻者會文華子錦衣千戶懌思以齋祀停封章日請假送父帝遂發怒黜文華爲民戍懌思邊衞以禮科失糾劾杖給事中謝江等六人於廷削其籍文華故病蠱及遭譴臥舟中意邑邑不自聊一夕手捫其腹腹裂臟腑出遂死　沈鍊之謫保安也賈人某詢知其得罪故徙家舍之里長老日致薪米遣子弟就學鍊皆語以忠孝大節塞外人

素戇直又稔知嚴嵩惡爭詈嵩以快鍊鍊縛草爲人象李林甫秦檜
及嵩醉則聚子弟攢射之或踔騎居庸關口南向戟手詈嵩復痛哭
乃歸語稍稍聞京師許論督宣大常殺良民報功鍊貽書誚讓及嵩
黨楊順爲總督被寇破四十餘堡順懼益縱吏士遮殺避兵者鍊責
之加切又作文祭死事諸人詞多刺順順走私人白嚴世蕃言鍊結
死士擊劍習射意叵測世蕃以屬巡按御史李鳳毛鳳毛謬謝曰有
之已陰散其黨矣既而代鳳毛者路楷亦嵩黨也世蕃屬與順合圖
鍊會官軍捕獲白蓮教妖人閻浩等詞所連及甚衆順喜謂楷曰是
足以報嚴公子矣竄鍊名其中誣浩等師事鍊聽其指揮論長兵部
覆如其奏九月癸亥斬鍊宣府市戍其子襄極邊子順一子錦衣千
戶楷待銓五品卿寺順曰嚴公薄我賞豈意未愜耶取鍊子衮褒杖
殺之復移檄逮襄及其幼弟袠將斃之獄會順楷以他事逮乃免
戊辰彗星見天市垣列肆旁東北指月餘乃滅　俺答子辛愛入大

同右衞境掠應州朔州攻毀七十餘堡殺擄甚衆　冬十月廷議以倭擾江北督漕都御史不暇辦寇請特設巡撫乃命李遂以故官撫鳳陽四府時淮揚三中倭歲復大水且日役民輓大木輸京師遂至請鑲增兵恤民節用次第畫戰守計　蔣洲在倭中諭山口豐後二島主源義長源義鎭還被掠人口具方物入貢胡宗憲以聞詔厚賚其使遣還義鎭等以中國許互市喜遣夷目善妙等四十餘人隨汪直來市至舟山之岑港浙人聞直以倭船至大驚巡按御史王本固亦言不便廷臣謂宗憲且釀東南大禍直遣汪滶詰宗憲曰我等奉詔來將息兵安境謂宜使者遠迎宴犒交至今盛陳軍容禁舟楫往來公給我耶宗憲慰勞甚至指心誓無他善妙等見盧鏜於舟山鏜令禽直以獻語洩直益疑宗憲令直子以書招直直曰兒何愚也汝父在厚汝父來闔門死矣宗憲開諭百端直終不信曰果爾可遣滶出吾當入見宗憲立遣之直又要一貴官爲質宗憲即命夏正往初

宗憲預爲赦直疏引滶入臥內陰窺之滶語直疑稍解十一月直偕葉碧川王清溪入謁宗憲大喜禮接之甚至令謁本固於杭州本固下直等於獄宗憲疏請曲貸直死俾戍海上繫番夷心本固爭之強而外議疑宗憲納賊賂宗憲懼易詞以聞直論死碧川清溪戍邊滶與謝和遂支解正焚舟柵舟山阻岑港而守俞大猷戚繼光等四面圍之賊死鬭將士苦仰攻先登者多陷沒　辛愛有妾曰桃松寨私部目收令哥懼誅來降楊順詡爲奇功致之闕下辛愛來索不得乃縱掠大同諸墩堡丁丑圍右衛城數匝順懼詭言敵願以趙全邱富來易許論以爲便乃遣桃松寨夜逸出塞紿之西走陰告辛愛辛愛執而戮之　十二月致仕工部尚書蔣瑤卒　免山東浙江被災稅糧　琉球世子尚元擊倭海中獲中國被掠者六人因貢使來還

三十七年春正月癸酉罷河南礦　辛愛狎知楊順無能圍右衛益急故將尚表以餽饟入圍城悉力捍禦粟盡食牛馬撤屋爲薪士卒

無變志寇分兵犯宣薊鎮西鄙震動右衛烽火斷絕帝深以爲憂密問嚴嵩嵩意欲棄之而難於發言委之兵部許論因請復右衛軍馬歲辦五十萬金故爲難詞冀以動帝帝詔諸司亟發兵措餉時賦入太倉者僅七萬帑儲大較不及十萬戶部尚書方鈍憂懼不知所出乘間具陳帑藏空虛狀條上便宜七事旣又令羣臣各條理財之策議行二十九事益瑣屑非國體三月逮大同巡撫都御史朱笈超擢副使楊選僉都御史代之而以張承勳代總兵官龔業給事中吳時來劾楊順路楷因言論雷同附和日昏酣置邊事不問詔逮順楷黜論爲民起楊博代論命侍郎江東代順嵩微爲論等解卒不能救疾時來甚會將遣使琉球卽以命時來帝又改命博視師宣大以刑部尚書鄭曉兼攝兵部表出兵突戰獲俺答孫及壻及其部將各一人辛未曉言今兵事方急而所簡三大營聽征官軍三萬五千人乃令執役赴工何以備戰守乞歸之營伍帝立從之　吳時來抗章劾嚴

嵩曰頃陛下赫然震怒逮治償事邊臣人心莫不欣快邊臣朘軍實
餽執政罪也執政受其餽朋奸罔上獨得無罪哉嵩輔政二十年文
武遷除悉出其手潛令子世蕃入直禁所批答章奏世蕃因招權示
威頤指公卿奴視將帥筐篚苞苴輻輳山積猶無饜足用所親萬寀
爲文選郎方祥爲職方郎每行一事推一官必先稟命世蕃而後奏
請陛下但知議出部臣豈知皆嵩父子私意哉臣竊謂除惡務本今
邊事不振由於軍困軍困由於官邪官邪由於執政之好貨若不去
嵩父子陛下雖宵旰憂勞邊事終不可爲也刑部主事張翀言嵩貴
則極人臣富則甲天下子爲侍郎孫爲錦衣中書賓客滿朝班親姻
盡朱紫犬馬尚知報主而嵩獨不然自輔政以來文武將吏率由賄
進其始不核名實但通關節卽與除授其後不論功次但勤問遺卽
被超遷託名修邊建堡覆軍者得蔭子濫殺者得轉官公肆詆欺交
相販鬻戶部歲發邊餉本以贍軍而朝出度支之門暮入奸臣之府

輸邊者四饋嵩者六邊鎮之人盈嵩門下未見其父先饋其子未見其子先饋家人家人嚴年富已踰數十萬嵩家可知私藏充溢半屬軍儲邊卒凍餒不保朝夕且嵩窺蔑名器私營囊槖世蕃以驵儈資倚父虎狼之勢招權罔利獸攫鳥鈔無恥之徒絡繹奔走靡然成風有如狂易嵩險足以傾人詐足以惑世辨足以亂政才足以濟奸附己者加諸膝異己者墜諸淵箝天下口使不敢言而其惡日以恣此忠義之士所以搤腕憤激懷深長之憂者也翀同官董傳策言嵩稔惡誤國陛下豈不洞燭其奸特以輔政故尚爲優容令自省改而嵩怙不知戒負恩愈深居位一日天下受一日之害因歷言其罪一壞邊防二鬻官爵三蠹國用四黨罪人五騷驛傳六壞人才自楊繼盛劾嵩嵩已疑徐階趙錦王宗茂疏繼上階又議薄其罰及是時來等同日上疏而時來翀皆階門生傳策則階邑子時來又嘗官松江推官嵩乃密奏三人同日搆陷必有人主使且時來乃憚琉球之行借

端自脫帝入其言下三人錦衣獄嚴鞫主謀者三人瀕死不承第言此高廟神靈教臣爲此言耳主獄者乃以三人相爲主使讞上詔戍時來橫州䶵都勻傳策南寧然帝自是寖厭嵩有所詢皆舍嵩而之階　新倭復大至夏四月辛巳分犯浙江福建帝嚴旨責胡宗憲宗憲懼得罪會得白鹿於舟山獻之帝大悅行告廟禮已宗憲復以白鹿獻帝益大喜告謝元極寶殿及太廟百官表賀自是靈芝白龜白雁玉兔西苑嘉禾顯陵甘露無不告廟稱賀者　倭陷福清舉人陳見率衆禦之與訓導鄔中涵俱被執大罵而死賊遂陷南安乘勝犯惠安知縣林咸拒守五晝夜賊引去既而復來咸擊之鴨山窮追逐北陷伏死阮鶚懼賊甚賂以羅綺金花及庫銀數萬兩又遺巨艦六俾載以走而斂括民財動千萬計帷帟盤盂率以錦綺金銀爲之賊既得志遂連綜出海參將尹鳳邀擊沈其七舟追至外洋連戰澍嶼東洛七礁禽斬二百人御史宋儀望等交章劾鶚逮下刑部嚴嵩

爲屬法司僅黜爲民　楊博方居父喪聞兵部之命疏辭已聞視師命乃墨縗馳出關未至江東等各嚴兵進寇引去右衛圍凡六月守將王德戰死將士皆死守博厚襃䘏奏行善後十事五月以給事中張學顏言留博鎮撫奏蠲被寇租因僉其丁壯爲義勇分隸諸將以邊人不習車戰寇入輒不支請造偏廂車百輛有警則右衛居東左衛居西使相聲援又以大同牆圮繕治爲急次則塞銀釵驛馬諸嶺以絶窺紫荆路備居庸南山以絶窺陵寢畿甸路脩陽神地諸牆塹以絶入山西路於大同牛心山諸處築堡九墩臺九十二接左衛高山站以達鎮城濬大濠二各十八里小濠六十有四五旬訖工帝數欲召博還又虞邊患以問嚴嵩嵩雅不喜博請令東署部事俟秋防畢徐議之遂不召　江西故行淮鹽後南安贛州吉安改行廣鹽私販盛行國計大絀六月巡撫都御史馬森疏其害請於峽江縣建橋設關扼閩廣要津盡復淮鹽額增至四十七萬引　倭犯温州致仕

僉事王德偕族父沛督義兵擊走之俄一舟突來犯沛及族弟崇堯崇脩殲焉亡何賊復至大掠德憤怒勒所部追襲至龍灣軍敗手射殺數人罵賊死　秋七月帝從楊博言命薊鎮入衞兵聽宣大調遣王忬言古北諸口無險可守獨恃入衞卒護陵京奈何聽調發帝怒曰曩令薊鎮練兵今一卒不練遇防秋輒調他鎮兵乃遣職方郎中唐順之往覈　給事中徐浦請令廷臣及督撫各舉邊才帝從之故侍郎郭宗臯都御史曹邦輔吳嶽祭酒鄒守益脩撰羅洪先御史吳悌方涯主事唐樞參政周大禮曹亨參議劉志和知府黃華在舉中御史羅廷唯駮曰浦疏本言邊才今廷臣乃以清脩苦節實學懿行舉去初議遠矣況又有夤緣進者是假明詔開倖門也帝乃責吏部濫舉命與都察院更議左都御史周延等言所舉皆人望無私帝終不悅切責延等所舉悉報罷時海內賢士大夫被斥者衆是舉上稍冀復用爲廷唯所阻自是皆不復召矣　岑港賊徙巢柯梅胡宗憲

上疏陳戰功，謂賊可指日滅。所司論其欺誕，帝怒，盡奪俞大猷、戚繼光等職，切讓宗憲，令剋期平賊。河決曹縣，碭山、賈魯河故道始淤。

閏月，土蠻犯遼東。八月己未，吉能犯永昌、涼州，圍甘州十四日乃退，又犯宣府赤城堡。九月，唐順之還奏薊鎭額兵九萬有奇，今惟五萬七千，又皆羸老不任戰，因條上便宜九事。王忬、歐陽安及巡撫都御史馬珮、諸將袁正等皆貶秩。帝問嚴嵩邊兵入衞舊制。嵩曰：「祖宗時無調邊兵入內地者。正德中，劉六猖獗，始調許泰、郤永等討賊。俺答入犯，仇鸞選邊兵十八支護陵京，未用以守薊鎭。至何棟始借二支防守，忬始盡調邊兵守要害，去歲又徵全遼士馬入關，致寇乘虛入犯遼左，一空若年。復一年調發不已，豈惟糜饟，更有他憂。」帝由是惡忬。冬十月癸丑，禮部進瑞芝一千八百六十本，詔廣求徑尺以上者。土蠻犯清河，總兵官楊照禦之，斬首八百餘級。越四日，寇十萬騎薄界嶺口，副將馬芳拒卻之。明日，寇殘騎二百奔還，芳及歐陽安俘斬四十級　官軍攻柯梅不能克御史李瑚劾胡宗憲誘汪直啟釁王本固及給事中劉堯誨亦劾其老師縱寇請追奪功賞帝命廷議咸言宗憲功多宜勿罷乃令居職如故　柯梅倭造巨艦爲遁計宗憲利其去不之擊十一月賊揚帆南俞大猷橫擊之沈其一舟餘賊泊泉州之浯嶼掠同安惠安南安諸縣攻福寧州福建人大譟謂宗憲嫁禍李瑚再劾宗憲三大罪帝不問　金山軍變巡撫應天都御史趙忻下獄貶官　帝出手諭諭三法司言司牧未盡得人任情作威湖廣幼民吳一魁二命枉刑毋又就捕情迫無控萬里叩閽以此推之冤抑者不知其幾爾等宜體朕心加意矜卹通行天下咸使喻之　唐順之往南畿浙江與胡宗憲協謀討賊順之以禦賊上策當截之海外縱使登陸則內地咸受禍乃躬泛海自江陰抵蛟門一晝夜行六七百里從者咸驚嘔順之意氣自如　戚繼光練兵及期海道副使譚綸收之以爲用客兵罷不復調　哼素把伶

及叛人了都記等數以輕騎寇邊楊博先後計禽之又數出奇兵襲寇寇稍徙帳因議築翁萬達所創邊牆招還內地民爲寇掠者千六百餘人又請通宣大荒田水利薄其租報可

三十八年春正月嚴嵩年八十聽以肩輿入禁苑　二月庚午把都兒辛愛謀大舉入犯駐會州挾朵顏爲鄉導詭稱東下王忬不能察遽分兵而東號令數易敵乘間由潘家口入渡灤河而西偪三屯營三月己卯大掠遵化遷安薊州玉田駐內地五日京師大震御史王漸方輅劾忬及歐陽安巡撫都御史王輪罪帝大怒斥安貶輪於外切責忬令停俸自効　癸巳倭自象山突台州譚綸連破之馬嵛何家礮又與戚繼光共破之葛埠南灣胡宗憲以李瑚與俞大猷皆閩人疑大猷漏言乃劾大猷不力擊賊甲午逮下錦衣衛獄陸炳與大猷善密以己資投嚴世蕃解其獄令立功塞上　倭泊崇明三沙唐順之督舟師邀之海外斬馘一百二十沈其舟十三　夏四月丁未

倭數百艘犯通州海門李遂語諸將曰賊趨如皐其衆必合合則侵犯之路有三由泰州偪天長鳳泗陵寢驚矣由黃橋偪瓜儀以搖南都運道梗矣若從富安沿海東至廟灣則絕地也乃命副使劉景韶遊擊邱陞扼如皐而身馳泰州當其衝通政唐順之聞賊犯江北亦令總兵官盧鏜拒三沙自帥副總兵劉顯馳援時賊勢甚盛副將鄧城禦之敗績指揮張谷死焉賊知如皐有備將犯泰州遂急檄景韶陞遏賊連戰丁偃海安通州皆捷賊沿海東掠遂喜曰賊無能爲矣令景韶陞尾之賊乃據廟灣遂慮賊突淮安夜半馳入城　甲寅福建新倭大至破福安寧德遂圍福州經月不解福清永福諸城皆被攻燬　庚申倭攻淮安遂督參將曹克新等禦之姚家蕩順之顯來援賊大敗走以餘衆保廟灣順之薄之殺傷相當遂欲列圍困賊順之以爲非計麾兵薄其營以火礮攻之不能克三沙又屢告急順之乃復援三沙丙寅景韶大破賊於印莊追奔至新河口焚斬甚衆

五月辛巳方略復劾王忬失策者三可罪者四詔逮忬及中軍遊擊張倫下錦衣衛獄刑部論忬戍邊帝手批曰諸將皆斬主軍令者顧得附輕典耶改論斬　廟灣倭據險不出攻之月餘不克甲午李遂令劉景韶塞壍夷木壓壘陳火焚其舟賊乘夜雨潛遁官軍據其巢追奔至蝦子港江北倭悉平　六月薊遼總督尙書楊博以薊偪京師護畿甸陵寢爲大分布諸將畫地爲防　尹鳳擊倭梅花洋賊走追至橫山禽斬二百六十大小凡十數戰內地稍寧　辛愛犯大同轉掠宣府東西二城駐內地旬日會久雨乃退　秋七月前脩撰楊慎卒年七十二愼投荒多暇書無所不覽嘗曰資性不足恃日新德業當自學問中來帝以議禮故惡其父子特甚每問愼作何狀愼聞益縱酒自放詩文雜著至一百餘種並行於世　給事中羅嘉賓御史龐尙鵬出覈浙江軍饟劾戚繼光等無功因盡發胡宗憲失律貪淫狀帝不問　唐順之督盧鏜劉顯進擊三沙倭再失利順之憤親

躍馬布陳賊搆高樓望官軍見順之軍整堅壁不出顯請退師順之
不可持刀直前去賊營百餘步鎧顯懼失利固邀順之還時盛暑順
之居海舟兩月得疾還太倉賊轉掠江北將犯揚州劉景韶戰連勝
圍之劉家莊顯以銳卒數千至李遂令諸軍盡屬顯八月己未顯帥
所部直入諸營繼之自辰迄酉賊巢破逐北至白駒場茅花墩斬首
六百有奇賊盡殄　俺答犯土木遊擊董國忠等戰死九月犯宣府
　冬十月析廣東四會縣地置廣寧縣　前南京工部侍郎程文德
卒　秋防竣廷議欲召楊博還吳鵬不可鄭曉署兵部爭之曰博在
薊遼則薊遼安在本兵則九邊俱安乃召還　蘇州以倭警募壯士
後兵罷無所歸羣聚剽奪巡撫應天都御史翁大立得其主名捕甚
急惡少懼夜劫縣衛獄縱囚自隨攻都御史行署大立帥妻子遁知
府王道行督兵力拒之乃斬葑門奔入太湖十一月事聞命大立戴
罪捕賊尋被劾罷　十二月給事中徐師曾頌前蘇松參政任環功

詔贈光祿寺卿再蔭一子副千戶建祠蘇州春秋致祭　擢李遂南京兵部侍郎改唐順之僉都御史代爲巡撫遂前後二十餘戰斬獲八百有奇時淮陽大饑順之力疾渡江條上海防善後九事　大同巡撫都御史李文進習俞大猷才與籌軍事乃造獨輪車拒敵馬嘗以車百輛步騎三千大挫敵銀安堡文進上其制於朝遂置兵車營京營有兵車自此始也　俺答蓃青海富饒攜子賓兔丙兔等數萬衆襲據其地卜兒孩竄走俺答遂縱掠諸番已引去留賓兔據松山丙兔據青海西寧亦被其患

三十九年春正月丙戌俺答犯宣府　二月論平汪直功加胡宗憲太子太保宗憲多權術喜功名因趙文華厚結嚴嵩父子威權震東南善待賓客招諸名士徐渭俞寅沈明臣等筦書記預謀議下至技術雜流豢養皆有恩能得其力搬編提均徭之法加賦額外民爲困儆所侵官帑斂富人財物亦不貲羅嘉賓等還上諸臣侵帑狀宗憲

三萬三千文華十萬四千阮鶚數浮於宗憲宗憲自辨言臣爲國除賊用間用餌非小惠不成大謀帝以爲然更慰諭之鶚文華皆追徵還官　初南京諸軍有妻者月糧一石無者減其四春秋二仲月米石折銀五錢馬坤掌南戸部奏減折色之一督儲侍郎黃懋官又奏革募補者妻糧諸軍大怨代坤者蔡克廉方病諸軍以歲饑求復折色故額於懋官懋官不可給饟又踰期丁巳振武營卒鼓譟懋官署懋官急招張鏊李遂徐鵬舉及臨淮侯李庭竹守備太監何綬至諸營軍甲而入予之銀爭攫之懋官見勢洶洶越垣投吏舍亂卒隨及戕之裸其屍於市綬鵬舉遣吏持黃紙許犒萬金卒輒碎之至許十萬金乃稍定明日諸大臣集守備廳亂卒亦集遂大言曰黃侍郎自越牆死諸軍特不當殘辱之吾據實奏朝廷不以叛相誣也麾衆退許復妻糧及故額人畀之一金補折價衆始散遂託病閉閣給諸軍免死券以安之而密諭營將掩捕首惡周山等二十五人繫獄詔追

褫懋官及克廉職罷綬庭竹鏊誅叛卒三人餘戍邊衛而三人已前死兵自此益驕庭竹性之從弟也　前兩浙鹽運副使郭希顏疏請建儲坐妖言律即所在棄市傳其首　戊午振順天永平饑　倭犯潮州　三月副都御史鄢懋卿總理兩浙兩淮長蘆河東鹽法舊制大臣理鹽政無總四運司者懋卿盡握天下利柄倚嚴嵩父子大肆威燄監司郡邑吏膝行蒲伏苞苴無虛日至以文錦被廁牀白金飾溺器按部與妻偕行製五綵輿以十二女子舁之增課銀括殘鹽搜索私販歲有定數邏卒皆起爲盜流毒徧海濱　南京御史林潤論祭酒沈坤擅殺人詔下坤獄瘐死　兀慎聚衆喜峯口外規犯薊鎮癸未大同總兵官劉漢出擣其帳於灰河敗之寇稍遠徙　丁亥打來孫犯廣寧陷中前所殺守備武守爵黃廷勛　鳳陽巡撫都御史唐順之以春汛力疾泛海夏四月度焦山至通州卒年五十四順之於學無所不窺自天文樂律地理兵法弧矢句股壬奇禽乙莫不究

及原委生平苦節自厲輟扉爲牀不飾裀褥晚由趙文華薦聞望頗損　御史耿定向劾吳鵬六罪因言鵬壻學士董份總裁會試私鵬子紹宜併斥嚴嵩爲鵬營護事竟寢　故事在京軍民獄訟俱投牒通政司送法司問勘諸司有應鞫者亦參送法司不得自決遣刑部間捕因畿府巡按御史鄭存仁謂訟當自下而上檄州縣法司有追取毋輒發刑部尚書鄭曉侍郎趙大祐傅頤守故事爭斥存仁違制存仁亦據律論曉欺罔章俱下都察院會刑科平議議未上曉疏辯嚴嵩激帝怒切讓落曉職貶大祐頤二秩曉通經術習國家典故在刑部與都御史周延大理寺卿馬森稱爲三平爲權貴所阨志不盡行曉既去帝命在外刑獄屬有司在京屬刑部然五城御史往往受民間詞訟不復遵祖制矣　復設南京糧儲都御史以章煥爲之

五月胡宗憲上疏請得節制巡撫及操江都御史如三邊故事帝即晉宗憲兵部尚書如其請　湖廣漵浦猺沈亞當等爲亂總督石勇

檄石邦憲討平之生禽亞當斬獲二百有奇　壬辰盜入廣東博羅縣殺知縣舒顒　秋七月乙丑朔把都兒犯薊西總督許論厚集精銳以待游擊胡鎮擊破之已分掠沙兒嶺燕子窩復爲官軍所卻乃遁去　庚午劉漢復與參將王孟夏麻祿等襲俺答於豐州禽斬一百五十人焚板升略盡　八月以江西弋陽縣之横峯寨爲興安縣析上饒貴溪二縣地益之　九月己巳俺答犯朔州廣武俞大猷拒卻之　初東川土知府祿慶死子位幼妻安氏攝府事營長阿得革擅權求烝安氏不得縱火焚府治走武定州爲土官所殺其子阿堂奔水西賄結烏撒土官安泰入東川囚安氏奪其印數與霑益州安九鼎羅雄州者濬相攻擊詔雲貴四川撫按官會勘阿堂服罪願獻府印還侵地位及弟僎已前歿官府詢祿氏之當襲者阿堂以己幼子詭名祿哲以報據府印與九鼎相攻如故巡撫雲南都御史游居敬請討之詔再行會勘居敬遽調土漢兵五萬餘進剿賦斂百出諸

軍衛及有司土官舍乘之爲姦利阿堂聞大兵至逃深箐諸將窮搜
不獲地方民夷大遭屠掠冬十月巡按御史王大任言居敬信九鼎
之詭辭違會勘之明旨輕動大衆恐生意外患且言其受各土官賂
攘盜帑積皆有迹乃命逮居敬謫戍邊　諭禮部具景王之藩儀嚴
嵩揣帝激於郭希顏疏欲覘人心諷吳山留王山曰中外望此久矣
立具儀以奏　趙王厚煜性和厚搆一樓名思訓獨居讀書文藻贍
麗輔國將軍祐椋等數犯法厚煜庇之不得被責讓洛川王翊鍂奴
與通判田時雨之隸爭瓜而毆時雨捕奴厚煜請解時雨不聽論奴
充軍宗室數十人索祿時雨以宗室毆府官白於上官知府傅汝礪
盡捕各府人厚煜益忿恚自縊死事聞下法司按問時雨斬河南市
汝礪戍極邊　王忬旣繫獄其子青州副使世貞解官與弟進士世
懋日蒲伏嚴嵩門涕泣求貸又囚服跽道旁遮諸貴人輿搏顙乞救
嵩雅不喜忬父子時爲謾語以寬之而陰持其獄十一月殺忬及前

給事中楊允繩世貞兄弟痛哭欲絕三年蔬食不入內寢旣除服猶
卻冠帶葛巾苴履不赴宴會　十二月土蠻犯海州東勝堡　閩廣
賊犯江西　嚴世蕃嘗謂天下才惟己與陸炳楊博爲三及是炳卒
世蕃益自負嵩耄昏且旦夕值西內朝事一委世蕃九卿以下浹日
不得見或停至暮而遣之　免畿內山西山東湖廣陝西被災稅糧
緬甸莽瑞體招誘隴川干崖南甸諸土官欲入寇沐朝弼等上其
事兵部言荒服之外治以不治瑞體已畏威遠遁請傳諭諸蠻不許
交通結納詔可
四十年春正月俺答自河西踏冰入寇守備王世臣千戶李虎戰死
二月辛卯朔日當食微陰欽天監言日食不見卽同不食嚴嵩以
爲天眷趣禮部急上賀侍郎袁煒亦以爲言吳山仰首曰日方虧將
誰欺耶仍救護如常儀帝大怒山引罪帝謂山守禮無罪而責禮科
對狀給事中李東華等震懼劾山請與同罪帝責山賣直沽名停東

華等俸嵩言罪在部臣帝乃貰東華等命姑識山罪　丁未景王載圳之國德安司禮太監黃錦竊語吳山曰公他日得爲編氓幸矣王之藩非帝意也載圳多請莊田部議給之荆州沙市不在請中中使責市租知府徐學謨力抗不與又取薪稅於漢陽之劉家塥推官吳宗周持之皆獲譴其他土田湖陂侵入者數萬頃荆州人德學謨稱沙市爲徐市　左都御史周延卒贈太子太保謚簡肅延顏面寒峭砥節奉公權臣用事政以賄成延未嘗有染然居臺端七年無諫諍名　三月壬戌振山東饑　給事中梁夢龍等見帝怒吳山甚又惡專劾山得罪清議乃幷吳鵬劾之詔鵬致仕山冠帶閑住時皆惜山而深快鵬之去帝聞袁煒言善之命代山爲禮部尙書仍命入直煒自供奉以後六年中進宮保尙書前未有也　振武營兵變後諸將務姑息江東爲參贊亦多所寬假衆益驕無復法紀給事中魏元吉以爲言因舉浙直副總兵劉顯詔進顯署都督僉事節制其軍許以

四川卒五百人自隨一軍帖然　夏四月倭大掠浙江之桃渚圻頭
戚繼光急趨寧海扼桃渚敗之龍山追至鴈門嶺賊遁去乘虛襲台
州繼光手殲其魁蹙餘賊瓜陵江盡死圻頭倭復趨台州繼光邀擊
之仙居道無脫者先後九戰皆捷俘馘一千有奇　丁未振山西饑
五月乙亥呂本以憂去　東川營長者阿易謀於阿堂之心腹毋
勒阿濟等掩殺阿堂於戛來矣石之地阿哲就禽哲方八歲府印不
知所在貴州宣慰安萬銓取經歷印畀祿位妻寧著以照磨印畀者
濬留兵三千爲寧著防衞王大任言東川三印悉爲土官部置請敕
總督鎮巡官按究幷訪祿氏支派所宜立與所以處阿哲者報可
初江北池河營卒操守南京給一丁資往來費謂之幫丁千戶吳欽
革之軍遂變毆欽縛之竿詔罷江東擢兵部侍郎李遂爲南京參贊
尚書鎮撫之營卒惑妖僧繡頭復倡訛言遂捕斬繡頭申嚴卒伍書
其名籍年貌繫牌腰閒旣又奏調振武軍護陵寢一日散千人留都

自是無患　閏月嚴嵩妻歐陽氏死世蕃當護喪歸嵩請留侍京邸許之　岷州既設徵發繁重人日困傲番人戀世官流官又不樂居遙寄他所督撫以爲言遂廢州置軍民指揮使司如故　賊犯江西泰和巡檢劉芳力戰死賊怒磔其尸副使汪一中方讌投箸起曰賊鼓行而西掩我不備不早討且無噍類豈飲酒時乎當路遂以討賊屬之一中至泰和帥諸將吏祭芳曰爾職抱關猶死疆事吾待罪方面不滅賊何以生爲遂誓師列陳鼓之俘賊五人斬以徇丙辰陳如前賊大至左右軍皆潰賊悉赴中軍中軍亦潰一中躍馬當賊鋒殺三人身被數創與指揮王應鵬千戶唐鼎皆死一中妻程氏投於井家人救之喪歸不食五日死詔贈一中光祿寺卿謚忠愍　播州容山土舍韓甸張問相攻甸屢勝遂糾生苗剽湖廣貴州境垂二十年問亦糾黨自助石邦憲討之斬百餘人問潛出被獲官軍乘勝入甸巢暮大雨迷失道守備葉勛百戶魏國相等陷伏中死焉邦憲奪圍

出還軍鎭遠　六月許論奏密雲昌平二鎭須饟銀三十餘萬給事中鄭茂言論奏請過多請察其侵冒弊詔論回籍聽勘給事中鄧棟往覈具得虛冒狀奪論官閑住楊選代爲總督條上封疆極弊十五事多從其請　秋七月己丑朔日有食之欽天監言食止一分五杪例免救護袁煒言陛下以父事天以兄事日羣陰退伏萬象輝華是以太陽晶明氛祲銷爍食止一分與不食同臣等不勝欣忭疏入帝益喜　廣東饒平賊張璉數陷城邑積年不能平詔移鎭筸參將俞大猷於南贛合福建廣東兵討之尋命胡宗憲兼制江西　庚戌俺答犯宣府副總兵馬芳參議楊巍擊斬其部長其入山西者芳一日夜馳五百里及之七戰皆捷寇遁走　八月林潤劾鄢懋卿要索屬吏餽遺鉅萬濫受民訟勒富人賄置酒高會日費千金虐殺不辜怨咨載路苛斂淮商幾至激變五大罪帝置不問　九月庚子俺答六萬餘騎犯居庸岔道口總兵官姜應熊被圍於南溝中五鎗墮馬參

將胡鎮殺數人奪應熊歸寇遂卻　總兵官盧鏜參將牛天錫破倭
寧波温州水陸十餘戰斬首千四百有奇胡宗憲以蕩平聞詔加宗
憲少保　冬十月巡撫山東都御史朱衡言比遼左告饑暫弛登萊
商禁轉粟濟之猾商遂竊載他貨往來販易並開青州以西路海島
亡命陰相搆結禁之便從之　戚繼光擊江西賊破之上坊巢賊奔
建寧繼光還浙江　譚綸以憂去楊博薦之詔起復將浙江兵討張
璉黨林朝曦　廷議遣大臣赴薊州督饟練兵嚴嵩欲用戶部侍郎
趙貞吉召歆示之意貞吉曰督饟者督京運乎民運乎若二運已有
職掌添官徒增擾耳況兵之不練其過宜不在是即十侍郎出何益
練兵嵩怫然罷會嵩請告吏部用倉場侍郎林應亮比嵩出益怒令
給事中張益劾應亮調之南京改用僉都御史霍冀益又言督饟戶
部專職今貞吉與左侍郎劉大賓廷推不及是不職也宜罷大賓與
貞吉皆奪官　應天主考中允吳情取同邑十三人被劾與副考胡

燕俱謫外南畿翰林遂不得典應天試　十一月甲午袁煒爲戶部
尙書兼武英殿大學士預機務　吳鵬之罷也嚴嵩力援歐陽必進
代帝以爲非己意欲逐之湛若水卒其孫請贈官必進覆從之帝斥
若水僞學奪必進少保尋以推督饟侍郎不當降俸二級禮部缺尙
書必進推內直尙書郭朴帝大怒曰撰文諸臣例不得擅推推朴何
也遂罷必進嵩亦自是失眷　庚戌吉能犯寧夏進逼固原　辛亥
夜永壽宮災帝徙居玉熙殿隘甚欲有所營建以問嚴嵩嵩請暫徙
南城離宮南城英宗爲太上皇時所居也帝不懌問徐階階請以三
殿所餘材責工部尙書雷禮營建可計月而就從之命階子尙寶丞
璠兼工部主事董其役　十二月丙寅把都兒犯遼東蓋州　閩賊
大掠江西之石城臨川東鄉金谿殺吏民萬計詔劉顯赴勦　山西
布政使王宗沐入覲上疏言山西列郡俱荒太原尤甚三年於茲百
餘里不聞雞聲父子夫婦互易一飽命曰人市宗祿八十五萬累歲

缺支饑疫死者幾二百人夫山西京師右掖自故關出真定自忻代出紫荊皆不過三日宣大之糧雖派各郡而運本色者皆在太原饑民一聚蹂踐劫奪歲供六十七萬饟誰爲之辦此可深念者一也四方奏水旱者以十分上部議常裁而爲三所免不過存留者而已今山西所謂存留者二鎮三關之輸也存留乃反急於起運是山西終不蒙分毫之寬此可深念者二也開疆萬山之中巖阻巉絕太原民不得至澤潞安望就食他所獨真定米稍可通然背負車運率二斗而致一斗甫至壽陽則價已三倍矣此可深念者三也饑民相聚爲盜招之不可勢必撲殺小則支庫金大則請內帑與其發帑以賞殺盜之人孰若發帑使不爲盜此可深念者四也近邸富往來誘惑邊民妄傳募人耕田不取租稅愚民何知急不暇擇長邊八百餘里誰要之者彼誘而衆我逃而虛此可深念者五也因請緩征逋賦留河東新增鹽課以給宗祿

明紀卷第三十五

明紀卷第三十六

賜進士出身工部候補主事虞衡司行走陳鶴纂

卹贈知府銜給雲騎尉世職內閣候補中書孫男克家參訂

世宗紀九 起嘉靖四十一年壬戌訖嘉靖四十五年丙寅凡五年

四十一年春三月石邦憲再征韓甸賊沿江守邦憲陽與爭而別自上流三十里編竹以渡水陸並進大破之斬甸容山平　辛卯白兔生子禮部請告廟許之羣臣表賀未幾兔又生二子帝以爲延生之祥特建謝典告廟已又生數子皆稱賀　己酉永壽宮成帝卽日徙居之命曰萬壽宮進徐階少師超擢徐璠爲太常寺少卿　初四方所獻芝皆積苑中中使竊出市人復進以邀賞王金乃厚結中使得芝萬本聚爲一山號萬歲芝山又僞爲五色龜夏四月進之帝大喜遣官告廟授金太醫院御醫　胡宗憲知張璉遠出檄俞大猷急擊大猷謂宜以潛師擣其巢攻其必救奈何以數萬衆從一夫浪走哉

乃疾引萬五千人登柏嵩嶺俯瞰賊巢五月璉還救大猷連破之斬首千二百餘級賊懼不出大猷用間誘璉出戰從陣後執之幷執賊魁蕭雪峯廣人攘其功大猷不與較散餘黨二萬不戮一人　初帝所下手詔語多不可曉惟嚴世蕃一目了然答語無不中嵩雖警敏善揣帝指弗若也及世蕃居母喪不得入直所代嵩票擬嵩受詔多不能答遣使持問世蕃世蕃日縱淫樂答不以時中使相繼促嵩嵩不得已自爲之往往失指所進青詞又多假手他人不能工以此積失帝歡徐階營萬壽宮稱旨帝益親之顧問多不及嵩即及嵩祠祀而已嵩懼置酒要階使家人羅拜舉觴屬曰嵩旦夕且死此曹惟公乳哺之階謝不敢帝聞世蕃居喪淫縱惡之藍道行以扶鸞術得幸有所問密封遣中官詣壇焚之所答不如旨輒咎中官穢褻中官懼商之道行啓視而後焚答始稱旨帝大喜問今天下何以不治道行故惡嵩假乩仙言嵩奸罪帝問果爾上仙何不殛之答曰留待皇帝

自殛帝心動御史鄒應龍上疏言工部侍郎嚴世蕃憑藉父權專利無厭私擅爵賞廣致賂遺使選法敗壞市道公行羣小競趨要價轉鉅刑部主事項治元以萬三千金轉吏部舉人潘鴻業以二千二百金得知州夫司屬郡吏賂以千萬則大而公卿方岳又安知紀極平時交通贓賄爲之居間者不下百十餘人而其子錦衣嚴鵠中書嚴鴻家人嚴年幕客中書羅龍文爲甚年尤桀黠士大夫無恥者至呼爲萼山先生遇嵩生日年輒獻萬金爲壽嵩又廣置良田美宅於南京揚州無慮數十所以豪僕嚴冬主之抑勒侵奪民怨入骨尤可異者世蕃喪母陛下以嵩年高特留侍養令鵠扶櫬南還世蕃乃聚狎客擁豔姬恆舞酣歌人紀滅絶至鵠之無知則以祖母喪爲奇貨所至驛騷要索百故諸司承奉郡邑爲空今天下水旱頻仍南北多警而世蕃父子方日事掊克內外百司莫不竭民脂膏塞彼谿壑民安得不貧國安得不病天人災變安得不迭至也臣請斬世蕃首懸之

於市以爲人臣凶橫不忠之戒嵩溺愛惡子召賂市權亦宜亟放歸田用清政本臣苟一言失實甘伏顯戮壬寅帝降旨慰嵩而責其溺愛世蕃負眷倚令致仕驛馳歸有司歲給米百石下世蕃錦衣獄嵩爲請罪且求解帝不聽戍世蕃鵠龍文邊遠錮年於獄特宥鴻爲民使侍嵩擢應龍通政司參議已帝念嵩贊元功竟忽忽不樂諭階欲遂傳位退居西內專祈長生復責階等柰何以官與邪物階言應龍之轉乃部臣奉旨行之退而傳嗣臣等不敢奉命帝曰卿等不欲必皆奉君命同輔元修乃可嵩已退世蕃已伏法敢更言者幷應龍斬之應龍深自危不敢履任久之始視事御史張檟巡鹽河東不知帝指上疏言陛下已顯擢應龍而王宗茂趙錦輩首發大奸未召是曲突者不賞也帝大怒立逮至杖六十斥爲民嵩知帝念己賂左右發道行怙寵招權諸不法事繫刑部俾引階道行不承坐斬死獄中帝以嵩在直久而世蕃顧爲奸於外因命階無久直階窺帝意言苟爲

奸在外猶在內固請入直帝以嵩直廬賜階階榜三語其中曰以威
福還主上以政務還諸司以用舍刑賞還公論於是朝士侃侃得行
其意袁煒數出直階請召與共擬旨因言事同衆則公公則百美基
專則私私則百弊生帝頷之階以張孚敬及嵩導帝猜刻力反之務
以寬大開帝意帝惡給事御史抨擊過當欲有所行遣階委曲調劑
得輕論會帝問知人之難階對曰大奸似忠大詐似信惟廣聽納則
窮凶極惡人為我攖之深情隱慝人為我發之故聖帝明王有言必
察卽不實小者置之大則薄責而容之以鼓來者帝稱善　以廣東
程鄉縣豪居都之林子營置平遠縣析福建之武平上杭江西之安
遠廣東之興寧四縣地益之屬江西贛州府　土蠻入撫順爲副總
兵黑春所敗尋攻鳳凰城湯站堡春力戰二日夜壬子死之海金殺
掠尤甚　張璉旣滅俞大猷乘勝征程鄉盜走梁寧禽徐東洲獨林
朝曦據巢不下約黃積山大舉官軍攻斬積山朝曦遁尋出攻程鄉

知縣徐南宰嚴兵待而遣主簿梁維棟入賊中諭散其黨朝曦窮蹙
巢走譚綸及廣東兵追禽之六月綸乞終制去　初海瑞爲淳安知
縣布袍脫粟令老僕藝蔬自給胡宗憲子過淳安怒驛吏倒懸之瑞
曰曩胡公按部令所過毋供張今其行裝盛必非胡公子發橐金數
千納之庫馳告宗憲宗憲無以罪鄢懋卿理鹽政過淳安供具甚薄
抗言邑小不足容車馬懋卿素聞瑞名爲斂威去而心恚甚慈谿知
縣霍與瑕亦抗直不諂懋卿銜憾會內召乃屬巡鹽御史袁淳論之
瑞已擢嘉興通判坐謫興國州判官與瑕閑住與瑕韜之子也　御
史鄭洛劾罷刑部侍郎鄢懋卿大理寺卿萬寀太常寺卿萬虞龍皆
嚴嵩之黨也時坐嵩黨被論者前兵部侍郎魏謙吉工部侍郎劉伯
躍南京刑部侍郎何遷右副都御史董威僉都御史張雨應天府尹
孟淮南京光祿寺卿胡植南京光祿寺少卿白啓常右諭德唐汝楫
南京太常寺卿掌國子監事王材南京通政使胡汝霖太僕寺丞張

春及嵩壻廣西副使袁應樞等數十人黜謫有差植嘗劾嵩殺楊繼盛啓常汝楫村俱爲世蕃狎客啓常匿喪還光祿嘗以粉墨塗面供世蕃歡笑村汝楫出入嵩臥內關通請屬人尤惡之　倭大舉犯福建自温州來者合福寧連江諸倭攻陷壽寧政和寧德自廣東南澳來者合福清長樂諸倭攻陷元鍾所延及龍巖松溪大田古田莆田時寧德已屢陷距城十里有橫嶼四面皆水路險隘賊結大營其中官軍不敢擊相守踰年其新至者營牛田酋長營興化東南互爲聲援閩中連告急胡宗憲檄戚繼光勦之秋七月繼光先擊橫嶼賊人持草一束填壕進大破其巢斬首二千六百乘勝至福清擣敗牛田賊覆其巢餘賊走興化急追之夜四鼓抵賊柵連克六十營斬首千數百級平明入城興化人始知牛酒勞不絕繼光旋師抵福清遇賊自東營澳登陸擊斬二百人廣東總兵官劉顯亦屢破賊閩宿寇幾盡繼光至福州飲至勒石平遠臺遂還浙江　命雷禮修盧溝河岸

禮言盧溝東南有大河從麗莊園入直沽勢高當先濬治築長堤固之決口地下水急人力難驟施西岸故堤綿亙八百丈遺址可按宜併築詔從其請　九月壬午朔三殿成改奉天殿曰皇極殿華蓋殿曰中極殿謹身殿曰建極殿羣臣請頒赦帝曰赦乃小人之幸不允　左都御史潘恩子允端爲刑部主事吏部尙書郭朴恩門生也調之禮部給事中張益劾允端奔競恩溺愛朴徇私帝罝朴不問改允端南京工部令恩致仕　畿輔山東西河南北大稔御史顏鯨請州縣贓罰銀毋輸京師盡易粟備振且發內府新錢爲糴本帝悉報可　前國子監祭酒鄒守益卒　冬十月林潤言天下之事極弊而大可慮者莫甚於宗藩祿廩天下歲供京師糧四百萬石而諸府祿米凡八百五十三萬石以山西言存留百五十五萬石而宗祿二百十二萬以河南言存留八十四萬三千石而宗祿百九十二萬是二省之糧借令全輸不足供祿米之半況吏祿軍餉皆出其中乎故自郡

王以上猶得厚享將軍以下多不能自存饑寒困辱勢所必至號呼道路聚詬有司守土之臣每懼生變夫賦不可增而宗室日益繁衍可不爲寒心宜令大臣科道集議於朝諭諸王以勢窮弊極不得不通變之意令戶部會計賦額以十年爲率通計兵荒蠲免存留及王府增封之數共陳善後良策事下諸王議　免南畿江西被災稅糧

帝求方術益急陶仲文顧可學等皆前死十一月乙酉命御史姜儆王大任分行天下訪求方士及符籙祕書　丁亥南京給事中陸鳳儀劾胡宗憲黨嚴嵩及奸欺貪淫十大罪得旨逮問比至帝曰宗憲非嵩黨朕拔用八九年人無言者自累獻祥瑞爲羣邪所疾且初議獲汪直予五等封今若加罪後誰爲我任事者其釋令閒住初武舉朱先募海濱鹽徒爲一軍宗憲自爲御史至總督皆倚先大小數十戰先登殺倭甚衆積功至都指揮使及宗憲敗先解官護行竟獄事始歸　罷浙江福建總督官以副都御史趙炳然爲兵部侍郎浙

江巡撫浙江久罹兵燹又當胡宗憲汰侈後財匱力絀炳然廉以率下悉更諸政令不便者仍奏減軍需之半民皆尸祝之　辛丑吉能犯寧夏副總兵王勳戰死延綏總兵官趙岢分部銳卒令裨將李希靖等東出神木堡擣敵帳於半坡山徐執中等西出定邊營擊敵騎於莪麥湖皆勝之斬一百十九級　巡鹽御史徐爌言兩淮餘鹽歲徵銀六十萬兩鄢懋卿增至一百萬趨利目前不顧其後是誤國亂政之尤者方今災荒疊告鹽場渰沒若欲取盈百萬必致逃亡弦急欲絕不棘於此請如舊額便從之　新倭至福建者日益衆圍興化城帀月己酉劉顯遣卒八人齎書城中衣刺天兵二字賊殺而衣其衣紿守將得入夜斬關延賊副使翁時器參將畢高走免通判奚世亮攝府事力戰死城中焚掠一空自倭亂數年破州縣衛所城百數未嘗破府城至是遠近震動　免陝西湖廣被災及福建被寇者稅糧　程鄉賊温鑑梁輝等合上杭賊窺江西平遠知縣王化遮擊之

檀嶺賊敗奔瑞金副使李佑三戰皆捷賊由間道歸程鄉僉事徐甫宰討禽之餘黨悉平　給事中邱橓劾浙江總兵官盧鏜八罪

四十二年春正月逮治免歸鏜有將略倭難初興諸將望風敗潰鏜與湯克寬獨敢戰名亞俞戚　御史淩儒請重貪墨之罰革虛冒之兵搜遺逸之士因薦羅洪先陸樹聲吳嶽吳悌帝惡其市恩杖六十除名　析廣東潮陽縣地置普寧縣又析海陽縣地置澄海縣以揭陽饒平二縣地益之改平遠縣屬潮州府還武平上杭安遠三縣割地　戊申俺答犯宣府滴水崖南掠隆慶劉漢拒卻之　以福建倭患劇再起復譚綸討之巡撫福建都御史游震得請浙江兵勦賊詔發義烏精兵一萬令戚繼光將以往仍諭趙炳然協勦炳然言福建所以致亂者由將吏撫馭無術民變爲兵兵變爲盜耳今又驅浙兵以赴閩急竊懼浙之復爲閩也請令一意團練土著使人各爲用家自爲守急則兵緩則農然後聚散兩有所歸卽不得已而召募亦必

先本土後鄰壤庶無釀禍本報可倭留興化兩月劉顯以兵少逼城未敢戰二月賊徙屯崎頭城都指揮歐陽深搏戰中伏死賊以間破平海衞據之尋罷震得聽勘卽以綸代　三月析湖廣麻城縣地置黃安縣以黃岡黃陂二縣地益之　初武定女土官瞿氏老鳳詔妻索林代索林失事姑禮瞿氏大恚收異姓子繼祖入鳳氏宗令詰闕告索林囚禁己繼祖歸詐稱受朝命襲職驅目兵偪奪府印索林抱印走雲南撫按官諭解之令歸視事而聽繼祖留瞿氏所索林謀誅繼祖事洩繼祖大發兵圍府劫和曲祿勸諸州縣殺傷調至土官王心一等兵索林復走雲南巡撫都御史曹汴收其印逮其左右鄭竑繫獄令瞿氏暫理府事復貸繼祖責其自新　郭朴遭父喪禮部尙書嚴訥代自嚴嵩當國吏道汙雜嵩敗朴與銓猶未能盡變訥雅意自飭徐階亦推心任之訥乃與朝士約有事白於朝房毋謁私邸以禮部郎中陸光祖賢調之驗封改考功又改文選務抑奔競振淹滯

又以資格太拘人才不能盡做先朝三途並用法州縣吏政績異者破格超擢銓政一新　夏四月庚申新倭犯福清欲與平海賊合劉顯及總兵官俞大猷合擊於遮浪盡殲之平海倭陷政和壽寧各扼海道欲遁譚綸環柵斷路令把總許朝光邀敗之賊不得去乃盡焚其舟退還舊屯戚繼光亦至丁卯綸令繼光將中軍顯左大猷右合攻賊於平海繼光先進薄賊壘左右軍繼之大破賊斬二千二百級還被掠者三千人遂復興化府及二縣繼光以先登受上賞　五月古北口守將遣哨卒出塞朵顏衛掠其四人未幾朵顏部長通漢叩關索賞副總兵胡鎮執之并縛其黨十餘人通漢子懼擁所掠哨卒至牆下請以易其父楊選以通漢爲辛愛妻義父欲爲牽制辛愛計乃拘繫通漢要其諸子更迭爲質馳疏以聞自詡方略自是三衛咸怨　趙炳然條上海防八事中言蘇松浙江水師皆統於總兵駐定海陸師皆統於副總兵駐金山衛並受總督節制今督府既革則已

判爲二鎮彼此牽制不得調發請畫地分轄俱兼理水陸軍務從之
給事中陳瓚劾文選郎中南軒請錄建言廢斥者帝震怒杖六十
除名　六月福建殘倭流入浙江官軍迎戰於連嶼陡橋石坪斬首
百餘級新倭復犯石坪將士乘勝殲之　土蠻數犯遼東秋八月乙
亥總兵官楊照襲之於廣寧塞外力戰死　初龔可佩由陶仲文進
通曉道家神明故實諸大臣撰青詞者俱愛之帝命入西宮教宮人
習法事累遷太常寺少卿爲中官所惡誣以嗜酒帝使使偵之報可
佩醉刑部員外郎邵畯所九月執下錦衣獄并逮畯俱杖六十可佩
遂死棄其屍畯亦奪官畯與可佩故無交無敢白其枉者　嚴嵩之
歸也至南昌值萬壽節使藍田玉建醮鐵柱宮田玉善召鶴嵩因取
其符籙并己祈鶴文上之帝優詔褒答世蕃戍雷州留家不赴羅龍
文亦自戍所逃還徽州數往來江西與世蕃計事嵩遂上言臣年八
十有四乞移世蕃鵠便地就養終臣餘年帝不許　江北倭未平冬

十月廷議設總兵官於狼山統制大江南北改劉顯任之　先是闌化諸王請封循故事遣番僧二十二人爲使序班朱廷對監之至中途大騷擾不受廷對約束廷對還白其狀禮官請自後封番王即以誥敕付番使或下守臣擇近邊僧人齎賜從之封諸藏不遣京寺番僧自此始　諜者言寇將窺牆子嶺楊博檄楊選等嚴待之三衞爲寇導者聲言欲犯遼東選遽帥師東博手書止之三往選不從博拊几曰敗矣丁卯辛愛把都兒自牆子嶺磨刀峪潰牆入帝方祠釐博不敢奏謀之徐階急檄宣府總兵馬芳宣大總督江東入援寇直抵通州京師戒嚴芳兵先至階請亟賞之令專護京師又請重東權俾統諸道兵文武大臣分守皇城京城顧寰以京營兵分布城內外選及巡撫都御史徐紳懼得罪徑趨都城屯東直門外旋還通州帝歎曰庚戌事又見矣諭階曰朕東見火光此賊去京不遠其令兵部諭諸軍并力勦逐戊辰選以寇東遁聞爲將士祈賞帝疑以問階對曰

寇營尙在平谷選等往通州矣謂追殺者妄也帝銜之寇稍東大掠三河順義園諸將傅津等於鄭官屯選遣胡鎭偕總兵官孫臏游擊趙溱擊之臏溱戰沒鎭力戰得脫諸鎭援兵盡集見敵勢盛不敢發一矢內侍家薊西者譁言通漢父子實召寇帝入其言益怒寇留內地八日不退給事中李瑜劾選紳東及副使盧鎰參將馮詔胡粲游擊嚴瞻大同總兵姜應熊保定總兵祝福等帝降敕嚴責東應熊福而逮選等下錦衣獄寇掠香河階請亟備順義而以奇兵邀之古北口乙亥應熊禦寇密雲頗有斬獲寇趨順義不得入乃走古北口參將郭琥伏兵敗其後軍得其所掠人畜輜重十一月丁丑寇北去京師解嚴帝怏怏諭博曰賊復飽颺何以懲後階言博雖以祠齋禁不敢聞而二鎭兵皆其所先檄若選則非尾寇乃送之出境耳邱檞偕其僚陳善後事宜指切邊弊帝以檞不早劾選杖六十斥爲民餘謫邊方雜職法司坐選紳詔守備不設律斬鑑等戍帝諭掌錦衣衛都

督朱希孝坐以縱通漢句賊罪復下選錦衣獄選不承止承質通漢父子事且言事已上聞希孝錄其詞上刑部如帝指論選死即戮於市梟其首妻子流二千里紳論死繫獄詔及鎰等並戍邊　帝急兵事以兵部侍郎蔡汝楠協理戎政侍郎喻時不勝任調之南京欲代以鄭曉楊順葛縉手詔問徐階階以曉文士順縉匪人請命吏部推擇帝諭嚴訥越格求之遂以湖廣參政李鐩代時大理寺少卿萬恭代汝楠恭列上選兵練將練兵車火器諸事皆報可　譚綸言福建舊設五水砦扼海口法甚周悉宜復舊以烽火門南日浯嶼三䑸爲正兵銅山小埕二䑸爲游兵寨設把總分汛地明斥堠嚴會哨改三路參將爲守備分新募浙江兵爲二班各九千人春秋番上各縣民壯皆補用精悍每府領以武職一人兵備使者以時閱視從之

四十三年春正月壬辰土蠻黑石炭寇薊鎮總兵官胡鎮參將白文智禦卻之已復入遼東巡撫都御史劉燾上諸將守禦功言海水暴

漲敵騎多沒者帝曰海若效靈下有司祭告纛等皆有賞　伊王典楧怙惡久結掖庭中官嚴嵩父子內外應援所奏請立下爪牙率礦盜多持官吏短長不如指必構之去既去復折辱之御史行部過北邙山外典楧要笞之搢紳往來率紆途取他境經郭外者府中人輒追輓其車詈其不入朝入朝者復辱以非禮府牆壞請更築乃奪取民舍以廣其宮郎中陳大壯與邸鄰索其居不與使數十人從大壯臥起奪其飲食竟至餒死所爲宮崇臺連城擬帝闕有錦衣官校之陝西經洛陽典楧忽召官屬迎詔鼓吹擁錦衣入捧一黃卷入宮衆請開讀曰密詔也遂趣錦衣去其夜大張樂至曙府中皆呼千歲詐謂天子特親我也閉河南府城大選民間子女七百餘留其姝麗者九十人不中選者令以金贖都御史張永明御史林潤給事中邱岳相繼言其罪狀再遣使往勘革祿三之二令壞所僭造宮城歸民間女執羣小付有司典楧不奉詔部牒促之布政使持牒入見典楧曰

牒何爲者可用障檽耳時嵩父子已敗顏鯨爲巡按乃與參政耿隨
卿謀奏記徐階說諸大璫絕其援盡捕其偵事飛騎託言防寇檄諸
府兵分屯要害地二月會巡撫都御史胡堯臣劾典楧抗旨矯敕僭
擬淫虐十大罪帝震怒下禮部會三法司議請廢爲庶人錮之高牆
沒其貲削除世封詔從其議與其子褒𤅷俱安置開封護衛及諸亡
命不敢動兩河人鼓舞相慶　倭餘黨復糾新倭萬餘圍仙游戊午
譚綸及總兵官戚繼光大破之城下繼光又追破賊王倉坪斬首數
百級餘多墜崖谷死存者數千奔據漳浦蔡丕嶺繼光分五哨身持
短兵緣崖上俘斬數百人餘賊掠漁舟出海去福建倭平　閏月丙
申盜據漳平知縣魏文瑞死之　潮州倭二萬與大盜吳平相犄角
諸峒藍松三伍端溫七葉丹樓輩日掠惠潮閒福建則程紹祿亂延
平梁道輝擾汀州俞大猷以威名懾羣盜單騎入紹祿營督使歸峒
因令驅道輝歸惠州參將謝敕與伍端溫七戰失利以俞家軍至恐

之端乃驅諸酋以歸會詔以總河都御史吳桂芳爲兵部侍郎提督
兩廣軍務大猷爲總兵官大猷至七被禽端自縛乞殺倭自效桂芳
乃與大猷先討倭使端先驅官軍繼之三月己未圍倭鄒塘一日夜
克三巢焚斬四百有奇帝令桂芳與南贛提督吳百朋乘勝滅賊而
福建倭爲戚繼光所敗流入境桂芳百朋會調漢土兵乘其初至急
擊之大破之海豐倭悉奔崎沙甲子諸澳奪漁舟入海舟多没於風
脫者二千餘人還保海豐金錫都大猷圍之　沈束妻張氏言臣夫
繫獄十六年矣家有老親年八十有九衰病侵尋朝不計夕往臣因
束無子爲置妾潘氏比至京師束已繫獄潘矢志不他適乃相與寄
居旅舍紡織以供夫衣食歲月積深悽楚萬狀欲歸奉舅則夫之饘
粥無資欲留養夫則舅又旦暮待盡輾轉思維進退無策臣願代夫
繫獄令夫得送父終年仍還赴繫實陛下莫大之德也法司亦爲請
帝不許　夏四月乙亥免畿內被災稅糧　譚綸請復行服許之

五月壬寅朔日有食之　時陶仲文已死宮中數見妖孽帝春秋高意邑邑不樂中官思飾詐以娛帝乙卯夜帝坐庭中獲一桃御幄後左右言自空中下帝大喜曰天賜也修迎恩醮五日明日復降一桃其夜白兔生二子帝益喜謝玄告廟未幾壽鹿亦生二子廷臣表賀帝以奇祥三錫天眷非常手詔褒答　海豐倭食盡欲走六月辛卯副將湯克寬設伏邀之手斬其梟將三人參將王詔等繼至賊大潰提督侍郎吳桂芳建議海道副使轄東莞以西至瓊州領番夷市舶更設海防僉事巡東莞以東至惠潮專禦倭寇　魯迷國貢獅子

秋七月俞大猷移師潮州以次降藍松三葉丹樓遂使招降吳平居之梅嶺　給事中辛自修劾罷戎政都御史李鐩請擇素知兵者代之衆將推萬恭恭引疾乃推趙炳然詔以爲兵部尚書協理戎政恭起視事給事中胡應嘉劾恭奸欺恭奏辯部議調恭詔勿問　八月前贊善羅洪先卒　冬十月姜儆王大任還朝上所得法祕數千冊

方士唐秩劉文彬等數人俶大任擢翰林院侍講學士秩等賜第京師　楚雄叛蠻阿方等攻易門所流劫嶍峨昆陽新化各州縣僭稱王約土官王一心王行道爲援一心後悔詣軍門請討賊自效巡撫都御史呂光洵許之招降數百人官軍分道進禽獲賊黨乘勝攻大小木址二寨克之斬阿方首餘黨悉平　俺答犯陝西大掠板橋響閘兒諸處　嚴世蕃益大治園亭監工奴見袁州推官郭諫臣不爲起會林潤巡視江防與諫臣謀悉發其罪十一月馳疏言臣巡視上江備訪江洋羣盜悉竄入逃軍羅龍文嚴世蕃家龍文卜築深山乘軒衣蟒有負險不臣之心而世蕃日夜與之誹謗時政搖惑人心近假名治第招集勇士至四千餘人道路皆言兩人通倭變且不測乞早正刑章以絶禍本帝大怒卽詔潤逮捕世蕃子紹庭官錦衣聞命急報世蕃使詣戍所方二日潤已馳至世蕃猝不及行乃械赴京師

十二月給事中張岳陳時政極言講學者以富貴功名鼓動士大

夫談虛論寂靡然成風又今吏治方清獨兵部無振刷推用總兵黃
印韓承慶等非庸即狡曹司條例淆亂無章胥吏朋奸搏噬將校其
咎必有所歸時徐階當國爲講學會而楊博在兵部岳意蓋指二人
也博奏辯乞罷帝慰留之博自是惡岳　廣東田坑賊梁國相既降
復叛約三圖賊葛鼎榮等分寇江西福建王化寄妻子會昌身帥鄉
兵往擊賊連敗乃縱反間會昌言化已沒化妻討氏慟哭自刎化怒
追賊益急獲國相於石子嶺還潮州府同知仍署縣事討被旌官爲
立祠　南韶賊起守備賀鐸指揮蔡允元被執死之　俺答犯山西
游擊梁平守備祁謀戰死　古田獞韋銀豹黃朝猛反自永福入桂
林劫布政司庫殺署事參政黎民衷縋城而去官軍追不及
四十四年春正月丁未景王載圳薨帝語徐階曰此子素謀奪嫡今
死矣賜謚曰恭無子歸葬西山妃妾皆還居京邸封除階奏以所占
陂田數萬頃還之民民大悅　寧夏巡撫都御史王崇古喜談兵具

知諸邊阨塞身歷行陳修戰守納降附數出兵擣巢寇屢殘他鎮寧夏獨完　諸王之議宗祿也南陵王睦楧首陳七事請立宗學以崇德教設科選以勵人才嚴保勘以杜冒濫革冗職以除素餐戒奔競以息饕貪制拜掃以廣孝思立憂制以省祿費已而武岡王顯槐亦請設宗學擇立宗正宗表督課王以下子弟十歲入學月餼米一石三載督學使者考績中程式者全祿之五試不中課則黜之給本祿三之二庶人及妻女月餼六石庶女勿加恩於是諸藩稍稍陳說利弊二月禮部尚書李春芳集衆說考故事爲書上之諸吉凶大禮及歲時給賜皆嚴爲之制帝嘉之賜名宗藩條例頒行之諸王先後奏辭歲祿少者五百石多者至二千石歲出稍紓而將軍以下益不能自存矣　三月己未袁煒疾篤請假歸道卒年五十八贈少師謚文榮煒才思敏捷帝中夜出片紙命撰青詞舉筆立成帝畜一貓死煒爲醮詞有化獅作龍語帝大喜其詭詞媚上多類此旣枋用貴倨甚

故出徐階門直以氣凌之總裁承天大志諸學士呈稾竄改殆盡不以讓階諸學士不平階第曰任之而已自負能文見他人所作輒詆誚館閣士出其門者斥辱尤不堪與李春芳嚴訥郭朴並號青詞宰相　嚴世蕃羅龍文捕至刑部尚書黃光昇等盡按諸不法事且及冤殺楊繼盛沈鍊狀世蕃喜謂其黨曰無恐獄且解光昇等以讞詞白徐階階曰諸公欲生之乎死之乎僉曰必欲死之階曰夫楊沈之獄嵩皆巧取上旨今顯及之是彰上過也必如是諸君且不測嚴公子騎款段出都門矣爲手削其草獨按龍文與汪直姻舊爲交通賄世蕃乞官世蕃用彭孔言以南昌倉地有王氣取以治第制擬王者又結庶人典楧陰伺非常多聚亡命龍文招直餘黨五百人謀爲世蕃外投日本先所發遣世蕃班頭牛信亦自山海衞棄伍北走誘致外兵共相響應卽日令光昇等疾書奏之世蕃聞詫曰死矣辛酉詔誅世蕃及龍文於市黜嵩及諸孫皆爲民嵩竊政二十年溺信惡子

流毒天下人咸指目爲奸臣籍其家得黃金三萬餘兩白金二百萬餘兩他珍寶服玩所直又數百萬世蕃臨刑鍊所教保安子弟在太學者以一帛署鍊姓名官爵持入市觀世蕃斷頭訖大呼曰沈公可瞑目矣慟哭而去鄢應龍亦始自安萬寀匿嚴氏銀八萬兩鄢懋卿紿得其二萬事露先後戍邊嵩竟寄食墓舍以死　土蠻犯遼東寧前小團山參將線補袞游擊將軍楊維藩戰死　徐階獨當國屢請增閣臣且乞骸骨夏四月庚辰命嚴訥李春芳並以本官兼武英殿大學士預機務工部尚書董份行吏部左侍郎事方受帝眷而爲人貪狡無行階慮其代訥急言於帝起郭朴故官改份禮部朴固請終制不許訥兼掌銓政以待之份尋爲給事中歐陽一敬劾罷帝手書問階疾諄懇如家人階益恭謹帝或有所委通夕不假寐應制之文未嘗踰頃刻期帝日益愛階階采輿論利便者白而行之先是南北用兵邊鎮大臣小不當帝指輒逮下獄誅竄閣臣復竊顏色爲威福

階當國後緹騎省減詔獄漸虛任事者亦得以功名終於是論者翕然推階爲名相　四川龍川宣撫薛兆乾與副使李蕃相仇訐帥衆殺蕃父子撫按檄僉事趙教勘其事兆乾糾白草番衆閉關拒命絶松潘饟道脅僉事王華不從屠其家焚掠居民無算官軍進討兆乾敗求救於上下十八族番蠻皆不應帥家屬奔至石壩官軍追禽之

壬午俺答犯肅州總兵官劉承業禦卻之　倭自浙江犯福寧戚繼光督參將李超等擊敗之乘勝追永寧賊擊馘三百有奇　吳平復叛造戰艦數百聚衆萬餘築三城守之行劫濱海諸郡縣　初胡大順緣陶仲文進供事靈濟宮以奸欺斥回籍乃僞撰呂祖萬壽全書因藍田玉羅萬象及中官趙楹獻之田玉又代何廷玉進水銀藥遂矯旨召大順大順至帝語徐階曰自藍道行下獄遂百孽擾宮今大順能扶乩可復用乎階言扶乩之術惟中外交通間有驗者否則茫然不知今宮孽已久似非道行所致帝悟以田玉進水銀藥及詐

徵大順事語階階言水銀不可服食詐傳詔旨罪尤重倘置不問羣小互相朋結致釀大患五月命執大順田玉萬象廷玉等下錦衣獄獄上帝欲寬之階力言不可楹伺間密奏爲諸人申理帝大怒付司禮拷訊具得其交通狀遂與大順等並論死先是章奏有前後朝之說前朝所奏者諸司章疏也他方士雜流有所陳請則從後朝入前朝官不與聞故無人摘發至是帝漸悟其妄階亦力爲執奏諸奸得正法焉　六月甲戌芝生睿宗廟柱告廟受賀遂建玉芝宮　自賈魯河淤河流忽東忽西靡有定向分多勢弱淺者僅二尺識者以爲必淤秋七月河決沛縣上下二百餘里運道俱塞全河分爲十數支或横絕或逆流入漕河至湖陵城口散漫湖陂達於徐州浩渺無際改南京刑部尚書朱衡工部尚書往治之　戚繼光襲吳平平遁保南澳八月入犯福建把總朱璣等戰沒於海中　俺答子黃台吉帥輕騎自宣府洗馬林突入散掠內地把總姜汝棟以銳卒二百伏暗

莊堡猝遇寇搏之黃台吉墮馬爲所部奪去越日始甦　壬午獲仙藥於御座告廟　陸光祖之爲考功也王崇古張瀚方逢時王一鶚挂吏議力雪之及爲文選益務汲引人才嚴訥推心任之超擢廉能吏王化江東邵元善張澤李珙郭文通蔡琮陳永謝佩或由鄉舉貢士或起自書吏由是下僚競勸會侍郎銜光祖者有後言九月御史孫丕揚劾光祖專擅光祖已遷太常寺少卿坐落職閑住　浙江巡按御史黃廷聘劾總兵官劉顯居官不守法度革任候勘巡撫都御史劉畿薦其將略命充爲事官鎮守如故　山西濱河州縣患套寇東掠歲鑿冰以防巡撫都御史萬恭爲築牆四十里教人以耕及用水車法民大利之　胡宗憲以萬壽節獻祕術十四帝大悅將復用矣會御史汪汝正籍羅龍文家上宗憲手書乃被劾時自擬旨授龍文以達嚴世蕃者冬十月逮下錦衣獄宗憲自敘平賊功言以獻瑞得罪言官且訐汝正受贓事帝終憐之並下汝正獄宗憲瘐死　黃

廷聘按浙歸道湘潭慢知縣陳安安發其裝得所攜金銀貨幣廷聘
皇恐謝乃還之十一月都御史張永明劾之削其籍浙江參政劉應
箕先爲廷聘論罷見廷聘敗撫其陰事自辨永明惡其人劾之亦削
籍　嚴訥晨出理部事暮宿西苑直廬供奉青詞遂成疾久不愈癸
卯致仕　戊申奉安獻皇帝后神主於玉芝宮　朱衡馳至決口舊
渠已成陸而故都御史盛應期所開新河自南陽以南東至夏村又
東南至留城故址尚在其地高河決至昭陽湖止不能復東可以通
運乃定議開新河築堤呂孟河以防潰決河道都御史潘季馴以爲
濬舊渠便議不合衡持益堅使河南副使梁夢龍董其役　十二月
四川大足縣民蔡伯貫作亂陷七城詔改陜西都御史譚綸巡撫其
地　俞大猷將水兵戚繼光將陸兵夾擊吳平於南澳大破之平僅
以身免奔據饒州鳳凰山繼光留南澳擊平餘孽之未下者大猷部
將湯克寬李超等躡賊後連戰不利平遂掠民舟出海

四十五年春正月福建廣東巡按御史交章論大猷奪其職克寬已擢狼山副總兵命留討賊　蔡伯貫就禽自言學妖術於山西李同所司檄山西捕之　二月癸亥朔戶部主事海瑞言臣聞君者天下臣民萬物之主也其任至重欲稱其任亦惟以責寄臣工使盡言而已陛下天姿英斷遠過漢文帝然銳精未久妄念牽之而去反剛明之質而誤用之至謂遐舉可得一意修真竭民脂膏濫興土木二十餘年不視朝法紀弛矣數年推廣事例名器濫矣二王不相見人以爲薄於父子以猜疑誹謗戮辱臣下人以爲薄於君臣樂西苑而不返人以爲薄於夫婦吏貪官橫民不聊生水旱無時盜賊滋熾陛下試思今日天下爲何如乎邇者嚴嵩罷相世蕃極刑一時差快人意然嵩罷之後猶嵩未相之前而已世非甚清明也蓋天下之人不直陛下久矣古者人君有過賴臣工匡弼今乃修齋建醮相率進香仙桃天藥同辭表賀建宮築室則將作竭力經營購香市寶則度支差

求四出陛下誤舉之而諸臣誤順之無一人肯爲陛下正言者誤之甚也然愧心餒氣退有後言欺君之罪何如夫天下者陛下之家人未有不顧其家者內外臣工皆所以奠陛下之家而磐石之者也一意修真是陛下之心惑過於苛斷是陛下之情偏而謂陛下不顧其家人情乎諸臣徇私廢公得一官多以欺敗多以不事事敗實有不足當陛下意者其不然者君心臣心偶不相值也而謂陛下厭薄臣工是以拒諫執一二之不當疑千百之皆然陷陛下於過舉而恬不知愧諸臣之罪大矣且陛下之誤多矣其大端在於齋醮齋醮所以求長生也自古聖賢垂訓修身立命順受其正未聞有長生之說堯舜禹湯文武聖之盛也未能久世下之亦未見方外士自漢唐宋至今存者陛下受術於陶仲文以師稱之仲文則既死矣彼不長生而陛下何獨求之至於仙桃天藥怪妄尤甚桃必采而復得藥必製而後成今無故獲此二物是有足而行耶曰天賜者有手執而付之耶

此左右奸人造爲妄誕以欺陛下而陛下誤信之以爲實然過矣陛下又將謂懸刑賞以督責臣下則分理有人天下無不可治而修真爲無害已乎夫用人而必欲其唯言莫違此陛下之計左也卽觀嚴嵩有一不順陛下者乎昔爲同心今爲戮首矣梁材守道守官陛下以爲逆者也歷任有聲官戶部者至今首稱之然諸臣寧爲嵩之順不爲材之逆得非有以窺陛下之微而潛爲趨避乎卽陛下亦何利於是陛下誠知齋修無益一旦翻然悔悟日御正朝與宰相侍從言官講求天下利害洗數十年之積誤置身於堯舜禹湯文武之閒使諸臣亦得自洗數十年阿君之恥置身於皋夔伊傅之列天下何憂不治萬事何憂不理此在陛下一振作閒而已釋此不爲而切切於輕舉度世敝精勞神以求諸茫然不可知之域臣見勞苦終身而終於無所成也今大臣持祿而好諛小臣畏罪而結舌臣不勝憤恨是以冒死願盡區區帝得疏大怒抵之地顧左右曰趣執之無使得遁

黃錦侍曰此人素有癡名聞其上疏時自知觸忤當死市一棺訣妻子待罪於朝僮僕亦奔散無留者是不遁也帝默然少頃復取讀之日再三爲感動太息留中者數月嘗曰此人可方比干第朕非紂耳會帝有疾煩懣不樂召徐階議內禪因曰海瑞言俱是朕今疾久安能視事又曰朕不自謹惜致此疾困使朕能出御便殿豈受此人詬厲耶遂逮瑞下錦衣獄究主使者尋移刑部論死獄上仍留中　浙江民苦徭役巡按御史龐尚鵬爲舉行一條鞭法按治鄉官呂希周嚴杰茅坤潘仲驂子弟僮奴請奪希周等冠帶詔盡黜爲民尚鵬介直無所倚所至搏擊豪強吏民震懾　帝疾甚忽欲幸興都徐階力爭乃止　朱衡引鮎魚薛沙諸水入新渠築馬家橋堤以遏飛雲橋決口身自督工劾罷曹濮副使柴淶重繩吏卒不用命者浮議遂起給事中鄭欽劾衡虐民倖功詔遣給事中何起鳴往勘　廣東河源翁源賊李亞元等猖獗吳桂芳請留俞大猷討之徵兵十萬會南贛

巡撫吳百朋江西參政李佑郭應聘分五哨進大猷使間攜賊黨而親擣其巢生禽亞元俘斬一萬四百奪還男婦八萬餘人降賊王西橋復叛掠敗都指揮劉世恩兵執肇慶同知郭文通以求撫桂芳禽斬之　浙江江西礦賊陷婺源　總督宣大山西都御史趙炳然言新平平遠保平三堡密邇宣府而屬大同天成相去六十里孤懸塞外陽崇山寇騎時出沒請添設參將別爲一營報可　三月顏鯨言錦衣帥受諸俠少金署名校尉籍中爲民害列侯使王府道路驛騷王府內官進奉駕龍舟所過恣橫請校尉缺從兵部補冊封改文臣王府進奉遣屬吏詔冊親王及妃遣列侯餘皆如鯨議　給事中胡應嘉劾侍郎黃養蒙李登雲布政使李磐侯一元不職皆罷之登雲高拱之姻也　己未吏部尙書郭朴兼武英殿大學士禮部尙書高拱兼文淵閣大學士預機務　何起鳴還言舊河難復新河開鑿費省且可絕後來潰決之患宜用朱衡議開新河而兼采潘季馴言不

全棄舊河廷議從之帝意乃決　夏四月壬戌朔日有食之　湯克寬敗吳平於陽江烏豬洋平窘奔安南吳桂芳檄安南萬寧宣撫司協勦克寬以舟師會之夾擊平萬橋山下乘風縱火焚其舟賊死無算禽斬三百九十餘人參將傅應嘉言平溺死福建巡撫都御史汪道昆以聞桂芳不肯曰風火交熾時何以知其必死也平竟遠竄以免　大興知縣高世儒奉詔核逃役朱希孝以句軍劾之下部議顏鯨言希孝亂法世儒等按籍召行戶非句禁軍此乃禁軍子弟家人倚城社冒禁衞名致吏不敢問富人得抗詔而貧者爲溝中瘠世儒無罪罪在錦衣帝怒責鯨詆誣勛臣貶安仁典史　丙戌俺答犯遼東　故事京官考滿皆報名都察院修庭謁禮而翰林官獨否已而吏部諸郎效之張濂廢報名陸光祖廢廷謁張永明榜令遵故事列儀節奏聞詔諸司遵守五月郎中羅良當考滿先詣永明邸約免報名庭謁乃過院永明怒疏言此事行百年非臣所能損益良輕薄無

狀當罷又卿貳大臣考滿詣吏部與堂官相見訖卽詣四司門揖司官輒南面答揖亦非禮當改正㫖疏辨奪俸詔禮部會禮科議之奏言永明議是自今吏部郎當承舊制九卿翰林官揖四司當罷詔可

參政凌雲翼請專設御史督蘇松水利詔巡鹽御史兼之　六月大雨黃水驟發決馬家橋壞新築東西二堤議者紛然謂新河功不可成何起鳴初主衡議亦變其說給事中王元春御史黃襄交章請罷朱衡　丙子京師旱帝親禱雨於凝道雷軒越三日大雨羣臣表賀　吳平黨林道乾復窺南澳李佑等敗之廷議設參將戍守南澳吳桂芳言澳中地險而腴元時嘗設兵戍守戍兵卽據以叛此禦盜生盜也不如戍柘林便從之　秋七月辛愛以十萬騎入宣府西路馬芳迎之馬蓮堡堡圮衆請塞之不可請登臺亦不可開堡四門偃旂鼓寂若無人比暮野燒燭天囂呼達旦芳臥日中不起敵騎窺者相屬莫測所爲明日芳蹶起乘城指示衆曰彼軍多反顧且走勒兵

追擊大破之　李同下獄辭服爲李午之孫大禮之子世習白蓮教假稱唐裔惑衆倡亂伏誅　順天巡撫都御史耿隨卿請行海運從之尋以御史劉翾疏沮而罷　初和平賊李文彪據岑岡龍南謝允樟據高沙賴清規據下歷號三巢朝廷以倭患棘不討且十年文彪死子珍及江月照繼之益猖獗八月南贛都御史吳百朋言三巢僭號稱王旋撫旋叛廣東和平龍川興寧江西龍南信豐安遠蠶食過半不亟討禍不勝言三巢中惟清規跨江廣六縣最逆命用兵必自下歷始帝采部議從之百朋乃命守備蔡汝蘭討禽清規於苦竹嶂羣賊震懾　九月新河成長一百九十四里漕艘由境山入通行至南陽朱衡以聞帝大喜賦詩四章志喜以示在直諸臣遂詔留衡與潘季馴議開上源築長堤之便　兩廣舊以勳臣總兵與總督同鎮梧州帝用歐陽一敬議召恭順侯吳繼爵還予廣西總兵官俞大猷平蠻將軍印而以劉顯鎮廣東兩廣並置大帥自此始　韋銀豹等

攻陷洛容縣據古田分其地爲上下六里銀豹出掠掖下六里人以行吳桂芳因其閒遣典史廖元入上六里撫諭之諸獞復業者二千人銀豹勢孤請降　吏部尚書胡松言撫按舉劾每舉數十人虛譽浮詞往往失實所劾犯贓僅擬降調罷輭貪殘僅擬改教賞罰不當人何所激勸且巡撫歲終例有冊第屬吏賢否今皆寢閣乞申飭其欺玩者帝嘉納之松潔己好修富經術鬱然有聲望長吏部僅半載以振拔淹滯爲己任冬十月病卒贈太子太保謚恭肅　丁卯俺答犯定邊固原總兵官郭江敗死癸酉犯偏頭關　致仕南京參贊尚書李遂卒贈太子太保謚襄敏遂博學多智長於用兵然亦善逢迎數進符瑞由此益眷遇　帝深疾言官以廷杖遣戍未足遏其言乃長繫以困之而日令獄卒奏其語言食息謂之監帖或無所得雖諧語亦以聞沈束在獄一日鵲譟於前束謾曰豈有喜及罪人耶卒以奏帝心動會戶部司務何以尚上疏請釋海瑞帝大怒命錦衣衛杖

之百錮鎮撫司獄晝夜拷訊而釋束還其家束歸父已前卒束枕塊
飲水陽狂自廢　御史王時舉劾刑部尚書黄光昇言內官季永以
訴事犯乘輿本無死比乃擬眞犯奸人王相私閹良民者三本無生
法乃擬矜疑宜勒令致仕帝怒其妄言命編氓口外　肅王紳堵薨
無子輔國將軍縉熿以屬近宜嗣禮官言縉熿懷王從父不宜襲詔
以本職理府事上冊寶罷諸官屬　閏月巡按陝西御史方新言黄
河與北狄之患自古有之乃今豐沛閒陸地爲渠而與都有陵寢之
憂鳳陽有冰雹之厄河南有饑饉之災堯之洚水不烈於此矣諸邊
將惰卒驕寇至輒巽懦觀望而寧武有軍士之變南贛有土兵之叛
徽州諸府有礦徒竊發之虞舜之三苗不棘於此矣夫洚水三苗不
足爲累者以堯舜兢業於上而禹皋諸臣分憂於下也今司論納者
日獻禎祥而疆埸之臣惟冒首功隱喪敗爲國分憂者誰也斥罰之
法今不得不嚴陛下亦宜隨事自責痛加修省然後災變可息外患

可弭也疏入斥爲民　呂光洵遣鄭崧復業鳳繼祖執而殺之糾衆攻新城臨安殺百戸李鼇土舍王德隆執僉事張澤千戸劉裕已而被圍殺澤走四川會理州詔雲南四川會兵進勦賊帥者色斬繼祖詰土舍祿紹先降姚縣土官高繼先禽其餘黨高欽高鈞謀主趙士傑等皆伏誅　甲辰俺答犯大同參將崔世榮禦之樊皮嶺及子大朝大賓俱戰死　十一月己未帝不豫　初徐階甚親高拱引入直拱驟貴負氣頗忤階胡應嘉旣劾李登雲而懼慮拱害己遂幷劾拱言拱輔政初卽以直廬爲隘移家西安門外夤夜潛歸陛下近稍違和拱卽私運直廬器物於外臣不知其何心帝病亟勿省也拱疑應嘉受階指大憾之　十二月改四川龍川宣撫司爲龍安府割保寧之江油成都之石泉二縣隸之分福建龍溪縣地置海澄縣以漳浦縣地益之又分龍巖縣地置寧洋縣以大田永安二縣地益之　庚子帝大漸自西苑還乾清宮是日崩年六十徐階草遺詔凡政令不

便者悉改之起用大禮大獄建言得罪諸臣死者卹錄方士付法司治罪罷一切齋醮工作及例外采買詔下朝野號慟感激比之楊廷和所擬登極詔爲帝始終盛事高拱郭朴以階不與共謀不樂朴曰徐公謗先帝可斬也　壬子裕王卽位大赦天下免明年田賦之半及嘉靖四十三年以前逋賦　大行之初崩也提牢主事以海瑞且見用設酒饌款之瑞疑當赴西市恣飲噉不顧主事因附耳語宮車適晏駕先生今卽出大用矣瑞曰信然乎卽大慟盡嘔出所飲食隕絕於地終夜哭不絕聲甲寅詔釋瑞及何以尚復其官　禮部尚書高儀以大行皇帝服制未除請遵弘治十八年例歲暮大祫孟春時享皆遣官攝事樂設而不作帝卽喪次致齋陪祀官亦在二十七日之內宜令暫免從之

賜進士出身工部候補主事虞衡司行走陳鶴纂

卹贈知府銜給雲騎尉世職內閣候補中書孫男克家參訂

穆宗紀一 起隆慶元年丁卯訖隆慶三年己巳凡三年

穆宗契天隆道淵懿寬仁顯文光武純德宏孝莊皇帝隆慶元年春正月胡應嘉請帝御文華殿與輔臣面議大政召訪諸卿顧問侍從令科臣隨事議駁帝納焉　復前通政使樊深給事中邱㰖楊思忠尹相魏良弼李用敬陳塤吳時來周怡沈束顧存仁趙輈張選袁世榮御史何維柏趙錦張登高黃正色方新張檟淩儒申仲王時舉馮恩郎中徐學詩周冕主事張𢑴董傳策劉世龍唐樞寺正毋德純等三十三人官卹直諫諸臣以楊繼盛爲首贈太常寺少卿謚忠愍沈錬楊允繩並光祿寺少卿楊最右副都御史謚忠節王思右諭德薛宗鎧何光裕曾𢑴太常寺少卿裴紹宗張原浦鋐葉經周天佐仵瑜

臧應奎殷承敘光祿寺少卿各任一子官贈唐胄右都御史楊慎楊
名光祿寺少卿王元正修撰羅洪先光祿寺少卿謚文莊徐文華右
僉都御史劉濟太常寺少卿馬録太僕寺少卿劉琦盧瓊程啓充王
宗茂光祿寺少卿熊浹少保謚恭肅楊爵光祿寺卿任一子李璋豐
熙張翀張侃余翱陳讓桑喬包節方一桂劉魁余寬黄待顯陶滋相
世芳王與齡郭希顏章鑰竝贈卹如制　高儀遵遺詔會廷臣議郊
社及配享祔廟諸禮言天地分祀不必改旣祭先農不當復祈穀西
苑帝社帝稷睿宗明堂配天與玉芝宮專祭當廢孝潔皇后當祔廟
孝烈皇后別祀宏孝殿從之　吏部侍郎陳以勤條上謹始十事曰
定志保位畏天法祖愛民崇儉攬權用人接下聽言其言攬權聽言
尤切帝嘉其忠懇　癸亥有詔免朝越三日復傳免給事中魏時亮
以新政不宜遽怠上疏切諫　戊辰復鄭王厚烷爵增祿四百石厚
烷還邸載堉始入宮　論王金陶世恩死奪陶仲文邵元節顧可學

戚端明朱隆禧等官及贈諡奪姜儆王大任官　丁丑追尊母康妃
杜氏爲孝恪皇太后祀神霄殿　吏部尚書楊博掌京察黜給事中
鄭欽御史胡維新而山西人無下考者胡應嘉劾博挾私憤庇鄉里
頗有所申救侍郎吳嶽詣內閣抗聲曰科臣敢留考察罷黜官有故
事乎博亦乞休帝以應嘉實佐察責其牴牾下閣臣議罰郭朴奮然
曰應嘉無人臣禮當編氓徐階旁睨高拱見拱方怒勉從之言路譁
然謂拱以私怨脅階斥應嘉歐陽一敬爲應嘉訟斥博及拱詆拱奸
險橫惡無異蔡京且言應嘉前疏臣與聞黜應嘉不若黜臣給事中
辛自修御史陳聯芳並疏爭階乃調應嘉建寧府推官一敬尋劾拱
威制朝紳專柄擅國亟宜罷拱欲階擬杖階從容譬解終不遣言者
拱益怒與階忿爭閣中　二月戊子祭大社大稷　庚寅封杜繼宗
爲慶都伯李銘德平伯陳景行固安伯繼宗孝恪皇太后之弟銘帝
元妃父景行妃父也　乙未立妃陳氏爲皇后　陳以勤爲禮部尚

書兼文淵閣大學士禮部侍郎張居正改吏部兼東閣大學士預機務時徐階以宿老居首輔與李春芳皆折節禮士居正最後入獨引相體倨見九卿無所延納間出一語輒中肯人以是畏憚之異於他相　初匠役徐杲以營造躐官工部尚書修盧溝橋所侵盜萬計其屬冒太僕少卿苑馬卿以下職銜者以百數帝即位削其官內官監太監李芳復劾之下獄遣戍盡汰其所冒冗員　追謚元妃李氏爲孝懿皇后　三月給事中王治言獻皇帝雖貴爲天子父實未嘗南面臨天下雖親爲武宗叔實嘗北面事武宗今與祖宗諸帝並列設位於武宗右揆諸古典終爲未協臣以爲獻皇帝祔太廟不免遞遷若專祀世廟則億世不改乞敕廷臣博議務求至當又言人主深居禁掖左右便佞窺伺百出或以燕飲聲樂或以遊戲騎射近則損傚精神疾病所由生久則妨累政事危亂所由起比者人言籍籍謂陛下燕閒舉動有非諒闇所宜者臣竊爲陛下慮之又請勤朝講親輔

弼疏入報聞　吏部以吳百朋積苦兵閒稍遷大理卿歐陽一敬等請留百朋討賊詔進兵部右侍郎巡撫如故百朋奏春夏用兵妨耕作宜且聽撫從之　壬申葬肅皇帝於永陵廟曰世宗　乙酉土蠻犯遼陽指揮王承德戰歿　先是司禮中官及藩邸近侍廕錦衣指揮以下至二十餘人御史周宏祖方督屯田馬政馳疏請止賚金幣或停世襲且言高皇帝定制宦侍止給奔走埽除不關政事孝宗召對大臣宦侍必退去百餘武非惟不使之預亦且不使之聞願陛下勿與謀議假以嚬笑則彼無亂政之階而聖德媲太祖孝宗矣臣又聞先帝初載欲廕太監張欽義子錦衣兵部尚書彭澤執奏再四今趙炳然居澤位不能効澤忠無所逃罪報聞　夏四月丙戌朔享太廟　高儀請召對大臣報可　丙午禁屬國毋獻珍禽異獸　丁未御經筵　戶部尚書葛守禮言畿輔山東流移日衆以有司變法亂常起科太重徵派不均且河南北山東西土地磽瘠正供尚不能給

復重之徭役工匠及富商大賈皆以無田免役而農夫獨受其困此所謂舛也乞正田賦之規罷科差之法又國初徵糧戶部定倉庫名目及石數價值通行所司分派小民隨倉上納完欠之數瞭然可稽近乃定爲一條鞭法計畝徵銀不論倉口不問石數吏書夤緣爲奸增減灑派弊端百出至於收解乃又變爲一串鈴法謂之夥收分解收者不解解者不收收者獲積餘之貲解者任賠補之累夫錢穀必分數明而後稽覈審今混而爲一是爲挪移者地也願敕所司酌復舊規從之　甲寅贈前新建伯王守仁爲侯謚文成周尚文太傅謚武襄　朱衡開廣秦溝自魚臺南陽抵沛縣留城百四十餘里而濬舊河自留城以下抵境山茶城五十餘里與黃河會又築馬家橋堤三萬五千二百八十丈石堤三十里遏河之出飛雲橋者趨秦溝以入洪五月己未工成自是黃水不東侵沛流遂斷運道大通　太常寺卿鄒應龍等省牲北郊東廠太監馮保傳呼至道者引入正面熱

香儼若天子應龍大駭劾保僭肆保深銜之　辛酉祀地於北郊
復前大學士楊廷和等官謚廷和文忠蔣冕文定喬宇莊簡汪俊文
莊王廷相肅敏林俊貞肅梁材端肅何孟春文簡翁萬達襄毅吳廷
舉清惠徐問莊裕聶豹貞襄孫繼魯清愍楊守謙恪愍鄒守益文莊
鄭曉端簡彭澤襄毅陶諧莊敏劉玉端毅商大節端愍張經襄愍吳
瑞文肅皆贈官任一子改石珤謚文介　葛守禮奏定國計簿式頒
行天下自嘉靖三十六年以後完欠起解追徵之數及貧民不能輸
納備錄簿中自府州縣達布政司送戶部稽考以清隱漏挪移侵欺
之弊又以戶部專理財賦必周知天下倉庫盈虛然後可節縮調劑
祖宗時令天下歲以文冊報部乃請遣御史譚啓馬明謨張問明趙
巖分行天下董其事覃恩例賞邊軍或言士伍虛冒宜乘給賞汰之
守禮言此朝廷曠典乃以買怨耶議乃止　御史齊康劾徐階二子
多干請及家人橫里中狀階疏辨乞休諸給事御史以康受高拱指

羣集闕下詈而唾之歐陽一敬首劾康康亦劾一敬互指爲黨九卿以下交章劾拱譽階南京科道拾遺亦及拱尙寶司丞海瑞言階事先帝無能救於神仙土木之誤畏威保位誠亦有之然自執政以來憂勤國事休休有容有足多者康乃甘心鷹犬搏噬善類其罪又浮於拱康竟黜去拱不自安丁丑乞養病歸郭朴不自安亦求去帝固留之拱以舊學眷注性強直自遂頗快恩怨以故不安其位　六月鮎魚口山水驟溢決新河壞漕艘數百給事中吳時來言新河受東兗以南費嶧鄒滕之水以一堤捍羣流豈能不潰宜分之以殺其勢朱衡乃開支河四洩其水入赤山湖　京師雨潦壞廬舍兵部郎中鄧洪震言入夏以來淫雨彌月又京師去冬地震今春風霾大作白日無光大同又報雨雹傷物地震有聲陛下臨御甫半年災異疊見傳聞後宮遊幸無時嬪御相隨後車充斥左右近習濫賜予政令屢易前後背馳邪正混淆用舍猶豫萬一奸宄潛生寇戎軼犯其何

以待之帝納其言　戊戌詔修省素服避殿御皇極門視事都御史王廷督諸御史分行振卹　御史張櫝請易皇極諸殿名盡復其舊高儀持不可乃已　南京振武營兵屢譁徐階欲汰之慮其據孝陵不可攻秋七月令操江都御史唐繼祿督江防兵駐陵旁而令兵部罷振武營以其卒分隸二教場及神機營　辛巳招撫山東河南被災流民復五年　八月癸未朔釋奠於先師孔子禮部侍郎趙貞吉講大禹謨稱旨命充日講官貞吉年逾六十而議論侃直進止有儀帝深注意焉　詔翰林官撰中秋宴致語徐階言先帝未徹几筵不可宴樂帝爲罷宴　太常寺少卿周怡陳新政五事語多刺中貴時近習方導上宴遊怡疏上忤旨出爲登萊兵備僉事給事中岑用賓爲怡訟不納　追贈夏言勝申言等官時先朝直節諸臣卹錄殆徧獨馬從謙爲中官所沮王治龐尙鵬力爭帝以從謙所犯比子罵父律不許　九月命中官分督團營徐階力陳不可乃止　乙卯俺答

帥衆數萬分三道入井坪朔州老營偏頭關諸處詔嚴戰守寇長驅攻岢嵐及汾州宣大總督都御史王之誥令山西總兵官申維岳參將劉寶尤月黑雲龍四營兵尾之南下而檄大同總兵官孫吳山西副總兵田世威等出天門關遏其東歸山西巡撫都御史王繼洛駐代州不敢出維岳不敢前癸亥寇陷石州殺知州王亮采屠其民復大掠孝義介休平遥文水交城太谷隰州間殺男女數萬所過無孑遺歷十有四日乃去事聞維岳世威寶論死繼洛戍邊吳落職之誥以還守南山止貶二秩　帝臨朝拱默未嘗發一言及石州陷有請帝詰問大臣者越二日講罷帝果問石州破狀中官王本輒從旁詆諸臣欺蔽帝慍目懾之本猶刺刺語帝不悅而罷魏時亮劾本無人臣禮大不敬且數其不法數事疏雖不行士論壯之　壬申土蠻犯薊鎮掠昌黎盧龍遊騎至灤河詔王之誥還駐懷來巡撫都御史曹亭駐兵通州　龐尚鵬及同官淩儒等攻郭朴不已朴三疏乞歸甲

戌致仕朴爲人長者兩典銓衡以廉著以高拱故不容於朝時頗有惜之者　乙亥總兵官李世忠援永平與土蠻戰於撫寧京師戒嚴遼東巡撫都御史魏學曾入駐山海關冬十月王治歐陽一敬等劾兵部尚書郭乾侍郎遲鳳翔詔罷乾貶鳳翔三秩視事丙戌寇退京師解嚴學曾檄諸將王治道等追寇至義院口大霧寇迷失道諸將莫敢戰游擊將軍張臣帥所部千人擐甲直馳呼聲震山谷寇以數騎嘗奮前斬之追至棒槌崖斬首百十餘級墜崖死傷者無算　巡按畿輔御史郝杰請蠲被掠地徭賦且言比年罰行於文臣而弛於武弁及於主帥而略於偏裨請飭法以振國威又劾總督劉燾巡撫耿隨卿觀望不戰寇退則斷死者報首功又奪遼東將士棒槌崖戰績竝論副使沈應乾游擊李信周冕罪帝皆從之黜應乾下信冕獄敕燾隨卿還籍聽勘　吳時來薦譚綸俞大猷戚繼光宜用之薊鎮專練邊兵省諸鎮徵調從之　給事中陳瓚請誅奸黨之殺沈鍊者

鍊子襄亦上書言楊順路楷殺人媚奸狀詔下順楷獄論死　甲辰
諭羣臣議邊防事宜　總督三邊侍郎王崇古奏給四鎮旗牌撫臣
得用軍法督戰又指畫地圖分授諸大將趙岢雷龍等河套部著力
免行牧河東龍潛出與武塞襲破其營斬獲多加崇古右都御史
十一月癸亥祀天於南郊給事中舒化聞帝咳聲推論陰陽姤復之
漸請帝法天養微陽詞甚切直　改隆慶州曰延慶州衞曰延慶衞
延慶右衞　王治請追諡何瑭雪夏言罪且言大理卿朱廷立刑部
侍郎詹瀚其鍛成言及曾銑獄宜追奪其官十二月復言大學士諡
文愍給事中辛自修御史王好問訟銑志在立功身罹重辟識與不
識痛悼至今詔贈兵部尚書諡襄愍　工部主事楊時喬上時政要
務言幾之當愼者三以曰勤朝講爲修德之幾親裁章奏爲出令之
幾聽言能斷爲圖事之幾弊之最重者九曰治體怠弛曰法令數易
曰賞罰無章曰用度太繁曰鬻官太濫曰莊田擾民曰習俗侈靡曰

士氣卑弱曰議論虛浮勢之偏重者三宦寺難制也宗祿難繼也邊備難振也疏入帝褒納焉　朝覲天下官王廷請嚴禁饋遺酌道里費以儆官邪蘇民力從之　巡撫順天都御史劉應節建議永平西門抵海口距天津止五百里可通漕請募民習海道者赴天津領運同運官出海達永平部議以漕卒冒險不便發山東河南粟十萬石儲天津令永平官民自運　廣東賊大起

二年春正月饗太廟帝將遣代高儀偕僚屬諫徐階等亦以爲言乃親祀如禮　李芳奏革上林苑監增設皁隸減光祿歲增米鹽及工部料物司禮諸中官滕祥孟沖陳洪方有寵爭飾奇技淫巧以悅帝意作鼇山燈導帝爲長夜飲芳數切諫帝不悅　先是真人張永緒死無子吏部主事郭諫臣上章請奪其世封下江西守臣議巡撫都御史任士憑等力言宜革乃去真人號改授上清觀提點秩五品以其宗人國祥爲之　己卯給事中石星言天下之治不日進則日退

人君之心不日強則日偷臣竊見陛下入春以來爲鼇山之樂縱長
夜之飲極聲色之娛朝講久廢章奏遏逆一二內臣威福自恣肆無
忌憚天下將不可救因陳六事一曰養聖躬二曰講聖學三曰勤視
朝四曰速俞允五曰廣聽納六曰察讒諂疏入帝怒以爲惡言訕上
命廷杖六十斥爲民滕祥監杖星大詬之祥怒予重杖星絕而復甦
星妻鄭氏誤聞星已斃遽觸柱死聞者哀之　二月南京刑部侍郎
吳悌卒　建楊繼盛祠於保定賜名旌忠　丁酉寇犯柴溝堡守備
韓尙忠戰死　己亥耕耤田　丁未帝如天壽山謁長陵永陵庚戌
還宮免所過田租有差　帝登極詔書蠲天下田租半太倉歲入少
不能副經費而京通二倉積貯無幾戶部尙書馬森鉤校搜剔條行
十餘事又列上錢穀出入之數勸帝節儉帝手詔責令措置森奏祖
宗舊制河淮以南以四百萬供京師河淮以北以八百萬供邊一歲
之入足供一歲之用後邊陲多事支費漸繁一變而有客兵之年例

再變而有主兵之年例其初止三五十萬耳後漸增至二百三十餘萬屯田十虧七八鹽法十折四五民運十逋二三悉以年例補之在邊則士馬不多於昔在太倉則輸入不益於前而所費數倍重以詔書蠲除故今日告匱視往歲有加臣前所區畫算及錙銖不過紓目前之急而於國之大體民之元氣未暇深慮願廣集衆思令廷臣各陳所見又奏河東四川雲南福建廣東鹽課事宜詔皆如所請　副都御史鄒應龍唐繼祿僉都御史龐尚鵬分理九邊屯鹽　三月詔遣中官李佑督蘇杭織造雷禮等執奏不從郝杰言登極詔書罷織造甫一年敕使復遣非晝一之政且內臣專恣有司剝下奉之損聖德非小帝終不聽　辛酉立子翊鈞爲皇太子詔赦天下太子方六歲性岐嶷帝嘗馳馬宮中諫曰陛下天下主獨騎而騁寧無銜蹶憂帝喜下馬勞之陳皇后病居別宮太子隨生母李貴妃每晨候起居后聞履聲輒喜爲強起取經書問之無不響答貴妃亦喜由是宮闈

甚和　初吳平餘黨曾一本突海豐惠來間廣東總兵官湯克寬倡議撫之令居潮陽下澮地未幾激民變一本亦反賊大起執澄海知縣敗官軍守備李茂材中礮死乙丑詔俞大猷暫督廣東兵協討左右有言南海子之勝者帝將往幸王治帥同官諫徐階楊博郝杰等竝阻止皆不聽丙子幸南海子命京營諸軍盡從比至荒莽沮洳帝甚悔之　戊寅京師地震命百官修省　周宏祖言近四方地震土裂成渠旗竿數火天鼓再鳴隕星旋風天雨黑豆此皆陰盛之徵也陛下嗣位二年未嘗接見大臣咨訪治道邊患孔棘備禦無方事涉內庭輒見撓阻如閱馬核庫詔出復停皇莊則親收子粒太和則權取香錢織造之使累遣糾核之疏留中內臣爵賞謝辭溫旨遠出六卿上尤祖宗朝所絕無者疏入不報　總督薊遼保定侍郎譚綸言薊昌卒不滿十萬而老弱居半分屬諸將散二千里間敵聚攻我分守衆寡強弱不侔故言者亟請練兵然四難不去兵終不可練夫

敵之長技在騎非召募三萬人勤習車戰不足以制敵計三萬人月餉歲五十四萬此一難也燕趙之士銳氣盡於防邊非募吳越習戰卒萬二千人雜教之事必無成臣與戚繼光召之可立至議者以爲不可信任之不專此二難也軍事尚嚴而燕趙士素驕驟見軍法必大震駭且去京師近流言易生徒令忠智之士掣肘廢功更釀他患此三難也我兵素未當敵戰而勝之彼不心服能再破乃終身創而忌嫉易生欲再舉禍已先至此四難也以今之計請調薊鎮真定大名井陘及督撫標兵三萬分爲三營令總兵參游分將之而授繼光以總理練兵之職春秋兩防三營兵各移近邊至則遏之邊外入則決死邊內二者不效臣無所逃罪又練兵非旦夕可期今秋防已近請速調浙兵三千以濟緩急三年後邊兵既練遣還夏五月命繼光以都督同知總理薊州昌平保定三鎮練兵事總兵官以下悉受節制餘如綸所請仍令議分立三營事宜　六月庚辰遣使兩畿錄囚

己酉曾一本寇廣州殺知縣劉師顏詔切責總督張瀚停總兵官
俞大猷郭成俸　移程番府入貴州布政司城與宣慰司同治　譚
綸言薊鎮鍊兵踰十年然竟不效者任之未專而行之未實也今宜
責臣綸繼光令得專斷勿使巡按巡關御史參與其間自兵事起邊
臣牽制議論不能有爲故綸疏及之而巡撫都御史劉應節果異議
巡按御史劉翾巡關御史孫代又劾綸自專帝用張居正言悉以兵
事委綸諭應節等無撓綸相度邊隘衝緩道理遠近分薊鎮爲十二
路路置一小將總立三營東駐建昌備燕河以東中駐三屯備馬蘭
松太西駐石匣備曹牆古石諸將以時訓練互爲掎角節制詳明異
時調陝西河間真定兵防秋至是悉罷　秋七月己酉賊入廉州
中官許義挾刃脅人財爲巡城御史李學道所笞羣小璫伺學道早
朝邀擊之左腋門外王廷將糾之徐階曰不得主名劾何益且慮彼
先誣我乃使人以好語誘大璫先錄其主名廷疏上分別逮治論戍

有差　魏時亮言今天下大患三藩祿不給也邊餉不支也公私交困也宗藩有一時之計有百世之計亟立宗學教之禮讓祿萬石者歲蠲五之一二千石者十之一一千石者二十之一以贍貧宗立爲定制此一時計也各宗聚居一城貧日益甚宜令就近散處給閒田使耕以代祿奸生之孳重行黜削此百世計也邊餉莫要於屯鹽近遴大臣龐尙鵬鄒應龍淩儒經理事權雖重顧往河東者兼理四川往河北者兼理山東河南往江南者兼理浙湖雲貴重內地而輕塞下非初旨也且一人領數道曠遠難周請在內地者專責巡撫令尙鵬等三人分任塞下屯事久任責成有功待以不次則利興而邊儲自裕今天下府庫殫虛百姓困瘁而建議者欲罄天下庫藏輸內府以濟旦夕之用脫州郡有變何以待之夫守令以養民爲職要在勸農桑清徭賦重鄉約嚴保甲而簿書獄訟催科巧拙不與焉疏上多議行　曾一本浮海犯福建官軍迎擊大破之　徐階所持諍多宮

禁事行者十八九中官皆側目給事中張齊者嘗行邊受賈人金事
稍泄陰求階子璠居間璠謝不見齊恨摭齊康疏語論階階請歸丙
寅許致仕賜馳驛以李春芳請給夫廩璽書褒美行人導行如故事
舉朝皆疏留報聞而已春芳代爲首輔益務以安靜稱帝意張居正
視之蔑如春芳嘗歎曰徐公尙以人言罷我安能久容旦夕乞身耳
居正遽曰如此庶保令名春芳愕然三疏乞休帝不允　王廷發張
齊奸利事言齊前奉命賞軍宣大納鹽商楊四和數千金爲言䘏邊
商革餘鹽數事爲大學士階所格四和抵齊取賄蹤迹頗露齊懼得
罪乃借攻階冀自掩遂下齊錦衣獄刑部尙書毛愷當齊戍詔釋爲
民　兩廣各設巡撫官事不關督府總督都御史張瀚請如三邊例
乃悉聽節制　九月逮湯克寬訊治　召鄒應龍等還命龐尙鵬兼
領九邊屯務尙鵬疏列鹽政二十事𪉢利大興　工部尙書雷禮言
中官滕祥傳造器物及修補壇廟樂器多自加徵糜費巨萬工部存

留大木斬截任意臣禮力不能爭乞早賜罷帝不罪祥令禮致仕
冬十月戊寅免南畿被災秋糧振淮徐饑　初遼王憲㸅以奉道爲
世宗所寵賜號真人予金印張居正家荊州與憲㸅有隙帝卽位御
史陳省劾憲㸅諸不法事詔奪真人號及印已而巡按御史郜光先
復劾其大罪十三命刑部侍郎洪朝選往勘湖廣副使施篤臣憾憲
㸅甚朝選至篤臣詐爲憲㸅書饋朝選因劫持之憲㸅建白纛曰訟
冤之纛篤臣驚曰王反矣使卒五百圍憲㸅宮朝選具得憲㸅淫虐
僭擬諸狀還朝實其罪不言反帝以憲㸅宜誅念宗親免死己亥廢
爲庶人錮高牆遼國除諸宗隸楚藩以廣元王術㙺爲宗理　甲辰
免畿內河南被災秋糧　十一月壬子宣府總兵官馬芳帥參將劉
潭等出獨石塞外二百里襲俺答帳於長水海子敗之還至塞追者
及又大敗之鞍子山芳有膽智諳敵情所至先士卒一歲數出師擣
巢或躬督戰或遣裨將家畜健兒得其死力嘗命三十人出塞四百

里多所斬獲寇大震芳乃帥師至大松林頓舊興和衛登高四望耀
兵而還　辛酉免江西被災稅糧　滕祥等媒孽李芳帝怒勒閑住
已復杖八十下刑部監禁待決毛愷等言芳罪狀未明臣等莫知所
坐帝曰芳事朕無禮其錮之芳錮祥等益橫　己巳命廣東福建督
撫將領會勦曾一本　南贛萬羊山跨湖廣福建廣東境故盜藪四
方商民種藍其間至是盜出刼巡撫都御史張翀遣守備董龍勦之
龍聲言搜山諸藍戶大恐盜因煽之嘯聚千餘人兵部令翀會江西
巡撫都御史劉光濟協議撫勦之宜久乃定　十二月山西靜樂民
李良雨化爲女御史宋纁言此陽衰陰盛之象宜進君子退小人以
挽氣運帝嘉納之　魏時亮言天下可憂在民窮能爲民紓憂者知
府而已宜慎重其選治行卓越卽擢京卿若巡撫則人自激勸督學
者天下名教所繫當擇學行兼懋者毋限以時教行望竣則召爲祭
酒或入翰林以示風勵下部議不行　庚寅世宗神主祔太廟　丁

酉限勳戚莊田　貴州總兵官石邦憲卒邦憲生長黔土熟苗情善用兵大小數十百戰無不摧破所得俸賜悉以饗士家無贏資爲總兵官十七年威震蠻中與四川何卿廣西沈希儀並稱名將　帝詔戶部購寶珠馬森執奏魏時亮及御史賀一桂等繼爭皆不聽御史詹仰庇言頃言官諫購寶珠反蒙詰讓昔仲虺戒湯不邇聲色不殖貨利召公戒武王玩人喪德玩物喪志湯武能受二臣之戒絕去玩好故聖德光千載若侈心一生不可復遏恣情縱欲財耗民窮陛下玩好之端漸啓弼違之諫惡聞羣小乘隙百方誘惑害有不勝言者況寶石珠璣多藏中貴家求之愈急邀直愈多奈何以有用之財耗之無用之物今兩廣需饟疏請再三猶靳不予何輕重倒置乎不報

木邦土舍罕拔告捷有司索賂不爲請拔怒集兵梗往來道已而食鹽乏乞於緬緬以五千籯饋拔德緬往投之潞江宣撫線貴聞之亦入緬莽瑞體自以起孤微有兵衆謀內侵命貴召隴川土官多士

寧士寧言中國廣大誠勿妄動瑞體稍稍寖
三年春正月壬子大同總兵官趙岢敗俺答於宏賜堡　戚繼光言
薊鎮之兵雖多亦少其原有七營軍不習戎事而好末技壯者役將
門老弱僅充伍一也邊塞逶迤絶鮮郵置使客絡繹日事將迎參游
爲驛使營壘皆傳舍二也寇至則調遣無法遠道赴期卒斃馬僵三
也守塞之卒約束不明行伍不整四也臨陣馬軍不用馬而反用步
五也家丁盛而軍心離六也乘障卒不擇衝緩備多力分七也七害
不除邊備曷修而又有士卒不練之失六雖練無益之弊四何謂不
練夫邊所藉惟兵兵所藉惟將今恩威號令不足服其心分數形名
不足齊其力緩急難使一也有火器不能用二也棄土著不練三也
諸鎮入衛之兵嫌非統屬漫無紀律四也班軍民兵數盈四萬人各
一心五也練兵之要在先練將今注意武科多方保舉似矣但此選
將之事非練將之道六也何謂雖練無益今一營之卒爲礮手者常

十七不知兵法五兵迭用當長以衛短短以救長一也三軍之士各專其藝金鼓旗幟何所不蓄今皆置不問二也弓矢之力不強於寇而欲藉以制勝三也教練之法自有正門美觀則不實用實用則不美觀而今悉無其實四也臣又聞兵形象水水因地而制流兵因地而制勝薊之地有三平原廣陌內地百里以南之形也半險半易近邊之形也山谷仄隘林薄蓊翳邊外之形也寇入平原利車戰在近邊利馬戰在邊外利步戰三者迭用乃可制勝今邊兵惟習馬耳未嫻山戰林戰谷戰之道也惟浙兵能之願更予臣浙東殺手礮手各三千再募西北壯士足馬軍五枝步軍十枝專聽臣訓練軍中所需隨宜取給臣不勝至願又言臣官為創設諸將視為贅疣臣安從展布章下兵部言薊鎮既有總兵又設總理事權分諸將多觀望宜召還總兵郭琥專任繼光從之而浙兵止弗調　馬芳乞寢己廕子贖田世威劉寶罪為御史所劾敕戒諭之　析廣東歸善縣地置長寧

永安二縣以英德翁源二縣地益長寧長樂縣地益永安　帝頗耽聲色陳皇后微諫帝怒出之別宮外廷皆憂之莫敢言御史詹仰庇入朝遇醫禁中出詢之知后寢疾危篤即上疏言先帝慎擇賢淑作配陛下爲宗廟社稷內主陛下宜遵先帝命篤宮闈之好近聞皇后移居別宮已近一載抑鬱成疾陛下略不省視萬一不諱如聖德何臣下莫不憂惶徒以事涉宮禁不敢訟言臣謂人臣之義知而不言當死言而觸諱亦當死臣今日固不惜死願陛下采聽臣言立復皇后中宮時加慰問臣雖死賢於生帝手批答曰后無子多疾移居別宮聊自適以冀卻疾爾何知內庭事顧妄言仰庇自分得重譴同列亦危之旨下中外驚喜仰庇益感奮　二月庚辰免陝西被災秋糧譚綸之至薊鎮也按行塞上謂將佐曰秣馬厲兵角勝負呼吸者宜於南堅壁清野坐制侵軼者宜於北乃議起居庸至山海築敵臺三千控守要害與戚繼光圖上方略言薊鎮邊垣延袤二千里一瑕

則百堅皆瑕比來歲修歲圮徒費無益請跨牆爲臺睥睨四達臺高五丈虛中爲三層臺宿百人鎧仗糗糧具備令戍卒畫地受工先建千二百座然邊卒未強律以軍法將不堪請募浙人爲一軍用倡勇敢議上許之浙兵三千至陳郊外天大雨自朝至日昃植立不動邊軍大駭自是始知軍令　洪朝選以拾遺罷上疏自辨郝杰等劾其違制遂削職　三月改程番府名貴陽府析江西龍南縣地置定南縣以安遠信豐二縣地益之　復丁汝夔等六人官　戊辰曾一本復犯廣東陷碣石衞裨將周雲翔等殺雷瓊參將耿宗元以叛亡入賊中　沐朝弼素驕事母嫂不如禮奪兄田宅匿罪人蔣旭等用調兵火符遣人詗京師廷議遣大臣有威望者鎮之乃改鄒應龍兵部侍郎巡撫雲南罷朝弼令其子昌祚以都督僉事總兵鎮守　夏四月遼東寇張擺失等屯塞下夾河山城副總兵李成梁迎擊斬百六十級餘衆遠徙遂空其地　詔取太倉銀三十萬兩戶部尚書劉體

乾言太倉銀所存三百七十萬耳而九邊年例二百七十六萬有奇在京軍糧商價百有餘萬薊州大同諸鎮例外奏乞不與焉若復取以上供經費安辦帝不聽體乾又言今國計絀乏大小臣工所共知即存庫之數亦近遣御史所搜括明歲則無策矣今盡以供無益費萬一變起倉卒如國計何給事中李己楊一魁龍光御史劉思問蘇士潤賀一桂傅孟春交章乞如體乾言李春芳等皆上疏請乃命止進十萬兩　吉能犯邊爲防秋兵所遏移營白子城己丑雷龍等出花馬池長城關與戰大敗之　開湖廣竹筒河以洩漢江　周雲翔等屯平山大安峒將寇海豐五月庚戌廣東總兵官郭成偕南贛軍夾擊之斬首千三百餘級獲被掠通判潘槐而下六百餘人生縶雲翔誅之　甲寅巡視十庫御史詹仰庇疏言內官監歲入租稅至多而歲出不置籍按京城內外園廛場地隸本監者數十計歲課皆屬官錢而內官假上供名恣意漁獵利填私家過歸朝宁乞備覈宜留

宜革并出入多寡數以杜奸欺再照人主奢儉四方係安危陛下前
取戶部銀用備緩急今如本監所稱則盡以創鼇山修宮苑製鞦韆
造龍鳳艦治金櫃玉盆羣小因乾沒累聖德虧國計望陛下深省有
以玩好逢迎者悉屏出罪之故事諸司文移教合用照字言官上書
無此體中官素恨仰庇因摘其語爲大不敬帝怒下詔曰仰庇小臣
敢照及天子且狂肆屢不悛遂廷杖百除名并罷給事御史之巡視
庫藏者楊博爭之不聽南京給事中駱問禮御史余嘉詔等疏救且
言巡視官不當罷亦不納仰庇爲御史僅八月數進讜言竟以獲罪
六月致仕兵部尚書趙炳然卒謚恭襄　海瑞爲僉都御史巡撫
應天十府屬吏憚其威墨者多自免去有勢家朱丹其門聞瑞至黜
之中人監織造者爲減輿從　鳳繼祖之敗也守臣請改設流官而
以索林支屬鳳思堯爲經歷奉鳳氏祀思堯父歷以不得知府怨望
陰結四川七州及水西宣慰安國亨謀作亂知府劉宗寅遣諭之不

聽聚衆稱思堯知府夜襲武定城城中嚴備不能克退屯魯墟閏月
宗寅夜出兵斫其營賊潰追至馬剌山禽歷伏誅　秋七月壬午河
決沛縣自考城虞城曹單豐沛至徐州壞田廬無算茶城淤塞漕船
阻邳州不能進　乙酉詔天下有司實修積穀備荒之政　壬辰遣
使振沿河被災州縣　致仕禮部侍郎瞿景淳卒贈尚書諡文懿
會一本橫行閩廣間俞大猷將赴廣西總督兩廣都御史劉燾令會
閩師夾擊一本至閩總兵官李錫出海禦之與大猷遇賊柘林澳三
戰皆捷賊循馬耳澳復戰會郭成帥參將王詔等以師會次萊蕪澳
分三哨進一本駕大舟力戰諸將連破之八月癸丑燬其舟詔生禽
一本及其妻誅之斬首七百餘死水火者萬計是役錫功最鉅加署
都督同知　魏學曾請設戰車營於廣寧從之　壬戌禮部尚書趙
貞吉兼文淵閣大學士預機務貞吉入謝奏朝綱邊務一切廢弛臣
欲捐軀任事惟陛下主之帝益喜　丁卯振南畿浙江山東水災

九月總河都御史翁大立言臣按行徐州循子房山過梁山至境山入地濱溝直趨馬家橋上下八十里間可別開一河以漕避秦溝濁河之險工部尙書朱衡同其議帝命卽行之未幾黃落漕通議遂寢時黃河既決淮水復漲自清河縣至通濟閘抵淮安城西淤三十餘里決禮信二壩出海平地水深丈餘寶應湖堤往往崩壞山東沂莒郯城水從沂州直河出邳州人民多溺死大立以下民昏墊閭閻愁困狀帝莫能周知乃繪圖十二以獻且言時事可憂更不止此東南財賦區而江水泛溢粒米不登京儲可慮一也邊關千里悉遭洪水墩堡傾頹何恃以守賊騎可慮二也畿輔山東河南霪雨既久城郭不完寇盜無備內地可慮三也江海間颶風鼓浪舟艦戰卒悉入波流海防可慮四也淮浙鹽場鹹泥盡沒竈戶流移商賈不至國課可慮五也望陛下以五患十二圖付公卿博議速求拯濟之策帝留圖備覽下其奏於所司　廣東潮州諸屬邑賊巢以百數郭明據林樟

胡一化據北山洋陳一義據馬湖剽劫二十載郭成督諸軍擊殺明
等俘斬千三百有奇　帝嘗問九邊軍饟太倉歲發及四方解納之
數劉體乾言祖宗朝止遼東大同宣府延綏四鎮繼以寧夏甘肅薊
州又繼以固原山西今密雲昌平永平易州俱列戍矣各鎮防守有
主兵其後增召募增客兵而坐食愈衆各鎮芻饟有屯田其後加民
糧加鹽加京運而橫費滋多因列上隆慶以來歲發之數　丙子俺
答犯大同總督陳其學恐擾畿輔令趙岢扼紫荊關寇乃縱掠山陰
應州懷仁渾源諸處而去其學以捷聞御史燕如宦發岢等失事狀
趙貞吉欲置重罰兵部尚書霍冀議貶岢三秩貞吉與同官爭不得
因上言邊帥失律祖宗法具在今當事者屈法徇人如公論何臣老
矣效忠無術乞賜罷不許　辛卯大閱　冬十月辛丑朔彗星見天
市垣東北指至二十日滅　帝初納言官請將令諸政務悉面奏於
便殿十一月駱問禮條上面奏事宜一言陛下躬攬萬幾宜酌用羣

言不執己見使可否予奪皆合天道則有獨斷之美無自用之失二言陛下宜日居便殿使侍從官常在左右非嚮晦不入宮闈則涵養薰陶自多裨益三言內閣政事根本宜參用諸司無拘翰林則講明義理通達政事皆得其人四言詔旨必由六科諸司始得奉行脫有未當許封還執奏如六科不封駁諸司失檢察者許御史糾彈五言頃詔書兩下皆許諸人直言然所採納者除言官與一二大臣外盡付所司而已宜益廣言路凡臣民章奏不惟其人惟其言令匹夫皆得自效六言陛下臨朝決事凡給事左右如傳旨接奏章之類宜用文武侍從毋使中官參與則窺竊之漸無自而生七言士習傾危稍或異同輒加排陷自今凡議國事惟論是非不徇好惡衆人言未必得一人言未必非則公論日明士氣可振八言政令之出宜在必行今所司題覆已報可者未見修舉因循玩愒習爲故常陛下當明作於上敕諸臣奮厲於下以挽頹惰之風九言面奏之儀宜略去繁文

務求實用俾諸臣入而敷奏退而治事無或兩妨斯上下之交可久十言修撰編檢諸臣宜令更番入直密邇乘輿一切言動執簡侍書其耳目所不及諸司或以月報或以季報令得隨事纂輯以垂勸戒疏奏帝不悅宦官復從中搆之謫楚雄府知事　庚辰京師地震有聲敕修省　韋銀豹數反覆廷議大征擢江西按察使殷正茂僉都御史巡撫其地　十二月己亥朔詔以災眚洊至由部院政事不修令廠衛密察舒化等言廠衛徼巡輦下惟詰奸宄禁盜賊耳駕馭百官乃天子權而糾察非法則責在臺諫豈廠衛所得干今命之刺訪將必開羅織之門逞機阱之術禍貽善類使人人重足累息何以為治且廠衛非能自廉察必屬之番校陛下不信大臣反信若屬耶御史劉思賢等亦極陳其害帝竝不從諸大臣皆待罪求去亦不允已而事竟寢　龐尚鵬權既重自負經濟才慷慨任事諸御史督鹽政者以事權見奪欲攻去之河東巡鹽御史郜永春劾尚鵬行事乖違

楊博議留之中官方惡博激帝怒譙讓罷博落尙鵬職汰屯鹽都御史官劉體乾等交章請留博不聽　劉體乾言國家歲入不足供所出而額外陳乞者多請以內外一切經費應存革者刊勒成書報可

趙貞吉易視張居正呼爲張子語朝事輒曰非少年所知居正與所善司禮太監謀起高拱以扼貞吉庚申召拱以大學士兼掌吏部事郝杰嘗論拱非宰相器爲所嫉及是請急去　乙丑尙寶司丞鄭履淳言頃年以來萬民失業四方多故天鳴地震災害洊臻正陛下宵旰憂勤時也夫飢寒迫身易爲衣食嗷嗷赤子聖王之所以爲資不及今定周家桑土之謀切虞廷困窮之懼則上天所以警動海內者適足以資他人矣今最急莫如用賢陛下御極三年矣曾召問一大臣面質一講官賞納一諫士以共畫思患豫防之策乎高亢睽孤乾坤否隔忠言重折檻之罰儒臣虛納牖之功宮闈違脫珥之規朝陛拂同舟之義回奏蒙譴補牘奚從內批徑出封還何自紀綱因循

風俗玩愒功罪罔核文案徒繁閹寺潛爲厲階善類漸以短氣言涉宮府肆撓多端梗在私門堅持不破萬衆惶惶皆謂羣小侮常明目疎隔自開闢以來未有若是而永安者伏願奮英斷以決大計勿爲小故之所淆宏濬哲以任君子勿爲嬖昵之所惑移美色奇珍之玩而保瘡痍分昭陽細務之勤而和庶政以蠻裔爲關門勁敵以錢穀爲黎庶脂膏拔用陸樹聲石星之流嘉納殷士儋翁大立諸疏經史講筵日親無倦臣民章奏與所司面商可否萬幾之裁理漸熟人才之邪正自知察變謹微回天開泰計無踰於此疏入帝大怒廷杖之百繫刑部獄履淳曉之子也　山西巡撫都御史靳學顏應詔陳理財凡萬餘言言選兵鑄錢積穀最切其略曰宋初禁軍十萬總天下諸路亦不過十萬其後慶曆治平間增至百餘萬然其時財用不詘我朝邊兵四十萬其後雖增兵益戍而主兵多缺不若宋人十倍其初也然自嘉靖中卽以詘乏告何哉宋雖增兵而天下無養兵費我

朝以民養兵而新軍又一切仰太倉舊饟不減新饟日增費一也周豐鎬漢西都率有其名而無實我朝留都之設建官置衛坐食公帑費二也唐宋宗親或通名仕版或散處民間我朝分封列爵不農不仕吸民骨髓費三也有此三者儲蓄安得不匱而其尤耗天下之財者兵而已夫陷鋒摧堅旗鼓相當兵之實也今邊兵有戰時若腹兵則終世不一當敵每盜賊竊發非陰陽醫學雜職則丞貳判簿爲之將非鄉民里保則義勇快壯爲之兵在北則借鹽丁礦徒在南則借狼土此皆腹兵不足用之驗也當限以輪番守戍之法或遠不可徵或弱不可任則聽其耕商而移其食以饟邊如免班軍而徵價省充發而輸贖亦變通一策也欲京兵強亦宜責以輪番戍守夫京師去宣府薊鎮纔數百里京營九萬卒歲以一萬戍二鎮九年而一周未爲苦也而怯者與邊兵同其勁矣又以畿輔之卒塡京戍之闕其部伍號令月糧犒賞亦與京卒同而畿輔之卒皆親兵矣夫京卒戍薊

鎮則延固之費可省戍宣府則宣府大同之氣自張寇畏宣大之力制其後京卒之勁當其前則仰攻深入之事鮮矣臣又覩天下之民皇皇以匱乏爲慮者非布帛五穀不足也銀不足耳夫銀寒不可衣飢不可食不過貿遷以通衣食之用獨奈何用銀而廢錢錢益廢銀益獨行獨行則藏益深而銀益貴貨益賤而折色之辦益難豪右乘其賤收之時其貴出之銀積於豪右者愈厚行於天下者愈少更踰數十年臣不知所底止矣錢者泉也不可一日無計者謂錢法之難有二利不讎本民不願行此皆非也夫朝廷以山海之產爲財以億兆之力爲工以賢士大夫爲役何本之費誠令民以銅炭贖罪而匠役則取之營軍一指麾間錢徧天下矣至不願行錢者獨奸豪爾請自今事例罰贖徵稅賜賚宗祿官俸軍饟之屬悉銀錢兼支上以是徵下以是輸何患其不行哉臣又聞中原者邊鄙之根本也百姓者中原之根本也民有終身無銀而不能終歲無衣終日無食今有司

夙夜不遑者乃在銀而不在穀臣竊慮之國家建都幽燕北無郡國之衛所恃爲腹心股肱者河南山東江北及畿內八府之人心耳其人率驁悍而輕生易動而難戢游食而寡積者也一不如意則輕去其鄉偶有所激則不愛其死往往一夫作難千人響應前事已屢驗矣弭之之計不過曰卹農以繫其家足食以繫其身聚骨肉以繫其心今試覈官廩之所藏每府得數十萬則司計者安枕可矣得三萬焉猶足塞轉徙者之望設不滿萬豈得無寒心臣竊意不滿萬者多也臣近者疏請積穀業蒙允行第恐有司從事不力無以塞明詔敢即臣說申言之其一曰官倉發官銀以糴也一曰社倉收民穀以充也官倉非甚豐歲不能舉社倉雖中歲皆可行唐義倉之開每歲自王公以下皆有入宋則准民間正稅之數取二十分之一以爲社誠做而推之就土俗合人情占歲候以通其變計每歲二倉之入以驗其功著爲令而歲歲修之時其豐歉而斂散之在官倉者民有大饑

則以振在民倉者雖官有大役亦不聽貸借此藏富於民即藏富於國也今言財用者不憂穀之不足而憂銀之不足夫銀實生亂穀實弭亂銀之不足而泉貨代之五穀之不足則孰可以代者哉故曰明君不寶金玉而寶五穀伏惟聖明垂意疏入下所司議卒不能盡行也　免兩畿山東浙江河南湖廣稅糧　是年陝西賊起

明紀卷第三十七

明紀卷第三十八

賜進士出身工部候補主事虞衡司行走陳鶴纂

䘏贈知府銜給雲騎尉世職內閣候補中書孫男克家參訂

穆宗紀二 起隆慶四年庚午訖隆慶六年壬申凡三年

四年春正月己巳朔日有食之免朝賀辛未避殿修省禮部尚書殷士儋以正月朔望日月俱食疏請布德緩刑納諫節用飭內外臣工講求民瘼報聞　內承運庫以白劄索部帑十萬劉體乾執奏給事中劉繼文亦言白劄非體帝報有旨竟取之　海瑞銳意興革請濬吳淞白茆民賴其利素疾大戶兼幷力摧豪強撫窮弱貧民田入於富室者率奪還之徐階罷相里居按問其家無少貸下令飈發淩厲所司惴惴奉行豪有力者至竄他郡以避而奸民多乘機告訐故家大姓時有被誣負屈者又裁節郵傳冗費士大夫出其境率不得供頓由是怨頗興舒化論瑞迂滯不達政體宜以南京清秩處之帝猶

温詔獎瑞　倭陷廣東廣海衛大殺掠而去總督劉燾以戰卻聞給事中温純劾燾欺罔時方召燾督京營遂置不問　改陜西總督王崇古於宣大山西崇古禁邊卒闌出而縱其素通寇者深入爲間又檄番漢陷寇軍民帥衆降及自拔者悉存撫之歸者接踵西番瓦剌黄毛諸種一歲中降者踰二千人　左都御史王廷致仕二月刑部尚書毛愷致仕時高拱再相廷恐其修郄愷亦徐階所引故先後乞休　趙貞吉以先朝禁軍列三大營營各有帥今以一人總三營權重難制因極言其弊請分五營各統以大將稍復祖宗之舊帝善之命兵部會廷臣議霍冀前與貞吉議不合頗不然其言廷臣亦多謂强兵在擇將不在變法冀等乃上議三大營宜如故惟以一人爲總督權太重宜三營各設一大將罷總督武臣以文臣爲總理帝報可而以京營事重更協理爲閱視令付大臣知兵者召南京右都御史曹邦輔爲左都御史任之給事中楊鎔劾冀貪庸帝已留冀冀以鎔

貞吉鄉人疑出貞吉意疏辨乞罷且詆貞吉貞吉亦疏辨求去詔留貞吉褫冀官　給事中戴鳳翔劾海瑞庇奸民魚肉搢紳沽名亂政遂改督南京糧儲瑞撫吳甫半歲小民聞其當去號泣載道家繪像祀之　高拱以時方憂邊事請增置兵部侍郎以儲總督之選由侍郎而總督由總督而本兵中外更番邊材自裕又以兵者專門之學非素習不可應猝儲養本兵當自兵部司屬始宜慎選司屬多得智謀才力曉暢軍旅者久而任之勿選他曹他日邊方兵備督撫之選皆於是取之更各取邊地之人以備司屬如銓司分省故事則題覆情形可無扞格并重其賞罰以鼓勵之凡邊地有司其責頗重不宜付雜流及遷謫者皆報可著爲令　貴州宣慰安國亨淫虐以事殺其從父信信兄智告國亨反巡撫都御史王諍遽請發兵誅國亨智爲總兵官安大朝畫策且約輸兵糧數萬及師至陸廣河智糧不至諍乃令人諭國亨止大朝毋進兵兵已渡河爲國亨所敗　乙丑分

設三大營文武提督六人以恭順侯吳繼爵典五軍都督袁正典神樞焦澤典神機繼爵恥與正等同列三月上疏固辭帝爲罷正澤盡易以勳臣溫純請廣求將才毋拘世爵不納繼爵瑾之曾孫也　廣西忠州土官黃賢相等作亂永康典史李材計禽之　太監崔敏傳令南京加造緞十餘萬匹朱衡議停新造但責歲額得減新造三之二　海瑞將履新任高拱素銜瑞幷其職於南京戶部瑞遂謝病歸　詔市綿二萬五千斤劉體乾請俟湖州貢帝不從趣之急李己言三月非用綿時不宜重擾商戶體乾亦復爭乃命止進萬斤　夏四月戊戌朔京師地震　陝西賊流入四川巡按御史王廷瞻劾巡撫都御史嚴清縱寇趙貞吉言賊起鄖陝貽害川徼卽有罪當罪守土官不宜專責巡撫臣蜀人深知清約己愛人省事任怨今蜀地歲荒民流方倚清如父母奈何棄之任事臣欲爲國家利小民必得罪豪右論者不察動以深文求之頃海瑞既去若清復罷是任事之臣皆

然之法司坐王金子弒父律拱復上疏曰人君隕於非命不得正終其名至不美先帝臨御四十五載得歲六十末年抱病經歲上賓壽考令終曾無暴遽今謂爲金所害誣以不得正終天下後世視先帝爲何如主乞下法司改議帝復然拱言拱再出專與階修郄所論皆欲以中階重其罪賴帝仁柔弗之竟也　言官追論陸炳罪詔削秩籍其產子都督繹弟太常少卿煒並奪官坐贓數十萬繫繹等追償之　癸酉陝西水災蠲振有差　甲戌河決邳州自睢寧白浪淺至宿遷小河口淤百八十里糧艘阻不進起潘季馴故官再理河道　壬午免北畿湖廣被災稅糧　癸未俺答犯大同副總兵錢棟戰死　戊子辛愛寇錦州總兵官王治道參將郎得功以十餘騎入敵死　葛守禮等議王金妄進藥無事實但習故陶仲文術左道惑衆應坐爲從律編戍給事中趙奮言法司爲天下平昔則一主於入而不爲先帝地今則一主於出而不䘏後世議罪有首而後有從金等爲

從孰爲首將以陶仲文爲首則仲文死已久爲法如此陛下何賴哉
疏入報聞　京營設六提督後各持意見遇事旬月不決溫純以政
令多門極陳不便甲午罷之仍置總督協理大臣二人　縉熿之以
將軍攝肅府事也定王妃吳氏言聖祖刈羣雄定天下報功之典有
隆無替臣祖莊王受封邊境操練征戍屏衛天家不幸大宗中絕反
拘於昭穆之次不及勳武繼絕之典非所以崇本支厚藩衛也章下
禮部高儀爲尚書執不可縉熿重賄中官孟沖屬延長王真澆等再
請期必得殷士儋代儀亦持之甚力帝以肅藩越在遠塞不王無以
鎮之冬十月許縉熿襲封肅王士儋言肅府自甘州徙蘭州實內地
且請別選郡王賢者理府事毋遂私請壞條例帝不聽士儋乃請封
爲郡王諸宗率以此令從事帝終不許　初邱富死趙全尊俺答爲
帝爲治城郭宮殿亦自治第制度如王者署其門曰開化府日夜教
俺答爲兵東入薊昌西掠忻代遊騎薄平陽靈石潞安朝廷募獲全

者官都指揮使賞千金卒不能得把漢那吉者俺答第三子鐵背台吉子也幼失父育於俺答妻一克哈屯長娶大成比妓不相得復自聘襖兒都司女號三娘子卽俺答外孫女也俺答見其美奪之把漢那吉恚聞王崇古方納降癸卯率妻子十餘人來歸方逢時告崇古曰機不可失也遣中軍康綸帥騎五百往受之崇古留之大同慰藉甚至乃合詞上疏曰俺答橫行塞外幾五十年威制諸部侵擾邊圉今神厭凶德骨肉離叛千里來降宜給宅舍授官職豐餼廩服用以悅其心嚴禁出入以虞其詐若俺答臨邊索取則因與爲市責令縛送板升諸逆還被掠人口然後以禮遣歸策之上也若遂桀驁稱兵不可理諭則明示欲殺以撓其志彼望生還必懼我制其死命志奪氣沮不敢大逞然後徐行吾計策之中也若遂棄而不求則當厚加資養結以恩信其部衆繼降者處之塞下卽令把漢那吉統領如漢置屬國居烏桓之制他日俺答死辛愛有其衆因加把漢那吉名號

令收集餘衆自爲一部辛愛必忿爭彼兩族相持則兩利俱存若互
相讐殺則按兵稱助彼無暇侵陵我遂得休息又一策也若循舊例
安置海濱使俺答日南望侵擾不已又或給配諸將使之隨營立功
彼素驕貴不受驅策駕馭茍乖必滋怨望頓生颺去之心終貽反噬
之禍均爲無策奏至朝議紛然御史饒仁侃武尙賢葉夢熊皆言敵
情叵測夢熊至引宋受郭藥師張㲄事爲喻兵部尙書郭乾不能決
高拱張居正力主崇古議丁未授把漢那吉指揮使賜緋衣一襲黜
夢熊爲郃陽縣丞以息異議　高拱以私憾欲考察科道趙貞吉掌
都察院與同事上言頃因葉夢熊言事忤旨陛下嚴諭考覈言官幷
及陞任在籍者應考近二百人其中豈無懷忠報主謇諤敢言之士
今一以放肆奸邪罪之竊恐所司奉行過當忠邪不分致塞言路沮
士氣非國家福也帝不從拱以貞吉得其情憾甚壬戌考察拱欲去
貞吉所厚者貞吉亦持拱所厚以解乃斥温純舒化劉東星岑用賓

及太僕寺少卿張檟魏時亮大理寺丞耿定向提學副使周宏祖等二十七人皆拱所惡也　俺答方掠西番聞把漢那吉降急歸令辛愛將二萬騎入宏賜堡兄子永邵卜趨威遠堡自帥衆犯平虜城方逢時曰此必趙全謀也全嘗投書逢時言悔禍思漢欲復歸中國逢時以示俺答俺答大驚有執全意及戰又不利乃引退一克哈屯思其孫朝夕哭俺答患之逢時遣百戶鮑崇德入其營俺答盛氣待之曰自吾用兵而鎮將多死崇德曰鎮將孰與而孫今朝廷待而孫甚厚稱兵是趣之死也俺答疑把漢那吉已死及聞言心動使使詗之王崇古令把漢那吉緋袍金帶見使者俺答喜過望崇德因說之曰全等旦至把漢那吉夕返俺答大喜屏人語曰我不爲亂亂由全等今吾孫降漢是天遣之合也天子幸封我爲王永長北方諸部孰敢爲患卽不幸死我孫當襲封彼受朝廷厚恩豈敢負耶遂遣使與崇德俱來又爲辛愛求官幷請互市辛愛猶未知奄至大同逢時使人

持把漢那吉箭示之曰吾已與而父約以報汝辛愛執箭泣曰此吾父鐵背台吉故物也我來求把漢那吉今既授官又有成約當更計之遣部下啞都善入見逢時曉以大義犒而遣之辛愛喜因使求幣逢時笑曰台吉豪傑也若納款方重加爵賞何愛此區區損威名辛愛大懟復遣使謝曰邊人不知書蒙太師教幸甚俺答使至故將田世威所世威亦讓之曰爾來求和兵何爲者俺答乃召辛愛還辛愛東行宣府總兵官趙岢遏之復由大同北去巡按御史姚繼可劾逢時輒通寇使屏人語導之東行嫁禍鄰鎮高拱曰撫臣臨機設策何可洩也但當觀後效不宜先事輒易帝然之十一月丁丑俺答遣使定約崇古以聞帝悉報可　己卯祀天於南郊故事郊畢舉慶成宴自世宗倦勤典禮久廢殷士儋始考定舊儀舉行之　高拱猶憾趙貞吉嗾韓楫劾貞吉庸横考察時有私貞吉疏辨乞休且言臣自掌院務僅以考察一事與拱相左其他壞亂選法縱肆作奸昭然耳目

者臣噤口不能一言有負任使臣眞庸臣也若拱者斯可謂橫也已
臣放歸之後幸仍還拱內閣毋令久專大權廣樹衆黨乙酉允貞吉
去拱掌吏部如故貞吉學博才高好剛使氣動與物忤九列大臣或
名呼之拱及張居正名輩在後而進用居先咸負才好勝不相下遂
齟齬而去　己丑殷士儋以本官兼文淵閣大學士預機務士儋與
高拱等同爲裕邸講官拱善吏部侍郞張四維欲引共政且惡士儋
不親己不爲援士儋遂藉中官陳洪力取中旨得之　趙貞吉旣去
高拱益張修徐階故怨李春芳從容爲階解拱不悅　俺答夜召趙
全等計事卽帳中縛全及李自馨等數人十二月丁酉來獻王崇古
以帝命遣把漢那吉歸厚賜之感泣再拜而去　旌舉人馮行可孝
行　左都御史葛守禮言畿內地勢窪下河道堙塞遇潦則千里爲
壑請倣古井田之制濬治溝洫使旱潦有備章下所司　總督薊遼
保定侍郞劉應節請罷永平密雲霸州采礦許之　乙卯受俘磔趙

全等於市時俺答雖款塞而插漢部長土蠻與從父黑石炭弟委正
從弟煖兔拱兔子卜言台周從子黃台吉勢方強泰寧部長速把亥
炒花朵顏部董狐狸長昂佐之東則王杲王兀堂清佳砮楊吉砮之
屬時窺塞下遼東總兵官李成梁大修戎備甄備將校收召四方健
兒給以厚餼用爲選鋒軍聲始振　初施州衛金峒安撫土舍覃壁
爭印相殺傷官軍撫按請治失事諸臣罪兵部言本衛孤懸境外事
起倉卒宜從寬貰以責後功帝然之命所司相機勦撫
五年春正月壁平巡撫湖廣都御史劉慤言荊州去施州衛遠不便
巡歷夷門西有國初取蜀故道名百里荒者抵衛僅五百餘里請移
巴東之石砫司巡檢於野三關本衛之州門驛於河水鋪三會驛於
古夷鋪俾閭井聯絡而於百里荒及東卜壠創建哨堡分兵戍守從
之　四川都掌蠻爲亂命郭成移鎮討之成尋被劾罷歸　李春芳
言先朝故事東宮未出閣時閣臣以朔望次日行謁見禮卽今春和

乞舉行如例以慰天下臣民之心二月甲午命廷臣及朝覲官謁皇太子於文華左門　遼東巡撫李秋免高拱欲用副使張學顏或疑之拱曰張生卓犖倜儻人未之識也置諸盤錯利器當見侍郎魏學曾後至拱迎問曰遼撫誰可者學曾思良久曰張學顏可拱喜曰得之矣遂以其名上進右僉都御史巡撫遼東　把漢那吉既歸俺答與其妻撫之泣遣使報謝誓不犯大同王崇古令要土蠻昆都力哈吉能等皆入貢俺答報如約惟土蠻不至崇古念土蠻勢孤薊昌可無患命將士勿燒荒擣巢議通貢市休息邊民朝議復譁郭乾謂馬市先帝明禁不宜許給事中章端甫請敕崇古無邀近功忽遠慮崇古上疏曰先帝既誅仇鸞制復言開市者斬邊臣何敢故違禁旨自陷重辟但敵勢既異昔強我兵亦非往怯不當援以爲例夫先帝禁開馬市未禁北敵之納款今敵求貢市不過如遼東開原廣寧之規商人自以有無貿易非請復開馬市也俺答父子兄弟橫行四五十

年震驚宸嚴流毒畿輔莫收遏劉功者緣議論太多文網牽制使邊臣無所措手足耳昨秋俺答東行京師戒嚴至倡運甎聚灰塞門乘城之計今納款求貢又必責以久要欲保百年無事否則治首事之罪豈惟臣等不能逆料他時雖俺答亦恐能保其身不能制諸部於身後也夫拒敵甚易執先帝禁旨一言可決但敵旣不得請懷憤而去縱以把漢那吉之故不擾宣大而土蠻三衞歲窺薊遼吉能賓兔侵擾西鄙息警無時財力殫絀雖智者無以善其後矣昔也先以減尅馬價而稱兵忠順王以元裔而封哈密小王子由大同二年三貢此皆前代封貢故事諸臣何疑憚而不爲耶因條封貢八事以上詔下廷議　汪文輝疏陳四事專責言官其略曰先帝末年所任大臣本協恭濟務無少釁嫌始於一二言官見廟堂議論稍殊遂潛察低昂窺所向而攻其所忌致顚倒是非熒惑聖聽傷國家大體苟踵承前弊交煽並搆使正人不安其位恐宋元祐之禍復見於今是爲傾

陷祖宗立法至精密矣而卒有不行者非法弊也不得其人耳今言官條奏率銳意更張部臣重違言官輕變祖制遷就一時苟且允覆及法立弊起又議復舊政非通變之宜民無畫一之守是爲紛更古大臣坐事退者必爲微其詞所以養廉恥存國體今或掇其已往揣彼未形逐景尋聲爭相詬病若市井喧鬨然至方面重臣苟非甚奸慝亦宜棄短錄長爲人才惜今或搜抉小疵指爲大蠹極言醜詆使決引去以此求人國家安得全才而用之是爲苛刻言官能規切人主糾彈大臣至言官之短誰爲指之者今言事論人或不當部臣不爲奏覆卽憤然不平雖同列明知其非亦莫與辨以爲體貌當如是夫臣子且不肯一言受過何以責難君父哉是謂求勝此四弊者今日所當深戒然其要在大臣取鑒前失勿用希指生事之人希指生事之人進則忠直貞諒之士遠而頌成功譽盛德者日至於前大臣任己專斷卽有闕孰從聞之蓋宰相之職不當以救時自足當以格

心爲本願陛下明飭中外消朋比之私還淳厚之俗天下幸甚疏奏下所司高拱惡其刺己甫三日出爲寧夏僉事　己未封皇子翊鏐爲潞王　先是韋銀豹數反覆偕其黨黄朝猛等作亂廷議大征高拱欲用殷正茂曰是雖貪可以集事吾捐百萬金予之縱乾沒者半獞可立平也正茂任法嚴道將以下奉行惟謹與李遷調土漢兵十四萬集衆議時八寨助逆衆請先之敕書亦有先平八寨徐圖古田語正茂獨不謂然先給榜諭八寨八寨聽命乃分兵七哨以總兵俞大猷統之副總兵門崇文參將王世科黄應甲都司董龍魯國賢游擊丁山各領一哨復分土兵爲二隊更番清道必先清數里而後行大猷先奪牛河三厄險諸軍繼進連克東山鳳凰等數十寨賊保潮水巢極巔合營攻之十餘日未下大猷陽分兵擊馬浪賊而密令世科乘雨登山設伏黎明礮發賊大驚諸軍攀援上賊盡死馬浪諸巢相繼下斬獲八千四百有奇廖元誘獞人生致朝猛梟於軍銀豹窮

蹙擇肖己者斬首獻三月捷聞改古田縣爲永寧州設副使參將鎮守弁八寨與龍哈咘咳爲十寨立長官司聽守禦調度　廷議俺答封貢事定國公徐文璧侍郎張四維二十二人以爲可許英國公張溶尚書張守直十七人以爲不可許尚書朱衡等五人言封貢便互市不便獨僉都御史李棠極言當許狀郭乾悉上衆議會帝御經筵閣臣面請外示羈縻內修守備己卯封俺答順義王名所居城曰歸化昆都力哈辛愛等授都督同知等官有差封把漢那吉昭勇將軍指揮使如故兵部采王崇古議定市令河套部長吉能亦如約請命下陝西總督王之誥議　夏四月甲午河復決邳州王家口自靈璧雙溝而下北決三口南決八口損漕船運軍千計沒糧四十萬餘石匙頭灣以下八十里正河悉淤　張四維干進不已朝士頗有疾之者御史郜永春視鹽河東言鹽法之壞由勢要橫行大商專利指四維及王崇古爲勢要四維父崇古弟爲大商四維奏辨乞去高拱力

護之温詔慰留他御史復劾四維拱四維疑出殷士儋指益相搆
五月壬戌朔敘古田平寇功　李春芳度高拱輩終不容己兩疏請
歸養不允南京給事中王禎希拱意疏詆之春芳求去益力戊寅聽
致仕春芳歸父母並無恙晨夕置酒食爲樂鄉里豔之　土蠻犯盤
山驛指揮蘇成勛擊走之　六月辛卯朔京師地震者三敕修省
給事中周芸御史李純樸訟張齊事謂王廷毛愷阿徐階意羅織不
辜刑部尚書劉自強覆奏齊所坐無實廷愷屈法徇私詔奪愷職廷
斥爲民宥齊補通州判官　王之誥欲令吉能一二年不內犯方許
封貢王崇古復上疏曰俺答吉能親爲叔姪首尾相應令收其叔而
縱其姪錮其首而舒其臂俺答必呼吉能之衆就市河東宣大商販
不能給而吉能糾俺答擾陝西四鎮之憂方大矣帝然其言甲辰授
吉能都督同知　廣西僉事金柱捕得韋銀豹并其子扶枝膠殷正
茂送之京師因自劾詔磔銀豹置正茂不問　俺答既得封帥諸部

受詔甚恭甲寅使使貢馬帝爲告廟受賀丙辰俺答執趙全餘黨十三人來獻帝嘉其誠賜之金幣又雜采王崇古及廷臣議賜王印給食用加撫賞惟貢使不聽入京　高拱言國初舉人躋八座爲名臣者甚衆後乃進士偏重而舉人甚輕至於今極矣請自授官以後惟考政績不問出身從之　大理寺丞孫丕揚嘗劾高拱秋七月給事中程文誣劾之落職聽勘汪文輝抗言曰毛舉細故齮齕正人以快當路之私我固不肯爲諸君亦不可爲也未幾文先得罪去丕揚始獲免　高拱以邊境稍寧恐將士惰玩請敕邊臣及時閒暇嚴爲整頓仍時遣大臣閱視又言鹽政馬政之官名爲卿爲使而實以閒局視之失人廢事漸不可訓惟教官驛遞諸司職卑祿薄遠道爲難宜銓注近地以卹其私詔皆從之　八月癸卯許河套部互市　潘季馴役夫五萬盡塞決河十一口濬匙頭灣築縷堤三萬餘丈故道復通會帝以漕運遲遣給事中雒遵往勘季馴坐漕船行新溜中多漂

没與總漕都御史陳炌並罷　薊昌臺工成譚綸益募浙兵九千餘
守之戚繼光議立車營車一輛用四人推輓戰則結方陳而馬步軍
處其中又製拒馬器體輕便利遏寇騎衝突寇至火器先發稍近則
步軍持拒馬器排列而前間以長鎗筤筅寇奔則騎軍逐北又置輜
重營隨其後而以南兵爲選鋒入衛兵主策應本鎮兵專戍守節制
精明器械犀利薊門軍容遂爲諸邊冠　九月故侍郎薛瑄從祀孔
子廟廷　癸未三鎮互市成王崇古廣招商販聽令貿易布帛菽粟
皮革遠自江淮湖廣輻輳塞下因收其稅以充犒賞其大小部長則
官給金繒歲市馬各有數崇古仍歲詣宏賜堡宣諭威德諸部羅拜
無敢譁者自是邊境休息東起延永西抵嘉峪七鎮數千里軍民樂
業不用兵革歲省費什三　巡撫山東都御史梁夢龍極論海運之
利言海道南自淮安至膠州北自天津至海倉島人商賈所出入臣
遣卒自淮膠各運米至天津無不利者淮安至天津三千三百里風

便兩旬可達舟由近洋島嶼聯絡雖風可依視元時殷明略故道甚安便五月前風順而柔此時出海可保無虞命量撥近地漕糧十二萬石俾夢龍行之　安國亨之敗官兵也阮文中代王諍爲巡撫臨行高拱語之曰國亨必不叛若往無激變也國亨懼大誅冬十月遣使哀辭乞降朝廷未之許　己亥河南山東大水申飭河防　御史趙應龍劾殷士儋進由陳洪不可以參大政士儋再辨求去不允他御史劾張四維四維引去韓楫復揚言脅士儋士儋疑出高拱指故事給事中朔望當入閣會揖士儋面詰楫曰聞君有憾於我憾自可耳毋爲他人使拱曰非體也士儋勃然起詬拱曰若逐陳公逐趙公復逐李公今又爲四維逐我若能常有此座耶奮臂欲毆之居正從旁解亦誶而對御史侯居良劾士儋始進不正求退不勇士儋再疏請益力十一月己巳致仕　沐朝弼既廢怏怏益放縱葬母至南京都御史請留之詔許還滇毋得預鎮事朝弼恚欲殺昌祚撫按交章

言狀並發其殺人通番諸不法事逮繫詔獄論死援功錮之南京昌祚嗣公爵　十二月土蠻大入遼東李成梁遇之卓山麾副將趙完等夾擊斷其首尾乘勝抵巢馘部長二人斬首五百八十餘級遼鎮邊長二千餘里城砦一百二十所三面臨敵官軍七萬二千月給米一石折銀二錢五分馬則冬春給料月折銀一錢八分卽歲稔不足支數日自嘉靖三十七年大饑士馬逃故者三之二前巡撫王之誥魏學曾相繼撫輯未復全盛之半繼以荒旱餓莩枕藉張學顏首請振䘏實軍伍招流移治甲仗市戰馬信賞罰黜懦將數人創平陽堡以通兩河移游擊於正安堡以衞鎮城戰守具悉就經畫成梁敢力戰深入而學顏則以收保爲完策敵至無所亡失敵退備如初公私力完漸復其舊　時太僕種馬額存十二萬五千邊馬至二十六萬言者以民間最苦養馬所納馬又皆不足用議馬徵銀十兩加草料銀二兩歲可得百四十四萬兵部尚書楊博持不可詔折其半馬政

始變　雒遵之劾潘季馴也言廷臣可使無出朱衡右者
六年春正月詔衡兼左副都御史經理河工給事中劉伯燮亦薦萬
恭異才乃命以侍郎總理河道辛未築長堤北自磨臍溝迄邳州直
河南自離林迄宿遷小河口凡三百七十里　二月以廣西定祿洞
地設新寧州屬南寧府　俺答之封貢也昆都力哈辛愛陰持兩端
助其主土蠻爲患宣府巡撫都御史吳兌有智計操縱馴伏之嘗偵
俺答離營獵從五騎直趨其營守者愕控弦從騎呵之曰太師來犒
軍耳皆拜跪迎導且獻酪兌遍閱廬帳抵暮還市者或潛盜所鬻馬
兌使人掊擊之曰後復盜卽閉關停市諸部追所奪馬并執其人以
謝辛愛復擾邊俺答曰宣大我市場也戒勿動然辛愛猶桀驁俺答
常以己馬代入貢既得賞賜抵地不肯受宣鎮保塞屬有車夷與史
夷雜居辛愛掠之以其長革固去其二比妓來駐龍門教場兌以史
車脣齒車被掠史益孤奏築堡居之使使詰責辛愛令還革固而勒

其比妓遠邊辛愛誘比妓五蘭且沁威兀慎歲盜葛峪堡器甲牛羊兒皆付三娘子罰治三娘子有威寵於俺答辛愛嫉妬數詛詈之三娘子入貢宿兒軍中愬其事兒贈以八寶冠百鳳雲衣紅骨朵雲裙三娘子以此為兒盡力昆都力哈賞求封王會病死其子青把都擁兵至塞多所要挾兒諭以禍福而耀武震之青把都懼貢如初辛愛後改名乞慶哈　閏月丁卯帝御皇極殿門疾作遽還宮　乙亥倭五千攻陷電白大掠而去廣東僉事李材追破之石城設伏海口伺其遁而殲之奪還婦女三千餘會奸人引倭自黃山間道潰而東材聲言大軍數道至以疑賊而返故道迎擊盡殺之又追擊雷州倭至英利皆遁去降賊渠許恩於陽江材遂之子也　三月總督漕運都御史王宗沐條上海運便宜七事　安慶兵變巡撫應天都御史張佳胤坐勘獄辭不合調南京鴻臚寺卿　尚寶司卿劉奮庸言陛下踐祚六載朝綱若振飭而大柄漸移仕路若肅清而積習仍故百僚

方引領以睹厲精之治而陛下精神志氣漸不逮初臣念潛邸舊恩誼不忍默謹條五事以俟英斷一保聖躬人主一身天地人神之主必志氣清明精神完固而後可以御萬幾望凝神定志忍性抑情毋逞旦夕之娛毋徇無涯之慾則無疆之福可長保也二總大權今政府所擬議百司所承行非不奉詔旨而其間從違之故陛下曾獨斷否乎國事之更張人才之用舍未必盡出忠謀協公論臣願陛下躬攬大權凡庶僚建白閣臣擬旨特留清覽時出獨斷則臣下莫能測其機而政柄不致旁落矣三愼儉德陛下嗣位以來傳旨取銀不下數十萬求珍異之寶作鼇山之燈服御器用悉鏤金雕玉生財甚難靡敝無紀願察內帑之空虛思小民之艱苦不作無益不貴異物則國用充羨而民樂其生矣四覽章奏人臣進言豈能皆當陛下一切置不覽非惟虛忠良獻納之誠抑恐權奸蔽壅勢自此成望陛下留神章奏曲垂容納言及君德則反己自修言及朝政則更化善治聽

言者既見之行事而進言者益樂於効忠矣五用忠直擢歲進諫者或以勤政或以節用或以進賢退不肖此皆無所利而爲之非若承望風旨肆攻擊以雪他人之憤迎合權要交章薦拔以樹淫朋之黨者比也願恕狂愚之罪嘉批鱗之誠登之有位以作士氣則讜規日聞禆益非尠疏入報聞　給事中曹大埜疏劾高拱不忠十罪先是東宮出閣召張四維充侍班官大埜因言四維賄拱得召帝責其妄言命斥之外夏四月給事中涂夢桂言劉奮庸久不徙官怏怏風刺動搖國是程文言拱竭忠報國萬世永賴奮庸與大埜潛搆奸謀傾陷元輔罪不可勝誅章並下吏部拱陽爲二臣祈寬帝不許謫大埜乾州判官奮庸興國知州　戊辰高儀兼文淵閣大學士預機務

詔輟東宮講讀給事中陸樹德言自四月迄八月爲時甚遙請非盛暑仍御經筵不許　五月壬辰免廣東用兵諸郡逋賦　海運米抵天津王宗沐梁夢龍並敘功未幾南京給事中張煥言比聞入舟漂

沒失米三千二百石宗沐預計有此私令人糴補夫米可補人命可補乎宗沐掩飾視聽非大臣誼宗沐疏辨求勘詔行前議習海道以備緩急　初高拱爲祭酒張居正爲司業相友善拱亟稱居正才及拱爲首輔性直而傲同列多不能堪居正獨退然下之拱不之察也徐階之去也令三子事居正謹而拱銜階甚嗾言路追論不已階子弟頗橫鄉里拱以前知府蔡國熙爲監司簿錄其諸子皆編戍階賓客皆避匿獨陸光祖爲排解拱欲中階危禍楊博造拱力解居正亦從容爲階言拱稍心動或搆於拱言居正納階子三萬金拱無子居正多子戲謂居正造物胡不均居正曰多子甚爲衣食憂拱曰君有徐氏金何憂也居正色變指天誓辭甚苦拱謝不審給事中宋之韓具疏且論居正居正知之慼氣謁拱曰公不念香火盟忍逐我拱錯愕問得其故晨入部出之韓參政以自白馮保次當掌司禮印拱薦用陳洪洪罷復薦孟冲保與居正深相結謀去拱居正亦欲專柄兩

人交甚固帝得疾保密囑居正豫草遺詔爲拱所見面責居正曰我當國柰何獨與中人具遺詔居正面赤謝過拱與居正交雖離而惡保欲逐之己酉帝大漸召拱居正高儀受顧命庚戌帝崩於乾清宮年三十有六拱於閣中大慟曰十歲太子如何治天下保言於皇后貴妃斥沖奪其位又矯遺詔令與閣臣同受顧命又譖拱謂拱斥太子爲十歲孩子如何作人主皇后貴妃皆大驚太子亦色變陸樹德言先帝甫崩忽傳保掌司禮監果先帝意何不傳示於數日前乃在彌留後果陛下意則哀痛方深何暇念中官疏入保大恨　六月乙卯朔日有食之甲子太子卽位詔赦天下祀建文朝盡節諸臣於鄉有苗裔者卹錄壽建表忠祠於南京祀徐輝祖方孝孺等　保自登極日升立寶座旁不下又兼督東廠勢益張拱以帝幼沖懲中官專政條奏請詘司禮權還之內閣又諷給事御史程文劉良弼等交章數保奸雒遵言保一中官乃敢立天子寶座文武羣工拜天子耶抑

拜中官耶欺陛下幼沖無禮至此拱意疏下卽擬旨逐保使人報居正居正陽諾之而私以語保魏學曾遺居正書曰外人皆言公與保有謀遺詔亦出公手今日之事不宜復護此閹居正怒保訴於后妃謂拱擅權不可容后妃頷之庚午召羣臣入宣兩宮及帝詔拱意必逐保也急趨入比宣詔則數拱罪而逐之拱伏地不能起居正掖之出僦騾車出宣武門學曾大言曰上踐阼伊始奈何逐顧命大臣且詔出何人不可不明示天下要諸大臣詰居正邸爭之自是益忤出爲南京右都御史給事中宗宏暹希指爭之乃命歸聽調居正與儀請留拱弗許請得乘傳許之拱倉皇出國門歎曰南充哲人也諸門生皆避匿中書舍人秦柱獨追送百里外居正遂代拱爲首輔　丁丑高儀卒贈太子太保謚文端儀性簡靜寡嗜慾室無妾媵舊廬燬於火終身假館於人及沒幾無以殮　壬午禮部尚書呂調陽兼文淵閣大學士預機務　帝御平臺召張居正奬諭之賜金幣及繡蟒

斗牛服自是賜賚無虛日帝虛己委居正居正亦慨然以天下爲己任中外想望丰采居正勸帝遵守祖宗舊制不必紛更至講學親賢愛民節用皆急務帝稱善　徐邳河堤工峻召朱衡還衡疏言國家治河不過濬淺築堤二策濬淺之法或爬或撈或逼水而衡或引水而避此可人力勝者然茶城與淮水會則在清河茶城清河無水不淺蓋二水互爲勝負黃河水勝則壅沙而淤及其消也淮漕水勝則衝沙而通水力蓋居七八非專用人力也築堤則有截水縷水之異截水可施於閘河不可施於黃河蓋黃河湍悍挾川潦之勢何堅不瑕安可以一堤當之縷水則兩岸築堤不使旁潰始得遂其就下入海之性蓋以順爲治非以人力勝水性故至今百五六十年爲永賴焉清河之淺應視茶城遇黃河漲落時輒挑河濬導淮水衝刷雖遇漲而塞必遇落而通無足慮也惟清江浦水勢最弱出口處所適與黃河相值宜於黃水盛發時嚴閉各閘毋使沙淤若海口則自隆慶

三年海嘯壅水倒灌低窪之地積瀦難洩宜時加疏濬毋使積塞至
築黃河兩岸堤第當縷水不得以攔截爲名疏上報聞而已　衡又
言徐邳爲糧運正道既多方築堤請用夫每里十人以防三里一鋪
四鋪一老人巡視伏秋水發時五月十五日上堤九月十五日下堤
願攜家口者聽詔如其議又言沛縣之窰子頭至秦溝口應築堤七
十里徐邳之間堤逼河身宜於新堤外別築遙堤詔使萬恭營之
秋七月丁亥初通漕運於密雲從劉應節之議也　庚寅察京官斥
諸不職及附麗高拱者己亥召羣臣於廷詔曰近歲以來士習澆漓
官方刓敝詆老成爲無用矜便佞爲有才遂使朝廷威福之柄徒爲
人臣報復之資用是薄示懲戒餘皆曲貸諸臣宜祓除前愆共維新
政若溺於故習背公徇私獲罪祖宗朕不敢赦制下百僚皆惕息
帝當尊崇兩宮故事皇后與天子生母並稱皇太后而別加徽號以
爲別馮保欲媚貴妃風張居正並加徽號居正不敢違庚子尊皇后

曰仁聖皇太后貴妃曰慈聖皇太后居正請慈聖太后視帝起居乃徙居乾清宮內任保而大柄悉以委居正教帝頗嚴帝或不讀書即召使長跪每御講筵入令效講臣進講於前遇朝期五更至帝寢所呼曰帝起敕左右掖帝坐取水爲盥面挈之登輦以出　起譚綸兵部尚書雒遵劾綸而薦海瑞吏部尚書楊博稱綸才詆瑞迂滯疏遂寢　八月詔議祧廟陸樹德言宣宗於大行皇帝僅五世請仍奉睿宗於世廟而宣宗勿祧疏下禮部部議宣宗世次尚近祧之未安因言古者以一世爲一廟今自宣宗至大行凡六世上合二祖僅八世可以無祧但於寢殿左右各增一室則尊祖敬宗並行不悖矣帝命如舊敕行遂祧宣宗　戊午祀大社大稷　九月甲午葬莊皇帝於昭陵廟曰穆宗　建州都督王杲以索降人不得入掠撫順守將賈汝翼詰責之杲益憾約諸部爲寇總兵趙完責汝翼啓釁張學顏言汝翼卻杲饋遺懲其違抗實伸國威苟緣此罷斥是進退邊將皆敵

主之矣臣謂宜喻王杲送還俘掠否則調兵勦殺毋事姑息以蓄禍完懼饋學顏金貂學顏發之詔逮完而宣諭王杲如學顏策　時戶部簿牒繁冗自州縣達部有繕書輸解交納諸費公私苦之尙書王國光疏請裁併去繁文十三四時稱簡便自弘治來十三司以公署隘惟郎中一人治事員外郎主事止除官日一赴而已郎中力不給則委之吏胥弊益滋國光盡令入署職務得修舉邊饟告匱而諸邊歲出及屯田鹽課無可稽國光請敕邊臣核實且畫經久策以聞甘肅巡撫廖逢節等各條上其數耗蠹爲損　給事中李己言陛下初基弊端盡去傳奉一事豈可尙踵故常內臣即有勤勞當優以金帛各器所在不容濫設帝嘉納之　冬十月妖星見慈慶宮後延燒連房御史胡涍乞徧察掖庭中曾蒙先朝寵幸者體卹優遇其餘無論老少一概放遣奏中有唐高不君則天爲虐語帝怒問輔臣二語所指爲誰張居正對曰涍言雖狂悖心無他帝未釋嚴旨譙讓涍皇恐

請意罪斥爲民李己首論救修撰張元忭繼言之皆不聽　己未侍郎王遴吳百朋汪道昆分閱邊防　土蠻六百騎營舊遼陽北河去邊二百餘里俟衆集大舉李成梁擊走之　遼東奸民闌出海上踞三十六島汪道昆議緝捕張學顔謂緝捕非便命成梁按兵海上示將加誅別遣使詔諭不半載招還四千四百餘口　初府江猺攻圍荔浦永安劫知州楊惟執指揮胡潮張居正奏假廣西巡撫都御史郭應聘便宜與之書曰炎荒瘴癘區役數萬衆不宜淹留速破其巢則餘賊破膽應聘徵兵六萬令參將錢鳳翔王世科指揮王承恩董龍各將一軍以副使鄭茂金柱都僉事夏道南監之總兵官李錫居中節制未行而懷遠猺殺知縣馬希武反懷遠古牂牁地界湖廣靖黎諸州猺獞狑狪環居之猺尤獷悍侵據縣治久吏民率寓府治官軍之征古田也諸猺懼而聽命希武之官繕城塹程役過嚴猺殺之及經歷等五人遂反應聘與殷正茂議先征府江破賊巢數十斬馘

五千有奇獲酋楊錢甫等悉授首二閱月府江悉定　十一月乙未河工成　建州諸部聞大兵且出悉竄匿山谷王杲懼十二月約海西王台送俘獲就款張學顏因而撫之　辛酉振榆林延綏饑　甲戌以大行未期罷明年元夕燈火及宮中宴　禮部尚書陸樹聲陳四方災異請帝循舊章省奏牘慎賞賚防壅蔽納讜言崇儉德攬魁柄別忠邪詔皆嘉納北部要增錢幣兵部將許之樹聲力爭初樹聲屢辭朝命中外高其風節遇要職必先舉之惟恐其不至張居正當國以得樹聲爲重用後進禮先往謁樹聲對之漠然居正失望樹聲以公事詣政府席稍偏熟視不坐居正趣爲正席其介介如此　帝沖年卽位馮保朝夕視起居擁護提抱有力小扞格卽以聞慈聖太后太后訓帝嚴每切責之且曰使張先生聞奈何於是帝甚憚居正及保時與小內豎戲見保入輒正襟危坐曰大伴來矣居正喜建樹能以智數御下人多樂爲之盡其爲政以尊主權課吏職信賞罰一

號令爲主雖萬里外朝下而夕奉行已定制覈驛遞省冗官清庠序
州縣學取士不得過十五人布按二司以下官雖公事毋許乘驛馬
大辟之刑歲有定額徵賦以九分爲率有司不及格者罰奉行不便
者相率爲怨言居正不卹也慈聖太后性嚴明委任居正甚至同列
呂調陽莫敢異同萬曆初政綜覈名實幾於富強太后力爲多　高
拱之去也馮保憾猶未釋

明紀卷第三十八

明紀卷第三十九

賜進士出身工部候補主事虞衡司行走陳鶴纂
卹贈知府銜給雲騎尉世職內閣候補中書孫男克家參訂

神宗紀一 起萬曆元年癸酉訖萬曆五年丁丑凡五年

神宗範天合道哲肅敦簡光文章武安仁止孝顯皇帝萬曆元年春正月有王大臣者僞爲內侍服入乾清宮保欲緣此族拱與張居正謀令家人辛儒飲食大臣納刃其袖中俾言拱怨望遣刺帝事下錦衣衞吏部尚書楊博左都御史葛守禮詣居正力爲解居正憤曰二公謂我甘心高公耶博曰非敢然也然非公不能回天會帝命守禮偕都督朱希孝等會鞫博陰爲畫計使校尉怵大臣吐實大臣疾呼曰許我富貴乃掠治我耶且我何處識高閣老守禮又令拱僕雜稠人中令大臣識別大臣茫然莫辨希孝懼不敢鞫而罷居正亦迫衆議微諷保保意稍解乃以生漆酒瘖大臣移送法司坐斬由是舉朝

皆惡保而不肖者多因之以進矣　郭應聘檄李錫討懷遠錫進次
長安鎮天大雨雪無功而還　二月癸丑御經筵　初四川都掌蠻
阿大阿二方三等據九絲山僭稱王剽遠近其山脩廣而四隅峭仄
東北則雞冠嶺都都寨凌霄峯三岡峻壁數千仞有阿苟者居凌霄
峯爲賊耳目威儀出入如王者巡撫都御史曾省吾請討之詔移貴
州總兵官劉顯鎮其地屬以軍事起故將郭成安大朝爲佐調永寧
土司奢效忠等合官土兵凡十四萬人三月畢集敘州誘執阿苟攻
拔凌霄進逼都都寨阿大等遣其黨阿墨固守官軍頓匝月鑿灘以
通漕擊斬阿墨拔其寨　丙申詔內外官舉將材　朵顏董狐狸及
其兄子長昂謀入犯馳喜峯口索賞不得則肆殺掠獵旁塞以誘官
軍戚繼光掩擊之幾獲狐狸　先是高寶諸河夏秋氾濫歲議增堤
而水益漲萬恭請復儀真江都高郵寶應山陽平水閘二十三以時
蓄洩專令濬湖不復增堤又請建天妃廟口石閘俾漕船直達清河

又請復境山舊閘以制茶城黃家閘之淺朱衡並覆行之遂爲運道永利　初惠潮賊首藍一清等據險結砦連地八百餘里黨數萬人殷正茂議大征諸賊懼會廷鳳曾萬璋並遣子入學馬祖昌葉景清亦陽乞降正茂知其詐徵兵四萬令參將沈誠立沈思學王詔游擊王瑞等分將之總兵官張元勳居中節制監司陳奎唐九德顧養謙吳一介監其軍數道並進賊敗乃憑險自守官軍徧搜深箐邃谷間元勳偕九德追亡至南嶺一日夜馳至養謙所擊破李坑生得卓子望等進破烏禽嶂廷鳳阻高山夏四月乙丑元勳陽飲酒高會忽進兵擊禽之先後獲大賊首六十一人次賊首六百餘人破大小巢七百餘所禽斬一萬二千有奇潮惠賊平帝爲宣捷告郊廟元勳復討斬餘賊千三百有奇撫定降者巨寇皆靖　庚午旱諭百官修省五月甲申詔內外官慎刑獄　六月壬申振淮安水災　李錫益徵浙東烏銃手湖廣永順鉤刀手及狼兵十萬人令錢鳳翔王世科都

指揮楊照戚繼美故參將亦孔昭魯國賢六道並進監以副使沈子
木錫自統水師次羅江獨當其衝郭應聘分調諸路兵鎮撫白杲黃
土大梅青淇洞獞以孤賊勢賊屯板江大洲累石樹柵潛以舟襲錫
軍錫伏舟敗之水陸並進鳳翔等亦至賊悉舟西遁錫追擊連破數
巢賊據楓木大山前阻隄澗鼓譟出諸軍奮擊而別以奇兵繞其後
賊大奔保天鵝嶺錫以水軍截潯江督諸將攻斬渠魁二人乘勝復
破數巢直抵清州界賊奔大巢亘數里崖壁峭絕爲重柵拒官軍鏢
弩矢石雨下婦人裸體揚箕擲牛羊犬首爲厭勝諸軍大呼直上四
面舉火賊盡殲先後破巢一百四十馘三千五百有奇俘獲撫降
者無算錫之行也以陽朔金寶嶺賊近欲先滅之應聘曰君第往吾
自有處錫行數日應聘與按察使吳一介出不意襲殺其魁比懷遠
克復陽朔亦定永福永寧柳城並以賊告洛容獞殺主簿行縣事謝
漳錫令王瑞討永寧楊照討柳城參將門崇文討永福亦孔昭討洛

容己師舟師屯理定江節制諸軍甫二旬四道並捷斬首四千五百有奇洛容賊首陶浪金等俱伏誅廣西巡按御史唐鍊言錫一年內破賊二百一十四巢獲首功一萬二千餘級宜久其任帝可之 先是海運至卽墨颶風大作覆七舟漂米數千石溺軍丁五十人賈三近及御史鮑希顏山東巡撫傅希摯俱言不便遂罷不行 董狐狸復犯桃林不得志去長昂亦犯界嶺官軍斬獲多邊吏諷之降狐狸乃款關請貢廷議給以歲賞 秋七月河決徐州房村築隄窪子頭至秦溝口 禮部主事宋儒與兵部主事熊敦朴不相能誣敦朴欲劾張居正屬尚書譚綸劾罷之已而誣漸白給事中陳吾德遂劾儒亦出之外時居正柄國諫官言事必先請吾德獨不往及是益嗛之

九月癸未振荆州承天及濟南災 王國光言國初天下州縣存留夏稅秋糧可一千二百萬石其時議主寬大歲用外計贏銀百萬有餘使有司歲徵無缺則州縣積貯自豐水旱盜賊不能爲災患今

一遘兵荒輒留京儲發內帑由有司視存留甚緩苟事催科則謂擾
民弊遂至此請行天下撫按官督所司具報出入存留逋負之數臣
部得通融會計以其餘濟邊有司催徵不力者悉以新令從事從之
召王崇古理戎政給事中劉鉉劾崇古行賄營還詔責其妄言已
帝問誰可代崇古者張居正以方逢時對乃起逢時故官總督宣大
山西軍務逢時與崇古共決大計而貢市之議崇古獨成之逢時復
代崇古乃申明約信兩人首尾共濟邊境遂安初逢時分巡口北親
行塞外自龍門盤道墩以東至靖湖堡山梁一百餘里形勢聯絡歎
曰此山天險若修鑿北可達獨石南可援南山誠陵京一藩籬也及
赴陽和道居庸出關見邊務修舉欲幷遂前計上疏曰獨石在宣府
北三面鄰敵勢極孤懸懷永與陵寢止限一山所係尤重其地本相
屬而經行之路尚在塞外以故聲援不便若設盤道之險舍迂就徑
自龍門黑峪以達寧遠經行三十里南山獨石皆可朝發夕至不惟

拓地百里亦可漸資屯牧於戰守皆利遂與吳兌經營修築設兵戍守　劉顯被劾罷會省吾奏留之阿大守雞冠嶺顯令人誘以官而分五哨盡壁九絲城下乘無備夜半腰絙上斬關入丙戌諸將畢至阿二方三走保牡豬寨郭成及指揮使劉綎先登生縶阿大諸軍攻牡豬禽方三阿二走追獲於貴州大盤山克寨六十餘獲賊魁三十六俘斬四千六百拓地四百餘里得諸葛銅鼓九十三銅鐵鍋各一阿大泣曰鼓聲宏者爲上可易千牛次者七八百得鼓二三便可僭號稱王鼓山巔羣蠻畢集今已矣初成父爲蠻殺成乃以所斬首級及生禽諸蠻置父墓前剖心致祭顯等討餘孽復俘斬千一百有奇綎顯之子也　癸卯停刑　吏部尚書楊博致仕廷推代者首葛守禮次朱衡次南京工部尚書張瀚張居正惡守禮戇厭衡驕遂召瀚代博瀚資望淺忽見擢舉朝益趨事居正瀚至進退大臣率奉居正指即出己意輿論多不協爲御史鄭準王希元所劾居正顧瀚厚不

行　海寇突閭峽澳俞大猷坐失利奪職復以署都督僉事僉書後府領車營訓練　成國公朱希忠卒其弟希孝賄馮保援張懋例乞贈王張居正主之驗封郎中陳有年持不可草奏言令典功臣沒公贈王侯贈公子孫襲者生死止本爵懋贈王廷議不可即希忠祖父輔亦言之後竟贈非制且希忠無勛伐豈宜濫寵左侍郎劉光濟署部事受指居正爲刪易其稾有年力爭竟以原奏上居正不懌有年即日謝疾去遂贈希忠定襄王諡恭靖兩都言官諫不納　初諸司章奏部院覆行撫按勘者常稽不報冬十一月庚辰張居正言近年來章奏繁多各衙門題覆無虛日然敷奏雖勤而實效蓋鮮請申成憲先酌量道里遠近事情緩急定程限立文簿月終註銷撫按稽遲者部院舉之部院容隱欺蔽者六科舉之六科不覺察則閣臣舉之月有考歲有稽庶名必中實事可責成從之　己亥慈寧宮後室災陳吾德復力爭朱希忠贈王事張居正怒出吾德爲饒州知府　十

二月己未振遼東饑　中官不樂禮部尚書陸樹聲屢宣詰會極門受旨且頻趣之比趨至則曹司常事耳樹聲知其意連疏乞休張居正語其弟樹德曰朝廷行相平泉矣平泉樹聲號也樹聲聞之曰一史官去國二十年豈復希揆席耶且虛拘何益請愈力乃命乘傳歸辭朝陳時政十事語多切中報聞而已居正就邸舍與別問誰可代者舉萬士和林燫比出國門士大夫傾城追送皆謝不見樹聲端介恬雅翛然物表難進易退通籍六十餘年居官不及一紀　曾省吾言前參議謝廷蒞隱居三十年家徒壁立樂道著書宜特加京秩風勵士林詔即家進太僕少卿　姚安鐵索箐蠻羅思有幻術造僞印稱亂殺郡守巡撫都御史鄒應龍及沐昌祚發土漢兵討之破向寧鮓摩等十餘寨犂其巢盡得思及其黨　初遼陽東二百餘里有孤山堡巡按御史張鐸增置險山五堡都御史王之誥奏設險山參將轄六堡一十二城分守靉陽以其地不毛欲移置寬佃以時絀不果

及汪道昆閱邊李成梁獻議請移孤山堡於張其哈剌佃險山堡於寬佃沿江新安四堡於長佃長嶺諸處仍以孤山險山二參將戍之據膏腴扼要害可拓地七八百里益收耕牧之利道昆上於朝報可邊人苦遠役出怨言會王杲犯邊殺游擊裴承祖巡按御史亟請罷役張學顏不可曰如此則示弱也即日巡塞上撫定王兀堂諸部聽於所在貿易卒築寬佃　復置南直隸青浦縣改廣東東莞守禦所爲新安縣

二年春正月甲午召見朝覲廉能官浙江左布政使謝鵬舉等二十人於皇極門面加獎厲賜銀幣酒饌從張居正之請也　長昂復窺諸口不得入與董狐狸共逼長禿令入寇戚繼光逐得之以歸長禿者狐狸之弟長昂叔父也二寇乃帥部長親族三百人叩關請死罪狐狸服素衣叩頭乞赦長禿繼光及總督都御史劉應節等議遣副將史宸羅端詣喜峯口受其降皆羅拜獻還所掠邊人攢刀設誓乃

釋長禿許通貢如故　二月甲寅振四川被寇諸縣　譚綸陪祀日壇咳不止御史景嵩韓必顯劾綸衰病張居正素善綸而馮保欲緣是爲雒遵罪傳旨詰嵩必顯欲用何人代綸令會遵推舉遵等惶懼不敢承俱貶三秩調外　改四川戎縣爲興文縣　給事中鄭岳言運道自茶城至淮安五百餘里自嘉靖四十四年河水大發淮口出水之際海沙漸淤今且高與山等自淮而上河流不迅泥水漸淤於是邳州淺房村決徐呂二洪平茶城倒流皆坐此也今不治海口之沙乃日築徐沛閒堤岸桃宿而下聽其所之民之爲魚未有已時也因獻宋李公義王令圖濬川爬法命河臣勘奏從其所言　潮州賊林道乾之黨諸良寶既撫復叛襲殺官軍掠六百人入海再犯陽江敗走乃據潮故巢居高山巔不出戰三月官軍營淤泥中副將李誠立挑戰墜馬傷足死者二百人賊出掠而敗走巢固守張元勳積草土與賊壘平用火攻之斬千一百餘級遺孽魏朝義等四巢亦降元

勳尋與胡守仁共平艮寶黨林鳳惠潮遂無賊　禮部尚書萬士和
條上崇儉數事又以災祲屢見奏乞杜倖門容戇直汰宂員抑干請
多犯時忌俺答及所部貢馬邊臣請加官賞士和言賞賚有成額毋
徇邊臣額外請從之　慈聖皇太后傳諭發帑金修涿州碧霞元君
廟朱衡與科臣俱執奏不聽給事中趙參魯斥其不經且言南北被
寇流害生民興役濬河鬻及妻子陛下發帑治橋建廟已五萬有奇
苟移振貧民植福當更大亦不聽　給事中張楚城請令諸司久任
府州縣以歷俸六年為率間有才不宜於官官不宜於地者聽撫按
官量行更易其布按二司參政參議等官陞遷約以三年在內科道
部曹約以六年下吏部議行之夏四月丙寅詔內外官行久任法
張居正獻白燕白蓮頌南京給事中余懋學以帝方憂旱下詔罪己
與百官圖修禳而居正顧獻瑞非大臣誼抗疏論之　五月辛丑穆
宗神主祔太廟　工部尚書朱衡性強直遇事不撓不為張居正所

喜給事中林景暘劾衡剛愎衡再疏乞休詔加太子太保馳驛歸未幾大雨壞昭陵稜恩殿追論督工罪奪太子太保　南京中官張進醉辱給事中王頤鄭岳及同官楊節交章論未報趙參魯言進乃守備中官申信黨不并治無以厭人心張居正以信方結馮保遂奪岳等俸謫參魯高安典史以悅保已而徐說保裁抑其黨毋與六部事其奉使者時令緹騎陰詗之其黨以是怨居正而心不附保信尋爲余懋學劾罷　秋八月己巳振山西災庚午振淮揚徐水災　世宗末年崇奉眞修又好祥瑞遇事輒停刑至是審錄重囚至四百餘人張居正言縱釋有罪無以懲惡請如祖宗舊制歲一審決從之冬十月甲寅決囚時承平久羣盜蝟起至入城市劫府庫有司恆諱之居正嚴其禁匿弗舉者雖循吏必黜得盜卽斬決有司莫敢飾情盜邊海錢米盈數例皆斬然往往長繫或瘐死居正獨亟斬之而追捕其家屬盜賊爲衰止居正用法嚴決囚不如額者罪刑部員外郎艾穆

錄因陝西與御史議上決二人御史懼不稱穆曰我終不以人命博官也比穆還居正盛氣譙讓穆曰主上沖年小臣體好生德佐公平允之治有罪甘之揖而退　丁卯視朝閱銓選　王杲復大舉入邊李成梁檄副將楊騰游擊王惟屏分屯要害而令參將曹簠挑戰諸軍四面起敵大奔盡聚杲寨寨地高杲深溝堅壘以自固成梁用火器攻之破數柵矢石雨下把總于志文秦得倚先登諸將繼之杲走高臺射殺志文會大風起縱火焚之先後斬馘千一百餘級毀其營壘而還杲大創不能軍張學顏命簠勒精騎往大破之追奔至紅力砦杲走南關都督王台執以獻斬之　有奸僧僞稱樂平王次子奉高皇帝御容金牒行游天下撫治鄖陽都御史王世貞曰宗藩不得出城而譸張如此必僞也捕訊之服辜　閏十二月庚寅詔罷明年元夕燈火　吏部侍郎陶大臨卒贈尚書謚文僖大臨諧之孫也爲人寬然長者而內持貞介不以勢利易　倭陷銅鼓石雙魚城張元

勳大破之儒峒俘斬八百餘級　俺答之內附也其子賓兔居松山丙兔居西海並桀驁俺答老佞佛烏斯藏僧有稱活佛者諸部多奉其教丙兔乃以焚修爲名請建寺青海爲久居計又脅番人使通道松潘以迎活佛四川守臣乞令俺答約束其子毋擾鄰境俺荅言丙兔止因甘肅不許開市寧夏及道遠艱難雖有禁令不能盡制方逢時亦言開市便乃許丙兔市於甘肅賓兔市於莊浪歲一次既而寺成賜額仰華

三年春正月丁未享太廟　遼東六堡成斥地二百餘里於是撫順以北清河以南皆遵約束　二月戊寅祀大社大稷　辛巳詔南京職務清簡官不必備革六部侍郎以下官　編修張位以前代皆有起居注而本朝獨無疏言臣備員纂修竊見先朝政事自非出於詔令形諸章疏悉湮沒無考鴻猷茂烈鬱而未章徒使野史流傳用僞亂真今史官充位無以自效宜日分數人入直凡詔旨起居朝端政

務皆據見聞書之待內閣裁定爲他年實錄之助張居正奏行其議
丙申始命日講官分直記注起居纂輯章奏臨朝侍班　總河都御
史傅希摯請開泇河以避黃險命給事中侯于趙往會希摯及巡漕
御史劉光國確議以聞已而議竟寢希摯又請濬梁山以下與茶城
互用淤舊則通新而挑舊淤新則通舊而挑新築壩斷流常通其一
以備不虞詔從所請　三月高家堰決高郵寶應與化鹽城並爲巨
浸黃水躡淮逼鳳陽泗州命建泗陵護城石堤二百餘丈　土蠻犯
長勇堡李成梁擊敗之　夏四月己巳朔日有食之既　壬申書謹
天戒任賢能親賢臣遠嬖佞明賞罰謹出入愼起居節飲食收放心
存敬畏納忠言節財用十二事於座右以自警　改河南鈞州曰禹
州避帝名也　雲南巡撫都御史鄒應龍致仕應龍有才氣以劾嚴
嵩得重名驟致通顯及是馮保修郤因京察自陳遂罷之臨安土官
普崇明崇新兄弟構爭崇明引廣南儂兵爲助崇新則召交兵已交

兵退儂兵尚留應龍命部將楊守廉往勦守廉掠村聚殺人儂賊乘之再敗官軍人以咎應龍應龍聞罷官不俟代徑歸代者王凝欲自以爲功力排應龍給事中裴應章遂劾應龍僨事巡按御史郭如梧雅不善應龍劾如凝言應龍遂削籍　初錦衣指揮周世臣者慶雲侯裔也家貧無妻獨與婢荷花兒居隆慶末盜入其室殺世臣去把總張國維入捕盜惟荷花兒及僕王奎在遂謂二人姦弒其主獄成刑部郎中潘志伊疑之久不決會尚書王之誥乞假送母侍郎翁大立署部事憤荷花兒弒主趣志伊速決志伊終疑之乃委郎中王三錫徐一忠同讞竟無所平反置極刑　五月庚子淮揚大水詔察二府有司貪酷老疾者罷之　六月戊辰浙江海溢　戊寅命撫按官有司賢否一體薦劾不得偏重甲科　蘇松常鎮大水　給事中徐貞明上水利軍班二議謂神京雄據上游兵食宜取之畿甸今皆仰給東南豈西北古稱富強地不足以實廩而練卒乎夫賦稅所出括

民賠膏而軍船夫役之費常以數石致一石東南之力竭矣又河流多變運道多梗竊有隱憂聞陝西河南故渠廢堰在在有之山東諸泉引之率可成田而畿輔諸郡或支河所經或澗泉自出皆足以資灌漑北人未習水利惟苦水害不知水害未除正由水利未興也蓋水聚之則爲害散之則爲利今順天真定河間諸郡桑麻之區半爲沮洳由上流十五河之水惟泄於猫兒一灣其欲不氾濫而壅塞勢不能也今誠於上流疏渠濬溝引之灌田以殺水勢下流多開支河以泄横流其淀之最下者留以瀦水稍高者皆如南人築圩之制則水利興而水患除矣至於永平灤州抵滄州慶雲地皆萑葦土實膏腴元虞集欲於京東濱海地築塘捍水以成稻田若倣集意招徠南人俾之耕藝北起遼海南濱青齊皆良田也宜特簡憲臣假以事權毋阻浮議需以歲月不取近功或撫窮民而給其牛種或任富室而緩其征科或選擇健卒分建屯營或招徠南人許其占籍俟有成績

次及河南山東陝西庶東南轉漕可減西北儲蓄常充國計永無絀矣其議軍班曰東南民素柔脆莫任遠戍今數千里句軍離其骨肉而軍壯出於戶丁幫解出於里甲每軍不下百金而軍非土著志不久安輒賂衛官求歸衛官利其賂且可以冒饟也因而縱之是困東南之民而實無補於軍政也宜倣匠班例軍戶應出軍者歲徵其錢而召募土著以足之便事皆下所司譚綸言句軍之制不可廢工部尚書郭朝賓則以水田勞民請俟異日議遂寢　左都御史葛守禮致仕　秋七月安南遣使賀即位且補累年所缺之貢時莫氏漸衰黎氏復興互相搆兵其國益多故　張四維家素封歲時饋問張居正不絕又結武清伯李偉爲援復召掌詹事府是春居正請增閣臣因薦四維馮保亦與善秋八月丙子進四維禮部尚書兼東閣大學士預機務時政事一決居正居正無所推讓視同列蔑如也四維由居正進謹事之恂恂若屬吏隨其後拜賜進官而已　丁丑河決碭

山及邵家口曹家莊韓登家口時高家堰尚未修築徐邳淮南北漂沒千里桃清上下河道淤塞漕艘梗阻者數年　戊子免淮揚鳳徐被水田租　余懋學疏陳崇惇大親謇諤慎名器戒紛更防佞諛五事張居正方務綜覈以懋學爲刺己斥爲民永不敘錄萬士和言直臣不當斥不聽　王之誥踰時不至被劾九月之誥請終養許之改王崇古爲刑部尚書　禮部尚書萬士和積忤張居正方士倚馮保求官士和又持不可給事中朱南雍承風劾之遂謝病去吏部侍郎馬自強代禮官所掌宗藩事最多先後條例自相牴牾黠吏得恣爲奸利自強擇其當者俾僚吏遵守諸不可用者悉屏之每藩府疏至應時裁決榜之部門明示行止吏無所牟利　戊午京師地震冬十月丁卯再震敕羣臣修省　戊辰停刑　十一月乙巳祀天於南郊張居正等輯郊祀新舊圖考進呈舊禮者太祖所定新禮世宗所定也　十二月辛未詔罷明年元夕燈火　御史傅應禎陳重君德蘇

民困閉言路三事言邇者雷震端門獸吻京師及四方地震疊告曾未聞發詔修省豈真以天變不足畏耶真定抽分中使本非舊典正統間嘗暫行之先帝納李芳言已詔罷遣而陛下顧欲踵行失德之事豈真以祖宗不足法耶給事中朱東光奏陳保治初非折檻解衣者比乃竟留中不報豈真以人言不足卹耶此三不足者王安石以之誤宋不可不深戒也陛下登極初自隆慶改元以前逋租悉賜蠲除四年以前免三徵七恩至渥也乃上軫卹已至而下延玩自如曾未有擔負相屬者何哉小民一歲之入僅足給一歲無遺力以償負也近乃定輸不及額者按撫聽糾府縣聽調諸臣畏譴督趣倍嚴致流離接踵怨咨愁歎上徹於天是豈太平之象陛下所樂聞者哉請下明詔自非官吏乾沒並曠然除之民困既蘇則災沴自弭陛下登極初召用直臣石星李己臣工無不慶幸近則趙參魯糾中涓而謫爲典史余懋學陳時政而錮之終身他如胡執禮裴應章侯于趙趙

煥等封書累上一切置之如初政何臣請擢參魯京職還懋學故官爲人臣進言者勸疏奏居正以疏中王安石語侵己大怒調旨切責以其詞及懋學執下詔獄窮治黨與應禎瘐死無所承乃謫戍定海給事中嚴用和御史劉天衢等疏救不聽徐貞明偕御史李禎喬巖入獄護視亦坐謫　炒花大會黑石炭黃台吉卜言台周以兒鄧煖兎拱兎堵剌兒等二萬餘騎從平虜堡南掠副總兵曹簠馳擊之敵轉掠瀋陽見城外列營乃據西北高墩李成梁邀戰發火器敵大潰棄輜重走追至河溝乘勝渡河擊斬以千計　初林鳳屯錢澳求撫殷正茂不許遂自彭湖奔東番魍港爲福建總兵官胡守仁所敗及是犯柘林靖海碣石已復犯福建守仁追擊至淡水洋沈其舟二十賊失利復入潮州參政金淛諭降其黨馬志善李成等鳳夜遁　改廣西養利州爲流官　張居正以御史在外往往淩撫臣痛欲折之一事小不合詬責隨下又敕其長加考察遼東巡按御史劉臺誤奏

捷居正方引故事繩督之
四年春正月丁巳臺抗章論居正曰臣聞進言者皆望陛下以堯舜
而不聞責輔臣以皐夔何者陛下有納諫之明而輔臣無容言之量
也高皇帝監前代之失不設丞相事歸部院勢不相攝而職易稱文
皇帝始置內閣參預機務其時官階未峻無專肆之萌二百年來卽
有擅作威福者尙惴惴然避宰相之名而不居以祖宗之法在也乃
大學士居正偃然以相自處自高拱被逐擅威福者三四年矣諫官
因事論及必曰吾守祖宗法臣請卽以祖宗法正之祖宗進退大臣
以禮先帝臨崩居正託疾以逐拱旣又文致之王大臣獄及正論籍
籍則抵拱書令勿驚死旣迫逐以示威又遺書以市德徒使朝廷無
禮於舊臣祖宗之法若是乎祖宗朝非開國元勳生不公死不王成
國公朱希忠生非有奇功也居正違祖訓贈以王爵給事中陳吾德
一言而外遷郎中陳有年一爭而斥去臣恐公侯之家布賄厚施緣

例陳乞將無底極祖宗之法若是乎祖宗朝用內閣冢宰必由廷推今居正私薦用張四維張瀚四維在翰林被論者數矣其始去也不任教習庶吉士也四維之爲人也居正知之熟矣知之而顧用之無亦以四維善機權多憑藉自念親老旦暮不測二三年間謀起復任四維堪身後託乎瀚生平無善狀巡撫陝西贓穢狼藉及驟躐銓衡唯諾若簿吏官缺必請命居正所指授者非楚人親戚知識則親戚所援引也非官楚受恩私故則恩故之黨助也瀚惟日取四方小吏權其賄賂而其他則徒擁虛名聞居正貽南京都御史趙錦書臺諫毋議及冢宰則居正之脅制在朝言官又可知矣祖宗之法若是乎祖宗朝詔令不便部臣猶訾閣擬之不審今得一嚴旨居正輒曰我力調劑故止是得一溫旨居正又曰我力請而後得之由是畏居正者甚於畏陛下感居正者甚於感陛下威福自己目無朝廷祖宗之法若是乎祖宗朝一切政事臺省奏陳部院題覆撫按奉行未聞閣

臣有舉劾也居正令撫按考成章奏每具二冊一送內閣一送六科撫按遲延則部臣糾之六部隱蔽則科臣糾之六科隱蔽則內閣糾之夫部院分理國事科臣封駁奏章舉劾其職也閣臣銜列翰林止備顧問從容論思而已居正創爲是說欲脅制科臣拱手聽令祖宗之法若是乎至於按臣回道考察苟非有大敗類者常不舉行蓋不欲重挫抑之近日御史俞一貫以不聽指授調之南京由是巡方短氣莫敢展布所憚獨科臣耳居正於科臣旣啗之以遷轉之速又恐之以考成之遲誰肯舍其便利甘彼齮齕而盡死言事哉往年趙參魯以諫遷猶曰外任也余懋學以諫罷猶曰禁錮也今傅應禎則謫成矣又以應禎故而及徐貞明喬巖李禎矣摧折言官鉗視正士祖宗之法若是乎至若爲固寵計則獻白蓮白燕致詔旨責讓傳笑四方矣規利田宅則誣遼王以重罪而奪其府地今武岡王又得罪矣爲子弟謀舉鄉試則許御史舒鼇以京堂布政施堯臣以巡撫矣起

大第於江陵費至十萬制擬宮禁遣錦衣官校監治鄉郡之脂膏盡矣惡黄州生儒議其子弟倖售則假縣令他事窮治無遺矣編修李維楨偶談及其豪富不旋踵即外斥矣蓋居正之貪不在文吏而在武臣不在內地而在邊鄙不然輔政未幾即富甲全楚何由致之宮室輿馬姬妾奉御同於王者又何由致之在朝臣工莫不憤歎而無敢爲陛下明言者積威之刦也臣舉進士居正爲總裁臣任部曹居正薦改御史臣受居正恩亦厚矣而今敢訟言攻之者君臣誼重則私恩有不得而顧也願陛下察臣愚悃抑損相權毋俾僨事誤國臣死且不朽疏上居正怒甚廷辨之曰在令巡按不得報軍功去年遼東大捷臺違制妄奏法應降謫臣第請旨戒諭而臺已不勝憤後傅應楨下獄究詰黨與初不知臺與應楨同邑厚善實有所主妄自驚疑遂不復顧藉發憤於臣且臺爲臣所取士二百年來無門生刼師長者計惟一去謝之因辭政伏地泣不肯起帝爲降御座手掖之慰

留再三居正強諸猶不出視事吏部侍郎何維柏倡九卿奏留之帝遣司禮太監孫隆齎手敕宣諭乃起遂捕臺至京師下錦衣獄命廷杖百遠戍居正陽具疏救乃除名爲民　九卿之奏留張居正也尚寶司卿王樵獨請全諫臣以安大臣略言自古明主欲開言路言不當猶優容之大臣欲廣上德人攻己猶薦拔之如宋文彥博於唐介是也今居正留而臺得罪無乃非仁宗待介意乎居正大恚出樵爲南京鴻臚寺卿　二月督漕侍郎吳桂芳言淮揚洪潦奔衝蓋緣海濱汊港久湮入海止雲梯一徑致海壅沙橫河流氾溢而鹽安高寶不可收拾國家轉運惟知急漕而不暇急民故朝廷設官亦止治河而不知治海請設水利僉事一員專疏海道審度地利如草灣及老黃河皆可趨海何必專事雲梯哉又言去歲草灣迤東自決一口宜於決口之西開挑新口以迎埽灣之溜而於金城至五港岸築堤束水又言語云救一路哭不當復計一家哭今淮揚鳳泗邳徐不啻一

路而安東自衆流匯圍祇文廟縣署僅存椽瓦其勢垂陷不如委之以拯全淮帝不欲棄安東而命開草灣如所請　戶部尚書王國光致仕瀕行以所輯條例名萬曆會計錄上之帝嘉其留心國計令戶部訂正初京軍支糧通州候伺甚艱國光請遣部郎一人司之名坐糧廳投牒驗發無過三日又以天下錢穀散隸諸司請歸并責成畿輔府州縣歸福建司南畿歸四川司鹽課歸山東司關稅歸貴州司淮徐臨德諸倉歸雲南司御馬象房及二十四馬房芻料歸廣西司自是皆爲承制　析江西安遠縣地置長寧縣以會昌縣地益之

夏四月析廣西平樂富川二縣地置昭平縣　五月戊申祀地於北郊　馮保同法司錄囚　六月庚辰復遣內臣督蘇杭織造　秋七月丁酉諭吏戶二部清吏治蠲逋賦有差明年漕糧折收十之三

巡撫應天都御史宋儀望言三吳水勢東南自嘉秀沿海而北皆趨松江循黃浦入海西北自常鎮沿江而東皆趨江陰常熟其中太湖

最爲巨浸流注龐山瀆墅澱山三泖陽城諸湖乃開浦引湖北經常熟七浦白茆諸港入於江東北經崑山太倉穿劉家河東南通吳淞江黃浦入於海諸水聯絡四面環護中如仰盂杭嘉湖常鎮勢繞四隅蘇州居中松江爲諸水所受最居下乞專設水利僉事章下部議壬寅遣御史督修浙江水利　甲辰修泗州祖陵　辛亥草灣河工成長萬一千一百餘丈塞決口二十二役夫四萬四千　八月壬戌釋奠於先師孔子　九月河決崔鎮及韋家樓沛縣縷水堤豐曹二縣長堤豐沛徐州睢寧金鄉魚臺單曹田廬漂溺無算給事中劉鉉疏議漕河語侵吳桂芳桂芳言草灣之開以高寶水患衝齧疏以拯之非能使上游亦不復漲也今山陽以南諸州縣水落佈種斗米四分則臣斯舉亦既得策矣若徐邳以上非臣所屬臣何與焉因請罷御史邵陛言諸臣以河漲歸咎草灣阻任事氣乞策勵桂芳益底厥績而詰責河臣傅希摯曠職從之　廣東把總王望高以呂宋番兵

討林鳳平之　冬十月乙亥振徐州及豐沛等七縣水災蠲租有差
炒蠻入掠古北口立功總兵官湯克寬偕參將苑宗儒追出塞遇
伏戰死　起龐尚鵬故官巡撫福建尚鵬奏蠲逋鑲銀推行一條鞭
法屬吏咸奉職　黑石炭大委正營大清堡邊外謀錦義李成梁帥
選鋒馳二百里逼其營攻破之殺部長四人　倭犯定海　鳳陽淮
安二府土廣人稀加以水災民半逃亡二千里皆成灌莽巡按御史
邵陛條上營田九事以爲勞來安集之計
五年春正月己酉詔鳳陽淮安力舉屯田　二月乙丑振廣西饑
馮保家畿內張居正屬巡撫都御史孫丕揚爲建坊拒不應知二人
必怒遂引疾歸　周藩宗正睦㮮舉文行卓異睦㮮幼端穎覃精經
學尤邃於易春秋內行修潔事親晨昏不離側喪三年居外舍有弟
五人親爲教督盡推遺產與之爲宗正約宗生以三六九日講五經
盛寒暑不輟嘗以古人經解殘闕放失乃訪求繕寫若李鼎祚易解

張洽春秋傳皆敘而傳之訪購古書圖籍得江都葛氏章邱李氏書萬卷丹鉛歷然論者以方漢之劉向　夏四月兵部尚書譚綸卒贈太子太保諡襄敏綸終始兵事垂三十年積首功二萬一千五百嘗戰酣刃血漬腕累沃乃脫與戚繼光共事齊名稱譚戚　廣東德慶州羅旁猺阻深箐剽掠有司歲發卒戍守殷正茂方建議大征會遷去提督都御史淩雲翼議先鵰勦參將陳璘破九十巢已分十道大征令張元勳李錫將之四閱月克巢五百六十俘斬招降四萬二千八百餘人五月癸巳羅旁猺平岑溪六十三山七山那留連城諸處鄰境猺獞皆懼賊首潘積善求撫捷聞升瀧水縣為羅定州又分其地置東安西寧二縣以德慶州及高要新興封川諸縣地益之設監司參將等以守積患頓息　議者爭言貢市利害方逢時方入掌戎政瀕行上疏曰陛下特恩起臣草土中代崇古任賴陛下神武八年以來九邊生齒日繁守備日固田野日闢商賈日通邊民始知有生

之樂北部輸誠効貢莫敢渝約歲時請求隨宜與之得一果餅輒稽
首歡笑有掠人要賞如打喇明安兎者告俺答罰治即俯首聽命而
異議者或曰敵使充斥爲害或曰日益費耗彼欲終不可足或曰與
敵益狎隱憂叵測此言心則忠矣事機或未覩也夫使者之入多者
八九人少者二三人朝至夕去守貢之使賞至即歸何有充斥財貨
之費有市本有撫賞計三鎮歲費二十七萬較之向時戸部客餉七
十餘萬太僕馬價十數萬十纔二三耳而民間耕穫之入市賈之利
不與焉所省甚多何有耗費乃若所憂則有之然非隱也方庚午以
前三軍暴骨萬姓流離城郭邱墟芻糧耗竭邊臣首領不保朝廷爲
旰食七八年來幸無此事矣若使臣等處置乖方惜小費而虧大信
使一旦肆行侵掠則前日之憂立見何隱之有哉其所不可知者俺
答老矣誠恐數年之後此人既死諸部無所統一其中狡黠互相爭
搆假託異辭遂行侵擾此則時變之或然而不可預料者在我處之

亦惟罷貢絶市閉關固壘以待仍禁邊將毋得輕舉使曲常在彼而直常在我因機處置顧後人方略何如耳夫封疆之事無定形亦無定機惟朝廷任用得人處置適宜何必拘拘焉貢市非而戰守是哉臣又聞之禦戎無上策征戰禍也和親辱也賂遺恥也今曰貢則非和親矣曰市則非賂遺矣既貢且市則無征戰矣臣幸藉威靈制伏強梗得免斧鉞之誅受命還朝不復與聞閫外之事誠恐議者謂貢市非計輒有敷陳國是搖惑內則邊臣畏縮外則部落攜貳事機乖迕後悔無及臣雖得去而犬馬之心實有不能一日忘者謹列上五事比至京復奏上款貢圖　土蠻大集諸部犯錦州要求封王張學顏言敵方憑陵而與之通是畏之也制和者在彼其和必不可久且無功與有功同封犯順與效順同賞既取輕諸部亦見笑俺答臣等謹以正言卻之會大雨敵亦引退李成梁掩其巢得利而還　秋八月癸亥河復決崔鎮宿沛清桃兩岸多壞黃河日淤墊淮水爲河所

迫徙而南傅希摯議塞決口束水歸漕吳桂芳則欲衝刷成河以爲老黃河入海之路帝令急塞決口俟水勢稍定乃從桂芳言尋以二人意見不合乃改希摯撫陝西以李世達代　給事中湯聘尹議導淮入江以避黃會吳桂芳言黃水向老黃河故道而去下奔如駛淮遂乘虛湧入清口淮揚水勢漸消乃寢聘尹議　管理南河工部郎中施天麟言淮泗之水不下清口而下山陽從黃浦口入海浦口不能盡洩浸淫高寶邵伯諸湖湖隄盡沒則以淮泗本不入湖而今入湖故也淮泗之入湖由於清口之淤塞清口之淤塞由於黃河日高淮水讓河而南徙蓋自高家堰廢壞而清口內通濟閘朱家等口淮水內灌淮泗之力分黃河得以全力制其敝此清口所以獨淤於今歲也下流既淤則上流不得不決每歲糧艘以四五月畢運而堤以六七月壞水發之時不能爲力水落之後方圖堵塞甫及春初運事又迫僅完堤工於河身無與河身不挑則來年益高上流之決必及

於徐呂而不止於邳遷下流之涸將盡乎邳遷而不止於清桃須不惜一年糧運不惜數萬帑藏開挑正河寬限責成乃爲一勞永逸至高家堰朱家等口須及時築塞使淮泗幷力足以敵黄則淮水之故道可復興鹽海口堙塞亦宜大加疏濬下河漕諸臣議　閏月乙酉朔日食陰雲不見　錦衣馮邦寧者保從子也道遇刑部尚書劉應節不引避應節叱下之保不悅會雲南參政羅汝芳奉表至京應節出郭與之譚禪給事中周良寅疏論之應節汝芳並罷　九月司禮太監孫得勝傳旨奉聖母諭大婚期近命閣臣於三覆奏本擬旨免刑張居正言祖宗舊制凡犯死罪鞫問既明依律棄市嘉靖末年世宗皇帝因齋醮始有暫免不決或間從御筆所句量行取決此特近年姑息之弊非舊制也臣等詳閱諸囚罪狀皆滅絶天理傷敗彝倫聖母獨見犯罪者身被誅戮之可憫而不知彼所戕害者皆含冤蓄憤於幽冥之中使不一雪其痛怨恨之氣上干天和所傷必多今不

行刑年復一年充滿囹圄既費關防又乖國典其於政體又大謬也
給事中嚴用和等亦以爲言詔許之　己卯張居正丁父憂帝遣司
禮中官慰問視粥藥止哭絡繹道路三宮賻贈甚厚戶部侍郎李幼
孜欲媚居正倡奪情議居正惑之馮保亦固留居正學士王錫爵侍
講張位趙志皋編修吳中行檢討趙用賢修撰習孔教沈懋學輩皆
以爲不可弗聽中旨令張瀚諭留居正瀚心非之以問何維柏維柏
曰天經地義何可廢也會居正自爲牘風瀚屬吏以覆旨請瀚陽不
喻謂政府奔喪宜予殊典禮部事也何關吏部冬十月戊子彗星見
西南蒼白色長數丈氣成白虹由尾箕越斗牛逼女經月而滅詔百
官修省居正復令客說瀚瀚不爲動乃傳旨責瀚久不奉詔無人臣
禮廷臣惴恐御史曾士楚給事中陳三謨倡疏奏留舉朝和之御史
趙煥獨不署名瀚亦不與撫膺太息曰三綱淪矣居正怒嗾給事中
王道成御史謝思啓摭他事劾瀚勒致仕停維柏俸三月南京大臣

議疏留居正都御史趙錦工部尚書費三暘不可而尚書潘晟及諸給事御史之疏竟上中行首上疏曰居正父子異地分暌音容不接者十有九年一旦長棄數千里外陛下不使匍匐星奔憑棺一慟必欲其違心抑情銜哀茹痛於廟堂之上而責以訏謨遠猷調元熙載豈情也哉居正每自言謹守聖賢義理祖宗法度宰我欲短喪子曰予也有三年之愛於其父母乎王子請數月之喪孟子曰雖加一日愈于己聖賢之教何如也在律雖編氓小吏匿喪有禁惟武人得墨縗從事非所以處輔弼也即云起復有故事亦未有一日不出國門而遽起視事者祖宗之制何如也事繫萬古綱常四方視聽惟今日無過舉然後後世無遺議銷變之道無踰此者用賢言臣竊怪居正能以君臣之義効忠於數年不能以父子之情少盡于一日臣又竊怪居正之勳望積以數年而陛下忽敗之一旦莫若用先朝楊溥李賢故事聽其暫還守制刻期赴闕庶父子音容乖暌阻絕於十有九

年者得區區稍伸其痛於臨穴憑棺之一慟也國家設臺諫以司法紀任糾繩乃今嘵嘵爲輔臣請留背公議而徇私情蔑至性而創異論臣愚竊懼士氣之日靡國是之日淆也艾穆與刑部主事沈思孝言自居正奪情妖星突見光逼中天曾士楚陳三謨甘犯清議率先請留人心頓死舉國如狂今星變未銷火災繼起臣敢自愛其死不爲陛下言之陛下之留居正也動曰爲社稷故夫社稷所重莫如綱常而元輔大臣者綱常之表也綱常不顧何社稷之能安且事偶一爲之者例也而萬世不易者先王之制也今棄先王之制而從近代之例如之何其可也居正今以例留腆顏就列矣異時國家有大慶賀大祭祀爲元輔者欲避則害君臣之義欲出則傷父子之情臣不知陛下何以處居正而居正又何以自處也徐庶以母故辭昭烈曰方寸亂矣居正獨非人子而方寸不亂耶位極人臣反不修匹夫常節何以對天下後世臣聞自古聖帝明王勸人以孝未聞從而奪之

也爲人臣者移孝以事君不聞爲所奪也以禮義廉恥風天下猶恐不足顧乃奪之使天下爲人子者皆忘三年之愛於其父常紀墜矣異時卽欲以法度整齊之何可得耶陛下誠眷居正當愛之以德使奔喪終制以全大節中行之上疏以副封白居正居正愕然曰疏進耶對曰未進不敢白也及用賢等疏相繼入居正謀於保欲廷杖之志皋位孔教懋學及侍講于愼行張一桂田一儁李長春俱具疏救呂調陽格之不得入錫爵乃會詞臣數十人詣居正求解不納乙巳杖中行用賢各六十斥爲民卽日驅出都城杖穆思孝各八十加梏拲置詔獄越三日戍穆涼州思孝神電衛中行氣息已絶錫爵持之大慟秦柱挾醫至投藥一匕乃蘇穆亦絶而復蘇刑部觀政進士鄒元標憤甚俟四人杖畢上疏曰陛下以居正有利社稷耶居正才雖可爲學術則偏志雖欲爲自用太甚州縣入學限以十五六人有司希指更損其數是進賢未廣也諸道決囚亦有定額所司懼罰數必

取盈是斷刑太濫也大臣持祿苟容小臣畏罪緘默有今日陳言而明日獲譴者是言路未通也黃河氾濫爲災民有駕篙爲巢啜水爲餐者而有司不以聞是民隱未周也其他用刻深之吏沮豪傑之材又不可枚數矣且夫弼成聖學輔翼聖志不可謂在廷無人也居正疏言世有非常之人然後辦非常之事若以奔喪爲常事而不屑爲者不知人惟盡此五常之道然後謂之人否則世以爲喪心且以爲禽彘可謂之非常人哉丁未廷杖八十戍都勻衞衞在萬山中夷獠與居元標處之怡然益究心理學學大進巡按御史承居正指將害之至鎮遠暴死元標乃免是時五人直聲震天下南京御史朱鴻謨疏救之亦被斥操江都御史張岳請令居正馳驛奔喪罷尙鵬陸光祖移書勸居正勿譴言者皆不聽時彗星猶未滅人情洶洶指目居正至懸謗書通衢帝詔諭羣臣再及者誅無赦謗乃已於是使居正子編修嗣修與司禮太監魏朝馳傳往江陵代司喪禮部主事曹誥

治祭工部主事徐應聘治喪居正請無造朝以青衣素服角帶入閣治政侍經筵講讀又請辭歲俸帝並許之　初俺答諸部嘗越甘肅掠西番既通款其從孫切盡台吉連歲盜番不得志求俺答西援兵部尚書王崇古每作書止之俺答亦報書謝已番僧鎖南堅錯者能知已往未來事號活佛俺答欲掠瓦剌乃請與三鎮通事約誓西迎活佛寄帑於總督宣大侍郎吳兌留旗箭爲信擁衆西行崇古上言西行非俺答意且以迎佛爲名不可沮宜飭邊鎮嚴守備而陰洩其謀於番族以示恩給事中彭應時劉鉉南京御史陳堂交章論崇古弛防徇敵崇古疏辨乞休帝優詔報之令勿以人言介意給事中尹瑾御史高維崧再劾崇古崇古力請致仕許之俺答至寧夏欲取道賀蘭山總兵官張臣不可俺答恚語不遜臣夜決漢唐二渠水道不通復陳兵赤木口俺答乃從山後去至瓦剌戰敗移書甘肅守臣乞假道赴烏斯藏守臣不能拒俺答越甘肅而南會諸酋於海上番人

益遭蹂躪多竄徙　老黃河復塞淮水仍漲溢劉鉉請亟開通海口
而簡大臣會同河漕諸臣往治乃裁總河都御史官改李世達他任
而命吳桂芳爲工部尚書兼理河漕　十一月癸丑以星變考察百
官罷南京禮部尚書何維柏魯府審理秦柱貶操江都御史張岳一
秩調外謫南京司業張位徐州同知出趙志皐爲廣東副使　初俺
答通貢市賞有定額後邊臣徇其求額漸溢馬自強請申故約濫乞
者勿與歲省費不貲　張國祥重賄馮保求復正乙真人號馬自強
力持不可保遂以中旨許之　初陽武侯薛翰卒無子族人爭襲久
之不得請田宅並入官世絕者三十餘年至是乃復封翰族子鋹爲
陽武侯鋹祿之曾孫也　四川番屢犯松潘巡撫都御史王廷瞻令
副使楊一桂會劉顯勦之殲其魁羣蠻納款風村白草諸番久踞二
十八砦帥男婦八千餘人來降復命顯討建昌傀廈洗馬姑宰鐵口
諸叛番皆獻首惡出降　安國亨降命其子民襲　召張學顏爲戎

政侍郎未受代而土蠻約泰寧速把亥分犯遼左開原營劈山

明紀卷第三十九

明紀卷第四十

賜進士出身工部候補主事虞衡司行走陳鶴纂

䘏贈知府銜給雲騎尉世職內閣候補中書孫男克家參訂

神宗紀二 起萬曆六年戊寅訖萬曆十年壬午凡五年

六年春正月學顏等禦之李成梁馳至丁字泊敵方分騎繞牆入成梁夜出塞二百里擣破劈山營獲級四百三十馘其長阿丑台等五人學顏遂還部　河漕尚書吳桂芳與淮安知府邵元哲增築山陽長隄自板閘至黃浦亙七十里閉通濟閘不用而建興文閘且修新莊諸閘築清江浦南隄創板閘漕隄南北與新舊隄接隄閘並修淮揚漕道漸固桂芳尋卒　漕河既通張居正以歲賦逾春發水橫溢非決則涸乃采漕臣議督艘卒以孟冬月兌運及歲初畢發少罹水患行之久太倉粟充盈可支十年　二月戊戌免兗青登萊所屬逋賦　初慈聖太后以帝將大婚還居慈寧宮先期敕張居正曰吾不

能視皇帝朝夕恐不若前者之向學勤政有累先帝付託先生有師保之責與諸臣異其爲我朝夕納誨以輔台德用終先帝憑几之誼因賜坐蟒白金綵幣比居正奪情太后疑其不當吉服使人問之對曰后爲天下母國之大事莫過於斯居正受上恩厚赴湯火不辭暫即吉何傷遂充納采問名副使給事中李淶言其非禮居正怒出淶爲僉事庚子立皇后王氏時帝顧居正益重嘗賜札稱元輔張少師先生待以師禮　三月加上仁聖皇太后尊號曰貞懿慈聖太后曰宣文　張居正將歸葬父念閣臣在鄉里者高拱與己有深隙殷士儋有奧援或乘間以出惟徐階老易與擬薦之自代已遣使報階旣念階前輩己還當位其下乃請增置閣臣帝即令居正推擇遂以人望薦馬自強及所厚吏部侍郎申時行甲寅自強兼文淵閣大學士時行兼東閣大學士並預機務自強素迕居正不自意得之人更以是多居正而時行與張四維皆自昵於居正居正乃安甲子辭朝帝

正亟還朝帝遣錦衣指揮翟汝敬馳傳往迎計日以俟而令中官護
太夫人以秋日由水道行居正所過守臣率長跪撫按大吏越界迎
送身爲前驅道經襄陽襄王出候要居正宴故事雖公侯謁王執臣
禮居正具賓主禮而出過南陽唐王亦如之抵郊外詔遣司禮太監
何進宴勞兩宮亦各遣大璫李琦李用宣諭賜八寶金釘川扇御膳
餠果醪醴六月乙未百僚復班迎入朝帝慰勞懇篤予假十日而後
入閣仍賜白金綵幣寶鈔羊酒因引見兩宮　九卿之請召還張居
正也禮部侍郎王錫爵獨不署名旋乞省親去居正以錫爵形己短
益銜之錫爵遂不出　廣西北三猺譚公柄挾毒弩肆傷行旅每出
千百爲羣殺士吏黃勝聚黨出岔鳳山龜鼊塘與河塘韋宋武傍江
結寨義寧永寧永福諸獞羣相殺掠道路不通咘咳猺藍公潺執士
吏黃如金奪其司凌雲翼與巡撫都御史吳文華檄守巡道吳善陳
俊徵永順白山兵及狼兵勦之平河池咘咳北三諸巢諸猺請還侵

地及所擄生口願輸賦爲良民遂班師時諸猺未爲逆雲翼喜事殺戮甚慘　張居正之歸葬其親湖廣諸司畢會巡按御史趙應元獨不往居正嗛之及應元事竣得代即以病請僉都御史王篆者居正客也素憾應元且迎合居正意屬都御史陳炌劾應元規避遂除名戶部員外郎王用汲不勝憤乃上言御史應元以不會葬得罪輔臣遂爲都御史炌所論坐託疾欺罔削籍臣竊恨之夫疾病人所時有今在廷大小諸臣曾以病請者何限御史陸萬鍾劉光國陳用賓皆以巡方事訖引疾與應元不異也炌何不並劾之即炌當世宗朝亦養病十餘年後夤緣攀附驟列要津以退爲進宜莫如炌己則行之而反以責人何以服天下陛下但見炌論劾應元以爲恣情趨避罪當罷斥至其意所從來陛下何由知之如昨歲星變考察將以弭災而所挫抑者半不附宰臣之人如翰林習孔教則以鄒元標之故禮部張程則以劉臺之故刑部浮躁獨多於他部則以艾穆沈思孝而

推戈考後劣轉趙志皐又以吳中行趙用賢而遷怒蓋能得輔臣之心則雖屢經論列之潘晟且得以不次蒙恩苟失輔臣之心則雖素負才名之張岳難免以不及論調臣不意陛下省災塞咎之舉僅爲宰臣酧恩報怨之私且凡附宰臣者亦各藉以酧其私可不爲太息矣哉孟子曰逢君之惡其罪大臣謂逢相之惡其罪更大陛下天縱聖明從諫弗咈諸臣孰知其然爭欲碎首批鱗以自見陛下欲織錦綺則撫臣按臣言之欲采珍異則部臣科臣言之欲取太倉光祿則臺臣科臣又言之陛下悉見嘉納或遂停止或不爲例至若輔臣意之所向不論是否無敢一言以正其非且有先意結其歡望風張其燄者是臣所謂逢也今之大臣未有不逢相之惡者炌特其較著者爾以臣觀之天下無事不私無人不私獨陛下一人公耳陛下又不躬自聽斷而委政於衆所阿奉之大臣大臣益得成其私而無所顧忌小臣益苦行私而無所愬告是驅天下而使之奔走乎私門矣陛

下何不日取庶政而勤習之內外章奏躬自省覽先以意可否焉然後宣付輔臣俾之商榷閱習既久智慮益宏幾微隱伏之間自無逃於天鑒夫威福者陛下所當自出乾綱者陛下所當獨攬寄之於人不謂之旁落則謂之倒持政柄一移極重難返此又臣所日夜深慮不獨爲應元一事已也疏入居正大怒欲下獄廷杖之大理寺卿陸光祖力爲解會呂調陽在告張四維擬削用汲籍帝從之居正以罪輕移怒四維厲色待之者累日用汲歸屏居郊外布衣講授足不踐城市 戶部尚書殷正茂疏請節用又諫止采買珠寶會張居正以正茂所饋鵝罽轉奉慈寧太后爲坐褥李幼孜與爭寵嗾言官詹沂等劾之正茂遂屢疏致仕秋七月張學顏代爲尚書學顏精心計居正深倚任之自正嘉虛耗後至萬曆十年間最稱富庶學顏與有力焉 乙卯呂調陽致仕 丙子詔江北諸府民年十五以上無田者官給牛一頭田五十畝開墾三年後起科 詔選內豎三千五百人

給事中李天植言陛下纘服初年允收馬安等三千二百五十人部覆永不爲例今六載之中再收數千人倖門日啓覬澤者多乞收回成命報聞　九月庚午詔蘇州諸府開墾荒田六年後起科　辛未停刑　魏朝奉張居正之母入都儀從烜赫觀者如堵比至帝與兩宮復賜賚加等慰諭居正母子幾用家人禮　或言長定堡所殺乃保塞內屬之部陶承譽假犒賚掩襲之給事中光懋因請治承譽殺降罪御史勘如懋言方逢時暨總督巡撫梁夢龍周詠先與承譽同敘功力爲解卒如御史奏盡奪諸臣恩命　冬十月辛卯馬自強卒贈少保謚文莊　前大學士高拱卒張居正請復其官與祭葬如例中旨給半葬祭文仍寓貶詞焉　十一月辛酉祀天於南郊　廣西總兵官李錫卒　十二月速把亥炒花煖兔拱兔會土蠻黃台吉大小委正卜兒亥慌忽太等三萬餘騎壁遼河攻東昌堡深入至耀州李成梁遣諸將分屯要害以遏之而躬帥游擊秦得倚等以銳卒出

塞二百餘里直擣圜山斬部長九人餘級八百八十四獲馬千二百
匹敵聞之皆倉皇走出塞梁夢龍以聞帝大悅祭告郊廟御皇極門
宣捷　以江西南城縣瀘溪巡檢司爲瀘溪縣　時士大夫競講學
張居正特惡之會前常州知府施觀民以科斂民財私創書院奪職
七年春正月戊辰詔毀天下書院自應天府以下凡六十四處盡改
以爲公廨　二月己丑遣使分閱邊防　三月甲子免淮揚逋賦
時宮闈用度汰侈多所徵索張學顏隨事納諫得停發太倉銀十萬
減雲南黃金課一千兩餘多弗能執爭金花銀歲增二十萬兩遂爲
定額張居正因戶部進御覽數目陳之謂每歲入額不敵所出請帝
置坐隅時省覽量入爲出罷節浮費疏上留中夏四月帝令工部鑄
錢給用居正言利不勝費乃止已復請停修武英殿工及裁外戚遷
官恩數帝多曲從之　夏五月癸亥祀地於北郊　封李成梁寧遠
伯論東昌堡功也　六月辛卯聚兩畿山東陝西勳戚莊田淸溢額

脫漏詭借諸弊又通行天下得官民屯牧湖陂八十餘萬頃民困賠累者以其賦抵之　秋七月壬子振蘇松水災蠲稅糧　給事中顧九思等請取回織造內臣帝不聽張居正力陳年饑民疲不堪催督乃許之未幾復遣中官　戊午京師地震　土蠻數求貢市關吏不許大恨冬十月以四萬騎自前屯錦川營深入李成梁等預受張居正方略命諸將堅壁成梁督參將楊粟等遏其衝梁夢龍飭勁卒二千出山海關爲成梁聲援遣兩參將遮擊復移戚繼光駐一片石邀之敵引去俄又與速把亥合壁紅土城聲言入海州而分兵入錦義成梁踰塞二百餘里直抵紅土城擊敗之獲首功四百七十有奇

張居正服將除帝詔吏部問期日賜白金帶大紅坐蟒盤蟒御平臺召對慰諭久之使中官引見慈慶慈寧兩宮皆有恩賚　鎖南堅錯戒俺答好殺勸之東還俺答亦勸鎖南堅錯通中國乃自甘州遺書張居正自稱釋迦摩尼比邱求通貢饋以儀物居正不敢受聞諸帝

帝命受之而許其貢由是中國亦知有活佛鎖南堅錯有異術能服人諸番莫不從其教自大寶法王以下皆俯首稱弟子自是西方止供奉活佛諸番王徒擁虛位不復能施其號令矣

八年春正月考察外吏吏部尚書王國光請毋限日期詔許之且命詿誤者聽從公辨雪　二月辛未朔日有食之　戊子耕耤田　兩河工成凡築高家堰六十餘里歸仁集隄四十餘里柳浦灣隄東西七十餘里塞崔鎮等決口百三十築徐睢邳宿桃清兩岸遙隄五萬六千餘丈碭豐大壩各一道徐沛豐碭縷隄百四十餘里建崔鎮徐昇季泰三義減水石壩四座遷通濟閘於甘羅城南淮揚間隄壩無不修築費帑金五十六萬有奇詔賚潘季馴江一麟銀幣而遣給事中尹瑾勘實戊戌論功進季馴太子太保工部尚書廕一子一麟等遷擢有差　三月辛亥奉兩宮皇太后如天壽山謁陵免所過田租甲寅還宮　張居正政尚嚴急又數重譴言事者南京兵部主事趙

世卿奏匡時五要請廣取士之額寬驛傳之禁省大辟緩催科而末極論言路當開言近者臺諫習爲脂韋以希世取寵事關軍國卷舌無聲徒摭不急之務姑塞言責延及數年居然高踞卿貳誇耀士林矣然此諸人豈盡素詬無節忍負陛下哉亦有所懲而不敢耳如往歲傅應禎艾穆沈思孝鄒元標皆以建言遠竄至今與戍卒伍此中才之士所以內自顧卹寧自同於寒蟬也宜特發德音放還諸人使天下曉然知聖天子無惡直言之意則士皆慕義輸誠効忠於陛下矣居正欲重罪之王國光曰罪之適成其名請爲公任怨遂出世卿爲楚府長史　迤東都督王兀堂以六百騎犯靉陽及黃岡嶺指揮王宗義戰死復以千餘騎從永佃入李成梁擊走之追出塞二百里敵以騎卒拒而步卒登山鼓譟成梁大敗之斬首七百五十盡毀其營壘捷聞並錄紅土城功予成梁世襲　俺答東還其從孫火落赤兄子永邵卜留居青海　初廣西十寨降副使鄭一龍等請以思古

周安落紅古卯龍哈立一州屬向武土官黃九疇羅墨古鉢古憑都北咘咳立一州屬那馬土官黃暘皆以為土知州已而布政司以為不便乃立八寨為長官司以兵八千屬黃暘為長官黃昌韋富給冠帶為土舍各引兵二百以守久之十寨復聚黨作亂據民田產白晝入都市剽掠攻城劫庫戕官民夏閏四月庚申總制劉堯誨巡撫張任統兵大征斬首一萬六千九百有奇會起郭應聘兵部侍郎代任巡撫應聘與堯誨奏分八寨為三鎮各建一城使副總兵李應祥營造之而以東蘭州韋應鯤韋顯能田州黃馮克為土巡檢留兵戍守統於思恩參將而以其地隸於賓州十寨遂安　雨潦薄淮泗城且至祖陵壖中御史陳用賓以聞給事中王道成言黃河未漲淮泗間霖雨偶集而清口已不容洩宜令河臣疏導堵塞潘季馴言黃淮合流東注甚迅駛泗州岡阜盤旋雨潦不及宣洩因此漲溢欲疏鑿則下流已深無可疏欲堵塞則上流不可逆堵乃令季馴相度卒聽之

而已　秋七月後府僉事俞大猷卒贈左都督諡武襄大猷負奇節以古賢豪自期其用兵先計後戰不貪近功忠誠許國老而彌篤所在有大勛譚綸嘗與書曰節制精明公不如綸信賞必罰公不如戚精悍馳騁公不如劉然此皆小知而公則堪大受其爲綸所推重如此武平崖州饒平皆爲立祠　八月庚申彗星見東南方每夜漸長縱橫河漢凡七十日有奇　丙兔帥衆掠番及內地人畜詔絶其市賞俺答聞之馳書切責乃盡還所掠執獻爲惡者六人自罰牛羊七百帝嘉其父恭順賚之銀幣卽以牛羊賜其部人爲惡者付之自治仍許貢市　九月省福建懷安縣入侯官縣　王兀堂復犯寬佃副將姚大節擊破之兀堂故通市寬佃以邊將彊抑市價數侵邊及是遂不振　冬十月辛丑協理京營兵部尚書楊兆以有詔令本部侍郎帶管疏辭協理張居正因請令吏部核兩京大小九卿及各屬冗濫者裁之並覈各省傜賦及諸司冒濫冗費從之　張居正議天下

田畝通行丈量十一月丙子下詔行之限三載竣事用開方法以徑圍乘除畸零截補張學顔奏列清丈條例豪滑不得欺隱而小戸無虛糧總計田數七百一萬三千九百七十六頃視弘治時贏三百萬頃居正尙綜覈頗以溢額爲功有司爭改小弓以求田多或掊克見田以充虛額北直隸湖廣大同宣府先後案溢額田增賦延寧二鎭溢田萬八千頃總督高文薦請三年後征賦給事中蕭彥言西北墾荒永免科稅祖制也況二鎭多沙磧奈何定永額使初集流傭懷去志乃除前令時度田各署上中下壤息縣知縣鹿久徵獨以下田報曰度田以紓民乃病民乎　乾清宮管事牌子孫海客用數誘帝夜遊別宮小衣窄袖走馬持刀又數進奇巧之物帝深寵幸之帝在西城曲宴被酒令內侍歌新聲辭不能劍擊之左右勸解乃戲割其髮馮保白慈聖太后太后召帝長跪數其過帝涕泣請改惶懼甚乃捕海用杖而逐之又令張居正草帝罪己手詔頒示閣臣詞過挹損帝

年已十八覽之內慚然迫於太后不得不下居正因上疏勸帝戒游宴以重起居專精神以廣聖嗣節賞賚以省浮費卻珍玩以端好尚親萬幾以明庶政勤講學以資治理又緣保意劾去司禮秉筆孫德秀溫太及掌兵仗局周海而令諸內侍俱自陳由是保所不悅者斥退殆盡帝待保甚隆屢賜牙章曰光明正大曰爾惟鹽梅曰汝作舟楫曰魚水相逢曰風雲際會而保益橫肆帝有所賞罰非出保口無敢行者帝積不能堪以保內倚太后外倚居正弗能去也　十二月刑部侍郎徐學謨爲禮部尚書自弘治後禮部長非翰林不授惟席書以言大禮故由他曹遷萬士和不由翰林然先歷其部侍郎學謨與張居正厚徑拜尚書廷臣無敢言者　時災異數見而中外方競頌功德進士魏允中劉廷蘭各上書座主申時行勸之補救時行不能用　土蠻數侵邊不得志忿甚益徵諸部兵分犯錦義及右屯大凌河以城堡堅不可克李成梁及薊鎮兵亦集乃引去無何復以二

萬餘騎從大鎮堡入攻錦州參將熊朝臣固守而遣部將周之望王
應榮出戰頗有斬獲矢盡皆戰死敵乃分掠小凌河松山杏山成梁
馳援始出境　張居正恨劉臺不已計必殺之臺之劾居正也巡撫
張學顏方以殺降冒功疑臺劾己往臺所乞免臺憤然作色曰豺狼
當道安問狐狸學顏喜既而大恨至是學顏長戶部誣臺私贖鍰居
正屬御史于應昌巡按遼東覈之而令王宗載巡撫江西廉臺里中
事應昌宗載希居正意實其事以聞遂戍臺廣西臺父震龍弟國俱
坐罪
九年春正月庚午敕邊臣備警　辛丑裁諸司冗官各部員外主事
以下歸并兼管尋復裁直隸應天鳳陽浙江福建江西陝西延綏鄖
陽南贛貴州諸處司府州縣以下官凡一百六十餘員覈徭賦推行
一條鞭法令總括一州縣之賦役量地計丁丁糧畢輸於官一歲之
役官爲僉募凡額辦派辦京庫歲需存留供億土貢方物以及修河

修倉站鋪閘淺夫之類悉併爲一條無他科擾民力不大絀又汰諸
司冒濫冗費　土蠻復與黑石炭大小委正卜言台周腦毛大黃台
吉以兒鄧煖兔拱兔炒戶兒聚兵塞下謀入廣寧癸酉圍錦州游擊
周之望敗沒　己卯張居正請命翰林官日四人入直應制詩文及
備顧問從之　辛巳裁南京冗官中左二府錦衣衞僉書以下八員
李成梁帥輕騎從大寧堡出去塞四百餘里甲申至襖郎兔遇土
蠻之衆大戰自辰迄未敵不支敗走官軍將還敵來追成梁逆擊且
戰且行先後斬首三百四十及其長八人　大計京朝官王國光徇
張居正意列吳中行趙用賢艾穆沈思孝鄒元標五人於察籍錮不
復敘南京考功郎中李己亦與尚書何寬置司業張位長史趙世卿
於察典職方員外郎孟秋督視山海關時關政久弛奸人出入自擅
秋禁之嚴中流言亦坐貶國光有才智初掌邦計多所建白及是受
制執政聲名損於初給事中商尚忠論國光銓選私所親給事中張

世則出爲河南僉事亦劾國光黷貨國光再奏辨帝再慰留責世則挾私貶儀真縣丞　二月張居正請令儒臣編太祖列聖寶訓實錄分爲四十類曰創業艱難曰勵精圖治曰勤學曰敬天曰法祖曰保民曰謹祭祀曰崇孝敬曰端好尙曰愼起居曰戒游佚曰正宮闈曰教儲貳曰睦宗藩曰親賢臣曰去奸邪曰納諫曰理財曰守法曰儆戒曰務實曰正紀綱曰審官曰久任曰重守令曰馭近習曰待外戚曰重農桑曰興教化曰明賞罰曰信詔令曰謹名分曰裁貢獻曰愼賞賚曰敦節儉曰愼刑獄曰褒功德曰屛異端曰飭武備曰御戎狄以經筵之暇進講從之　三月丙寅大閱　黑石炭以兒鄧小歹青卜言兎入遼陽副總兵曹簠禦之追至長安堡遇伏失千總陳鵬以下三百十七人馬死四百六十四遂大掠人畜而去簠等下吏置李成梁不問　夏四月丁酉振山西被災州縣　帝御文華殿張居正侍講讀畢以給事中所上災傷疏聞因請振復言陛下愛民如

子而在外諸司營私背公剝民罔上宜痛鉗以法而皇上加意撙節於宮中一切用度服御賞賚布施裁省禁止帝首肯之乙卯振蘇松淮鳳徐宿災居正以江南貴豪怙勢及諸奸猾吏民善逋賦選大吏精悍者嚴行督責賦以時輸國藏益充　戶部進萬曆會計錄　兵部尚書方逢時致仕帝書盡忠二字賜之　五月張居正以互市饒馬令盡賣民間種馬上馬八兩下至五兩又折徵草豆地租銀凡南寺歲徵銀二十二萬北寺五十一萬入太僕寺以供團營買馬及各邊之請太僕銀驟增至四百餘萬兩而馬政益壞　時青把都已服其弟滿五大猶桀驁所部八賴掠塞外史車二部宣府總兵官麻錦禽之巡撫都御史張佳胤命錦縛八賴將斬而身馳救之八賴叩頭誓不犯邊滿五大復令銀錠犯邊佳胤與總督侍郎鄭洛奏停貢市遣使責俺答罰贖駝馬牛羊乃復許款　初贊善沈鯉直講舉止端雅所陳說獨契帝心會連遭父母喪帝數問沈講官何在又問服闋

期命先補講官俟之及是還朝屬當輟講特命展一日示優異焉
秋八月丁未揚州大水　冬十月土蠻復連速把亥等十餘萬騎攻
圍廣寧不克轉掠團山堡盤山驛及十三驛己亥攻義州李成梁禦
卻之　十一月丙戌振真定順德廣平災免稅糧　四川總兵官劉
顯卒　致仕宣府總兵官馬芳卒芳起行伍十餘年爲大帥戰膳房
堡朔州登鷹巢鴿子堂龍門萬全右衛東嶺孤山土木乾莊岔道張
家堡得勝堡大沙灘大小百十接身被數十創以少擊衆未嘗不大
捷禽部長數十人斬馘無算威名震邊陲爲一時將帥冠
十年春二月癸巳順義王俺答卒　丁酉張居正言百姓財力有限
卽年歲豐收一年所入僅足以供當年之數不幸荒歉則見年尚不
能辦豈復有餘力完累歲之積逋有司規避罪責往往將見年所徵
作爲舊欠而新欠益增頭緒繁多年分混雜小民竭脂膏胥吏飽谿
壑甚者不肖有司因而漁獵昨應天巡按御史孫光祐請蠲蘇松兩

府未完帶徵錢糧七十餘萬戶部以國計所關未敢擅議竊謂德惠當出朝廷與其朘民以實奸貪之橐孰若盡蠲以施曠蕩之恩乞諭戶部覈萬曆七年以前天下逋賦一百餘萬悉行蠲免從之　浙江巡撫吳善言奉詔減月饟三月庚申東西二營兵馬文英劉廷用等構黨大譟縛毆善言張居正薦兵部侍郎張佳胤才丁卯命兼右僉都御史代善言巡撫佳胤言河南游擊徐景星謀勇請調浙營許之丙子速把亥帥弟炒花子卜言兎入犯義州李成梁禦之鎮夷堡設伏待之速把亥入參將李平胡射中其脅墜馬蒼頭李有名前斬之寇大奔追馘百餘級炒花等痛哭去速把亥爲遼東患二十年至是死帝大喜詔賜成梁甲第京師世襲錦衣指揮使　己卯倭寇溫州　夏四月戊子朔諭禮部令民及時農桑勿事游惰　甲午寧夏土軍馬景殺參將許汝繼屠其家巡撫都御史晉應槐討誅之　庚子以久旱敕修省　丙辰彗星見西北形如匹練尾指五車歷二十

餘日滅　張佳胤甫入境杭民以行保甲故亦亂佳胤問告者曰亂兵與亂民合乎曰未也佳胤喜曰速驅之尚可離而二也五月至杭州從數卒問民所苦下令除之亂者益張夜掠巨室火光燭天佳胤使徐景星諭二營兵討亂民自贖禽百五十人斬其三之一乃陽召馬文英劉廷用予冠帶久之屬景星密捕七人幷文英廷用斬之而赦諸營兵無所問衆皆大安二亂悉定　庚申免先師孔子及宋儒朱熹李侗羅從彥蔡沈胡安國游酢眞德秀劉子翬故大學士楊榮後裔賦役有差從福建巡撫勞堪請也　庚辰振畿內饑　六月丁亥朔日有食之　壬寅振太原平陽潞安饑　張居正自奪情後益偏恣其所黜陟多由愛憎左右用事之人多通賄賂馮保客徐爵擢用至錦衣衛指揮同知署南鎮撫居正三子皆登上第蒼頭游七入貲爲官勳戚文武之臣多與往還通姻好七具衣冠報謁列於士大夫居正病帝頻頒敕諭問疾大出金帛爲醫藥資病四閱月不愈百

官並齋醮爲祈禱獨戶部主事顧憲成趙南星姜士昌戒勿往南都秦晉楚豫諸大吏無不建醮帝令張四維等理閣中細務其大事並就居正家中平章居正憊甚不能偏閱然尙不使四維等參與遼東大捷進居正太師加歲祿恩廕居正病革乞歸帝復優詔慰留稱太師張太岳先生居正度不起薦前禮部尙書潘晟尙書梁夢龍侍郎余有丁許國陳經邦已復薦尙書徐學謨曾省吾張學顏侍郎王篆等可大用帝爲黏御屏乙巳晟以故官兼武英殿大學士有丁自吏部進禮部尙書兼文淵閣大學士預機務晟保所從受書彊居正薦之居正已昏甚不能自主御史魏允貞雷士禎給事中王繼光孫瑋牛惟炳張鼎思及巡視畿輔屯田御史王國相繼抗言晟不可用晟中途疏辭四維度申時行不肯爲晟下擬旨允之帝卽報可丙午居正卒帝爲輟朝諭祭九壇視國公兼師傅者贈上柱國謚文忠命四品京卿錦衣堂上官司禮太監護喪歸葬於是四維始爲政　劉臺

至潯州總督都御史郭應聘爲儆居供廩餼未幾飲於戍主所歸而
暴卒即居正卒之日也應聘賻歛歸其喪像祀之　曾一本之誅也
其黨梁本豪竄海中習水戰遠通西洋且結倭兵爲助殺千戶掠通
判以去總督陳瑞與總兵官黄應甲謀分水軍二南駐老萬山備倭
東駐虎門備蜑别以兩軍備外海兩軍扼要害水軍沈蜑舟二十生
獲本豪諸軍競進大破之石茅洲賊復奔潭洲沙灣聚舟二百及倭
舟十相犄角諸將合追先後俘斬千六百有奇沈其舟二百餘撫降
者二千五百他倭寇瓊崖應甲復敗之斬首二百奪其舟　秋七月
庚午振平慶延臨鞏饑　初帝過慈寧宮幸宮人王氏有身帝諱之
左右無言者已帝侍慈聖太后宴語及之帝不應故事宮中承寵者
必有賞賚文書房内侍書之内起居注慈聖命取示帝且好語曰吾
老矣猶未有孫果男者宗社福也母以子貴寧分差等耶乃封王氏
爲恭妃八月皇長子生帝御殿受賀張四維言今法紀修明海宇寧

謚足稱治平而文武諸臣不達朝廷勵精本意務爲促急煩碎致徵斂無藝政令乖舛中外囂然喪其樂生之心誠宜及此大慶蕩滌煩苛宏敷惠澤俾四海烝黎咸戴帝德此固人心培國脈之要術也帝嘉納之九月丙辰詔赦天下甲子加上仁聖皇太后徽號曰康靜慈聖太后曰明肅　御史郭惟賢請召用吳中行等馮保惡其言責以黨護謫江山縣丞　冬十月丙申蘇松大水蠲振有差　初張四維曲事張居正積不能堪擬旨不盡如居正意居正惡之又與王篆曾省吾等交惡居正沒馮保猶用事徐爵居禁中爲閱章奏擬詔旨如故居正黨率倚爵以自結於保潘晟之罷也保方病起詬曰我小恙遽無我耶四維知中外積苦居正欲大收人心會皇子生詔天下上疏論之自是朝政稍變言路亦發舒詆居正時事篆等大懼厚結申時行以爲助兩宮徽號禮成保欲封伯四維以無故事難之擬廕弟姪一人都督僉事保怒曰爾由誰得今日而負我篆省吾知之厚賄

保數短四維而使所善御史曹一夔劾吏部尚書王國光媚四維拔其中表弟王謙爲吏部主事會御史楊寅秋劾國光六罪帝怒時行遂擬旨落國光職閒住並謫謙而以梁夢龍代國光四維以帝慰留復起視事命甫下御史張問達復劾四維四維窘亦賄保保意稍解時行乃謫問達於外以安四維四維以時行與謀也卒銜之張誠張鯨者東宮舊閹也保害誠寵斥諸外帝使密詗保及居正已而復入悉以兩人交結恣橫狀聞且謂其寶藏踰天府帝心動鯨亦乘閒陳保過惡請令閒住帝猶畏保曰若大伴上殿來朕奈何鯨曰既有旨安敢復入御史江東之首暴爵奸幷言夢龍浼爵賄保得吏部以孫女聘保弟爲子婦御史鄧練趙楷復劾夢龍御史李植遂發保十二大罪帝震怒執保禁中十二月壬辰謫奉御南京安置勒夢龍致仕下爵及保弟都督佑從子都督邦寧於獄而貶其黨張大受周海何忠等八人小火者司香孝陵盡籍其家保金銀百餘萬珠寶瑰異稱

是佑邦寧瘐死爵烟瘴永戍王國亦馳疏極論保罪因發篆省吾表裏結納狀篆省吾皆逐朝事一大變於是四維稍汲引海內正人爲居正所沈抑者雲南貢金後期帝欲罪守土官又詔取雲南舊貯礦銀二十萬皆以四維言而止時望頗屬焉保之發南京也慈聖太后問故帝曰老奴爲居正所惑無他過行且召還時潞王將婚所需珠寶未備慈聖以爲言帝曰年來無恥臣僚盡貨以獻張馮二人家其價驟貴慈聖曰已籍矣必可得帝曰奴黠猾先竊而逃未能盡得也錦衣都督劉守有與僚屬張昭龐清馮昕等皆以籍罪人家多所隱沒得罪　廷臣交薦吳中行等壬寅南京御史孫繼光請召中行及趙用賢艾穆沈思孝鄒元標余懋學趙應元傅應禎朱鴻謨孟一脈王用汲等從之併復郭維賢職召元標爲吏科給事中　張居正當國刑部尚書嚴清獨不附麗及籍馮保家得廷臣饋遺籍獨無清名帝深重焉會吏部尚書缺魏允貞言銓衡任重往者會推之前所司

率受指執政或司禮中官以故用非其人帝納其言特用清清曰討
故實辨官材自丞佐下皆親署無一倖進者中外師其廉儉書問幾
絶　初南徼有緬甸去雲南遠其酋莽瑞體以兵服諸番勢遂彊數
擾邊境江西人岳鳳者商隴川驍桀多智爲宣撫多士寧記室士寧
妻以妹鳳誘士寧往見瑞體潛與子曩烏猷殺之并殺其妻子奪金
牌印符受瑞體僞命代士寧爲宣撫瑞體死子應裏嗣鳳結耿馬賊
罕虔南甸土舍刀落參芒市土舍放正堂與應裏從父猛別弟阿瓦
等各帥象兵數十萬攻雷弄盞達干崖南甸木邦老姚思甸諸處殺
掠無算窺騰越永昌大理蒙化景東鎮沅元江陷順寧破盞達又令
曩烏引緬兵突猛淋指揮吳繼勳等戰死鄧川土知州何鈺鳳僚壻
也使使招鳳鳳縶獻應裏車里八百孟養木邦孟艮孟密蠻莫皆以
兵助賊賊益熾黔國公沐昌祚聞警移駐洱海巡撫都御史劉世曾
亦移楚雄大徵漢土軍數萬令參政趙睿壁蒙化副使胡心得壁騰

衡陸通霄壁趙州僉事楊際熙壁永昌與監軍副使傅寵江忻督參將胡大賓等分道進擊　免畿內山西被災稅糧

明紀卷第四十

明紀卷第四十一

賜進士出身工部候補主事虞衡司行走陳鶴纂

卹贈知府銜給雲騎尉世職內閣候補中書孫男克家參訂

神宗紀三（起萬曆十一年癸未訖萬曆十四年丙戌凡四年）

十一年春正月壬戌敕嚴邊備　薊鎮總兵官戚繼光在鎮十六年邊備修飭自俺荅受封朝廷以八事課邊臣曰積錢穀修險隘練兵馬整器械開屯田理鹽法收塞馬散叛黨三歲則遣大臣閱視繼光課恆最南北名將馬芳俞大猷前卒獨繼光與李成梁在徐階高拱張居正當國皆倚任之督撫大臣譚綸劉應節梁夢龍輩亦皆與善動無掣肘及是給事中張鼎思言繼光不宜於北當國者遽改之廣東繼光悒悒不得志強一赴　二月分陝西邠州地置長武縣　閏月甲子俺荅子乞慶哈襲封順義王初三娘子佐俺荅主貢市諸部皆受其約束及乞慶哈襲封年老且病欲妻三娘子三娘子不從帥

衆西走乞慶哈自追之貢市久不至鄭洛計三娘子別屬則乞慶哈
雖王無益乃使人語之曰夫人能歸王不失恩寵否則塞上一婦人
耳三娘子聽命乞慶哈貢市惟謹　劉世曾請以南京坐營中軍劉
綎爲騰衝游擊移武靖參將鄧子龍於永昌各提兵五千赴緬甸進
勦從之　乙丑帝如天壽山謁九陵免所過田租庚午如西山謁恭
讓章皇后景皇帝陵辛未還宮　乙酉振臨洮平延慶五府旱災免
田租　致仕大學士徐階卒贈太師謚文貞階立朝有相度保全善
類嘉隆之政多所匡救間有委蛇亦不失大節當時翕然稱爲名相
　馮保既得罪新進者益務攻張居正三月甲申詔奪上柱國太師
再奪謚斥其子錦衣衛指揮簡修爲民所引用者斥削殆盡　魏允
貞陳時弊四事言自張居正竊柄吏兵二部遷除必先關白故所用
悉其私人陛下宜與輔臣精察二部之長而以其職事歸之使輔臣
不侵部臣之權以行其私部臣亦不乘輔臣之間以自行其私則官

方自肅自居正三子連登制科流弊迄今未已請自今輔臣子弟中式俟致政之後始許廷對庶倖門稍杜自居正惡聞讜言每遇科道員缺率擇才性便給工諂媚善逢迎者授之致昌言不聞佞臣得志自今考選時陛下宜嚴敕所司毋循故轍自俺荅通市以來邊備懈弛三軍月饟旣剋其半以充市賞復剋其半以奉要人士無宿飽何能禦寇至遼左戰功尤可駭異軍聲則日振於前生齒則日減於舊奏報失眞遷敘逾格賞罰無章何以能國哉疏入下都察院先是居正旣私其子他輔臣呂調陽子興周張四維子泰徵甲徵申時行子用懋皆相繼得舉甲徵用懋將廷對而允貞疏適上四維大慍言臣待罪政府無所不當聞今因前人行私而欲臣不預聞吏兵二部事非制也因爲子自誣且乞骸骨時行亦疏辨帝並慰留而責允貞言過當戶部員外郎李三才奏允貞言是乃貶允貞許州判官三才東昌府推官給事御史周邦傑趙卿等論救不納　江東之訟劉臺冤

劾僉都御史王宗載與御史于應昌共陷劉臺故事御史上封事必以副封白長官東之持入署宗載迎謂曰江御史何言曰為死御史鳴冤問為誰曰劉臺也宗載失氣反走詔復臺官罷宗載應昌下所司廉問　夏四月丁巳張四維以憂去　己未吏部侍郎許國為禮部尚書兼東閣大學士預機務　甲戌承天大雨江溢漂沒田廬人畜無算　劉世曾等與賊大小十餘戰積級千六百有奇猛別刀落參皆殪莽應裏趣鳳東罕虔渡查理江合兵犯姚關灣甸土知州景宗真及弟宗材助之鄧子龍急戰攀枝樹下陳斬宗真虔生獲宗材虔子招罕招色奔三尖山令叔罕老帥蒲人藥弩手五百阻要害官軍以暑瘴退師　廣東羅定兵變　初遼東長白山之東布庫哩山有天女佛庫倫浴於池有神鵲銜朱果置女衣取而吞之遂有身產一男生而能言體貌奇異及長以愛新覺羅為姓布庫哩雍順為名乘小艇順流至河步登岸端坐其地有三姓者方構兵或汲於河見

而異之歸語衆往觀詢知所由來皆驚曰此天生聖人也我等盍息
奉以爲主遂迎舁至家以女百里妻之奉爲貝勒於是布庫哩雍順
居長白山東鄂謨輝之野鄂多理城國號曰滿城是爲我
大清開基之始數傳有樊察者國人弗靖遁於野追者將及有神鵲
止其首獲免又數傳至
肇祖原皇帝又傳
興祖直皇帝生
景祖翼皇帝居赫圖阿拉城兄弟六人築城分居號寧古塔貝勒生
顯祖宣皇帝妃喜塔喇氏生
太祖高皇帝天表非常勇略蓋世號爲
聰睿貝勒時蘇克素護河部圖倫地有尼堪外蘭者陰搆李成梁攻
古埒城主阿泰章京阿泰妻乃
景祖長子禮敦巴圖魯之女遂偕

顯祖往救先後入古埒城城中守禦甚堅成梁不能克尼堪外蘭詭
往招撫城中人信之殺阿泰以降成梁盡屠之幷害
景祖
顯祖焉
太祖聞赫然震怒往詰責明邊吏明人乃歸
二祖喪至是
太祖年二十有五思復
祖父讐五月以
顯祖遺甲十三副起兵征圖倫城尼堪外蘭奔甲版
太祖克圖倫城進征甲版城尼堪外蘭奔鄂勒歡地築城以居巳
太祖進克鄂勒歡城尼堪外蘭遁入邊
太祖遣齋薩帥四十人索尼堪外蘭於邊吏斬之而歸遂歲輸銀幣
通和好　六月乙丑振承天漢陽鄖陽襄陽災　秋七月吏部尚書

嚴清以病免改戶部尚書楊巍代之時部權盡歸內閣巍素厲清操有時望然年老骫骳多聽申時行指揮　郭惟賢劾左都御史陳炌希權臣指論罷御史趙燿趙應元不可總憲紀炌罷去惟賢又薦王錫爵賈三近孫鑨何源孫丕揚耿定向曾同亨詹仰庇皆獲召　八月丙辰免山西被災稅糧　江西巡撫都御史曹大埜遼東巡撫都御史李松勘報王宗載等朋比傾陷劉臺皆有狀刑部以故入論奏宗載等遣戍除名降黜有差贈臺光祿寺少卿廕一子　張居正之奪情也寧國諸生吳仕期欲上書諫未發太平同知龍宗武告之操江胡檟以聞於居正會有僞爲海瑞劾居正疏播之邸抄者宗武意仕期置之獄榜掠七日而卒居正死仕期妻訟冤南京御史孫維城言狀檟已擢刑部侍郎宗武湖廣參議皆落職戍邊大理寺少卿王用汲駁奏曰按律刑部及大小官吏不依法律聽從上司主使出入人罪者罪如之蓋謂如上文罪斬妻子爲奴財產入官之律也仕期

之死櫝非主使者乎宗武非聽上司主使者乎今僅謫戍不知所遵何律也帝欲從用汲言申時行等謂仕期自斃宜減等乃已　御史孟一脈陳五事言近再選宮女至九十七人急徵一時輦下甚擾一也中外章奏宜下部臣議覆閣臣擬旨脫有不當臺諫得糾駁之今乃不任臣工顓取宸斷明旨一出莫敢犯顏二也士習邪正繫世道隆汙今廉恥日喪營求茍且亟宜更化救斃先實行而後才華三也東南財賦之區靡於淫巧民力竭矣非陛下有以倡之乎數年以來御用不給今日取之光祿明日取之太僕浮梁之瓷南海之珠玩好之奇器用之巧日新月異遇聖節則有壽服元宵則有燈服端陽則有五毒吉服年例則有歲進龍服以至覃恩錫類小大畢霑謁陵犒賜耗費鉅萬錙銖取之泥沙用之於是民間習爲麗侈窮耳目之好竭工藝之能不知紀極夫中人得十金即足供終歲之用今一物而常兼中人數家之產或刻沈檀鏤犀象以珠寶金玉飾之周鼎商彝

秦鉳漢鑑皆搜求於海內窮歲月之力專一器之工罄生平之貲取一盼之適殊不知財賄易盡嗜慾無窮陛下誠能恭儉節約以先天下禁彼浮淫還之貞樸則財用自裕而風俗亦淳四也邊疆之臣日弛戎備上下蒙蔽莫以實聞由邊臣相繼爲本兵題覆處分盡在其口言出而中傷隨之誰肯爲無益之談自取禍敗哉漁夫舍餌以得魚未聞以餌養魚者也今以中國之文帛綺繡爲蕃戎常服雖曰貢市實則媚之邊人假貢市以賂戎戎人肆剽竊而要我彼此相欺以誑君父幸其不來來則莫禦所謂以餌養魚者也請明詔樞臣洗心易慮戰守之備一一講求付之邊臣使將識敵情兵識將意庶乎臂指如意國可無虞五也疏入忤旨謫建昌推官　初王杲死其子阿台走依王台長子虎兒罕以王台獻其父嘗欲報之王台死虎兒罕勢衰阿台遂赴北關合攻虎兒罕又數犯孤山汎河李成梁出塞遇於曹子谷斬首一千有奇獲馬五百阿台復糾阿海連兵入抵瀋陽

城南渾河大掠去成梁從撫順出塞百餘里火攻古勒寨射死阿台
連破阿海寨擊殺之獻馘二千三百杲部遂滅　改陝西金州爲興
安州　九月甲申帝如天壽山謁陵用徐學謨言卜壽宮於大峪山
巡按畿輔御史李植扈行閱視謂其地未善欲偕江東之疏爭不果
己丑帝還宮　左副都御史邱橓陳吏治積弊八事言臣去國十餘
年士風漸靡吏治轉污遠近蕭條日甚一日此非世運適然由風紀
不振故也如京官考滿河南道例書稱職外吏給由撫按官概與保
留以朝廷甄別之典爲人臣交市之資敢徇私而不敢盡法惡無所
懲賢亦安勸此考績之積弊一也御史巡方未離國門而密屬之姓
名已盈私牘甫臨所部而請事之竿牘又滿行臺以豸冠持斧之威
束手俯眉聽人頤指此請託之積弊二也撫按定監司考語必託之
有司有司則不顧是非侈加善考監司德且畏之彼此結納上下之
分蕩然其考守令也亦如是此訪察之積弊三也貪墨成風生民塗

岌而所劾罷者大都單寒輭弱之流苟百足之蟲傅翼之虎即贓穢狼籍還登薦剡嚴小吏而寬大吏詳去任而略現任此舉劾之積弊四也懲貪之法在提問乃豺狼見遺狐狸是問徒有其名或陰縱之使法或累逮而不行或批駮以相延或朦朧以幸免即或終竟其事亦必博長厚之名而以盡法自嫌苞苴或累萬金而贓止坐之銖黍草菅或數十命而罰不傷其豪釐此提問之積弊五也薦舉糾劾所以勸徵有司也今薦則先進士而舉監非有憑藉者不與焉劾則先舉監而進士縱有訾議者罕及焉晉接差委專計出身之途於是同一官也不敢接席而坐比肩而行諸人自分低昂吏民觀瞻頓異助成驕縱之風大喪賢豪之氣此資格之積弊六也州縣佐貳雖卑亦臨民官也必待以禮然後可責以法令也役使譴訶無殊輿隸獨任其污黷害民不屑禁治禮與法兩失之矣學校之職賢才所關今不問職業而一聽其所爲及至考課則曰此寒官也概與上考若輩知

上官不我重也則因而自棄知上官必我憐也又從而日偷此處佐
貳教職之積獘七也科場取士故有門生座主之稱若巡按舉劾其
職也乃劾者不任其怨舉者獨冒爲恩尊之爲座主而以門生自居
筐篚問遺終身不廢假明揚之典開賄賂之門無惑乎清白之吏不
概見於天下也方今國與民俱貧而官獨富既以官而得富還以富
而市官此饋遺之積獘八也要此八者敗壞之原不在於外從而轉
移亦不在於下也昔齊威王烹一阿大夫封一即墨大夫而齊國大
治陛下誠大奮乾剛痛懲吏獘則風行草偃天下可立治矣疏奏帝
稱善敕所司下撫按奉行不如詔者罪　冬十月癸亥停刑　辛未
河南水災蠲振有差　給事中鄒元標陳培聖德親臣工肅憲紀崇
儒行飭撫臣五事　通政司參議梁子琦劾禮部尚書徐學謨始結
張居正繼附申時行詔奪子琦俸鄒元標復劾學謨乃令致仕時行
以元標己門生而劾罷其姻憾之　十一月己卯朔日有食之　給

事中余懋學請奪朱希忠王爵從之並削張懋王號　邱橓言故給事中魏時亮周世選御史張檟李復聘以忤高拱見黜文選郎胡汝桂以忤尚書被傾宜賜甄錄御史于應昌構陷劉臺與王宗載同罪宗載遣戍而應昌止罷官勞堪巡撫福建殺侍郎洪朝選御史張一鯤監應天鄉試王篆子之鼎竄緣中式錢岱監湖廣鄉試先期請張居正少子還就試會居正卒不果遂私中篆子之衡曹一夔身居風憲威稱馮保爲顧命大臣朱璉則結馮保爲父游七爲兄此數人者得罪名教而亦止罷官此紀綱所以不振人心所以不服臣初入臺誓掃除積弊今待罪三月而大吏恣肆小吏貪殘小民怨咨四方賂遺如故臣不職可見請罷斥以儆有位時已遷刑部右侍郎帝優詔報之召時亮世選檟復聘汝桂還削應昌堪一鯤一夔璉籍貶岱三秩

初張居正以洪朝選輕遼王罪銜之勞堪巡撫福建希居正意諷同安知縣金枝据撫朝選事堪飛章奏之命未下捕置之獄絕其

飲食三日死禁勿殮屍腐獄中堪尋召爲左副都御史未至京而居正卒朝選子都察院檢校競訴冤闕下堪復飛書抵馮保削競籍廷杖遣歸至是給事中孫瑋白發其事並及堪諸貪虐狀邱橓亦爲訟朝選妻訴冤競復援胡櫝王宗載事請與堪俱死乃遣堪戍　鄧子龍餌蒲人以金盡知賊間道乃命裨將鄧勇等提北勝浪蕖諸番兵直擣賊巢而預伏兵山後夾擊夜半上生擒招罕招色罕老及其黨百三十餘人斬首五百餘級撫流移數千人尖山巢空會劉綎亦至軍軍大振何鋌復開示岳鳳百方與之盟誓綎子龍等各帥勁師環壁四面鳳懼乃令妻子部曲來降綎責令獻金牌符印及蠻莫孟密地　北關清嘉砮楊吉砮素讐南關王台沒屢侵台季子猛骨孛羅且藉土蠻煖兔慌忽太兵侵邊境十二月李松使備禦霍九皋許之貢市清嘉砮楊吉砮帥二千餘騎詣鎮北關謁松九皋見其兵盛譙讓之則以三百騎入松先伏甲於旁約二人不受撫則礮舉甲起塡

之二人抵關據鞍不遜松叱之九皋麾使下其徒遽拔刀擊九皋幷殺侍卒十餘人於是軍中礮鳴伏盡起擊斬二人幷清嘉砮子兀孫孛羅楊吉砮子哈兒哈麻盡殲其從騎李成梁聞礮急出塞擊其留騎斬首千五百有奇餘衆刑白馬攢刀誓永受約束乃旋師炒花等以數萬騎入蒲河及大寧堡將士防禦六日始出塞　庚午慈寧宮災敕修省　御史丁此呂請撤鼇山停織造燒造還建言譴謫諸臣去張居正餘黨速誅徐爵游七報聞　時貴妃鄭氏有寵而帝耽於酒給事中萬象春以爲言報聞　鄒元標上時政六事中言臣曩進無欲之訓陛下誠自省果無欲耶寡欲耶語云欲人勿聞莫若勿爲陛下誠宜翻然自省加意培養帝以元標剌己怒降旨譙責謫南京刑部照磨　先是奉詔蠲除及織造議留共銀百七十六萬餘兩命於太倉庫補進戶部尚書王遴言陛下歷十餘年之積不足償二年取補之資矧金花額進歲當百萬自六年以後增進二十萬今合

六年計之不啻百萬矣庫積非源泉歲進不已後將何繼因言京通二倉糧積八百萬石足供九年之需請量改折百五十萬石三年而止詔許一年

十二年春正月御史范儁陳時政十事語皆切至中言人欲宜防力以靡曼蘖爲戒時帝遘微疾大臣方問安而儁疏適入帝恚曰嚮未罪鄒元標致儁復爾當重懲之申時行等擬鐫秩帝猶怒將予杖是夜大雷雨明日朝門外水三尺餘帝怒少霽時行等亦力救乃斥爲民　二月丁卯京師地震　己巳御史屠叔明請釋建文諸臣外親謫戍者後裔詔自齊泰黃子澄外其坐方孝孺等連及者俱免之於是浙江江西福建四川廣東得免者凡三千餘人　時宗室繁衍歲祿不繼萬象春疏及之會河南巡撫都御史褚鈇請稍減郡王以下歲祿均給貧宗帝遣象春徧諮河南山西陝西諸王府計畫以聞象春抵河南方集議而周府諸宗人疑鈇疏出宗正睦㮮意新會王

睦㰘聚衆千餘人毆之裂其衣冠上書抗詔帝怒廢睦㰘爲庶人奪諸宗人歲祿象春復以次詰秦晉諸藩奏上便宜十五事多著爲令睦㰂屢疏引疾乞休詔勉留之　三月己亥減江西燒造瓷器　御史張文熙言閣臣專恣者四事請帝永禁革之申時行言文熙謂部院百執事不當置考成簿送閣察考吏兵二部除授不當一一取裁督撫巡按行事不當密揭請教閣中票擬當使同官知夫閣臣不職當罷黜若幷其執掌盡削之是因噎廢食也至票擬無不與同官議者帝深以爲然絀文熙議不用　御史羊可立追論張居正罪指居正構遼庶人憲㸅獄庶人妃因上疏辨冤且曰庶人金寶萬計悉入居正夏四月乙卯帝命司禮太監張誠侍郎邱橓錦衣指揮給事中往籍居正家左都御史趙錦言世宗籍嚴嵩家禍延江西諸府居正私藏未必逮嚴氏若加搜索恐貽害三楚十倍江西民且居正誠擅權非有異志其翼戴沖聖夙夜勤勞中外寧謐功亦有不容泯者今

其官廕贈諡及諸子官職並從褫革已足示懲乞特哀矜稍寬其罰
不納左諭德于慎行與檞書言居正母老諸子覆巢之下顚沛可傷
宜推明主帷蓋恩全大臣簪履之誼詞極懇摯時論韙之　劉綎以
送岳鳳妻子還隴川爲名分兵趨沙木籠山據其險而己馳入隴川
境鳳度四面皆兵丁巳詣軍門降綎復率兵進緬緬將先遁留少兵
隴川綎攻之鳳子曩烏亦降綎乃攜鳳父子往攻蠻莫乘勝掩擊賊
窘縛緬人及象馬來獻綎遂招撫孟養賊賊將乘象走追獲之復移
師圍孟璉生擒其魁　五月甲午京師地震　六月辛亥以雲南用
兵免稅糧及逋賦　帝集内豎二千人授以戈甲雜廝養訓練謂之
内操發太僕寺馬三千給之張學顔執不與馬又請停操練皆不聽
刑部主事董基抗疏言内廷清嚴之地無故聚三千之衆輕以凶器
嘗試竊爲陛下危之陛下以爲行幸山陵有此三千人可無恐乎不
知此皆無當實用設遇健卒勁騎立見披靡車駕不可恃以輕出也

夫此三千人安居美食筋力柔靡一旦使執鋭衣堅蒙寒犯暑臣聞頃者竟日演練中暍瀕死者數人若輩未有不怨者聚三千蓄怨之人於肘腋危無逾此且自內操以來賞賚已二萬金長此不已殫竭有用之財糜之無用之地誠可惜也疏入忤旨謫萬全都司都事郭惟賢首疏救之調南京大理寺評事給事中阮子孝御史潘惟岳等復交章救奪俸有差　張誠等未至荆州守令先期錄張居正家人口錮其門子女多遯避空室中比門啓餓死者十餘輩誠等盡發其諸子兄弟藏得黄金萬兩白金十餘萬兩其長子禮部主事敬修不勝刑自誣服寄三十萬金於曾省吾王篆傅作舟等尋自縊死事聞申時行等與六卿大臣合疏請少緩之刑部尚書潘季馴專疏言居正母逾八旬旦暮莫必其命語尤激楚詔留空宅一所田十頃贍其母初兵部員外郎嵇應科山西提學副使陸檄河南參政戴光啓爲鄉會試考官私敬修及其弟嗣修懋修及是丁此呂發其事又言禮

部侍郎何雒文代嗣修懋修撰殿試策而侍郎高啓愚主南京試至以舜亦以命禹爲題顯爲居正勸進帝手疏示時行時行曰此呂以曖昧陷人大辟恐讒言接踵至非清明之朝所宜有乃與余有丁許國合疏言考官止據文藝安知姓名不宜以此爲罪請敕吏部覈官評以議去留楊巍議黜雒文改調應科檄留啓愚光啓而言此呂不顧經旨陷啓愚大逆請出之外遂謫此呂潞安府推官李植及同官楊四知給事中王士性等不平交章劾巍阿時行意蔽塞言路江東之言時行以二子皆登科不樂此呂言科場事巍雖蔽居正實媚時行時行巍並求去帝欲慰留時行罷啓愚召還此呂以兩解之有丁國言大臣國體所繫今以臺言留此呂恐無以安時行巍心初居正操羣下如束溼異己者率逐去居正卒張四維時行相繼柄政務爲寬大以次收召老成布列庶位朝論多稱之然是時內閣權積重六卿大抵徇閣臣指諸大臣由時行等起樂其寬多相與厚善而言路

爲居正所遏至是方發舒以居正素暱時行不能無諷刺時行外示博大能容人心故弗善也植東之及羊可立並以追論居正受帝知三人更相結亦頗引吳中行趙用賢沈思孝爲重用賢性剛負氣傲物數訾議大臣得失時行等尤忌之國遂上疏力詆植東之而陰斥用賢中行謂昔之專恣在權貴今乃在下僚昔顛倒是非在小人今乃在君子意氣感激偶成一二事遂自負不世之節號召浮薄喜事之人黨同伐異罔上行私其風不可長中行用賢皆疏辨求去用賢極言朋黨之說小人以之去君子空人國詞甚峻國避位不出季馴及趙錦王遴工部尚書楊兆副都御史石星侍郎沈鯉陸光祖舒化何起鳴褚鈇大理寺卿溫純給事中御史齊世臣劉懷恕等極論時行國巍不宜去主事張正鵠南京郎中汪應蛟御史李廷彥蔡時鼎黃師顏等又力攻請留三臣者之失中行亦言律禁上言大臣德政邇者襲請留居正遺風輔臣辭位羣起奏留贊德稱功連章累牘此

詔諛之極甚可恥也祖宗二百餘年以來無諫官論事爲吏部劾罷者則又壅蔽之漸不可長也帝竟留三臣責言者如季馴等指黨論之興遂自此始帝追讐居正甚以大臣陰相庇獨植東之可立能發其奸欲驟貴之以風示廷臣時行等力沮乃止秋七月植劾季馴黨庇居正誣上欺君帝削季馴籍爲民手詔吏部擢植太僕少卿東之光祿少卿可立尙寶少卿並添註南京給事中劉一相復劾啓愚啓愚遂削籍八月丙辰詔盡削居正官秩奪前所賜璽書四代誥命榜罪狀示天下謂當剖棺戮屍而姑免之其弟都指揮居易子編修嗣修俱發戍煙瘴地終萬曆世無敢白居正者初居正女歸刑部侍郎劉一儒子珠琲紈綺盈箱篋一儒悉扃之別室居正沒親黨皆坐斥一儒獨以高潔名拜南京工部尙書甫半載移疾歸居正貲產盡入官一儒乃發向所緘物還張氏南京御史李一陽請還一儒於朝以厲恬讓帝可其奏一儒竟不赴召卒於家　九月丙戌奉兩宮皇太

后如天壽山謁陵己丑作壽宮辛卯還宮　張學顏上疏曰皇上恭奉聖母扶輦前驅拜祀陵園考卜壽域六軍將士十餘萬部伍齊肅惟內操隨駕軍士進止自恣前至涼水河喧爭無紀律奔逸衝突上動天顏今車駕已還猶未解散謹稽舊制營軍隨駕郊祀始受甲於內庫事畢卽還宮中惟長隨內侍許佩弓矢又律不係宿衞軍士持寸刃入宮殿門者絞入皇城門者戍邊衞祖宗防微弭亂之意甚深且遠今皇城內披甲乘馬持鋒刃科道不得糾巡臣部不得檢閱又招集廝養僕隸出入禁苑萬一驟起邪心朋謀倡亂譁於內則外臣不敢入譁於夜則外兵不及知譁於都城白晝則曰天子親兵也驅之不肯散捕之莫敢攖正德中西城練兵之事良可鑒也疏入宦豎皆切齒爲蜚語中傷帝察知之詰責主使者學顏得免然亦不能用也　岳鳳之降也本以計誘而劉世曾疏稱陳禽遂行獻俘禮帝爲告謝郊廟自申時行以下悉敘功進官廕子改孟密安撫司爲宣撫

增設安撫二曰蠻莫曰耿馬長官司二曰孟璉曰孟養千戶所二一居姚關一居猛淋皆名曰鎮安命劉綎以副總兵署臨元參將移鎮蠻莫未幾緬人復大舉寇孟密孟密兵戰敗賊遂圍五章把總高國春帥五百人往援破賊數萬連摧六營爲西南戰功第一　朵顏長昂導土蠻以四千騎分掠三山三道溝錦川諸處李松請急勦長昂等朝議不從僅革其月賞未幾復以千騎犯劉家口官軍禦之殺傷相當薊鎮千總沈有容夜半帥健卒二十九人迎擊身中二矢斬首六級寇退乃還　冬十月丁巳停刑　丙寅免湖廣山東被災稅糧　十一月癸酉朔大統術推日食九十二秒回回術推不食已而回回術驗給事中侯先春言月食在酉而曰戌月食將既而曰未九分差舛甚矣回回術推算日月交食五星淩犯最爲精密何妨纂入大統術中以備考驗詔可　己丑余有丁卒　御史詹事請以王守仁從祀孔子廟廷申時行等言守仁言致知出大學良知出孟子陳獻

章主靜沿宋儒周敦頤程顥且孝友出處如獻章氣節文章功業如守仁不可謂禪且言胡居仁純心篤行衆論所歸並宜從祀帝皆從之追謚居仁文敬獻章文恭南京戶部郎中唐伯元言守仁不宜祀且請黜陸九淵而躋有若及周程張朱五子於十哲之列祀羅欽順章懋呂柟魏校呂懷蔡清羅洪先王艮於鄉疏方下部爲南京給事中鍾宇淳所駁遂謫伯元爲海州判官終明世得從祀者止薛瑄及居仁獻章守仁四人　十二月甲辰前禮部侍郎王錫爵爲本部尚書兼文淵閣大學士吏部侍郎王家屏兼東閣大學士預機務家屏去史官二年卽輔政前此未有也申時行當國許國次之錫爵至又次之家屏居末每議事秉正持法不亢不隨　房山縣民史錦奏請開礦下撫按查勘廷臣多力陳其弊癸酉罷之帝怏怏　戚繼光至廣東踰年卽謝病給事中張希臯等復劾之竟罷歸居三年卒繼光在南方戰功特盛北則專主守所著紀效新書練兵事實談兵者多

遵用焉　故事戶部銀專供軍國不給他用帝大婚暫取濟邊銀九萬兩爲織造費至是復欲行之王遴執爭未幾詔取金四千兩爲慈寧宮用遴又力持皆不納遴陳理財七事請崇節儉重農務督逋負懲貪墨廣儲蓄飭貢市帝報曰事關朕躬者已知之餘飭所司議行時釋教大盛遴請汰其壯者歸農聚衆修齋者坐左道罪禮部尙書沈鯉請如遴言詔許之后妃宦官多言不便事中止　初南京給事中馮景隆言遼東巡撫周詠與于應昌共陷劉臺應昌已罷詠尙爲薊遼總督亦宜罷因劾李成梁飾功張學顏亟稱成梁十大捷非妄孫繼先復劾成梁并發學顏陷臺罪御史曾乾亨繼之帝方嚮學顏謫景隆薊州判官繼先臨清州判官乾亨海州判官已給事中黃道瞻復論學顏學顏疏辨求去又請留道瞻不聽學顏故爲張居正所厚與成梁共事久物議終以爲黨乾亨同亨弟也　初張居正不樂海瑞令巡按御史廉察之御史至山中視瑞設雞黍相對食居舍蕭

然御史歎息去居正憚瑞峭直中外交薦卒不召居正卒久之吏部
擬用瑞左通政帝雅重瑞命畀以前職
十三年春正月召爲南京右僉都御史瑞年已七十二矣　辛卯四
川建武所兵變擊傷總兵沈思學燔其公廨瀘州副使周嘉謨單車
諭之乃定　順天府通判周宏禴上疏指斥朝貴言張學顏被論屢
矣陛下以學顏故逐一給事中三御史此人所共憤也學顏結張鯨
爲兄弟言官指論學顏而不敢及鯨畏其勢耳若李植之論馮保似
乎忠讜矣實張宏門客樂新聲爲謀主其巡按順天納娼爲小妻猖
狂干紀則恃宏爲內援也鯨宏既竊陛下權而植又竊司禮勢此公
論所不容祖訓大小官許至御前言事今吏科都給事中齊世臣乃
請禁部曹建言曩張居正竊權臺省羣頌功德而首發其奸者顧在
艾穆沈思孝部曹言事果何負於國哉居正惡員外郎管志道之建
白也御史龔懋賢因誣以老疾惡主事趙世卿之條奏也尚書王國

光遂錮以王官論者切齒今學顏植交附鯨宏鯨敢竊柄世臣豈不聞己不敢言奈何反欲人不言乎前此長吏垣者周邦傑秦燿當居正時燿則甘心獵犬邦傑則比跡寒蟬今燿官太常邦傑官太僕矣諫職無補坐陟京卿尚謂臺省足恃乎而乃禁諸臣言事也夫逐一人之言者其罪小禁諸臣之言者其罪大往者嚴嵩居正猶不敢明立此條何世臣無忌憚一至此哉乞放學顏植歸里出燿邦傑於外屏張鯨使閑居而奪世臣諫職嚴敕司禮張誠等止掌內府禮儀毋干政事天下幸甚帝怒謫代州判官　給事中王致祥言祖宗法非宿衞士不得持寸兵今授羣不逞利器出入禁門禍不細申時行語司禮監曰內操事繫禁廷諸人擐甲執戈未明而入設奸人竄其中一旦緩急外廷不得聞宿衞不及備此公等剝膚患也中官悚然乘間力言帝乃留致祥疏而罷內操　二月丁未南京地震　京師自去年八月不雨至於是月庚午大雩三月甲申大雩　刑部尚書舒

化言陛下仁心出天性知府錢若賡知州方復乾以殘酷死戍請飭大小臣僚各遵律例毋淫刑大明律一書高皇帝揭之兩廡手加更定今未經詳斷者或命從重擬議已經定議者又詔加等處斬是謂律不足用也去冬雨雪不時災異頻見咎當在此帝優詔答之化等乃輯嘉靖三十四年以後詔令及宗藩軍政條例捕盜條格漕運議單與刑名相關者律爲正文例爲附註凡三百八十二條刪世宗時苛令特多　泰寧衛速把亥之子把兎兒欲報父怨偕從父炒花姑壻花大糾西部以兒鄧等以數萬騎入掠瀋陽既退駐牧遼河聲犯開原鐵嶺己丑李成梁與李松潛爲浮橋濟師踰塞百五十里疾掩其帳寇已先覺整衆逆戰成梁爲疊陣親督前陣擊賊而松以後陣繼之斬首八百有奇　壬辰減杭州織造及尚衣監料銀　徐貞明之謫外也至潞河終以水田議爲可行乃著潞水客談以畢其說其略曰西北之地旱則赤地千里潦則洪流萬頃惟雨暘時若庶樂歲

無饑此可常恃哉惟水利興而後旱潦有備利一中人治生必有常稔之田以國家之全盛獨待哺於東南豈計之得哉水利興則餘糧栖畝皆倉庾之積利二東南轉輸其費數倍若西北有一石之入則東南省數石之輸久則蠲租之詔可下東南民力庶幾稍甦利三西北無溝洫故河水橫流而民居多沒修復水田則可分河流殺水患利四西北地平曠寇騎得以長驅若溝洫盡舉則田野皆金湯利五游民輕去鄉土易於爲亂水利興則業農者依田里而游民有所歸利六招南人以耕西北之田則民均而田亦均利七東南多漏役之民西北罹重徭之苦以南賦繁而役減北賦省而徭重　使田墾而民聚則賦增而北徭可減利八沿邊諸鎮有積貯轉輸不煩利九天下浮戶依富家爲佃客者何限募之爲農而簡之爲兵屯政無不舉矣利十塞上之卒土著者少屯政舉則兵自足可以省遠募之費甦班戍之勞停攝勾之苦利十一宗祿浩繁勢將難繼今自中尉以下

量祿之田使自食其土爲長子孫計則宗祿可減利十二修復水利則倣古井田可限民名田而自昔養民之政漸可舉行利十三民與地均可倣古比閭族黨之制而教化漸興風俗自美利十四也譚綸見而美之曰我歷塞上久知其必可行也已而順天巡撫張國彥副使顧養謙行之薊州永平豐潤玉田皆有效貞明已累遷尙寶司丞御史蘇瓚徐待力言其說可行給事中王敬民又特疏論薦王遴亦力贊之帝乃進貞明少卿賜之敕令往會撫按諸臣勘議　張學顏入疏乞休許致仕去王遴代爲兵部尙書李成梁賂遺徧輦轂獨不敢至遴門　夏四月丙午大雩戊申以旱詔中外理冤抑釋鳳陽輕犯及年久禁錮罪宗戊午步禱於南郊面諭大學士等曰天旱雖由朕不德亦天下有司貪婪剝害小民以致上干天和今後宜慎選有司蠲天下被災田租一年議分遣大臣禱天下名山大川沈鯉言使臣往來驛騷恐重困民請齋三日以告文授太常屬致之罷寺觀勿

禱詔可　御史李棟言隆慶間河決崔鎮爲運道梗數年以來民居既奠河水安流咸曰此潘尚書功也昔先臣宋禮治會通河至於今是賴陛下允督臣萬恭之請予之廕謚今季馴功不在禮下乃當身存之日使與編戶齒寧不隳諸臣任事之心失朝廷報功之典哉御史董子行亦言季馴罪輕責重詔俱奪俸　御史蔡系周言古者朝有權臣獄有冤囚則旱李植數爲人言至尊呼我爲兒每觀沒入寶玩則喜我其無忌憚如此陛下欲雪枉而刑部尚書之枉先不得雪今日之旱實由於植又曰植迫欲得吳中行柄國以善其後中行迫欲得植秉銓而騁其私倘其計得行勢必盡毒善類今日旱災猶其小者其他語絕狂誕所稱尚書謂潘季馴也疏上未報御史龔懋賢孫愈賢繼之江東之發憤上疏曰沈思孝吳中行趙用賢及張岳鄒元標數臣忠義天植之死不移臣實安爲之黨樂從之游今指植與交歡爲黨則植猶未若臣之密願先罷臣官羊可立言奸黨懷馮張

私惠造不根之辭以傾建言諸臣勢不盡去臣等不止乞罷職章下內閣申時行等請詰可立奸黨誰也帝仍欲兩爲之解寢閣臣奏而敕都察院自今諫官言事當顧國家大體毋以私滅公犯者必罪植東之求去不許給事御史齊世臣吳定等交章劾可立不當代植辨報曰朕方憂旱諸臣何紛爭乃已中行求去章四上乃聽之去　蘇瓚方奉命巡關獻議曰治水與墾田相濟未有水不治而田可墾者畿輔爲患之水莫如盧溝滹沱二河盧溝發源於桑乾滹沱發源於泰戲源遠流長又合深易濡泡沙滋諸水散入各淀而泉渠溪港悉注其中以故高橋白洋諸淀大者廣圍一二百里小亦四五十里每當夏秋淫潦膏腴變爲瀉鹵菽麥化爲萑葦甚可惜也今治水之策有三濬河以決水之壅疏渠以殺淀之勢撤曲防以均民之利而已詔下徐貞明議　五月丙戌雨　南京尚寶司卿余懋學言諸臣之不容李植等一則以科場不能無私而惡植等之訐發一則以往者

常保留張居正而忌吳中行沈思孝之召用二疑交於中故百姤發於外也夫威福自上則主勢尊植等三人陛下所親擢者也乃舉朝臣工百計排之假令政府欲用一人諸臣敢力挫之乎臣謹以臣工之十蠹爲陛下言之今執政大臣一政之善輒矜贊導之功一事之失輒諉挽回之難是爲誣上其蠹一進用一人執政則曰我所注意也冢宰則曰我所推轂也選郎則曰我所登用也受爵公朝拜恩私室是爲招權其蠹二陛下天縱聖明猶虛懷納諫乃二三大僚稍有規正輒奮袂而起惡聲相加是爲諱疾其蠹三中外臣僚率探政府意向而不卹公論論人則毀譽視其愛憎行政則舉置徇其喜怒是謂承望其蠹四君子立身和而不同今當路意有所主則羣相附和敢於抗天子而難於違大臣是爲雷同其蠹五我國家諫無專官今他曹稍有建白不曰出位則曰沽名沮忠直之心長壅蔽之漸是爲阻抑其蠹六自張居正蒙蔽主聽道路以目今餘風未殄欺罔日滋

如潘季馴之斥大快人心而猶累牘連章爲之申雪是謂欺罔其蠹
七近中外臣僚或大臣交攻或言官相訐始以自用之私終之好勝
之習好勝不已必致忿爭忿爭不已必致黨庇唐之牛李宋之洛蜀
其初豈不由一言之相失哉是謂競勝其蠹八佞諛成風日以寖甚
言及大臣則等之伊傅言及邊帥則擬以方召言及中官則誇呂張
復出言及外吏則頌卓魯重生非藉結歡卽因邀賂是謂佞諛其蠹
九國家設官各有常職近兩京大臣務建白以爲名高侵職掌而聽
民訟長告訐之風失具瞻之體是爲乖戾其蠹十也　南京禮部郎
中馬應圖上疏譏切執政又力詆齊世臣龔懋賢蔡系周孫愈賢吳
定而盛稱吳中行趙用賢沈思孝李植諸人忤旨謫大同典史初國
子監博士陳泰來以執政與言路相水火上書規之坐是五年不調
應圖與泰來同邑又同年生王致祥及御史柴祥等希執政意連章
劾應圖因言泰來爲點定奏章帝以應圖旣貶不問　給事中張維

新請推用譴謫諸臣詔許量移惟范儁不敘給事中孫世楨御史方
萬山等言儁不宜獨遺坐奪俸　敵犯瀋陽伏精騎塞下誘官軍游
擊韓元功追襲之敗死　六月辛丑慈寧宮成加工部尚書楊兆太
子太保諸督工內侍俱廕錦衣已而南京御史王學曾論其太濫劾
兆諛諂中官兆惶恐引罪帝不問　壬寅建武所亂卒伏誅　初四
川松茂諸番列砦四十八歲爲吏民患王廷瞻撫蜀時嘗遣副將吳
子忠擊破丟骨人荒沒舌三砦盡除諸番賞賚西陲稍靖僅六七年
復猖獗是月楊柳番出攻普安堡犯歸水崖石門坎遂入金瓶堡殺
守將巡撫都御史雒遵屬總兵官李應祥討之提卒三千人入茂州
克一巖番恃險剽如故　秋七月御史龔仲慶劾李植吳中行沈思
孝爲邪臣帝惡其排擠出之外齊世臣及御史顧鈐等連章論救不
聽　八月己酉京師地震　作壽宮於大峪山禮部侍郎朱賡往視
中官示帝意欲做永陵制賡言昭陵在望制過之非所安疏入久不

下已竟如其言　徐貞明躬歷京東州縣相原隰度土宜周覽水泉分合條列事宜以上戶部尙書畢鏘等力贊之因采貞明議疏爲六事請郡縣有司以墾田勤惰爲殿最聽貞明舉劾地宜稻者以漸勸率宜黍宜粟者如故不遽責其成召募南人給衣食農具俾以一教十能墾田百畝以上卽爲世業子弟得寄籍入學其卓有明效者倣古孝弟力田科量授鄉遂都鄙之長墾荒無力者貸以穀秋成還官旱潦則免郡縣民壯役止三月使疏河薙草而墾田則募專工帝悉從之九月命貞明兼監察御史領墾田使有司撓者劾治貞明先詣永平募南人爲倡　南京吏部侍郎海瑞言衰老垂死願比古人尸諫之義大略謂陛下勵精圖治而治化不臻貪吏之刑輕也諸臣莫能言其故反借待士有禮之說交口而文其非夫待士有禮而民則何辜哉因舉太祖法剝皮囊草及洪武三十年定律枉法八十貫論絞謂今當用此懲貪其他規切時政語極剴切獨勸帝虐刑時議以

爲非御史梅鵾祚劾之帝雖以瑞言爲過然察其忠誠爲奪鵾祚俸
戊子彗星出羽林旁長尺許每夕東行漸小凡四十六日乃滅
雒遵憾趙錦假條奏指錦爲奸臣御史周希旦等不直遵交章論列
罷之徐元泰代爲巡撫檄諭叛番使三反不應　初王錫爵以面折
張居正爲時所重李植嘗爲庶吉士錫爵爲館師江東之羊可立又
嘗特薦之於朝三人念申時行去錫爵必爲首輔而壽宮地有石時
行以徐學謨故主之可用是罪也乃合疏上言地果吉則不宜有石
有石則宜奏請改圖乃學謨以私意主其議時行以親故贊其成今
鑿石以安壽宮與曩所立表其地不一朦朧易徙若奕棋然非大臣
謀國之忠也時行言車駕初閱時植東之見臣直廬力言形龍山不
如大峪今已二年忽翻此議其借事傾臣明甚帝責三人不宜以葬
師術責輔臣奪俸半歲三人以明習葬法薦刑部侍郎張岳太常寺
卿何源岳源皆疏辭錫爵言恥爲植三人所引義不可留因奏不平

者八事大略言張馮之獄上志先定言者適投其會而輒自附於趙用賢等攖鱗折檻之黨且謂舍建言別無人品建言之中舍采撫張馮舊事別無同志以中人之資乘一言之會超越朝右日尋戈矛大臣如許國楊巍舒化輩曩嘗譽爲正人一言相左目謀剸刃皆不平之大者御史韓國楨給事中陳與郊王敬民因迭攻植等帝下敬民疏貶植戶部員外郎東之兵部員外郎可立大理寺評事岳以諸臣紛爭具疏評其賢否頗爲植三人地請令各宣力一方以全終始於時行國錫爵巍化陸光祖齊世臣吳定孫愈賢皆褒中寓刺而力詆潘季馴龔懋賢蔡系周龔仲慶惟用賢吳中行沈思孝無所譏貶帝責岳頌美大臣且支蔓不足定國是給事中袁國臣復劾岳岳坐免

王遴之爲戶部尚書也頻執爭爲中官所嫉及改兵部申時行以管事指揮羅秀屬遴補錦衣僉書遴格不許會帝將重閱壽宮中官持御批索馬遴以爲題本當鈐印司禮傳奉由科發部無徑下部者

援故事執奏帝不悅時行乃調旨責遴擅留御批失敬上體御史因
交章劾遴遴乞休去　閏月戊戌振鳳陽淮安災　帝以李植言壽
宮有石數十丈如屏風其下皆石恐寶座將置於石上癸卯復躬往
天壽山閱視之終謂大峪吉遂謫植綏德州知州江東之霍州知州
羊可立大名府推官三人自以言事見知未及三歲而貶錫爵與時
行相得甚而閣臣與言路日相水火矣御史柯挺因自言習葬法力
稱大峪之美獲督南畿學政給事中盧逵亦乘風請正植三人罪士
論哂之戊申帝還宮　庚申停刑　土蠻諸部長復犯蒲河殺裨將
數人大剽掠西部銀燈亦窺遼瀋李成梁令部將李平胡出塞三百
五十里擣破銀燈營斬首一百八級諸部長聞之始引去　光山牛
產一犢若麟有司欲以聞巡撫臧惟一不可帝命禮部徵之沈鯉諫
惟一亦疏論不聽王學曾言麟生牛腹次日即斃則祥者已不祥矣
不祥之物所司未嘗上聞陛下何自聞之毋亦左右小人以奇怪惑

聖心也今四方水旱老稚流離啼飢號寒之聲陛下不聞北敵梟張士卒困苦呻吟嗟怨之狀陛下不聞宗室貧窮饔飧弗給愁困涕洟之態陛下不聞而獨巳斃之麟聞彼爲左右者豈誠忠於陛下乎願收還成命內臣語涉邪妄者卽嚴斥之帝責其要名沽直謫興國州判官　戚畹子弟有求舉不獲者誣順天考官張一桂私其客馮詩章維寧及編修史鈳子記純又濫取冒籍者五人帝怒命詩維寧荷枷解一桂鈳官申時行等爲之解帝益怒奪鈳職下詩維寧吏法司廷鞫無驗忤旨被譴卒枷詩維寧一月調一桂南京御史蔡時鼎以事初糾發不由外廷徑從中出極言宵人蜚語直達御前其漸不可長且盡疑大臣言官有私則是股肱耳目舉不可信所信者誰也帝怒手札諭閣臣治罪時行及王錫爵並在告許國王家屏擬停時鼎俸且請稍減詩維寧荷校之期以全其命帝不從責時鼎疑君訕上降極邊雜職又使人詗知發遣冒籍者多寬縱責府尹沈思孝對狀

國家屏復上言人君貴明不貴察苟任一己見聞猜防苛密縱聽斷精審何補於治且使姦人乘機得中傷善類害胡可言願停察訪以崇大體宥言官以彰聖度帝不懌手詔詰讓是日帝思時行遣中使就第勞問國家屏既被責具疏謝執爭如初帝意稍解竟謫時鼎馬邑縣典史貶思孝三秩視事思孝御三品服自若被劾調南京太僕寺卿仍貶三秩　南京御史王藩臣給事中王士美等交章救蔡時鼎王學曾帝怒奪俸一級　初陳瑄隄寶應氾光湖蓄水爲運道上有所受下無所宣遂決爲八淺匯爲六潭興鹽諸場皆沒淮水又從周家橋漫入溺人民害漕運正德末楊最請開月河部覆不從嘉靖中屢議行未果至是工部郎中許應逵復以爲言督漕都御史李世達上其議乃決行之會世達遷南京兵部侍郎王廷瞻代以屬應逵鑿渠千七百七十六丈爲石閘三減水閘二石隄三千三十六丈子隄五千三百九十丈費公帑二十餘萬八閱月竣事詔旨褒嘉賜河

名宏濟　冬十二月丁卯汰惜薪司內官冗員　順義王乞慶哈卒
劉綎將家子性貪御下無法納蠻莫安撫思順重賄又縱部將謝
世祿等淫虐思順怨叛歸緬事聞革綎任以游擊候調初羅雄知州
者濬殺營長奪其妻生子繼榮稍長卽持刀逐父濬訴之鎭巡官命
繼榮迎濬歸繼榮陽事之實加禁錮及調兵征緬遂弒濬妖僧王道
張道言繼榮有異相奉爲主用符術鍊丁甲煽聚徒黨獨外弟隆有
義不從繼榮分黨四剽攻破陸涼鴨子塘陡坡諸寨築石城於赤龍
山據龍潭爲險廣六十里名所居曰龍樓鳳閣環以羣寨劉世曾檄
調漢土軍屬監司程正誼鄭璧等分禦之會綎解官至霑益世曾喜
令與裨將劉紹桂萬鏊分道進討綎馳赴普鮓營直擣繼榮寨拔之
獲其妻妾數人繼榮逸去綎連克三砦斬王道張道追亡至阿拜江
有義部卒斬繼榮首以獻賊盡平世曾請築城改設流官以何倓爲
知州者繼仁爲巡檢是役也撫降萬七千人首功止五十餘級論者

稱綖不妄殺　蠻莫之叛也緬部目大曩長散奪帥數千人據其地孟養亦陰附之按察使李材備兵金騰謂不收兩土司無以制緬遣人招兩土司來歸而閒討抗命夷阿坡居頃之緬遣兵爭蠻莫材合兩土司兵敗緬衆殺大曩長逐散奪去緬帥莽應裏益兵至孟養復擊沈其舟斬其將一人初孟密數爲緬侵奪舉族內徙有司居之戶碗及是材資遣還故土　松茂番窺蒲江關斷歸水崖黃土坎道築牆五哨溝絕東南聲援見官軍少相顧笑曰如此磨子兵奈我何磨子者謂屢旋轉而數不增也尋突平夷堡掠良民裂其腸

十四年春正月遂圍蒲江關礮燬雉堞守將朱文達出斬數十人賊稍解東南路始通徐元泰乃決計大征　南京御史沈汝梁巡視下江用饋遺爲名盡括所部贖鍰都御史辛自修劾奏之帝方欲懲貪吏乃命逮治汝梁召自修爲左都御史二月癸未嚴外官饋遺　貴妃鄭氏有殊寵生子常洵進封皇貴妃中外籍籍疑帝將立愛申時

行帥同列再請建儲沈鯉等亦以爲言皆不聽給事中姜應麟言禮貴別嫌事當慎始貴妃所生陛下第三子猶位亞中宮恭妃誕育元嗣翻令居下揆諸倫理則不順質之人心則不安傳之天下萬世則不正非所以重儲貳定衆志也請俯察輿情收還成命其或情不容已請先封恭妃爲皇貴妃而後及於鄭妃則禮既不違情亦不廢然臣所議者末未及其本也陛下誠欲正名定分別嫌明微莫若俯從閣臣之請册立元嗣爲東宮以定天下之本則臣民之望慰宗社之慶長矣疏入帝震怒抵之地徧召大璫諭曰册封貴妃初非爲東宮起見科臣奈何訕朕手擊案者再諸璫環跪叩首怒稍解遂降旨貴妃敬奉勤勞特加殊封立儲自有長幼姜應麟疑君賣直可降極邊雜職尋謫大同廣昌典史吏部員外郎沈璟刑部主事孫如法繼言之謫如法潮陽典史璟行人司正兩京申救者疏數十上皆不省鯉復申前請且請宥應麟等忤旨譙讓仍詔諭少俟二三年應麟等之

謫也慈聖太后聞之弗善一日帝入侍慈聖問故帝曰彼都人子也慈聖大怒曰爾亦都人子帝惶恐伏地不敢起都人者內廷謂宮人也自後言者蠭起咸執立儲自有長幼之旨以責信於帝帝雖厭苦之終不能奪璟漢之曾孫如法鏞之子也　土蠻部長一克灰正糾把兔兒炒花花大等約土蠻諸子共馳遼陽挾賞李成梁偵得之帥副將楊𤇍參將李寧李興孫守廉以輕騎出鎮邊堡晝伏夜行二百餘里至可可毋林大風雷敵不覺旣至風日晴朗敵大驚發矢如雨將士冒死陷陳獲首功九百斬其長二十四人　以貴州貴竹長官司地置新貴縣爲貴陽府治省平伐長官司入焉三月又改金筑安撫司爲廣順州以舊程番府地置定番州並屬貴陽府　三月戊戌以旱霾諭廷臣陳時政舒化請信詔令清獄訟速訊讞嚴檢驗禁冤濫而以格天安民歸本聖心僉都御史趙煥請恢聖度納忠言謹嚬笑信政令時召大臣商榷治理次第舉行實政弊在內府者一切報

罷而飭戒督撫有司務求民瘼帝皆嘉納　畢鏘以九事上中言錦衣旗校至萬七千四百餘人內府諸監局匠役數亦稱是此宂食之尤宜屏除冒濫州縣丈田滋弊雲南鼓鑄不酬工直官已裁而復置田欲墾而再停請酌土俗人情毋率意更改至袍服錦綺歲有餘積何煩頻織天燈費鉅萬尤不經濫予不可不裁淫巧不可不革他所奏並多切要近倖從中撓之不盡行　癸卯刑部員外郎李懋檜及他部郎劉復初劉志選等各上章言皇貴妃及恭妃冊封事帝怒欲加重譴申時行請帝下詔令諸曹建言止及所司職掌聽其長擇而獻之不得專達帝甚悅諸疏遂留中而懋檜疏又有保聖躬節內供御近習開言路議蠲振慎刑罰重舉刺限田制七事亦寢不行　徐貞明墾田三萬九千餘畝又徧歷諸河窮源竟委將大行疏濬奄人勳戚占閒田爲利者恐水利興而己失其利爭言不便爲蜚語聞於帝帝惑之會風霾求言申時行等力陳其利帝意終不釋御史王之

楝遂言水田必不可行且陳開滹沱河不便者十二帝乃召見時行等諭令停役時行等請罷開河專事墾田工部議之楝疏亦如閣臣言帝卒罷墾田且欲追罪建議者用閣臣言而止貞明乃還故官尋乞假歸貞明識敏才練慨然有經世志京東水田實百世利初議時兵部主事伍袁萃謂曰民可使由不可使知君所言得無太盡耶貞明問故袁萃曰北人懼東南漕儲派於西北煩言必起矣已而竟爲浮議所撓論者惜之　殿試天下舉人顧允成對策中有曰陛下以鄭妃勤於侍奉冊爲皇貴妃廷臣不勝私憂過計請立東宮進封王恭妃非報罷則峻逐或不幸貴妃弄威福其戚屬左右竊而張之內外害可勝言頃張居正罔上行私陛下以爲不足信而付之二三匪人恐居正之專尙與陛下二此屬之專遂與陛下一二則易間一難圖也執政駭且恚置末第允成憲成弟也　戊午久旱敕修省　夏四月癸酉京師地震　五月戸部尙書畢鏘致仕　帝屢欲召用海

瑞執政陰沮之乃以爲南京右都御史諸司素媮惰瑞以身矯之有
御史偶陳戲樂欲遵太祖法予之杖百司惴恐多患苦之提學御史
房寰恐見糾擿欲先發給事中鍾宇淳復慫恿寰寰遂再上疏醜詆
瑞瑞亦屢疏乞休慰留不允觀政進士顧允成彭遵古諸壽賢言寰
妬賢醜正不復知人間羞恥事臣等自幼讀書卽知慕瑞以爲當代
偉人寰大肆貪污聞瑞之風宜媿且死反敢造言逞誣臣等所爲痛
心因劾其欺罔七罪始寰疏出朝野多切齒而政府庇之但擬旨譙
讓及得允成等疏謂寰已切讓不當出位妄奏奪三人冠帶還家省
愆且令九卿約束辦事進士毋妄言時政南京太僕寺卿沈思孝上
言二三年來今日以建言防人明日以越職加人罪且移牒諸司約
禁而進士觀政者復令堂官鉗束之夫禁其作奸犯科可也而反禁
其讜言直諫教其砥行立節可也而反教以緘默取容此風一開流
弊何極諫官避禍希寵不言矣庶官又不當言大臣持祿養交不言

矣小臣又不許言萬一權奸擅朝傾危宗社陛下安從聞之臣歷稽先朝故事練綱鄒智孫磐張璁並以書生建言未聞以為罪獨奈何錮允成等耶疏入忤旨被責允成等遂廢寘復詆瑞及思孝其言絕狂誕自是獲罪清議出為江西副使給事中張鼎思劾其奸貪寘亦訐鼎思請寄事諸給事中不平連章攻寘寘與鼎思並謫遂不復振

四川諸路征番兵悉集徐元泰命游擊周于德將播州兵為前鋒游擊邊之垣將酉陽兵為後拒故總兵郭成將敘馬兵扼其吭參將朱文達將平茶兵擊其脅李應祥居中節制參議王鳳監之應祥令軍中各樹赤白幟一夏民陷賊者徒手立赤幟下熟番不附賊者徒手立白幟下即免罪番雖多遇急不相救國師喇麻者狡猾與灣仲占柯等刻木連大小諸姓歃血詛盟先犯歸化以嘗官軍于德誘禽喇麻灣仲守備曹希彬復擊斬占柯丟骨人荒沒舌三砦最強于德皆攻克復連破卜洞王諸砦文達成之垣亦各拔數砦與于德軍合

遂攻破蜈蚣茹兒諸巢初之垣祖輪以指揮討茹兒賊被殺漆其頭為飲器及是六十年之垣乃得之以還葬賊屢北窘悉棄輜重餌官軍官軍不顧斬關入賊多死河東平尋渡河而西連破西坡西草歪地乾溝樹底諸巢有小粟谷者首亂峴大軍西不設備成夜襲之大獲牛尾砦尤險惡六月癸未將士三路夾攻火其柵斬酋合兒結父子河西亦平諸營得所積稞粟留十日盡焚其寨而還其逃竄谷者求偏頭結賽乞降應祥令埋奴設誓皆反接其奴獻軍前譸天而誓即牽至要路掘坎埋之露其首乃許之降凡埋二十三人偏頭結賽者雅善天竺僧僧言歲在雞犬番行厄偏頭結賽預匿山谷中逸賊以為神故因之以請是役也焚碉房千六百有奇生禽賊魁三十餘人俘馘以千餘計羣番震驚不敢為患邊人樹碑紀續焉　振直隸河南陝西及廣西潯柳平樂廣東瓊山等十二縣饑　山西盜起秋七月癸卯振江西災　戊申敕戶兵二部撫安災民嚴保甲戶部

尚書宋纁言山西連歲荒賴社倉獲濟請推行天下以紙贖爲糴本不足則勸富人或令民輸粟給冠帶從之　淇縣賊王安聚衆流劫尋勦平之　緬人驅象陳大舉復讎兩土司告急李材遣游擊劉天俸帥把總寇崇德等出威緬渡金沙江與孟養兵會遮浪迎擊之賊大敗生禽繡衣賊將三人劉世曾沐昌祚以大捷聞　九月壬辰王家屏以憂去　乙卯停刑　己未發帑遣使振河南山東直隸陝西遼東淮鳳災　冬十月禮部主事盧洪春言陛下自九月望後連日免朝前日又詔頭眩體虛暫罷朝講時享太廟遣官恭代且云非敢偷逸恐弗成禮臣愚捧讀驚惶欲涕夫禮莫重於祭而疾莫甚於虛陛下春秋鼎盛諸疾皆非所宜有不宜有而有之上傷聖母之心下駭臣民之聽而又因以廢祖宗大典臣不知陛下何以自安也抑臣之所聞更有異者先二十六日傳旨免朝即聞人言籍籍謂陛下試馬傷額故引疾自諱果如人言則以一時馳騁之樂而昧周身之防

其爲患猶淺倘如聖諭則以目前衽席之娛而忘保身之術其爲患更深若乃爲聖德之累則均焉而已且陛下毋謂身居九重外廷莫知天子起居豈有寂然無聞於人者然莫敢直言以導陛下是將順之意多而愛敬之心薄也陛下平日遇頌諛必多喜遇諫諍必多怒一涉宮闈嚴譴立至孰肯觸諱以蹈不測之禍哉羣臣如是非主上福也願陛下以宗社爲重毋務矯託以滋疑力制此心愼加防檢勿以深宮燕閒有所恣縱勿以左右近習有所假借飭躬踐行明示天下以章律度則天下萬世將慕義無窮較夫挾數用術文過飾非幾以聾瞽天下之耳目者相去何如哉疏入帝震怒傳諭內閣百餘言極明謹疾遣官之故以洪春悖妄命擬旨治罪閣臣擬奪官仍論救帝不從丙寅廷杖六十斥爲民諸給事中申救忤旨切讓諸御史疏繼之帝怒奪俸有差洪春遂廢於家　土蠻七八萬騎犯鎮夷諸堡閱五日始去　建昌越巂諸衞番猓雜居建昌逆酋曰安守曰五咱

曰王大咱與越嶲邛部黑骨夷竝起爲亂徐元泰議討之徵兵萬八千仍以朱文達邊之垣分將李應祥統之副使周光鎬監其軍十一月光鎬先渡瀘黑骨與大咱已據相嶺焚三峽橋五咱等亦寇禮州德昌二所時徵兵未集光鎬先設疑以嘗相嶺賊賊果退據桐槽桐槽者大咱巢穴也已而諸道兵盡抵越嶲應祥令文達攻五咱之垣攻大咱置黑骨夷弗問文達夜半走三百里抵禮州賊半渡擊敗之遂渡河擣其巢五咱據磨旗山挑戰官軍夾擊賊退保毛牛山山延袤六七百里連大小西番界文達兵大破之五咱西遁與安守合結砦西谿之垣亦屢破桐槽大咱亡入山峪中　御史許守恩劾兵部尚書張肖甫以營謀得遷御史徐元復劾之給事中張養蒙言羅秀本太監滕祥奴賄入禁衞往歲營僉書尚書王遴持正爲所中傷去未幾秀即躐用物議沸騰於是黜秀十二月肖甫三疏謝病去　大同巡撫胡來貢請移祀北嶽於渾源州沈鯉等言大明集禮載漢唐

宋北嶽之祭皆在定州曲陽縣與史俱合渾源之稱北嶽止見州誌碑文經傳無可考仍祀曲陽是從之　初永寧宣撫奢效忠卒妻世統無子妾世續有子崇周年幼世統以嫡欲奪印相攻者十餘年及是崇周始代職久之死　初日本關白信長獵薩摩洲人奴平秀吉臥樹下驚起衝突執而詰之有口辨雄健矯捷悅之令牧馬名曰木下人漸用事關白者日本貴官下其王一等秀吉為畫策奪併二十餘州遂以秀吉為攝津鎮守大將已參謀阿奇支得罪信長信長命秀吉統兵攻滅之未報而信長為其下明智所殺秀吉與部將行長等還軍誅明智廢信長三子僭稱關白盡有其衆

明紀卷第四十一

明紀卷第四十二

賜進士出身工部候補主事虞衡司行走陳鶴纂

卹贈知府銜給雲騎尉世職內閣候補中書孫男克家參訂

神宗紀四 起萬曆十五年丁亥訖萬曆十九年辛卯凡五年

十五年春正月壬辰發帑振山西陝西河南山東諸宗室　大計京官申時行欲庇私人而置所不悅者十九人於察典楊巍等依違其間掌河南道御史王國力持不可時行以御史馬允登資在國前乃起允登掌察而國佐之辛自修患政府多私先期上奏請勿以愛憎爲喜怒排抑孤立之人帝善其言允登集諸御史書十九人姓名曰諸人可謂公論不容者矣國熟視叱曰諸人獨忤執政耳天日監臨何出此語允登意不回國怒奮前欲毆之允登走國環柱逐之同列救解事聞兩人並調外而十九人賴以免有貪競者十餘輩皆政府所厚自修欲去之陳與郊自度不免遂言憲臣將以一眚棄人一舉

空國於是自修所欲斥者亦皆獲免出身進士者貶黜僅三十三人翰林吏部給事御史無一焉賢否混淆羣情失望已御史張鳴岡等拾遺首工部尚書何起鳴起鳴故以督工與張誠厚而雅不善自修遂訐自修主使與郊及給事中吳之佳助之鳴岡及御史高維崧趙卿左之宜不平劾起鳴飾非詭辨帝先入張誠言頗疑自修得維崧等疏益不悅曰朝廷每用一人言官輒紛紛排擊今起鳴去爾等舉堪此任者維崧等引罪無他舉帝怒悉出之外張養蒙偕同官論救復特疏訟之忤旨奪俸驗封主事顧憲成再言之謫桂陽判官刑部主事王德新復疏爭語侵嬖倖帝下之詔獄酷刑究主者無所承乃削其籍二月自修及起鳴並罷　初乞慶哈死子撦力克當襲三娘子以年長自練兵萬人築城別居鄭洛恐貢市無主復諭撦力克曰夫人三世歸順汝能與之匹則王不然封別有屬也撦力克盡逐諸妾復妻三娘子洛以聞三月乙卯封撦力克順義王三娘子歷配三

王圭兵柄爲中國守邊保塞衆畏服之自宣大至甘肅不用兵者二十年朝廷嘉其功亦封忠順夫人洛乃上疏請定市馬數宣府不得踰三萬大同萬四千山西六千而申飭將吏嚴備以防竊盜且無輕遏其部落馳獵者帝嘉納之　土蠻東西部連營入犯　夏四月京師旱大疫　羅雄蠻寇必大反殺者繼仁執何倓參將蔡兆吉等討定之乃改州曰羅平尋設千戸所曰定雄　六月戊辰敕禁廷臣奢僭　京師大雨振䘏貧民　李應祥偵賊將劫營會所徵鹽井刺馬兵三千至猙獰跳躍類非人形諸番所深畏遂潛移己營令刺馬兵屯其處夜分賊來襲刺馬起擊之伏屍狼籍諸將遂進攻西谿逐北至磨砦七板番連兵圖五咱而令裨將田中科營麥達逼安守已諜言守謀襲中科應祥夜飲材官高逢勝三巨觥令率敢死士三百疾趨七十里抵麥達而伏守至被禽守爲羣寇魁既殪西南卭笮苴蘭靡莫諸酋皆震懾商山四堡番乞降於邊之垣大小七板番乞降於

朱文達各埋奴道左呼號頓首誓世世不敢叛五咱勢窮走昌州爲
裨將王言所獲土目安四兒者居建昌城中潛剽掠於外至是知禍
及帥黨數百人走據虛郎溝諸軍既滅五咱應祥遣之北示將討黑
骨者四兒遂弛備將士忽還軍襲之獲四兒黑夷酋阿弓等七人在
大孤山爲裨將王之翰所禽王大咱匿所親普雄酋姑咱所秋七月
大軍進討姑咱懼密告之翰搜得大咱建昌越嶲諸番盡平上首功
二千有奇撫降者三千餘人　江北蝗江南大水山西陝西河南山
東旱河北大饑富平蒲城同官民採石爲食戶部侍郎孫丕揚進石
數升於帝因言今海內困加派其窮非止啖石之民也宜寬賦節用
罷額外徵派及諸不急務損上益下以培養蒼生大命帝感其言蠲
振有差　河決開封偃師東明長垣申時行言河所決地在三省守
臣畫地分修易推委河道未大壞不必設都御史宜遣風力老成給
事中一人行河乃命工科都給事中常居敬往居敬請修築大社集

東至白茅集長堤百里從之　八月庚申以災沴頻仍敕撫按官懲貪吏理冤獄蠲租振卹　給事中邵庶論誠意伯劉世延因刺及建言諸臣李懋檜言庶因世延條奏波及言者欲槩絕之防人之口甚於防川庶豈不聞斯語哉今天下民窮財殫所在饑饉山陝河南婦子仳離僵仆滿道疾苦危急之狀蓋有鄭俠所不能圖者陛下不得聞且見也邇者雷擊日壇星墜如斗天變示儆於上畿輦之間子弒父僕弒主人情乖離於下庶以爲海內盡無可言已乎夫在廷之臣其爲言官者十僅二三言官不必皆智不爲言官者不必皆愚無論往事即邇歲馮保張居正交通亂政其連章保留頌功諛德若陳三謨曾士楚者並出臺垣而請劍引裾杖謫以去者非庶僚則新進書生也果若庶言天下幸無事則可脫有不虞之變陛下何從而知庶復以堂上官禁止司屬爲得計伏覩大明律百工技藝之人若有可言之事直至御前奏聞但有阻遏者斬大明會典及皇祖臥碑亦屢

言之百工技藝之人有言尚不敢阻況諸司百執事乎庶言一出志士解體善言日壅主上不得聞其過羣下無所獻其忠禍天下必自庶始陛下必欲重百官越職之禁不若嚴言官失職之罰當言不言坐以負君誤國之罪輕則記過重則褫官科道當遷一眎其章奏多寡得失爲殿最則言官無不直言庶官無事可言出位之禁無庸太平之效自致矣帝責其沽名命貶一秩科道合救不允庶復偕其黨胡時麟梅國樓郭顯忠交章論劾乃再降一秩爲湖廣按察司經歷劉志選言陛下謫懋檜使人鉗口結舌蒙蔽耳目非國家福也帝怒謫福寧州判官　土蠻七八萬騎犯鎮夷堡　九月丁亥朔日當食陰雲不見　己丑停刑　冬十月庚申申時行請發留中章奏　南京右都御史海瑞卒贈太子太保謚忠介瑞生平爲學以剛爲主因自號剛峯天下稱剛峯先生嘗言欲天下治安必行井田不得已而限田又不得已而均稅尚可存古人遺意故自爲知縣以至巡撫所

至力行清丈頒一條鞭法以利民居官苦節自厲及卒僉都御史王用汲入視葛幃敝籯有寒士所不堪者小民聞瑞卒皆罷市喪出江上白衣冠送者夾岸酹而哭者百里不絕　把漢大成糾土蠻十萬騎由鎮夷大清二堡入數日始出　撫治鄖陽都御史李材好講學遣部卒供生徒役卒多怨材又徇諸生請改參將公署爲學宮參將米萬春將赴官聞之怒諷門卒梅林等大譟馳入城縱囚毀諸生廬直趨軍門挾賞銀四千洶洶不解居二日萬春脅材更軍中不便十二事令上疏歸罪副使丁惟寧知府沈鈇等材隱忍從之惟寧責數萬春萬春欲殺之跳而免材遂復劾惟寧激變十一月戊子詔下鈇等吏貶惟寧三官材還籍候勘御史楊紹程勘萬春首亂宜罪申時行庇之置不問　初邛部屬夷膩乃酋撒假與外兄安興木瓜夷白祿雷坡賊楊九乍等數侵掠內地會省吾議討之會有都掌蠻之役不果乃建六堡益戍兵千二百人而諸酋鴟張如故建昌越嶲興師

又藏匿叛人徐元泰令都指揮李猷忠等分勦賊詐降誘執猷忠等三將殺士卒數千人勢益猖獗會李應祥師旋元泰乃益徵播州酉陽諸土兵合五萬人令應祥督朱文達邊之垣周于德及參將郭成等分三道入于德首敗白祿兵追至馬蝗山懸索以登賊潰乘勢攻木瓜夷射殺白祿追至利濟山雪深數尺于德先登復大敗賊燬其巢撒假與九乍帥萬人據山播州兵擊走之 南京吏部尚書袁洪愈引年乞休帝重其清德加太子少保致仕洪愈通籍四十餘年所居不增一椽出入徒步妻子饘粥不繼年七十四卒巡撫周孔教捐金葬之 禮部言唐文初尚靡麗而士趨浮薄宋文初尚鉤棘而人習險譎國初舉業有用六經語者其後引左傳國語矣又引史記漢書矣史記窮而用六子六子窮而用百家甚至佛經道藏摘而用之流弊安窮弘治正德嘉靖初年中式文字純正典雅宜選其尤者刊布學宮以爲準則從之時方崇尚新奇厭薄先民矩矱以士子所好

爲趨不遵上指也

十六年春沈鯉以三年冊立之期已屆執前旨固請不從　司業王祖嫡請復建文帝年號重定景帝實錄勿稱郕戾王沈鯉議從之三月壬辰申時行等言建文年號相傳以爲革除然考成祖實錄仍稱元年二年三年四年實未嘗革除也乃詔改景皇帝實錄去郕戾王號時上下偷惰詔敕多不奉行景泰實錄終明世竟未之改　山西陝西湖南南畿浙江並大饑疫　潘季馴既斥中外論薦者不已會常居敬及御史喬璧星皆請復專設總理大臣乃以季馴爲右都御史總理河道初黃河由徐州小浮橋入運其河深且近洪能刷洪以深河利於運道後漸徙沛縣飛雲橋及徐州大小溜溝又決邵家口出秦溝運道數梗季馴之塞崔鎮也厚築隄岸束水歸漕久之隄日加河身日高及河決開封督漕都御史楊一魁欲復故道令仍自小浮橋出且言善治水者以疏不以障宜測河身深淺隨處挑濬而於

黃河分流故道設減水石門以洩暴漲給事中王士性則請復老黃河故道力言河隄日高束水益急黃強則灌運河淮縮則侵祖陵淮安高寶鹽興數百萬生靈之命託之一丸泥紛紛之議有欲開顏家灌口永濟三河南甃高家堰北築滾水壩者總不如復河故道由三義鎮達葉家衝在清河縣北者河形尙在自桃源至瓦子灘九十里窪下不耕無室廬墳墓之礙復此故道爲一勞永逸之計帝從常居敬罷老黃河議及季馴抵官又言茶城之淤雖勢所必至然黃水一落漕卽從之沙隨水去不濬自通縱有淺阻不過旬日但當嚴古洪內華及居敬所建鎮口閘禁帝從之於是故道之議亦罷未幾水患益甚　夏四月振江北大名開封諸府饑　雲南巡按御史蘇酇言遮浪之役斬馘不及千破城拓地皆無驗孟密地尙爲緬據李材等虛張功伐副使陳嚴之與相附和宜並罪帝怒削劉世曾籍奪沐昌祚俸一年材嚴之及劉天俸俱逮下詔獄材上章自理不省　朱文

達破撒假於大田壩合周于德兵追逐所向皆捷游擊萬鏊躡擊撒假於鼠囤獲其妻子郭成復至三寶山大戰生禽撒假安興據巢守文達鏊分道入獲其母妻安興擲金於途以緩追者遂得脫五月李應祥督諸軍深入獲之他夷猓畏威降者二千餘人悉獻還土田願修職貢凡斬首一千六百九十餘俘獲七百三十有奇蜀中劇寇盡平應祥以功屢加都督同知威名甚著　乙巳以軍儲倉火及各省災傷敕內外官修省　先是慈寧宮近侍侯進忠牛承忠私出禁城狎婦女邏者執之爲所毆訴於巡城御史潘士藻牒司禮監治之帝恚曰東廠何事乃自外庭發杖兩閹斃其一張鯨方掌東廠怒會火災修省士藻言今天下之患莫大於君臣之意不通宜倣祖制及近時平臺暖閣召對故事面議所當施罷撤大工以俟豐歲蠲織造燒造以昭儉德免金花額外征以佐軍食且時召講讀諸臣問以經史對賢人君子之時多自能以敬易肆以義奪欲修省之實無過於此

鯨乃激帝怒謫士藻廣東布政司照磨科道交章論救不聽　北關卜寨那林孛羅強盛數與南關歹商搆兵李成梁以南關勢弱乃帥師討北關直擣其巢卜寨走與那林孛羅合憑城守城四重攻之不下用巨礮擊之碎其外郛沈有容陷陳馬再斃再易遂拔二城斬馘五百餘級卜寨等請降誓不復叛乃班師卜寨清佳砮子那林孛羅楊吉砮子歹商虎兒罕子也　六月庚申京師地震　甲子以災傷停減蘇杭織造　御史陳登雲劾鄭貴妃父承憲略言承憲懷禍藏奸窺覬儲貳日與貂璫往來綢繆杯酌且廣結山人術士緇黃之流曩陛下重懲科場冒籍承憲妻每揚言事由己發用以恐喝勛貴簧鼓朝紳不但惠安遭其虐焰即中宮與太后家亦謹避其鋒矣陛下享國久長自由敬德所致而承憲每對人言以爲不立東宮之效干撓盛典蓄隱邪謀他日何所不至苟不震奮乾剛斷以大義雖曰避殿撤樂素服停刑恐天心未易格天變未可弭也時廷臣爭言立儲

事帝多不省登雲疏入貴妃及承憲皆怒同列亦爲危已竟留中不下自是言者益多章奏累數千百皆指斥宮闈攻擊執政門戶之禍大起　御史任養心言李成梁父子兵權太盛姻親廝養分操兵柄環神京數千里縱橫蟠據不可動搖其次子薊鎮副總兵如柏貪淫跋扈尤甚不早爲計恐生他變帝從之解如柏任成梁上書乞罷幷請盡罷子弟官帝慰留不許　秋七月乙卯免山東被災夏稅　庚午定邊臣考績法　八月乙未詔取太倉銀二十萬充閱陵賞費九月己未停刑　庚申帝如天壽山閱壽宮甲子次石景山觀渾河召申時行至幄次諭曰朕每聞黃河衝決爲患不常欲觀渾河以知水勢今見河流洶湧如此知黃河經理倍難宜飭所司加愼勿以勞民傷財爲故事至選用務得人吏工二部宜明諭朕意乙丑還宮庚午甘肅兵變巡撫都御史曹子登罷　俺荅之建寺青海也留丞卲卜別部把爾戶及丙兔火落赤守之俱牧海上松套賓兔等屢越

甘肅侵擾河湟諸番他部往來者亦取道焉鎭臣以通款弗禁也丙兎死子真相進據莽剌川火落赤據揑工川益併吞番族及撦力克嗣王位勢輕不能制龍虎將軍永邵卜者俺荅從子也隨俺荅西迎活佛留據青海更名瓦剌他不囊首犯西寧副總兵李奎欽方醉躍馬獨出虜衆控鞍欲有所訴奎拔刀斫之遂大譟射奎死奎部卒馳救亦多死守臣不能討遣使詰責虜還所掠獻首惡事遂已由是益肆侵盜　刑部尚書李世達左都御史吳時來大理寺少卿李棟等讞上李材等獄當材及劉天俸徒陳嚴之鐫秩帝不懌奪郎中御史寺正諸臣俸解典詔獄李登雲等官應天府丞許孚遠上書爲材訟冤貶二秩出爲廣東僉事於是改擬遣戍特旨引紅牌說謊例坐材天俸斬嚴之除名申時行等數爲解給事中唐堯欽等亦言材以夷攻夷功不可泯奏報偶虛坐以死假令盡虛無實掩罪爲功何以罪之設不幸失城池全軍不返又何以罪之帝皆不聽　禮部尚書沈

鯉素鯁亮持典禮多所建白藩府有所奏請中官居間一切格之中
官皆大怨數以事間於帝鄭承憲爲父請卹援后父永年伯例鯉力
駁之秦王誼漶由中尉入繼而乞封弟爲郡王申時行助爲請鯉不
可唐王違制請封妾子執不從帝並以特旨許之由是數被詰責且
奪其俸鯉遂有去志時行以鯉不附己銜之一日鯉請告遽擬旨放
歸帝曰沈尚書好官柰何使去傳旨諭留時行益忌陳與郊爲人求
考官不得怨鯉屬給事中陳尚象劾之鯉求去益力帝有意大用鯉
微言沈尚書不曉人意張誠使人告鯉鯉拒之曰禁中語非所敢聞
卒引疾去　冬十一月辛酉禁章奏浮冗　中使祠五臺山還言紫
荊關外廣昌靈邱有礦砂可作銀冶帝聞之喜以申時行等言而止
　張鯨性剛果帝倚任之掌東廠橫肆無憚其用事司房序班邢尚
智招權受賕御史何出光首疏劾鯨尚智與錦衣都督劉守有相倚
爲奸專擅威福罪當死者八帝命鯨策勵供事削尚智守有職餘黨

法司提問給事御史陳尙象吳文梓楊文煥方萬策崔景榮復相繼論列報聞法司奏鯨等贓罪尙智論死鯨被切責給事中張應登再疏論之御史馬象乾幷劾申時行阿縱帝皆不聽命下象乾詔獄時行等力救且封還御批不報許國王錫爵復各申救乃寢前命而鯨竟不罪給事中李沂甫拜官十二月上疏曰陛下往年罪馮保近日逐宋坤鯨惡百保而萬坤奈何獨濡忍不去若謂其侍奉多年則壞法亦多年謂痛加省改猶足供事則未聞可馴虎狼使守門戶也流傳鯨廣獻金寶多方請乞陛下猶豫未忍斷決中外臣民初未肯信以爲陛下富有四海豈受金寶威如雷霆豈徇請乞及見明旨許鯨策勵供事外議籍籍遂謂爲眞虧損聖德夫豈淺尠且鯨奸謀旣遂而國家之禍將從此始臣所大懼也是日唐堯欽亦具疏諫帝獨手沂疏震怒謂沂欲爲馮保張居正報讎立下詔獄嚴鞫時行等乞宥不從讞上詔廷杖六十斥爲民鯨亦私家閑住御批至閣時行等復

欲留之中使不可持去帝特遣張誠出監杖時行等上疏俱詰會極門候進止帝言沂置貪吏不言而獨謂朕貪謗誣君父罪不可宥竟杖之太常卿李尙智給事中李三才等抗章論救俱不報國錫爵以言不見用引罪乞歸錫爵言廷杖非正刑祖宗雖間一行之亦未有詔獄廷杖幷加於一人者故事惟盜賊大逆則有打問之旨今豈可加之言官帝優詔慰留而已南京兵部尙書吳文華帥九卿請罪鯨而宥言者不聽　陝西巡撫王璇言故都御史郜應龍沒後遺田不及數畝遺址不過數楹卹典未被朝野所恨帝命復應龍官予祭葬

十七年春正月己酉朔日有食之免元旦朝賀詞是遂以爲常給事中楊其休言萬邦入覲請臨御以風勵諸臣不聽　丁巳太湖宿松賊劉汝國等作亂安慶指揮陳越討之敗死二月丙申吳淞指揮陳懋功討平之　改四川泥溪長官司置屏山縣轄膩乃諸夷地　先是庶子黃洪憲典順天鄉試王錫爵子衡爲舉首申時行壻李鴻亦

與選禮部主事于孔兼疑舉人屠大壯及鴻有私尚書朱賡給事中苗朝陽欲寢其事郎中高桂遂發憤摘可疑者八人並及衡請得覆試錫爵疏辨與時行並乞罷帝皆慰留之而從桂請命覆試禮部侍郎于慎行以大壯文獨劣擬乙置之吳時來及朝陽不可桂直前力爭乃如慎行議列甲乙以上時行錫爵調旨盡留之且奪桂俸二月衡實有才名錫爵大憤復上疏極詆桂工部主事饒伸言自張居正三子連占高科而輔臣子弟遂成故事洪憲更謂一舉不足重居然置之選首子不與試則錄其壻其他私弊不乏聞覆試之日多有不能文者時來罔分優劣蒙面與桂力爭遂朦朧擬請至錫爵訐桂一疏劍戟森然乖對君之體錫爵柄用三年放逐賢士援引憸人今又巧護己私欺罔主上勢將爲居正之續時來附權蔑紀不稱憲長請俱賜罷疏入時行錫爵並杜門求去許國以典會試入場閣中無一人中官送章奏於時行私第時行仍封還帝驚曰閣中竟無人耶乃

慰留時行錫爵下伸錦衣衞獄副都御史詹仰庇給事中胡汝寧御史林祖述等劾伸及桂御史毛在又侵孔兼謂桂疏其所使孔兼奏辨求罷於是申詔諸司嚴約所屬毋出位沽名削伸籍貶桂三秩調邊方孔兼得免　三月丙辰免陞受官面謝　雲南永昌騰衝素號樂土自岳鳳倡亂始議募兵立騰衝姚安兩營劉綎鄧子龍分將之所募多亡命不相能兩軍鬬帝以綎子龍皆有功置不問及劉天倖被逮子龍兼統騰兵每工作輒虐使之而右姚兵會用師隴川子龍故為低昂椎牛饗士姚兵倍騰兵騰兵大不堪欲散去副使姜忻令他將轄之乃定而姚兵久驕癸亥以給鑲稍緩遂作亂　潞王翊鏐以帝母弟居京邸王店王莊遍畿內及之藩衞輝悉以還官遂以內臣司之皇店皇莊自此益侈翊鏐又多請贍田食鹽無不應者其後福藩遂緣為故事　敵犯義州復入太平堡把總朱承壽等一軍盡沒　帝以王家屏服既闋遣行人召之夏四月己亥還朝進禮部尚

書復入閣　始興妖僧李圓朗作亂犯南雄有司討誅之　南京御史王藩臣劾應天巡撫周繼疏發逾月不以白都御史耿定向定向怒守故事力爭自劾求罷且詆藩臣論劾失當因言故江西巡撫陳有年四川巡撫徐元泰皆賢爲御史方萬山王麟趾劾罷今宜召用而量罰藩臣吳時來請申飭憲規藩臣坐停俸二月觀政進士薛敷教言時來壅遏言路代人狠噬而二三輔臣曲學險詖又故繩庶寀以崇九列塞主上聰明宜嚴黨邪之禁更易兩都臺長以清風憲申時行等言故事御史建白北京卽日投揭臺長南京則以三日藩臣廢故事薄罰未爲過必如敷教言將盡抑大臣而後可耶詹仰庇未及閱疏亦劾敷教排陷大臣煽惑人心淆亂國是給事中許宏綱南京御史黃仁榮及麟趾又連章劾定向麟趾言南臺去京師遠章疏先傳人得爲計如御史孫鳴治論魏國公徐邦瑞陳揚善論主事劉以煥皆因奏辭豫聞一則夤緣倖免一則捃摭被誣故邇來投揭有

遲浹月者事理宜然非自藩臣始語並侵許國時來仰庇帝卒用時
行等言勒敷教歸省過三年以教職用國連疏力詆敷教麟趾并及
饒伸等因言邇來建言成風可要名可躐秩又可掩過故人競趨之
爲捷徑此風既成莫可救止方今京師訛言東南赤旱臣未爲憂而
獨憂此區區者彼止一時之災此則世道之慮也又以敷教其門生
而疏語侵己自請罷斥由是公議益不直國時來亦乞休力詆敷教
伸帝慰留國時來陳與郊復上疏極詆建言諸臣帝亦不問定向已
除戶部尚書督倉場力辭求退屢疏乃許　六月甲申浙江大風海
溢　姚安亂卒鼓行至永昌趨大理抵瀾滄抵會城所過剽掠己丑
巡撫都御史蕭彥合土漢兵夾擊之斬八十四級俘四百餘人脅從
皆撫散亂乃靖　乙巳南畿浙江大旱太湖水涸發帑金八十萬振
之　黃水暴漲決獸醫口月堤漫李景高口新堤衝入夏鎮內河壞
田廬沒人民無算　王家屏抵京師三月未得見帝乃上疏請因聖

節御殿受賀畢發留中章奏舉行冊立皇太子禮不報　秋八月壬寅嚴匿名揭之禁　王家屏復偕同官疏請萬壽節臨御從之俄遣中官諭家屏擬以忠愛家屏疏謝復請帝勤視朝楊巍亦帥同列以請掌通政司侍郎張孟男言羣臣久不見至尊上書又不省萬幾日隳何以塞災異且言嶺南人訟故都御史李材功蔡人訟故令曹世卿枉章並留中其人繫兵馬司橐饘不繼莫必其生虧損聖德帝心動居數日爲一御門延見自是益深居不出矣　九月朵顏等部腦毛大合白洪大長昂三萬騎復犯平虜堡備禦李有年把總馮文昇皆戰死李成梁逐之大敗選鋒沒者八百人敵大掠瀋陽蒲河榆林八日始去　冬十月癸未停刑　癸卯黃河決口工成張養蒙言二十年來河幾告患矣當其決隨議塞當其淤隨議濬事竣輒論功夫淤決則委之天災而不任其咎濬塞則歸之人事而共蒙其賞及報成未久懼有後虞急求謝事而繼者復告患矣其故皆由不久任也

夫官不久任其弊有三後先異時也人己異見也功罪難執也請做邊臣例增秩久任斯職守專而可責成功帝深然之　楊巍等復請帝御殿帝不悅責以沽名　帝復召張鯨入宫給事御史陳與郊賈希夷南京吏部尚書陸光祖給事御史徐常吉王以通等力諫皆不報　十二月己丑諭諸臣遇事勿得忿爭求勝　大理寺評事雒于仁言臣備官歲餘僅朝見陛下者三此外惟聞聖體違和一切傳免郊祀廟享遣官代行政事不親講筵久輟臣知陛下之疾所以致之者有由也臣聞嗜酒則腐腸戀色則伐性貪財則喪志尚氣則戕生陛下八珍在御觴酌是耽卜晝不足繼以長夜此其病在嗜酒也寵十俊以啓倖門溺鄭妃靡言不聽忠謀擯斥儲位久虛此其病在戀色也傳索帑金括取幣帛甚且掠問宦官有獻則已無則譴怒李沂之瘡痍未平而張鯨之貲賄復入此其病在貪財也今日榜宫女明日抶中官罪狀未明立斃杖下又宿怨藏怒於直臣如范儁姜應麟

孫如法輩皆一詘不伸賜環無日此其病在尙氣也四者之病膠繞身心豈藥石所可治且陛下春秋鼎盛猶經年不朝過此以往更當何如昔孟軻有取於法家拂士今鄒元標其人也陛下棄而置之臣有以得其故矣元標入朝必首言聖躬次及左右是以明知其賢忌而弗用獨不思直臣不利於陛下不便於左右深有利於宗社哉陛下之溺此四者不云操生殺之權人畏之而不敢言則曰居邃密之地人莫知而不能言不知鼓鐘於宮聲聞於外幽獨之中指視所集且保祿全軀之士可以威權懼之若懷忠守義者卽鼎鋸何避焉因獻酒色財氣四箴疏入帝震怒留其疏十日

十八年春正月甲辰朔召見申時行等於毓德宮手于仁疏授之帝自辨甚悉將置之重典王家屛曰人主出入起居之節耳目心志之娛庶官不及知不敢諫者輔弼之臣得先知而預諫之故能防欲於微渺今于仁以庶僚上言而臣備位密勿反緘默取容上虧聖明之

釁下陷庶僚蒙不測之威臣罪大矣尚可一日立於聖世哉帝不懌
時行等亦委曲慰解見帝意不可回乃曰此疏不可發恐外人信以
爲真願陛下曲賜優容臣等即傳諭寺卿令于仁去位可也帝乃頷
之召皇長子皇三子出見時行等拜賀請亟定大計帝俞之又令傳
諭責鯨乃退居數日于仁引疾斥爲民鯨寵亦遂衰于仁遵之子也
所云十俊蓋十小閹也　王錫爵疏請豫教元子錄用言官姜應麟
等宥故巡撫李材罪不報　禮部尚書于慎行疏請早建東宮出閣
講讀帝詰責之　吳時來兩疏劾宋纁纁杜門乞休帝不許文選員
外郎趙南星疏陳天下四大害言楊巍乞休時來謀代之忌纁聲望
連疏排擠吏部侍郎趙煥兵部侍郎沈子木相繼去詹仰庇力謀代
之大臣如此何以責小臣是謂干進之害禮部尚書沈鯉侍郎張位
諭德吳中行南京太僕寺卿沈思孝先後自免獨南京禮部侍郎趙
用賢在詞臣黃洪憲每陰譏之言官唐堯欽孫愈賢蔡系周復顯爲

詆誣衆正不容宵人得志是謂傾危之害州縣長吏選授太輕部寺之官計日而取郡守不問才行而撫按論人贓私有據不曰未任則曰任淺概止降調其意以爲惜才不知此乃惜不才也吏治日汙民生日瘁是謂州縣之害鄉官之權大於守令橫行無忌莫敢誰何如渭南知縣張棟治行無雙裁抑鄉官被讒不獲行取是謂鄉官之害四害不除天下不可得治戶部主事姜士昌言洪憲力擠用賢吏部侍郎徐顯卿搆陷位宜黜之以警官邪主事鄒元標參政呂坤副使李三才素著直讜宜拔擢以厲士節又請復連坐之法愼巡撫之選旌苦節之士重贓吏之罰時來仰庇初皆以直節負盛名及晚節不能自堅頗委蛇執政閣故南星士昌劾之陳與郊遂屬給事中李春開三疏訐南星士昌出位妄言帝下其疏禁諸司毋越職言事而留南星士昌奏不發給事中王繼光萬自約不平復抗章論時來等詞甚峻切給事中史孟麟力攻春開弁侵執政刑部主事吳正志亦劾

春開及與郊媚政府干清議且論御史林祖述保留大臣之非御史赫瀛集同官於朝堂議合疏糾正志以臺體爲辭御史萬國欽周孔教獨不署名瀛大恚感氣讓之國欽曰冠豸冠服豸服乃日以保留大臣傾善類爲事我不能苟同瀛氣奪疏不果上而正志竟謫宜君典史南星孟麟皆自引去春開亦謝病後以考察罷仰庇稍遷刑部侍郎亦屢疏移疾歸　光祿寺少卿王汝訓言陳與郊今日薦巡撫明日薦監司每疏一出受賄狼籍吳正志一發其奸身投荒徼楊巍亦嘗語趙煥謂爲小人乞速罷譴且科道以言爲職乃默默者顯諤諤者黜直犯乘輿屢荷優容稍涉當塗旋遭擯斥言官不難於批鱗而難於借劍此何爲也天下惟公足以服人今言者不論是非被言者不論邪正模棱兩可曲事調停而曰務存大體是懲議論之紛紜而反致政體之決裂也乞特敕吏部自後遷轉科道毋惡異喜同毋好諛醜正是時巍以政府故方厚與郊且恚汝訓刺己上言臣未嘗

詆與郊汝訓以寺丞攻言路正決裂政體之大者乃調汝訓南京御史王明復劾與郊魏詔奪明俸擢與郊大常寺少卿都人為之語曰欲京堂須彈章與郊尋以憂去　帝每遇講期多傳免二月申時行請雖免講仍進講章自後為故事講筵遂永罷　卜言台周黃台吉大小委正結西部乂漢塔塔兒五萬餘騎復深入遼瀋海蓋李成梁潛遣兵出塞襲之遇伏死者千人成梁乃報首功二百八十　夏四月甲申振湖廣饑　置四川寧武縣為龍安府治後改名平武　五月左都御史吳時來致仕未出都卒贈太子少保謚忠恪尋為禮部郎中于孔兼所論奪謚　六月己卯免畿內被災夏稅　河套都督卜失兔遣使邀撦力克撦力克遺鄭洛書以赴仰華為名洛使從塞外行又諭忠順夫人曰彼中撫賞不能多且王家在東恐有內顧憂也撦力克遂行甲申火落赤真相犯舊洮州副總兵李聯芳帥三千人禦之敗沒　乙酉更定宗藩事例始聽無爵者得自便　王錫爵

以旱災自陳乞罷帝優詔留之王家屏疏言邇年以來天鳴地震星
隕風霾川竭河涸加以旱潦蝗螟疫癘札瘥調燮之難莫甚今日況
套賊跳梁於陝右土蠻猖獗於遼西貢市屬國復鴟張虎視於宣大
虛內事外內已竭而外患未休剝民供軍民已窮而軍食未裕且議
論紛紜罕持大體簿書淩雜祇飾靡文綱維縱弛愒玩之習成名實
混淆僥倖之風啓陛下又深居靜攝朝講希臨統計臣一歲間僅兩
覲天顏而已聞嘗一進瞽言竟與諸司章奏並寢不行今驕陽爍石
小民愁苦之聲殷天震地而獨未徹九閽此臣所以中夜徬徨飲食
俱廢不能自已者也乞賜罷歸用避賢路不報　秋七月庚子朔日
有食之　撦力克已至仰華火落赤真相益挾爲重再犯河州臨洮
渭源總兵官劉承嗣失利游擊李芳等皆死自把爾戶外無不助逆
關中大震乙丑帝召見申時行等於皇極門議邊事咨以方略言邊
備廢弛督撫乏調度欲大有所振飭時行以款貢足恃爲言帝曰款

貢亦不足恃若專務媚敵使心驕意大豈有饜足時王錫爵主款與
時行合許國謂渝盟犯順桀驁已極宜一大創之不可復羈縻帝心
然國言而時行爲政不能奪命羣臣舉將材己巳戎政尚書鄭洛經
略陝西四鎮及山西宣大邊務僉事萬世德兵部員外郎梁雲龍隨
軍贊畫八月癸酉停撦力克市賞　萬國欽言陛下以西事孔棘特
召輔臣議戰守而輔臣飾詞欺妄陛下怒賊侵軼則以爲攻抄熟番
臨羌果番地乎陛下責督撫失機則以爲咎在武臣封疆僨事督撫
果無與乎陛下言款貢難恃則云通貢二十年活生靈百萬西寧之
敗肅州之掠獨非生靈乎是陛下意在戰時行必不欲戰陛下意在
絕和時行必欲與和蓋由九邊將帥歲饋金錢漫無成畫已殘城堡
殺吏民猶謂計得三邊總督梅友松意專媚敵前奏順義謝恩西去
矣何又圍我臨鞏後疏盛誇戰績矣何景古城全軍皆覆甘肅巡撫
李廷儀延賊入關不聞奏報反代請贖罪計馬牛布帛不及三十金

而殺掠何止萬計欲仍通市臣不知於國法何如也此二人皆時行
私黨故朋奸誤國乃爾因列上時行納賄數事帝謂其淆亂國事誣
汙大臣謫劍州判官已而友松亦罷命鄭洛兼領總督事　禮部侍
郎黃鳳翔言多事之秋陛下宜屏游宴親政事以實圖安攘爲今大
計惟用人理財二端宋臣有言平居無極言敢諫之臣則臨難無敵
愾致命之士鄒元標直聲勁節銓司特擬召用其他建言遷謫如潘
士藻孫如法亦擬量移而疏皆中寢士氣日摧言路日塞平居祇懷
祿養交臨難孰肎捐軀爲國家盡力哉昔宋藝祖欲積縑二百萬易
遼人首太宗移內藏上供物爲用兵養士之資今戶部歲進二百萬
初非舊額積成常供陛下富有四海奈何自營私蓄竊見都城寺觀
丹碧熒煌梵剎之供奉齋醮之祈禳何一不縻內帑與其邀福於冥
漠之鬼神孰若廣施於孑遺之赤子帝不能用元標尋起驗封員外
郎　鄭洛以洮河之禍由縱敵入青海乃馳至甘肅令曰北部自青

海歸巢者聽假道自巢入青海者卽勒拒之卜失兔將助逆其母泣阻不從遂攜妻女行由永昌宋家莊穴牆入總兵官張臣與相持月餘洛設伏掩擊之戰於水泉三道溝臣手格殺數人奪其坐纛卜失兔及其黨炒胡兒並中流矢走臣亦被創將士斬級以百數生獲其愛女及牛馬羊萬八百有奇卜失兔仰天大慟曰傷哉我女悔不用母言以至此也不敢歸巢與宰僧匿西海莊禿賴後至聞之亦退去時諸部長桀驁甚洛專主款臣以爲不足恃上書陳八難五要大略云邊薄兵寡饟絀寇驕諸部順逆難明宜復額兵嚴勾卒足糧饟分敵勢明賞罰且以創重乞歸帝不許　易州民周言張世才復言阜平房山各產礦砂請遣官開采中時行等仍執不可　冬十月廷臣交章請冊立御史何選語鄭貴妃弟國泰令以朝野公論鄭氏禍福懇言於貴妃俾妃自請且曰若不及今爲身家計吾儕羣擊之悔無及矣國泰懼亦具疏以請閣臣合疏以去就爭帝不悅傳諭數百言

切責廷臣沽名激擾指爲悖逆離間申時行等相顧錯愕各具疏再爭時行王錫爵許國皆杜門乞去于愼行亦乞去言冊立臣部職掌臣等不言罪有所歸幸速決大計帝益不悅責以要君疑上淆亂國本并僚屬皆奪俸閣中獨王家屏一人帝遣鴻臚卽家趣時行等入直時行等陳謝申冊立之請杜門如故家屏亦再請帝乃遣內侍傳語期以明年春夏廷臣無所奏擾卽於冬間議行否則待皇長子踰十五歲家屏以口敕難據欲帝特頒詔諭立具草進帝不用復諭二十年春舉行家屏喜卽宣示外廷外廷懽然時行等亦起視事而帝意實猶豫聞家屏宣示弗善也傳諭詰責時行等合詞謝乃已時行因戒廷臣毋激擾　戊寅振臨洮被兵軍民　王麟趾劾湖廣巡撫秦燿結政府狀謫徐溝縣丞御史郭實復劾燿燿乃罷比去任侵贓贖銀鉅萬爲衡州同知沈鈇所發下吏戍邊　南京國子監司業劉應秋疏論首輔申時行言陛下召對輔臣諮以邊事時行不能抒誠

謀國專事蒙蔽賊大舉入犯既掠洮岷直逼臨鞏覆軍殺將頻至喪敗而時行猶曰掠番曰聲言入寇豈洮河以內盡皆番地乎輔臣者天子所與託心腹者也輔臣先蒙蔽何責庶寮故近日敵情有按臣疏而督撫不以聞者有督撫聞而樞臣不以奏者彼習見執政大臣喜聞捷而惡言敗故內外相蒙恬不爲怪欺蔽之端自輔臣始夫士風高下關乎氣運說者謂嘉靖至今士風三變一變於嚴嵩之黷賄而士化爲貪再變於張居正之專擅而士競於險至於今外逃貪黷之名而頑夫債帥多出門下陽避專擅之迹而芒刃斧斤倒持手中威福之權潛移其向愛憎之的明示之趨欲天下無靡不可得也語弁侵次輔王錫爵南京吏部主事蔡時鼎亦言比年天災民困紀綱紊斁吏治混淆陛下深居宮闕臣民呼籲莫聞然羣工進言猶蒙寬貸乃輔臣時行則樹黨自堅忌言益甚不必明指其失即意向稍左亦輒中傷或顯斥於當時或徐退於後日致天下諛佞成風正氣消

沮方且内託之乎雅量外託之乎清明此聖賢所以重似是之防嚴亂德之戒也夫營私之念重則奉公之意必衰巧詐之機熟則忠誠之節必退自張居正物故張四維憂去時行即爲首輔懲前專擅矯以謙退鑒昔嚴苛矯以寬平非不欲示休休之量養和平之福無如患得患失之心勝而不可則止之義微貌退讓而心貪競外包容而中忮刻私僞萌生欲蓋彌著夫居正之禍在徇私滅公然其持法任事猶足有補於國今也改革其美而紹述其私盡去其維天下之心而益巧其欺天下之術徒思邀福一身不顧國禍若而人者尚可俾相天下哉因歷數其十失勸之省改南京御史章守誠亦疏論時行並留中　十二月甲申遣廷臣九人閱邊　土蠻族弟土墨台豬借西部青把都恰不慎及長昂滾兔十萬騎深入海州縱掠十三日而去副將孫守廉不敢戰李成梁亦弗克救巡按山東御史胡克儉劾守廉申時行許國庇之令聽勘　升廣西下雷峒爲州　黃河大溢

徐州水積城中者逾年衆議遷城改河潘季馴濬魁山支河以通之起蘇伯湖至小湖口積水乃消　初播州宣慰楊應龍獻大木七十材美賜飛魚服復授都指揮使銜應龍性猜很嗜殺數從征調恃功驕蹇知川兵脆弱陰有據蜀志閒出剽州縣嬖妾田雌鳳用讒殺其妻張氏屠其家用誅罰立威所屬五司七姓不堪其虐巡撫都御史葉夢熊以聞巡按御史陳效歷數應龍二十四大罪而四川巡按御史李化龍則以方防禦松潘調播州兵協守請暫免勘問俾應龍戴罪圖功川貴互疏辨給事中張希皐等以事屬重大乞令從公會勘無執成心從之

十九年春正月莽應裏寇永昌騰越　鄭洛粱雲龍入西寧控扼青海撦力克聞之西徙二百里還洮河所掠人口與忠順夫人輸罪請歸洛慮諸部約結先遣使趣撦力克北歸別遣雲龍萬世德收番族以弱其勢而具以狀奏聞言自順義南牧借塗收番子女牛羊皆有

之生死惟所制洮河之役遂爲嚮導番戎之勢不分則心腹之患無已臣鼓舞勞來招回諸番八萬餘人皆陛下威德所致且具陳收番有六利而固辭總督王錫爵薦魏學曾起兵部尙書總督陝西延寧甘肅軍務火落赤眞相聞官軍大集卜失兎又敗於水泉乃乘冰堅渡黃河北走留其黨可卜列宗塔兒等五百餘人牧莽剌川南山南山卽石門大山口走烏斯藏門戶也屬番以告固原總兵官尤繼先繼先令番以八百人前導而與故總兵劉承嗣游擊原進學吳顯等疾馳七百里直抵南山二月乙酉奮擊大敗之斬首百五十有奇生禽十二人可卜列從子拜巴爾的與焉卽前殺李聯芳者也師旋寇尾至撒川見有備乃夜走他寇犯鎭羌西寧石羊亦俱敗火落赤遂徙帳西海　葉夢熊等會勘播州事夢熊主議所轄五司改土歸流悉屬重慶與李化龍意復相左化龍引嫌求斥會應龍妻叔張時照所部何恩宋世臣等上變告應龍反夢熊請發兵勦之四川士大夫

謂蜀三面鄰播屬裔以什百數皆資其彈壓且兵驍勇數征調有功翦除未為長策朝議命再勘應龍願赴蜀不赴黔　三月丙辰西北有星如彗長尺餘歷胃室壁長二尺閏月丙寅朔入婁丁丑以彗星見敕修省　己卯責給事中御史風聞訕上各奪俸一年　李成梁威望甚著然上功不無抵欺寇入塞或斂兵避既退始尾襲老弱或乘虛擣零部誘殺附塞者充首功習以為常會給事中侯先春閱邊成梁用參將郭夢徵計使副將李寧等出鎮夷堡潛襲板升獲老弱二百八十餘級以為功師旋為別部所遮將士數千人失亡大半遼東巡撫都御史郝杰具疏直陳其故要總督蹇達同奏達匿其疏自為奏論功胡克儉馳疏劾寧詞連成梁亦詆杰　夏四月丙申朔享太廟自是廟祀皆遣代　莽應裏復帥兵圍蠻莫思化告急會天暑軍行不前裨將萬國春夜馳至多設火炬為疑兵緬人懼而退追敗其衆　南京禮部主事湯顯祖言陛下以星變嚴責言官欺蔽言官

豈盡不肖蓋陛下威福之柄潛爲輔臣所移故言官嚮背之情亦爲默移御史丁此呂首發科場欺蔽申時行屬楊巍劾去之御史萬國欽極論封疆欺蔽時行諷同官許國遠謫之一言相侵無不出之於外於是無恥之徒但知自結於執政所得爵祿直以爲執政與之縱他日不保身名而今日固已富貴矣給事中楊文舉奉詔理荒政徵賄鉅萬抵杭日宴西湖鬻獄市薦以漁厚利輔臣乃及其報命擢首諫垣給事中胡汝寧攻擊饒伸不過權門鷹犬以其私人猥見任用夫陛下方責言官欺蔽而輔臣欺蔽自如失今不治臣謂陛下可惜者四朝廷以爵祿植善類今直爲私門蔓桃李是爵祿可惜也羣臣風靡罔識廉恥是人材可惜也輔臣不越例與人富貴不爲見恩是成憲可惜也陛下御天下二十年前十年之政張居正剛而多欲以羣私人囂然壞之後十年之政時行柔而多欲以羣私人靡然壞之此聖政可惜也乞立斥文舉汝寧誡諭輔臣省愆悔過帝怒謫徐聞

典史　初楊巍在吏部不能止吏奸遇事輒請命政府及宋纁代爲尙書絶請寄奬廉抑貪罪黜吏百餘人於執政一無所關白會文選缺員外郎纁擬起鄒元標奏不下再疏趣之申時行遂擬旨切責斥元標南京頃之以序班威名昭註官有誤劾奏之序班劉文潤遷詹事府錄事時行又劾文潤由輸粟進不當任清秩時殿閣中書無不以貲進者時行獨爭一錄事纁知其意五疏乞休福建僉事李琯奉表入都上疏列時行十罪語侵王錫爵略言時行庇巡撫秦燿而纁議罷之仇主事高桂而纁議用之以故假小事齮齕纁使不得安其位又言惟錫爵敢恣睢故時行益貪戾請並斥以謝天下帝怒削琯籍纁亦尋卒詔贈太子太保謚莊敏纁凝重有識議事不苟石星初爲戸部語纁曰某郡有奇羨可濟國需纁曰朝廷錢穀寧久蓄不用勿使搜括無餘主上知物力充羨則侈心生矣或言漕糧宜改折纁曰太倉之儲寧紅腐不可匱絀一日不繼何所措手中外陳奏帝多

不省或直言指斥輒曰此沽名耳不罪于慎行稱帝寬大纁愀然曰言官極論得失要使人主動心縱罪及言官上意猶有所徵省概置勿問則如痿痺不可療矣後果如其言　以陸光祖爲吏部尚書趙錦爲刑部尚書王之棟言二人不當用帝怒貶之棟雜職錦時年七十六矣再辭不許次蘇州卒贈太子太保謚端肅錦始終厲清操篤信王守仁學而教人則以躬行爲本　五月壬午四川威茂諸處四哨番作亂攻破新橋乘勢圍普安等堡巡撫都御史李尚忠檄諸路兵進勦巡按御史李化龍言松潘爲蜀屏蔽疊茂爲松潘咽喉番戎作梗松潘力不能支宜移四川總兵於松潘以備防禦給事中張棟言河西列鎮正爲隔限番衆自俺逆留糧依海爲巢火真渡河蟠踞二川遂與番並巢而處今楊柳塞諸番無故犯順恐勢與北戎合蔓延未已宜命邊臣愼爲之備時諸軍並有斬獲番衆亦斬部長以贖罪事遂定　撦力克觀望不即歸鄭洛與相羈縻魏學曾與洛議不

合葉夢熊移撫陝西亦與洛異議初順義王封貢夢熊以諫沮坐得罪學曾亦爲高拱言不便至是撦力克助叛學曾夢熊欲遂討之上書請決戰夢熊又調苗兵三千爲選鋒騰書都下詆洛爲秦檜賈似道王錫爵意悔具疏言狀又遺書責夢熊洛亦疏持不可會撦力克東歸謝罪乞復貢市洛乃進兵青海走火落赤真相焚仰華置戍西寧歸德而還　王錫爵以母老連乞歸六月壬子許之賜道里費遣官護行　日本平秀吉以兵征服六十六州脅琉球呂宋暹羅佛郎機諸國皆使奉貢改國王所居山城爲大閣廣築城郭建宮殿其樓閣有至九重者實婦女珍寶其中其用法嚴軍行有進無退違者雖子壻必誅以故所向無敵遂改元文祿欲侵中國滅朝鮮而有之召問故時汪直遺黨知唐人畏倭如虎氣益驕大治兵甲繕舟艦與其下謀入中國北京者用朝鮮人爲導入浙閩沿海郡縣者用唐人爲導慮琉球洩其情使無入貢同安人陳甲者商於琉球懼爲中國害

與琉球長史鄭迵謀因進貢請封之使具以情來告甲又旋福建陳其事於巡撫趙參魯參魯以聞下兵部部移咨朝鮮王王但深辨嚮導之誣不知其謀已也　胡克儉言臣初劾孫守廉申時行以書沮臣及劾李寧時行又與許國諭臣寬其罪徇私背公將壞邊事兵部尙書王一鶚給事中張應登朋奸欺罔置寧罪不議蹇達置郝杰會稾功罪疏不奏豈杰親臨者不知其罪而達遙制者乃知其功因歷數李成梁數年以來冒功隱蔽狀又論左都御史李世達曲庇罪囚至詆爲賊帝謂成梁前功皆由巡按勘報克儉懸度妄議時行等言克儉妄排執法大臣不可居言路乃謫克儉蘄水縣丞而成梁等置不問　秋七月癸未許國言今四裔交犯而中外小臣爭務攻擊致國是紛紜大臣爭欲求去誰復爲國家任事者請申諭諸臣各修職業毋恣胸臆詔此後有肆行誣衊者重治　八月丁酉免河南被災田賦　工部主事張有德以冊立期近上疏請預備儀物帝怒命奪

俸三月更展冊立期一年工部尚書曾同亨請如前詔忤旨切讓給
事中羅大紘復以為言詔奪俸如有德申時行適在告許國王家屏
連署其名上疏乞收新命納諸臣請帝益怒責大臣不當與小臣比
時行密揭言臣雖列名公疏實不與知冊立事聖意已定有德不諳
大計惟宸斷親裁勿因小臣妨大典帝喜手詔褒答而揭與詔俱發
禮科故事閣臣密揭無發科者時行慙懼亟謀之胡汝寧遣使取揭
時獨大紘守科使者紿取之及往索時行不與大紘乃抗疏曰臣奉
職無狀謹席槀以待獨念時行受國厚恩乃內懷二心藏奸蓄禍誤
國賣友罪何可勝言夫時行身雖在告凡翰林遷改之奏皆儼然首
列其名何獨於建儲一事深避如此縱陛下赫然震怒加國等以不
測之威時行亦當與分過況陛下未嘗怒而乃沮塞睿聰搖動國本
苟自獻其乞憐之術而遏主上悔悟之萌此臣所大恨也假令國等
得請將行慶典而恩澤加焉時行亦辭之乎蓋其私心妄意陛下有

所牽繫故陽附廷臣請立之議而陰緩其事以爲自交宮掖之謀使請之而得則明居羽翼之功不得則別爲集苑之計其操此術以愚一世久矣不圖今日乃發露之也疏入帝震怒命貶邊方雜職俄以給事中鍾羽正等論救斥爲民中書舍人黃正賓官以貲進思樹奇節抗疏劾時行排陷同官巧避首事之罪下獄拷訊亦斥爲民御史鄒德泳疏繼上時行不自安力求去國亦五疏求去九月壬申國罷甲戌時行亦罷家屏爲首輔而冊立竟停家屏以國疏己亦列名不當獨留再疏乞罷不允乃上疏力請踐大信以塞口語消宮闈釁亦不報家屏性忠讜好直諫制行端嚴推誠秉公百司事一無所撓德泳守益之孫也　申時行之去也薦吏部侍郎趙志皋前禮部侍郎張位自代丁丑特旨以志皋爲禮部尚書位爲吏部侍郎並兼東閣大學士預機務陸光祖言輔臣當廷推不當內降帝命後不爲例兵部尚書石星以順義既東宣大事急請速召鄭洛究款戰之計魏

學會言擣力克雖歸陰留精兵二萬於嘉峪欲助火落赤眞相其說本采諸道路而朝士爭附之帝卒用星議罷學會疏不問　山東鄉試預傳典試者名已而果然言者遂劾禮官皆停俸于愼行致仕泗州大水州治渰三尺居民沈溺十九浸及祖陵山陽河決邵伯湖亦溢田廬浸傷會同亨以聞命給事中張貞觀往泗州勘視　初大同土兵歲饟萬二千石兵自徵之民不勝擾閱視少卿曾乾亨議留兵二百餘盡汰之因請裁冗員以裕經費京衛諸武臣謂減己月俸也大譁冬十月癸巳伺乾亨兄尚書同亨出朝圍而譟之於長安門王家屏遣諭之曰天下有叛軍寧有叛臣若曹於禁地辱大臣罪且死諸人乃散出石星言貴臣被辱大傷國體鍾羽正亦言之皆不報家屏密揭力爭乃奪掌後府定國公徐文璧祿半載而治首事者以法同亨再乞休不許文璧光祚孫也　侯先春還朝詆李成梁尤力帝意頗動成梁再疏辭疾言者亦踵至十一月帝從御史張鶴鳴言

解成梁任以寧遠伯奏朝請成梁鎭遼二十二年先後奏大捷者十武功之盛二百年所未有其始銳意封拜師出必捷威震絕域已而位望益隆子弟僕隸盡列崇階都縈顯健兒李平胡李寧李興秦得倚孫守廉輩皆擁專城暮氣難振又轉相掊克士馬蕭耗成梁貴極而驕奢侈無度軍貲馬價鹽課市賞歲乾沒不貲全遼商民之利盡籠入己以是結納朝士爲之左右其戰功率在塞外易爲緣飾若敵入內地則以堅壁清野爲詞擁兵觀望甚或掩敗爲功殺良民冒級御史朱應轂給事中任應徵僉事李琯交章劾之事頗有跡卒賴奧援反詰責言者比申時行等相繼謝政遂以去位　廣西巡按御史錢一本上論相建儲二疏其論相專斥申時行而言繼其後者庸駑偏拗非大破常格公天下以選舉相道終未可言又言帝宮中有所惑故不能取人以身至以褒姒驪姬爲比其論國本則謂帝設爲不許諸司激擾之旨以禦天下言者使届期無一人言及則陽爲不知

以冀遲延有一人言及則以激擾改遲一年明年又一人言及則又改遲二三年依違遷就以全其袵席昵愛之私而曾不顧國本從此動搖天下從此危亂時廷臣爭冊立事者衆一本最戇直帝留其疏而心銜之　朝鮮王李昖言倭酋平秀吉聲言明年三月來犯詔兵部申飭海防　十二月甲午詔定戚臣莊田　癸丑河套部土昧明安入延綏互市畢要請增賞總兵官杜桐與巡撫賈仁元計先出兵襲之魏學曾亦以爲然乃令參將張剛自神木游擊李紹祖自孤山桐自榆林三道並出遇寇力戰大破之斬四百七十餘級馘明安而還延綏自吉能納款塞上息肩二十載自此兵端復開明安子擺言太聲言復仇號召諸部寇鈔無已時矣　鄭洛至大同與總督蕭大亨巡撫王世揚邢玠等上疏曰撦力克諉罪火落赤真相桀驁之狀已斂且其部落數千里部長十餘輩在巢保疆者宣鎮則青把都兄弟未嘗東窺薊遼而兀慎擺腰五路之在新平馴服猶故在西行牧

者不他失未嘗窺莽捏而大成比妓則又歸巢獨先今以一人之罪
概絶諸部消往日之恩開將來之隙臣未見其可今史二外叛屢犯
邊疆若令順義王縛獻以著信然後酌議市賞在我固未爲失策也
議遂定尋加洛少保仍召理戎政張棟連疏力詆之乃引病歸　置
雲南新平縣屬臨安府　畿內蝗南畿浙江大水蠲振有差　安南
黎維潭漸強舉兵攻莫茂洽茂洽敗奔喜林縣

明紀卷第四十二

明紀卷第四十三

賜進士出身工部候補主事虞衡司行走陳鶴纂

卹贈知府銜給雲騎尉世職内閣候補中書孫男克家參訂

神宗紀五（起萬曆二十年壬辰訖萬曆二十三年乙未凡四年）

二十年春正月給事中李獻可偕六科諸臣疏請豫教言元子年十有一矣豫教之典當及首春舉行倘謂内庭足可誦讀近侍亦堪輔導則禁闥幽閑豈若外朝之清肅内臣忠敬何如師保之尊嚴疏入帝大怒摘疏中誤書弘治年號責以違旨侮君命獻可貶一秩調外餘奪俸半歲王家屏封還御批力諫鍾羽正言獻可之疏臣實贊成之請與同謫給事中舒宏緒言言官可罪豫教必不可不行帝益怒出宏緒南京羽正獻可並以雜職徙邊方趙志皋論救被旨譙讓給事中陳尚象復爭之坐斥爲民尚象嘗劾罷尚書沈鯉爲士論所非至是人始稱焉給事中孟養浩言人臣卽至狂悖未有敢於侮君者

陛下豈真以其侮而罪之耶獻可甫躋禮垣驟議鉅典一字之誤本
屬無心乃遽蒙顯斥臣愚以爲有五不可元子天下本豫教之請實
爲宗社計陛下不惟不聽且從而罰之是坐忍元子失學而敝帝宗
社也不可者一長幼定序明旨森嚴天下臣民既曉然諒陛下之無
他矣然豫教冊立本非兩事今日既遲回於豫教安知來歲不游移
於冊立是重啓天下之疑不可者二父子之恩根於天性豫教之請
有益元子明甚而陛下罪之非所以示慈愛不可者三古者引裾折
檻之事中主能容之陛下量侔天地奈何言及宗社大計反震怒而
摧折之天下萬世謂陛下何如主不可者四獻可等所論非二三言
官之私言實天下臣民之公言也今加罪獻可是所罪者一人而實
失天下人之心不可者五祈陛下收還成命亟行豫教給事中丁懋
遜張棟吳之佳楊其休葉初春及鄒德泳亦各有疏帝益怒言冊立
已諭於明年舉行養浩疑君惑衆殊可痛惡丙戌命錦衣衛於闕下

杖之百除名永不敘用獻可羽正宏緒亦除名德泳懋遜等六人並
貶一秩出之外帝又謂養浩所逞之詞根託錢一本造言誣君搖亂
大典遂併斥一本爲民當是時帝一怒而斥諫官十一人朝士莫不
駭歎然諫者卒未已禮部員外郎董嗣成賈名儒特疏爭之御史陳
禹謨給事中李周策亦偕其寮論諫帝怒加甚奪嗣成職謫名儒邊
方德泳懋遜等並斥爲民禹謨等停俸有差禮部尚書李長春等復
疏諫帝再詰讓獻可等遂廢於家　王家屏上疏曰漢汲黯有言天
子置公卿輔弼之臣寧令從臾承意陷主於不義乎每感斯言惕然
內愧頃年以來九閽重閉宴安懷毒郊廟不饗堂陛不交天災物怪
罔徹宸聽國計民生莫關聖慮臣備員輔弼曠職瘝官久當退避迺
今數月間請朝講請廟饗請元旦受賀請大計臨朝悉寢不報臣犬
馬微誠不克感回天意已可見矣至豫教皇儲自宜早計柰何厭聞
直言概加貶謫臣誠不忍明主蒙咈諫之名熙朝有橫施之罰故冒

死屢陳若依違保祿淟涊苟容汲黯所謂陷主不義者臣死不敢出此願賜骸骨還田里帝得奏不下趙志皋具揭爲家屏請帝遂責家屏希名託疾家屏復奏言名非臣所敢棄顧臣所希者陛下爲堯舜之主臣爲堯舜之臣則名垂千載没有餘榮若徒犯顏觸忌抗爭償事被譴罷歸何名之有必不希名將使臣身處高官家享厚祿主愆莫正政亂莫匡可謂不希名之臣矣國家奚賴焉更使臣棄名不顧逢迎爲悅阿諛取容許敬宗李林甫之姦佞無不可爲九廟神靈必陰殛臣豈特得罪於李獻可諸臣已哉疏入帝益不悅遣内侍至邸責以徑駁御批故激主怒託疾要君家屏言言涉至親不宜有怒事關典禮不宜有怒臣與諸臣但知爲宗社大計盡言効忠而已豈意激皇上之怒哉於是求去益力或勸少需就大事家屏曰人君惟所欲爲者由大臣持祿小臣畏罪有輕羣下心吾意大臣不愛爵祿小臣不畏刑誅事庶有濟耳遂復兩疏懇請　御史馮從吾言陛下郊

廟不親朝講不御章奏留中不發試觀戊子以前四裔效順海不揚波己丑以後南倭告警北寇渝盟天變人妖疊出累告勵精之效如彼怠斁之患如此近頒敕諭謂聖體違和欲借此自掩不知鼓鐘於宮聲聞於外陛下每夕必飲每飲必醉每醉必怒左右一言稍違輒斃杖下外廷無不知者天下後世其可欺乎願陛下勿以天變爲不足畏勿以人言爲不足卹勿以目前宴安爲可恃勿以將來危亂爲可忽宗社幸甚帝大怒欲廷杖之會仁聖太后壽辰閣臣力解得免

大計外吏給事中李春開王遵訓何偉丁應泰御史劉汝康皆先爲外吏有物議陸光祖悉論黜之又舉許孚遠顧憲成等二十二人時論翕然稱焉　刑部尚書孫丕揚言折獄之不速由文移牽制故耳議斷既成部寺各立長單刑部送審掛號次日卽送大理大理審允次日卽還本部參差者究處庶事體可一至於打斷相驗令御史三六九日遵例會同餘日止會寺官以速遣徒流以上部寺詳鞫笞

杖小罪聽堂部處分命如議行　初西部人哱拜得罪其部長父兄皆見殺拜跳身來降驍勇屢立戰功官寧夏副總兵子承恩夢妖物而生狠形梟蹄性狠戾拜老襲職洮河告警御史周宏禴舉承恩及拜義子雲指揮土文秀等將材巡撫都御史黨馨檄文秀西援拜謁鄭洛願與承恩從軍馨惡其自薦抑損之拜心怨至金城見諸鎮兵皆出其下比賊退道塞外還寇騎遇之皆辟易遂有輕中外心馨數裁拜且按承恩罪箠之二十雲文秀亦以他故怨馨會戍卒請衣糧久弗給拜遂嗾軍鋒劉東暘許朝作亂三月戊辰殺馨及副使石繼芳游擊梁琦守備馬承光逼總兵官張維忠縊死東暘自稱總兵奉拜爲謀主據寧夏城反承恩陷玉泉營中衛廣武取河西四十七堡惟平虜參將蕭如薰堅守賊引河套著力兔宰僧攻之並犯花馬池全陝震動　辛未王家屏致仕家屏柄國止半載又強半杜門以戇直去國朝野惜焉　壬申魏學曾檄副總兵李昫帥游擊吳顯趨靈

州別遣游擊趙武趨鳴沙州沿河扼賊南渡而自駐花馬池當賊衝昫等渡河賊將多遁去四十七堡皆復唯寧夏鎮城尙爲賊據著力兎等中外相呼應哱拜土文秀攻趙武於玉泉哱雲著力兎急攻平虜蕭如薰伏兵南關陽敗誘賊入射雲死餘衆敗去又襲著力兎營獲人畜甚多賊乃退昫救武圍亦解　吏部擬量移萬國欽爲建寧推官饒伸爲刑部主事帝以二人皆特貶不宜還切責尙書陸光祖而盡罷文選郎中王教員外郎葉隆光主事唐世堯陳遴瑋等趙志皐疏救被旨切責光祖謂事由己引罪乞休爲郎官祈宥亦不許已會推閣臣廷臣循故事首光祖名詔報曰卿前請廷推推固宜首卿光祖知不能容曰懷去志會光祖以王時槐蔡悉王樵沈節甫老成魁艾特推薦之給事中喬允遂劾光祖及文選郎鄒觀光光祖遂力求去許之光祖清強有識練達朝章每議大政一言輒定與宋纁相繼爲吏部部權始克振　中朝聞哱拜反欲遣李成梁爲將未敢決

御史梅國禎特疏保之給事中王德完持不可國禎乃薦成梁子如松有大將才其弟如梅如樟並年少英傑宜令討賊夏四月甲辰命如松爲提督陝西討逆軍務總兵官將遼東宣府大同山西諸鎮兵以往而國禎監其軍武臣之有提督自此始甲寅甘肅巡撫葉夢熊上疏自請討賊許之又詔陝西巡撫沈思孝移駐下馬關爲大軍聲援李昫與故總兵牛秉忠抵寧夏城下賊於東西二門各出驍騎三千搏戰步卒列火車爲營官軍擊之奪其車百輛追奔入湖賊溺死無算副總兵王通戰尤力家丁高銳等乘勝入北門後兵不繼被殺通亦負傷榆林游擊俞尚德戰死時慶憲王薨鎮原王伸壇理府事賊脅伸壇上東城乞暫罷兵詭言願獻首惡官軍亦糧盡乃引退休近堡魏學曾日夜趣芻饟治舟調兵思孝與學曾議軍事不合給事中侯慶遠劾之召爲大理寺卿伸壇謀襲賊弗克府中人皆被殺憲王妃方氏匿其子帥鋅地窖中自經死壽陽王倪爋脅降不屈爲賊

所囚　擒力克縛史二叩關獻俘復還二年市賞　祖陵之被水也議者或欲開傅寧河至六合入江或欲濬周家橋入高寶諸湖或欲開壽州瓦埠河以分淮水上流或欲弛張福堤以洩淮口獨潘季馴謂祖陵王氣不宜輕洩巡撫周寀陳于陛巡按高舉謂周家橋在祖陵後百里可疏濬先是季馴三疏乞休不允至是給事中楊其休請允季馴去從之季馴將行條上辨惑者六事力言河不兩行新河不當開支渠不當濬又著書曰河防一覽大旨在築堤障河束水歸漕築堰障淮逼淮注黃以清刷濁沙隨水去合則流急急則蕩滌而河深分則流緩緩則停滯而沙積上流旣急則海口自闢而無待於開其治堤之法有縷堤以束其流有遙堤以寬其勢有滾水壩以洩其怒法甚詳言甚辨然是時水勢橫潰徐泗淮揚間無歲不受患祖陵積水季馴謂當自消已而不驗於是季馴言詘而分黃導淮之議起平秀吉廣徵諸鎮兵儲三歲糧欲自將以犯中國會子死旁無兄

第前奪豐後島主妻爲妾慮其爲後患而諸鎮怨秀吉暴虐咸懷異志曰此舉非襲大唐乃襲我耳秀吉乃遣其將清正行長義智僧元蘇宗逸等將舟師數百艘陷朝鮮之釜山鎮乘勝長驅五月渡臨津掠開城分陷豐德諸郡時朝鮮承平久兵不習戰其王昖又湎酒弛備猝見寇至皆望風奔潰昖棄王京令次子琿攝國事奔平壤已復走義州遣使絡繹告急且請內屬倭遂入王京執其王妃王子追奔至平壤放兵淫掠　趙志皐張位建議凡大僚缺令九卿各舉一人類奏以聽上裁用杜專擅吏部尚書孫鑨言廷推之法大臣得共衡可否此爵人於朝與衆共之之義類奏啓倖途非制史孟麟亦言類奏之法以一部之事分而散諸諸司究以諸司之權合而收諸禁密事雖上裁旨由閣擬脫有私意奸其間內託上旨外諉廷言誰執其咎又脫有馮保張居正者夤緣爲奸授意外廷小人趨承扶同罔上朝廷不得察其非當官不得爭其是又誰執其咎此收攬威權之漸

必不可從也帝皆不納卒從位等議　哱拜復以套寇五百騎圍平虜堡副總兵麻貴選精卒三百閉道馳卻之魏學曾命貴撫著力兔銀定宰僧於横城啖以重利皆不應貴乃還延綏游擊姜顯謨都司蕭如薰甘州故總兵張傑軍皆至乃復攻寧夏賊計延綏榆林兵出內虛勾黄台吉妻令其子捨達大從子火落赤土昧鐵雷掠舊安邊甎井堡以牽我兵哱承恩以閒合寇兵伏延漢渠掠糧車二百學曾自花馬池還靈州被圍救至而解牛秉忠戰傷右股乃復退師會帝以石星言賜學曾尚方劍督戰寧夏巡撫朱正色總兵官董一奎及葉夢熊梅國禎劉承嗣李如松先後至軍帝聞蕭如薰孤城抗賊大喜六月命代董一奎爲寧夏總兵官盡統諸援軍以貴爲副丁未諸軍復進攻城連戰不下初學曾欲招劉東暘許朝令殺拜父子自贖遣卒葉得新往四人方約同死折得新脛置之獄正色至以傑嘗總寧夏兵與拜善復遣之招拜朝乃舁得新見傑得新大罵賊被殺傑

亦繫不返寧夏百戶姚欽武生張遐齡射書城外約內應夜半舉火外兵不至賊殺其黨五十人欽縋城來奔賊糧盡乃以求撫緩師而奉黃金繡蟒於卜失兔等請急徇靈州先據下馬關阻饟道學曾與夢熊國禎定計決黃河大壩水以灌城如松不欲受總督制事輒專行石星及給事中許宏綱以爲言帝乃下詔申飭卜失兔莊禿賴以三萬騎犯定邊小鹽池以土昧鐵雷爲前鋒別遣宰僧以萬騎從花馬池西沙湃口入爲拜聲援貴擊之石溝寇稍挫分趨下馬關及鳴沙洲學曾令游擊龔子敬扼沙湃口而檄延綏總兵官董一元擣土昧鐵雷巢斬首百三十盡取其畜產寇大驚引去遇子敬圍之十重子敬死寇遂遁賊復乞援於著力兔著力兔復以萬餘騎至張亮堡如松帥勁騎迎戰手斬士卒畏縮者自卯迄巳敵鋭甚會貴及李如樟等兵至夾擊之寇乃卻逐北至賀蘭山獲首級百二十餘持示賊賊益恟懼　秋七月孟秋饗廟帝不親行太常寺少卿王汝訓極諫

不聽　癸酉給事中張問達以寧夏用兵請盡蠲陝西逋賦從之廷議以朝鮮爲國藩籬在所必爭遣行人薛潘諭李昖以興復大義揚言大兵十萬且至蹇達遣游擊史儒帥師至平壤副總兵祖承訓統三千人渡鴨綠江爲援甲戌與倭戰大敗儒等死承訓僅以身免中朝震動　魏學曾之遣葉得新也留固原十日以俟之帝責其玩寇李昫渡河又遲松山河套寇先入官軍再失利學曾嘗上疏令監軍無與兵事梅國禎憾之及至軍劾諸將觀望頗咎學曾給事中許子偉劾學曾惑於招撫誤國事甲申詔罷學曾以葉夢熊代亦賜尚方劍駐靈州調度未幾國禎言僉事隨府從城上躍下賊令四人下取我軍咫尺不敢前又北寇數萬斷我糧道殺戮無算匿不以奏帝大怒遂逮學曾下獄斥爲民　刑部員外郎于玉立言陛下寵幸貴妃宴逸無度恣行威怒鞭笞羣下宮人閹豎無辜死者千人夫人懷必死之心而使處肘腋房闥間儻因利乘便甘心一逞可不寒心田

義本一奸豎陛下寵信不疑邇者奏牘或下或留推舉或用或否道路籍籍咸謂義簸弄其間蓋義以陛下爲城社而外廷之憸邪又以義爲城社黨合謀連其禍難量且陛下一惑於嬖倖而數年以來問安視膳郊廟朝講一切不行至邊烽四起禍亂成形猶不足以動憂危之情奪晏安之習是君身之不修未有甚於今日者矣夫宮庭震驚而陛下若罔聞何以解兩宮之憂深拱禁中開釁緣之隙致邪孽侵權而陛下未察其奸何以杜旁落之漸萬國欽輩未嘗忤旨而終於禁錮何以勵骨鯁之臣上下隔越國議軍機無由參斷而陛下稱旨下令終不出閨闥之間何以盡大臣之謀忠良多擯邪佞得名何以作羣臣之氣遠近之民皆疑至尊日求般樂不顧百姓塗炭何以繫天下之心因力言李如松麻貴不可爲大將鄭洛不當再起石星不堪爲本兵疏入不報　八月乙巳兵部右侍郎宋應昌經略備倭軍務時寧夏未平朝鮮事復起石星計無所出議遣人偵探之於是

嘉與人沈惟敬應募惟敬者市中無賴也　己酉詔天下督撫舉將材　寧夏賊被圍久食盡無援而城受水浸益大崩梅國禎挾諸將趨南關牛秉忠先登國禎大呼諸將畢登賊退據大城攻數日不下國禎使間紿劉東暘許朝哱承恩互相殺以降貰其罪三人內猜疑東暘朝遂誘土文秀承恩亦與其黨周國柱誘東暘朝殺之盡懸東暘朝文秀首城上開門降李如松帥兵圍哱拜家拜倉皇縊闔室自焚死葉夢熊自靈州馳至下令盡誅拜黨及降人二千慰問宗室士庶九月壬申寧夏平夢熊國禎朱正色各上捷奏而俘承恩獻京師

冬十月壬寅李如松提督薊遼保定山東軍務充防海禦倭總兵官救朝鮮如柏如梅並帥師援勦時平秀吉次對馬島分其將行長等守要害爲聲援沈惟敬至平壤執禮甚卑行長紿曰天朝幸按兵不動我不久當還以大同江爲界平壤以西盡屬朝鮮耳惟敬以聞廷議倭詐未可信乃趣宋應昌等進兵而石星頗惑於惟敬題署游

擊將軍赴軍前且請金行間　振畿內浙江河南被災諸府蠲租有差時東征諸軍悉集天津保定巡撫都御史劉東星請漕米十萬石平糶民乃濟　梅國禎劾葉夢熊貪功殺降夢熊言哱拜所畜家人皆死士緩一二日劉東暘許朝黨復集必再亂帝爲下詔和解之十一月戊辰御門受俘磔哱承恩於市夢熊等論功有差帝召見趙志皐張位皆力爲魏學曾解石星等多白學曾無罪國禎言學曾應變稍緩臣請責諸將以振士氣而逮學曾之命發自臣疏竊自悔恨學曾不早雪臣將受萬世譏李如松言學曾被逮時三軍雨泣夢熊亦推功學曾帝初不聽既而復其官御史劉芳譽言諸宗死節者俱應卹錄方妃宜建祠旌表詔從之給銀萬五千兩分賜諸宗人　楊應龍詣重慶對簿坐法當斬請以二萬金贖御史張鶴鳴方駮問會倭入朝鮮徵天下兵應龍因奏辨且請將五千兵征倭自贖詔釋之兵已啓行尋報罷　暹羅入貢其使請潛師直擣日本石星議許之兩

廣總督蕭彥言暹羅處極西去日本萬里安能飛越大海請罷其議
星執不從既而暹羅兵卒不出　十二月甲午以寧夏賊平告天下
安南鄭松誘土人內應襲殺莫茂洽奪其都統使印親黨多遇害
有莫敦讓者奔防城告難兩廣總督陳蕖以聞松復禽敦讓勢益張
李如松新立功氣益驕與宋應昌不相下故事大帥初見督師甲
冑庭謁出易冠帶始加禮貌如松用監司謁督撫儀素服側坐而已
沈惟敬自倭歸述行長請封意如松叱惟敬憸邪欲斬之參謀李應
試曰藉惟敬紿倭封而陰襲之奇計也如松以爲然乃置惟敬於營
誓師渡江
二十一年春正月己未師次肅寧館行長以爲封使將至遣牙將二
十人來迎如松檄游擊李寧生縛之倭猝起格鬭僅獲三人餘走還
行長大駭復遣所親信小西飛來謁如松慰遣之辛酉師進次平壤
行長猶以爲封使也竚風月樓以待羣倭花衣夾道迎如松分布諸

軍抵平壤城諸將逡巡未入形大露倭悉登陴拒守是夜襲如柏營擊卻之壬戌如松下令諸軍無割首級攻圍缺東面以倭素易朝鮮軍令祖承訓詭爲其裝潛伏西南令游擊吳惟忠攻迤北牡丹峯如松親提大軍直抵城下攻其東南倭礮矢如雨軍少卻如松斬先退者以徇募死士援鉤梯直上倭方輕南面朝鮮軍承訓等乃卸裝露明甲倭大驚急分兵捍拒如松已督副將楊元等自小西門先登如柏等亦從大西門入火器並發烟燄蔽空惟忠中礮傷胸猶奮呼督戰如松馬斃於礮易馬馳墮塹躍而上麾兵益進將士無不一當百遂克之獲首功千二百有奇倭退保風月樓夜半行長渡大同江遁還龍山寧及參將查大受帥精卒三千潛伏東江間道復斬級三百六十乘勝逐北如柏進復開城黃海平安京畿江源四道並復倭清正據咸鏡亦遁還王京　申時行等相繼去位有詔趣召王錫爵辛未還朝遂爲首輔　徵江西舉人鄧元錫爲翰林待詔劉元卿爲國

子博士南畿諸生王敬臣以國子博士致仕有司時加優禮元錫甫就道而卒　先是有旨是年春舉冊立大典戒廷臣毋瀆陳廷臣鑒張有德事咸默默及王錫爵至密請帝決大計辛巳帝遣內侍以手詔示錫爵欲待嫡子令元子與兩弟且並封爲王錫爵懼失上指立奉詔擬諭旨又外慮公論因言漢明帝馬后唐明皇王后宋眞宗劉后皆養諸妃子爲子請令皇后撫育元子則元子卽嫡子而生母不必崇位號以上壓皇貴妃亦擬諭以進同列趙志皋張位咸不與聞帝竟以並封詔下禮官令卽具儀於是舉朝大譁史孟麟及禮部尚書羅萬化等羣詣錫爵第力爭光祿寺丞朱維京首抗疏曰往奉聖諭許二十一年冊立廷臣莫不延頸企踵今忽改而爲分封是向者大號之頒徒戲言也夫元子既長欲少遲冊立以待中宮正嫡之生祖宗以來實無此制考英宗之立以宣德三年憲宗之立以正統十四年孝宗之立以成化十一年少者止一二齡多亦不過五六齡耳

維時中宮正位嫡嗣皆虛而祖宗曾不少待卽陛下冊立亦在先帝二年之春近事不遠何不取而證之且聖人爲政必先正名今分封之典三王並舉冠服宮室混而無別府寮庶案淆而無辨是以天下爲戲也況大臣以道事君不可則止錫爵縱不能如李沆引燭之焚亦當爲李泌造膝披陳轉移聖心而後已奈何噤無一語效楊素李勣爲千古罪人耶給事中王如堅疏曰謹按十四年正月聖諭元子幼小冊立事俟二三年舉行是明言長子之爲元子也又十八年正月詔旨朕無嫡子長幼自有定序是明示倫次之不可易也又十九年八月奉旨冊立之事改於二十一年舉行此則陛下雖怒羣臣激聒輒更定期未嘗遽寢冊立之事也今忽傳並封三王以待嫡嗣是陛下前此灼然之命尚不自堅今日羣臣將何取信夫立嫡之條祖訓爲廢嫡者戒非今日之謂也皇長子十二齡矣皇后素賢明何有舍當前之冢嗣而覬幸不可知之數恐宮闈之內左右近習之輩見

形生疑未必不以他意窺陛下如往歲宗室之中已有並封之疏安知非機事外洩彼得量朝廷之淺深也帝得二人疏震怒命並戍極邊光祿寺少卿涂杰丞王學曾疏繼上斥爲民時廷臣諫者甚衆侍郎陳于陛趙用賢鄧以讚郎中于孔兼何喬遠員外郎顧憲成陳泰來主事顧允成張納陛岳元聲賈巖洪文衡給事中林材張貞觀御史吳宏濟中書舍人吳仁度等章日數上錫爵偕志皐位力請追還前詔帝知不可盡斥但報遵旨行元聲允成納陛泰來孔兼與李啓美曾鳳儀鍾化民項德禎等遮錫爵於朝房面爭之助教薛敷教上書錫爵言中宮有出而始重則仁聖之心不安後宮有出而終輕則慈聖之體亦屈庶吉士李騰芳亦言公欲借封王轉作冊立恐王封既定大典愈遲他日公去而事壞罪公始謀何以自解此不獨宗社憂亦公子孫禍也錫爵請下廷議不許請面對不報乃自劾三誤乞罷斥帝亦迫公議追寢前命少俟二三年議行錫爵疏救維京如堅

命免戍爲民錫爵又上疏請速決且曰曩元子初生業爲頒詔肆赦詔書稱祗承宗社明以皇太子待之矣今復何疑而弗決哉不報維京衡之子于陛以勤之子仁度悌之子也　李如松既連勝有輕敵心壬午再進師朝鮮人以賊棄王京告如松信之將輕騎趨碧蹄館距王京三十里猝遇倭圍數重如松督部下鏖戰一金甲倭搏如松急指揮李有聲殊死救被殺如柏李寧等奮前夾擊如梅射金甲倭墮馬楊元兵亦至斫重圍入倭乃退官軍喪失甚多會天久雨騎入稻畦中不得逞倭背岳山面漢水聯營城中廣樹飛樓箭礮不絕如松乃退駐開城　莫茂洽之死也子敬恭與莫履遜等奔廣西思陵州莫履機奔欽州獨莫敬邦有衆十餘萬起京北道擊走黎黨范拔萃范百祿諸軍莫敦讓得復歸衆乃推敬邦署都統諸流寓思陵欽州者悉還已黎兵攻南策州敬邦被殺莫氏勢益衰敬恭敬用屯諒山高平敬璋屯東海新安懼黎兵追索竄至龍州憑祥界令土官列

狀告當事黎維潭亦叩關求進貢識以國王金印二月廣西巡撫陳大科等言蠻邦易姓如弈棋止當以叛我服我爲順逆維潭雖圖恢復而茂洽固天朝外臣也安得不請命而擅然戮之竊謂黎氏擅興之罪不可不問莫氏子遺之緒亦不可不存儻如先朝故事聽黎氏納款而仍存莫氏比諸漆馬江不翦其祀於計爲便廷議如其言諜報倭以二十萬衆入寇李如松令楊元軍平壤扼大同江接饟道如柏等軍寶山諸處爲聲援查大受軍臨津留李寧祖承訓軍開城而身自東西調度聞倭將平秀嘉據龍山倉積粟數十萬密令大受帥死士從間道焚之倭遂乏食甲寅敕勞征東將士　先是大計京朝官孫鑨力杜請謁文選員外郎呂允昌鑨甥也首斥之考功郎中趙南星亦自斥其姻給事中王三餘一時公論所不予者給事中胡汝寧楊文舉苗朝陽少卿徐泰時等貶黜殆盡趙志皋之弟與焉王錫爵以首輔還朝欲有所庇比至而察疏已上庇者在黜中由是執

政皆不悅會言官以拾遺論劾稽勳員外郎虞淳熙職方郎中楊于
廷主事袁黃鑨議謫黃留淳熙于廷詔黃方贊畫軍務亦留之給事
中劉道隆言吏部議留拾遺庶僚非法得旨責部臣專權結黨鑨言
淳熙臣鄉人安貧好學于廷力任西事石星極言其才今寧夏方平
臣不敢以功爲罪且旣名議覆不嫌異同若知其無罪以諫官一言
而去之自欺欺君臣誼不忍爲也帝以鑨不引罪奪其俸貶南星三
官淳熙等俱勒罷鑨遂乞休且白南星無罪李世達以己同掌察而
南星獨被譴亦爲南星淳熙等訟帝皆不聽於是僉都御史王汝訓
右通政魏允貞大理寺少卿曾乾亨及于孔兼陳泰來顧允成張納
陛賈巖薛敷教交章訟南星冤而泰來詞尤切其略曰臣嘗四更京
察其在丁丑張居正以奪情故用御史朱璉謀借星變計吏籍制衆
口署部事方逢時考功郎中劉世亨依違其閒如察文範習孔教輩
並掛察典不爲衆所服辛巳居正威福已成王國光唯諾惟謹考功

郎中孫惟清與給事中秦燿謀盡錮建言諸臣吳中行等今輔臣志
皋位撫臣趙世卿亦與其列公論寃之丁亥御史王國力折給事楊
廷相同官馬允登邪議而尚書楊巍素性模棱考功郎徐一檟立調
停之畫涇渭失辨亦爲時議所譏獨今春之役旁咨博采覈實稱情
邪詔盡屏貪墨必汰乃至鏟劃涇陽之情南星忍秦晉之好公正無
踰此者元輔錫爵兼程赴召人或疑其欲干計典今其親故皆不能
庇欲甘心南星久矣故道隆章上而專權結黨之旨旋下夫以吏部
議留一二庶僚爲結黨則兩都大僚被拾遺者二十有二人而閣臣
議留者六詹事劉虞夔以錫爵門生而留獨可謂之非黨耶且部權
歸閣自高拱以來已非一日尚書宋纁稍欲振之而齮齕以死尚書
陸光祖文選郎王教考功郎鄒觀光矢志澄清而不久斥逐今復借
拾遺激聖怒是內璫與閣臣表裏箝勒部臣而陛下未之察也疏入
帝怒謫孔兼等州判官泰來典史敷教州學正皆先後自引歸世達

又抗疏論救帝益怒盡斥南星淳熙于廷黃爲民鏞乃上疏言吏部雖以用人爲職然進退去留必待上旨是權固有在非臣部得專也今以留二庶僚爲專權則無往非專矣以留二司屬爲結黨則無往非黨矣如避專權結黨之嫌畏縮選愞使銓職之輕自臣始臣之大罪也臣任使不效徒潔身而去俾專權結黨之說終不明於當時後來者且以臣爲戒又大罪也固請賜骸骨仍不允鏞遂杜門稱疾疏累上帝猶溫旨慰留賜羊豕酒醬米物且敕侍郎蔡國珍署選事以需鏞起世達求去亦不許南星既斥其後顧憲成繼罷鄒元標亦自引歸海內擬之三君　初官軍捷平壤鋒銳甚不復問封貢事及碧蹄館之敗李如松氣大索而宋應昌急圖成功倭亦芻糧並絕且懲平壤之敗有歸志於是封貢之議起應昌得倭報沈惟敬書令游擊周宏謨同惟敬往諭倭獻王京返王子如約縱歸夏四月癸卯倭果棄王京遁如松與應昌入城遣大兵渡漢江尾倭後將擊其惰歸倭

步步爲營分番迭休官軍不敢擊倭乃結營釜山爲久留計而石星力主封貢上言朝鮮故土復定宜令李昖還國居守各鎮兵以次撤歸詔可之御史郭實論應昌不足任并陳七不可以沮撓謫懷仁典史戎政都御史郝杰謂平秀吉罪不勝誅顧加以爵命荒外聞之謂中朝無人以異議出爲南京戶部尚書已應昌疏稱釜山雖瀕海南猶朝鮮境有如倭覘我罷兵突入再犯朝鮮不支前功盡棄今撥兵協守爲第一策卽議撤宜少需俟倭盡歸量留防戍星等乃議留江浙兵五千分屯要害仍諭昖蒐練軍實毋恃外援　李材繫獄五年論救者五十餘疏會孟養使入貢具言緬人侵軼天朝救援破敵有功聞典兵者在獄衆皆流涕楚雄士民閻世祥等亦相率詣闕訟材冤帝意稍解乃命再勘勘至材罪不掩功王錫爵等再疏爲言乃命戍鎮海衞材所至輒聚徒講學繫獄時就問者不絕至戍所學徒益衆　五月大雨河決單縣黃堌口一由徐州出小浮橋一由舊河達

鎭口閘邳城㳯水中高郵寶應諸河隄決口無算　孫丕揚言五歲方䘏刑恐冤獄無所訴請敕天下撫按方春時和令監司按行州縣大錄繫囚按察使則錄會城囚死罪矜疑及流徙以下可原者撫按以達於朝期毋過夏月輕者立遣重者仍聽部裁帝報從之六月丁酉詔天下每歲夏月錄囚減釋輕繫如兩京例未幾丕揚條上省刑省罰各三十二事帝優詔從之自是刑獄大減　吏部請起前給事中張棟官忤旨奪尚書侍郎俸謫文選郎中孟化鯉員外郎項復宏主事姜仲軾維職王錫爵等疏救命以原品調外項之給事御史復交章救帝怒奪言者俸斥化鯉等爲民　癸卯沈惟敬歸自釜山同小西飛來請款倭隨犯咸安晉州逼全羅聲復漢江以南以王京漢江爲界李如松急遣李平胡查大受屯南原祖承訓李寧屯咸陽副總兵劉綎屯陝川扼之倭果分犯諸處諸將並有斬獲給事中張輔之遼東都御史趙燿皆言款貢不可輕受秋七月倭從釜山移西生

浦送回王子陪臣時師久暴露聞撤勢難久羈宋應昌請留綎川兵吳惟忠駱尚志等南兵合薊遼兵共萬六千聽綎分布慶尚之大邱月饟五萬兩資之戶兵二部先是發帑給軍費已累百萬廷臣言虛內實外非長策請以所留川兵命綎訓練兵饟令本國自辦癸丑召諸邊鎮兵還併撤惟忠等兵止留綎兵防守　吏部尚書孫鑨致仕鑨堅臥三月疏至十上嘗曰大臣不合惟當引去否則有職業在謹自守足矣其志節如此　孫鑨既去王錫爵欲用羅萬化爲吏部尚書文選郎中顧憲成不可乃用陳有年　乙卯彗星見東井有詔修省王錫爵請延見大臣又言彗漸近紫微宜慎起居之節寬左右之刑寡嗜欲以防疾散積聚以廣恩皆報聞乙亥彗星逆行入紫微犯華蓋八月丙戌以災異敕戒內外諸臣修舉實政錫爵言彗已入紫微非區區用人行政所能消弭惟建儲一事可以禳之蓋天王之象曰帝星太子之象曰前星今前星既耀而不早定故致此災誠速行

冊立天變自弭帝仍報以待期之說錫爵答奏復力言之又連章懇請　九月朝鮮王昖以三都既復疆土再造上表謝恩時石星一意主款兵部主事曾偉芳言倭衆已還行長猶據釜山知我兵未撤不敢以一矢加遺欲歸報關白捲土重來則風不利正苦冬寒故款亦去不款亦去沈惟敬前於倭營講購咸安晉州隨陷而欲恃款冀來年不攻則速之款者正速之來耳故款亦來不款亦來宜令朝鮮自爲守弔死問孤練兵積粟以圖自強帝以爲然因敕諭昖者甚至

初趙用賢有女許御史吳之彥子鎮用賢爭張居正奪情之彥懼及深結居正得巡按福建過里門不爲用賢禮坐鎮於第下曰婢子也以激用賢用賢知其受王篆指遂反幣告絕及用賢再起尤爲申時行許國等所忌官南京者累年已而爲禮部侍郎復以爭三王並封語侵王錫爵爲所銜會改吏部侍郎與文選郎顧憲成辨論人才羣情益附錫爵不便也之彥方以僉事論罷乃使鎮訐用賢論財逐壻

蔑法棄倫用賢疏辨乞休詔禮部平議羅萬化以之彥其門生引嫌力辭錫爵乃上議曰用賢輕絕之彥緩發均失也今趙女已嫁難問初盟吳男未婚無容反坐欲折其衷宜聽用賢引疾而曲貸之彥詔從之戶部郎中楊應宿鄭村嘗欲出用賢門下爲所鄙絕遂上疏力詆用賢請據律行法都御史李世達戶部侍郎李楨疏直用賢斥應宿村讒詔亦爲所攻世達遂連章乞休冬十月許致仕楨亦乞休不允御史宋興祖請改村他部避楨全大臣體乃出村南京行人高攀龍上疏曰近見朝宁之上善類擯斥一空大臣則孫鑨李世達趙用賢去矣小臣則趙南星陳泰來顧允成薛敷教張納陛于孔兼賈巖斥矣李楨曾乾亨復不安其位而乞去矣選郎孟化鯉又以推用言官張棟空署而逐矣夫天地生才甚難國家需才甚亟廢斥如此後將焉繼致使正人扼腕曲士彈冠世道人心何可勝慨陛下朝講久輟廷臣不獲望見顏色天言傳布雖曰聖裁隱伏之中莫測所以故

中外羣言不曰輔臣欲除不附己則曰近侍不利用正人陛下深居九重亦曾有以諸臣賢否陳於左右而陛下於諸臣亦嘗一思其得罪之故乎果以爲皆由聖怒則諸臣自孟化鯉而外未聞忤旨何以皆罷斥卽使批鱗逆耳如董基等陛下已嘗收錄何獨於諸臣不然臣恐陛下有袪邪之果斷而左右反借以行媢嫉之私陛下有容言之盛心而臣工反貽以拒諫諍之誚傳之四海垂諸史冊爲聖德累不小輔臣王錫爵等跡其自待若愈於張居正申時行察其用心何以異於五十步笑百步卽如諸臣罷斥果以爲當然則是非邪正恆人能辨何忍坐視至尊之過舉得毋內洩其私憤而利於斥逐之盡乎末力詆材應宿讒諂宜黜應宿亦疏訐攀龍語極妄誕疏並下部院議請薄罰兩臣稍示懲創帝不許鐫應宿二秩謫攀龍揭陽縣添註典史御史吳宏濟復爭之貶二秩調外錫爵及給事御史疏救斥爲民已南京刑部郎中譚一召主事孫繼有復交章劾錫爵爲攀龍

辨帝怒曰近罪攀龍出朕獨斷小臣無狀詆誣閣臣朋奸黨惡不可
不罪其除一召名謫繼有極邊雜職南京吏部主事安希范疏繼上
亦黜爲民給事中葉繼美疏救三人帝益怒幷除繼有名遣官逮希
范一召奪繼美俸一年錫爵力救詔免逮諸人遂廢於家攀龍尋遭
親喪亦不復出給事中逯中立言諸臣率好修士使跧伏田野可惜
忤旨停俸一歲材洛之子也　丙申停刑　十一月慈聖皇太后生
辰帝御門受賀畢獨召王錫爵暖閣勞之曰卿扶母來京誠忠孝兩
全錫爵叩頭謝對曰臣今日正恐忠孝兩虧因力請早定國本帝曰
中宮有出柰何對曰此說在十年前猶可今元子已十三尚何待況
自古至今豈有子弟十三歲猶不讀書者帝頗感動錫爵因請頻召
對保聖躬退復上疏力請且曰外廷以固寵陰謀歸之皇貴妃恐鄭
氏舉族不得安惟陛下深省帝得疏心益動手詔諭錫爵卿每奏必
及皇貴妃何也彼數勸朕朕以祖訓后妃不得與外事安敢輒從錫

爵上言今與皇長子相形者惟皇貴妃子天下不疑皇貴妃而誰疑
皇貴妃不引爲己責而誰責祖訓不與外事者不與外廷用人行政
之事也若冊立乃陛下家事而皇三子又皇貴妃親子陛下得不與
皇貴妃謀乎且皇貴妃久侍聖躬至親至賢外廷紛紛莫不歸怨臣
所不忍聞臣六十老人力捍天下之口歸功皇貴妃陛下尙以爲疑
然則必如羣少年威氣以攻皇貴妃而陛下反快於心乎疏入帝頷
之趙志皐張位亦力請居數日遂有出閣之命　十二月丙辰薊遼
總督顧養謙兼理朝鮮事召宋應昌李如松還　炒花二千騎入韓
家路遼東總兵官尤繼先督諸軍奮擊卻之　左都御史孫丕揚陳
臺規三事請專掌印重巡方久巡城著爲令已又言閭閻民瘼非郡
邑莫濟郡邑吏治非按撫監司莫清撫按監司風化非部院莫飭請
立約束頒天下奬廉抑貪共勵官箴帝優詔從之　中書舍人丁元
薦上封事萬言極陳時弊言今日時勢可寒心者三饑民思亂也武

備積弛也日本封貢也可浩歎者七征斂苛急也賞罰不明也忠賢廢錮也輔臣妬嫉也議論滋多也士習敗壞也褒功卹忠未備也坐視而不可救藥者二則紀綱人心也其所言輔臣專斥首輔王錫爵元薦座主也 振江北湖廣河南浙江山東饑 河南礦盜大起

二十二年春正月己亥詔以各省災傷山東河南徐淮尤甚盜賊四起有司玩愒朝廷詔令不行自今以安民弭盜爲撫按有司黜陟

鄭世子載堉上疏請宗室皆得儒服就試毋論中外職中式者視才品器使從之 朝鮮王昖遣金睟等進方物謝恩何喬遠言睟涕泣言倭寇猖獗朝鮮束手受刃者六萬餘人倭語悖謾無禮沈惟敬與倭交通不云和親輒云乞降臣謹將萬曆十九年中國被掠人許儀所寄內地書倭夷荅劉綎書及歷年入寇處置之宜乞特敕急止封貢時廷臣交章皆以罷封貢議戰守爲言獨石星力主封貢趙志皐亦冀無事相與應和諭德朱國祚面詰星惟敬者我鄉曲無賴因緣

爲奸利耳公獨不計辱國乎星不能用　帝令廣市珠玉珍寶供皇長子出閣儀物計直三十餘萬戶部尚書楊俊民等以故事爭帝手詔諭王錫爵欲易期錫爵婉請乃不果易已而兵部請護衛工部奏儀仗禮部進儀注皆留中令止預告奉先殿朝謁兩宮他禮皆廢張貞觀等言禮官議御門受賀皇長子見羣臣之禮載在舊儀卽諸王加冠亦以成禮而賀賀畢謁見元子初出乃不當諸王一冠乎且謁謝止兩宮而缺然於陛下及中宮母妃之前非所以教孝賀靳於二皇子而漠然於兄弟長幼之閒非所以序別疏入忤旨奪俸一年給事中黎道照上言元子初就外傅陛下宜示之身教乃采辦珠玉珍寶費至三十六萬有奇又取太僕銀十萬充賞非作法於初之意且貞觀等秉禮直諫職也不宜罰治給事中趙完璧等亦言之帝怒奪諸臣俸謫貞觀雜職錫爵等切救乃貶三秩頃之給事中御史許宏綱陳惟芝等連章申論帝竟除貞觀名言官亦停俸俊民博之子也

二月癸丑皇長子常洛出閣講學用輔臣侍班詞臣六人侍講讀俱如東宮儀　河南大饑人相食給事中楊東明繪饑民圖以進副使崔應麟見民啖澤中雁糞囊示巡按御史陳登雲登雲即進之於朝帝覽之動容甲子免河南田租遣光祿寺丞鍾化民齎帑金振之

掌詹事府禮部尚書陳于陛言史家之法紀表志傳謂之正史宋真宗祥符閒王旦等撰進太祖太宗兩朝正史仁宗天聖閒呂夷簡等增入真宗朝名三朝國史此本朝君臣自修本朝正史之明證也我朝史籍止有列聖實錄正史闕焉未講伏覩朝野撰述可備采擇無慮數百種儻不及時網羅歲月浸邈卷帙漸脫耆舊漸凋事跡罕據欲成信史將不可得惟陛下立下明詔設局編輯使一代經制典章鬱然可考鴻謨偉烈光炳天壤詔從之三月癸卯命詞臣分曹類纂以王錫爵趙志皋張位爲總裁于陛及南京禮部尚書沈一貫少詹事馮琦爲副總裁　夏四月己酉朔日有食之　帝眷禮王錫爵

逾前後諸輔臣錫爵性剛負氣自阿並封旨及趙南星趙用賢罷斥論救者咸得罪衆指錫爵為之錫爵連章自明且申救人卒莫諒也遂引疾乞休帝不欲其去為出內帑錢建醮祈愈錫爵力辭疏八上乃允詔廷推閣臣無拘資品吏部尚書陳有年適在告侍郎趙參魯盛訥等往咨之列王家屏沈鯉孫鑨沈一貫孫丕揚鄧以讚馮琦七人名上蓋鑨丕揚非翰林為不拘資琦四品為不拘品也家屏以爭國本去位帝意雅不欲用又推及吏部尚書左都御史非故事嚴旨責讓謂不拘資品乃昔年陸光祖自為入閣地今推鑨丕揚顯屬徇私前吏部嘗兩推閣臣可具錄姓名以上於是備列沈鯉李世達羅萬化陳于陛趙用賢朱賡于慎行石星曾同亨鄧以讚等而世達故左都御史也帝復不悅謂詔旨不許推都御史何復及世達家屏舊輔臣不當擅議起用五月辛卯命于陛一貫以本官兼東閣大學士預機務而謫顧憲成及員外郎黃縉王同休主事章嘉禎黃中色雜

職錫爵首疏救有年及參魯等疏繼上帝皆不納趙志皋張位亦爲吏部言而謂輔臣當出特簡廷推由陸光祖交通言路爲之不可爲法帝喜降旨再譙責遂免縉等貶謫但停俸一年給事中盧明諏疏救憲成帝怒貶其秩斥憲成爲民有年抗疏言閣臣廷推其來舊矣曩楊巍秉銓臣署文選推閣臣六人今元輔錫爵即其一臣邑有兩閣臣弘治時謝遷嘉靖時呂本皆由廷推官止四品而耿裕聞淵以吏部尚書居首皆非自今剙至不拘資品自出聖諭臣敢不仰承因固乞骸骨帝以其詞直溫旨慰留有年累疏請益力最後以身雖退遺賢不可不錄力請帝起廢帝報聞有年遂杜門不出疏四十上乃許乘傳歸歸裝書一篋衣一笥而已遂中立言兩年以來銓臣相繼斥逐恐今而後非如王國光楊巍則不能一日爲冢宰非如徐一檟謝廷寀劉希孟則不能一日爲選郎臧否混淆舉錯倒置使黜陟重典寄之權門用舍斥罰視一時喜怒此人才消長之機理道廢興之

漸不可不深慮也帝怒嚴旨責讓斥明諏爲民貶中立陝西按察使司知事憲成旣廢名益高里故有東林書院宋楊時講道處也憲成與弟允成倡修之偕高攀龍錢一本薛敷教史孟麟于孔兼輩講學其中力闢王守仁無善無惡心之體之說當是時士大夫抱道忤時者率退處林野聞風響附學舍至不能容憲成嘗曰官輦轂志不在君父官封疆志不在民生居水邊林下志不在世道君子無取焉故其講習之餘往往諷議朝政裁量人物朝士慕其風者多遙相應和由是東林名大著　庚子王錫爵致仕趙志皐始當國先是把兔兒團遼陽朵顏小歹青福餘伯言兒分犯錦義掠清細河事聞詔褫巡撫韓取善職逮副使馮時泰詔獄總兵官楊紹勳下御史問給事中吳文梓等論其失平志皐亦言封疆被寇武臣罪也今寬紹勳而深罪文吏恐武臣益恣帝不從時泰竟謫戍　六月己酉雷雨西華門災敕修省　陳于陛疏陳親大臣錄遺賢獎外吏核邊餉儲將才擇

邊吏六事末言以肅皇帝之精明而末年貪黷成風封疆多事則倦勤故也今至尊端拱百職不修不亟圖更始後將安極帝優詔答之而不能用　初卜失兔爲河套部都督其部長切盡台吉最用事切盡台吉死卜失兔不能制諸部哱拜反多助逆及拜誅切盡台吉之比吉帥著力兔宰僧莊禿賴等頓首花馬池塞下悔罪求款葉夢熊爲奏請帝以夢熊初主魏學曾責其前後異議令要諸部縛叛贖罪著力兔等求款益堅夢熊與巡撫田樂奏上四鎭款戰機宜俟朝議中外相仗莫敢決秋七月丙申卜失兔糾諸部深入定邊營張春井延綏總兵官麻貴乘虛擣其帳於套中斬首二百五十有奇還自寧塞復邀其零騎會寇留內地久斬掠至下馬關寧夏游擊史見李經守備杜松以二千餘騎邀擊馬蓮井小勝誤入伏中見戰死經松皆重傷士卒死過半夢熊急檄貴赴援督副將蕭如蘭等連戰躧馬臺薛家窪斬首二百三十有奇獲畜產萬五千寇乃退　八月孫丕揚

爲吏部尚書挺勁不撓百僚無敢以私干者獨患中貴請謁乃掣爲
掣籤法大選急選悉聽其人自掣請寄無所容一時選人咸稱無私
然銓政自是一大變矣　楊應龍之罷征倭也巡撫王繼光嚴提勘
結應龍抗不出張時照等復詰奏闕下繼光遂與總兵劉承嗣等分
兵三道進婁山關屯白石口應龍陽約降而統苗兵據關衝擊承嗣
兵敗殺傷大半會繼光論罷即撤兵委棄輜重略盡黔師協勦亦無
功御史薛繼茂主撫應龍上書自白遣其黨攜金入京行間執原奏
何恩詰綦江縣而譚希忠代繼光與貴州鎭撫皆議勦冬十月己未
命南京兵部侍郎邢玠總督川貴軍務討之　顧養謙力主撤兵劉
綎等先後盡調還乃議關白宜封爲日本王貢道宜從寧波諭行長
部倭盡歸與封貢如約朝鮮王昖亦上疏請許貢保國帝乃切責羣
臣阻撓以刑部主事郭實先爲御史首倡異議斥爲民幷敕石星盡
錄諫封貢者名將大譴責趙志皋等力解乃已丁卯詔小西飛入朝

集多官面議要以三事一勒倭盡歸巢一既封不與貢一誓無犯朝鮮倭俱聽從以聞帝復諭於左闕語加周複封議遂定　把兔兒以炒花花大煖兔伯言兒之衆營舊遼陽將入掠鎮武錦義又約土蠻子卜言台周及一克灰正腦毛大諸部聲犯廣寧右屯把兔兒先至吳家墳遼東總兵官董一元與巡撫李化龍計曰卜言台周雖衆然去邊遠我特患把兔兒及炒花耳今其衆不過萬騎破之則西部將不戰走乃遣副將孫守廉馳右屯禦西部而親將大軍壓鎮武外爲空營待之寇騎馳入營大笑以爲怯乃深入官軍忽從中起奮呼陷陳自午至酉寇大奔逐北七十餘里至白沙堝俘斬五百四十有奇獲馬駝二千伯言兒中矢死把兔兒傷餘衆終夜馳天明駐馬環哭伯言兒最慓悍諸部倚以爲強嘗誘殺慶雲守備王鳳翔至是死諸部皆奪氣其部下遂納款其明日卜言台周入右屯攻五日夜守廉等固守亦引去把兔兒炒花乃與卜言台周瓜兔兒小歹青益相結

復臨邊駐牧期以明年正月略遼瀋東西復前恥一元慮歲晏不備爲寇所乘乃先西巡以遏其鋒化龍亦留弱卒廣寧數西發以疑寇一元提健卒踏冰渡河監軍參議楊鎬與之俱度墨山天大雪將士氣益奮三日夜行四百里抵炒花帳斬首百二十級獲牛馬甲仗無算全師而還把兔兒以鎮武創重歎曰我竟不獲報父讎乎未幾死其衆散亂諸部悉遠遁

趙志皋年七十餘耄而懦張位與相厚善精悍敢任事多所裁決招權示威志皋爲朝士所輕御史趙文炳況上進給事中張濤南京御史柳佐給事中章守誠評事龍起雷相繼披詆志皋乞罷不許御史冀體極論志皋不可不去帝怒責對狀體抗辭不屈貶三秩出之外以論救者衆竟斥爲民給事中楊恂復論志皋並及位其略曰今之議執政者僉曰擬旨失當也貪鄙無爲也是固可憂而所憂有大於是者許茂橓罷閑錦衣厚齎金玉爲奸被人緝獲使大臣清節素孚彼安敢冒昧若此乃緝獲者被責而行賄

者不問欲天下澄清其可得耶可憂者一楊應龍負固不服執政貪其重餌與之交通如近日綦江捕獲奸人得所投本兵及提督巡捕私書其餘四緘不言所投臣細詢番人始囁嚅言曰求票擬耳夫票擬輔臣事也而使小醜得以利動哉可憂者二推陞者吏部職也邇來創專擅之說以蠱惑聖聽陛下入其言而疑之於是內託上意外諉廷推或正或陪惟意所欲苟兩者俱無當則駁令更推少不如意譴謫加焉黨謂簡在帝心非政府所預何所用者非梓里姻親則門牆密契也如是而猶曰吏部專擅乎可憂者三言官天子耳目糾繩獻納其職也邇來進朋黨之說以激聖怒陛下納其譖而惡之於是假託天威肆行胸臆非顯斥於建白之時則陰中於遷除之日黨謂斷自宸衷無可挽救何所斥者非宿昔積怨則近日深讎也如是而猶謂言官結黨乎可憂者四志臯日薄西山固無足責位素負物望乃所爲若斯且其機械獨深朋邪日衆將來之禍更有難言者請罷

志臯而防位嚴飭陳于陛沈一貫毋效二人所爲疏入謫陜西按察
司經歷　林材偕同官言成憲不當爲祭酒馮夢禎不當爲詹事劉
元震不當爲吏部侍郎先是西華門災材帥同官極言時政闕失材
又嘗言顧養謙不可爲總河石星敘平壤功罔上及是帝積前怒言
材屢借言事誣謗大臣今復暗傷善類乃停諸給事俸一年而貶材
三官尋以御史崔景榮等論救再貶程鄉典史　刑部缺員外郎吏
部擬用南京通政司經歷何選帝謂特降官不當推舉切讓尚書孫
丕揚等謫文選郎中馮生虞員外郎馮養志等極邊而斥選爲民以
閣臣言稍寬生虞養志等罰南京給事中任彥蘖抗章論救語侵閣
臣帝復怒謫彥蘖於外生虞仍以雜職調邊方旋以言官論救並斥
彥蘖爲民御史許聞造言陛下頃歲以來謂公忠爲比周謂論諫爲
激擾詘銓衡之所賢撓刑官之所執光祿太僕之帑括取幾空中外
大小之官懸缺不補敲扑遍於宮闈桁楊接於道路論救忠良則愈

甚其罪諫止貢獻則愈增其額奏牘沈閣而莫稽奄寺縱橫而無忌今欲摘陳一事則慮陛下益甚其事欲摘救一人則慮陛下益罪其人陛下執此以拒建言之臣諸臣因此而塞進言之路邇年以來諸臣謇諤之風視昔大沮矣不報

二十三年春正月癸卯臨淮侯勳衛李宗城爲都督僉事充正使指揮楊方亨副之封平秀吉爲日本國王給金印行長等七人並授都督僉事宗城性從孫也　宰僧等犯陝西葉夢熊擊卻之　大計外吏九江知府沈鈇嘗發巡撫秦燿罪江西提學僉事馬猶龍嘗定御史祝大舟贓賄爲庇者所惡考功郎蔣時馨黜之孫丕揚不能察也會趙文炳劾時馨受賄時馨以浙江參政丁此呂亦在黜中素善戎政都御史沈思孝大理寺少卿江東之疑文炳疏出思孝指遂訐思孝先庇此呂後求吏部不得以此二事憾己遂結東之及劉應秋等令李三才屬文炳帝惡時馨黜之思孝等疏辨求去丕揚言時馨無

罪此呂受贓有狀思孝不當庇因上此呂訪單亦求去訪單者吏部
當察時咨公論以定賢否廷臣因得書所聞以投掌察者事率覈實
亦間有藉以中所惡者而故事不廢故不揚上之帝降詔慰留不揚
逮此呂詰責思孝趙志皐等再疏乞宥此呂且言此呂有氣節未必
果貪汙不揚亦言此呂無逮問條帝不聽逮至下詔獄謫戍邊御史
俞价強思馮從吾給事中黃運泰祝世祿皆爲時馨訟冤語侵思孝
東之給事中楊天民馬經綸馬文卿又各疏劾思孝大抵言文炳之
疏由思孝藉以搖不揚也思孝屢乞罷因詆不揚負國員外郎岳元
聲並論不揚思孝言大臣相攻宜兩罷而攻不揚時馨尤力不揚亦
求罷不已文炳則謂己之劾時馨由於元聲東之述思孝意迫之非
本意也帝皆不問思孝直節高天下然尚氣好勝動輒多忤以此呂
故頗被物議然時馨此呂皆非端人不揚思孝亦各有所左右君子
惜焉 巡撫浙江都御史王汝訓清介疾惡巡按御史彭應參亦雅

以強直名相與力鋤豪右烏程故尙書董份祭酒范應期里居不法
汝訓將繩之適應參行部至應期怨家千人遮道陳牒應參持之急
檄烏程知縣張應望按之應期自縊死其妻吳氏詣闕愬冤帝命逮
應參應望詔獄革汝訓職詰吏部都察院任用非人孫丕揚及都御
史衷貞吉等皆引罪夏四月刑部尙書趙煥議應參獄失帝指引疾
去帝意未釋讁救應參者給事中喬允等於外言官訟汝訓應參亦
及允帝愈怒每疏入輒重允譴竟斥爲民　邢玠至四川察楊應龍
支黨甚盛乃檄諭應龍許待以不死會水西宣慰安疆臣請父國亨
卹典石星手札示疆臣趣應龍就吏許贖罪疆臣奉札至播招應龍
而七姓恐應龍出得除罪亡命竄播者又多幸應龍反驛傳文移輒
從中阻玠乃檄重慶知府王士琦詰綦紅趣應龍安穩聽勘應龍使
弟兆龍至安穩治郵舍儲糒叩頭郊迎致餼牽如禮言應龍縛渠魁
待罪松坎所不敢至安穩者恐墮仇民不測禍也士琦曰松坎亦纍

奏勘地卽單騎往應龍果面縛道旁泣請死罪願執罪人獻罰金得
自比安國亨士琦爲請於玠許之應龍乃縛獻黃元等十二人案驗
抵應龍斬論贖輸四萬金助采木仍革職以子朝棟代次子可棟羈
府追贖黃元等斬重慶市玠以聞兵部以倭氛未靖請緩應龍事東
方朝廷亦以應龍向有積勞可其奏於松坎設同知而以士琦爲川
東兵備副使彈治之士琦宗沐子也　江北大水淮泗溢浸泗州祖
陵奪總河尚書舒應龍官遣給事中張企程往勘　五月丁酉京師
地震敕修省　山西巡撫魏允貞言汾州有兩郡王宗人與軍民雜
處知州秩卑不能制請升爲府許之置汾陽縣爲府治以靈石臨二
縣永寧沁二州隸之　先是小歹青悔禍款塞請開木市於義州且
告朵顏長昂將犯邊已長昂果犯錦義副總兵李如梅擊卻之李化
龍以小歹青之言信遂許其請上疏曰環遼皆敵也迤北土蠻種類
多不可數近邊者直寧前則長昂直錦義則小歹青直廣寧遼瀋則

把兔炒花花大直開鐵則伯言煖兔其在東邊海西則猛骨孛羅那林孛羅卜寨皆與遼地項背相望並牆圍獵刁斗相聞蓋肘腋憂也自那卜被勦數年東陲無事去年把兔伯言戰死炒花花大一敗塗地今伯言子宰賽受罰入市廣寧遼瀋開鐵間警報漸希所未馴伏者惟小歹青與長昂耳小歹青素兇狡雄長諸部西助長昂東助炒花大舉動以萬數小竊則飛騎出沒錦義間自周之望柏朝翠戰沒無敢以一矢加遺淩河上下方數百里野多暴骨民無寧宇遠慮者每以河西不保爲虞今乃叩關求市臣徧詢將領及彼地居民僉言木市開有五利河西無木皆在邊外叛亂以來仰給河東以邊警又不時至故河西木貴於玉市通則材木不可勝用利一所疑於小歹青者無信耳彼重市爲生路當市時必不行掠卽今年市而明年掠我已收今年不掠之利矣利二遼東馬市成祖所開無他賞本聽商民與交易木市與馬市等有利於民不費於官利三大舉之害酷而

希零竊之害輕而數小歹青不掠錦義零竊少矣又西不助長昂東不助炒花則敵勢漸分卽寧前廣寧患亦漸減且大舉先報又得預爲備利四零竊既希邊人益得修備利五疏入從之化龍尋以病去木市亦停其後鎭巡官議開不果小歹青遂復爲寇云　秋鄭世子載堉進聖壽萬年曆律曆融通二書疏言高皇帝革命時元曆未久氣朔未差故不改作今萬曆九年辛巳適當三百年斗曆改憲之期曆元在是矣臣嘗取大統與授時二曆較之考古則氣差三日推今則時差九刻蓋授時減分太峻失之先天大統不減失之後天因和會兩家酌取中數立爲新率編撰成書望敕大臣名儒參訂采用載堉又進所著律呂精義律學新說樂舞全書考辨詳確識者稱之

長昂遣其黨小郎兒等七人潛入喜峯口射殺偵卒薊鎭總兵官王保逐禽之長昂每資小郎兒籌策懼而謝罪獻還被掠人畜保乃釋小郎兒還長昂補五貢邊吏始補二賞互市如初　安南莫敬用遣

使告難且乞兵已黎維潭亦遣使謝罪求款兩廣總督陳大科廣西巡撫戴燿以屬左江副使楊寅秋寅秋計曰不拒黎亦不棄莫吾策定矣兩遣官往問以敬恭等願居高平來告而維潭求款之使亦數至寅秋乃與之期具報督撫會莫敬璋率衆赴永安為黎氏兵擊敗海東新安地盡失於是款議益決　永邵卜既殺李奎歲為西寧患九月戊寅度將士必燕飲擁勁騎直入南川屬番偵告三邊總督李汶檄參將達雲游擊白澤暨馬其撒卜爾嘉諸番禦之雲設兵要害令番人繞出朵爾硤口外潛扼其背而己提精卒二千與戰方合伏忽起守備柴國柱勇冠軍寇首尾不相顧番人夾擊大敗之雲手馘其帥一人斬首六百八十三級其走峽外者又為番人所殲獲駝馬戎器無算為西陲戰功第一所馘把都爾哈即殺奎者其地即奎陳亡處也雲既勝度寇必復至乃厚集以待　乙酉楊天民與御史牛應元請復建文帝年號從之未幾南京太常寺卿沈子木言建文帝

御宇五年顧不得一盂麥飯下同齊民於誼未忍請祔食懿文太子之側章下部議不果行　先是朝鮮王昖言長子臨海君珒陷賊中驚憂成疾次子光海君琿收集流散頗著功績請立琿爲嗣禮部尚書范謙言繼統大義長幼定分不宜僭差遂不許及是昖復奏引永樂王恭定王例上請謙執奏如初詔從謙等議　冬十月永邵卜連真相火落赤諸部圍番剌卜爾寨以誘官軍番不能支合於寇寇遂逼西川達雲督諸軍營康纏溝寇悉衆圍之矢石如雨雲左右衝擊自辰至申戰數十合寇死傷無算乃以長槍鉤杆專犯西寧軍軍堅不可破寇始遁追奔數十里雲遂急招諸番復業者七千餘戶永邵卜連犯明沙上谷雲並擊走之　十一月辛未湖廣災蠲振有差帝以皇太后誕辰召見趙志臯於煖閣志臯請宥彭應參及減織造數帝皆不從久之乃釋應參爲民而謫張應望戍烟瘴地　十二月辛丑趙志臯等極論章奏留中之弊請盡付諸曹議行不報　撦力

克弟趕兔犯白馬關及東西臺薊鎮守備徐光啓副總兵李芳春戴延春擊卻之　先是薊州人王森得妖狐異香倡白蓮教自稱聞香教主其徒有大小傳頭及會主諸號蔓延畿輔山東山西河南陝西四川森居灤州石佛莊徒黨輸金錢稱朝貢飛竹籌報機事一日數百里事發有司捕繫森論死用賄得釋入京師結外戚中官行教自如　帝素惡諸言官欲因罪之張誠掌東廠失帝意其家奴錦衣副千戶霍文炳當遷指揮僉事兵部已奏請會考選軍政特旨謂中有副千戶者不宜擅署四品職責部臣徇私兵科不糾發降武選郎中韓范都給事中吳文梓雜職鐫員外郎會偉芳主事江中信程僖陳楚產給事中劉仕瞻三秩並調極邊以御史區大倫俞价強思給事中張同德言事嘗忤旨亦鐫三秩又以五城御史夏之臣朱鳳翔涂喬遷時偕行楊述中籍中官客用家不稱旨並謫邊遠典史又以客用貲財匿崇信伯費甲金家刑部考訊無實謫郎中徐維濂於外遂

責兩京科道緘默不言命掌印者給事中耿隨龍鄒廷彥黎道昭孫羽侯黃運泰毛一公御史李宗延顧際明袁可立綦才吳禮嘉王有功李固本南京給事中伍文煥費必興盧大中御史柳佐聶應科李文熙等十九人並鐫三秩留者並停俸一年又令吏部列上職名再罷御史馮從吾薛繼茂王慎德姚三讓四人時嚴旨頻下且不得千戶主名舉朝震駭趙志皋等申救至再孫丕揚方在告亦偕九卿力諫石星請罷職以寬諸臣皆不納陳于陛又特疏申救帝怒命謫降者悉調邊方雜職丕揚等以詔旨轉嚴再疏乞宥帝益怒盡斥諸謫降爲民御史馬經綸憤甚抗疏曰頃屢奉嚴旨斥逐南北言官臣幸蒙恩罰俸供職今日乃臣諫諍之日矣陛下數年以來深居靜攝君臣道否中外俱抱隱憂所恃言路諸臣明目張膽爲國家裁辨邪正指斥奸雄雖廟堂處分未必盡協輿論而搢紳公議頗足維持世風此高廟神靈實鑒佑之所資臺省耳目之用大矣陛下何爲一旦自

塗其耳目邪夫以兵部考察之故而罪兵科是已乃因而蔓及於他給事又波連於諸御史去者不明署其應得之罪留者不明署其姑恕之由雖聖意淵微未易窺測而道路傳說嘖有煩言陛下年來厭苦言官動輒罪以瀆擾今忽變而以箝口罪之夫以無言罪言官言官何辭臣竊觀陛下所爲罪言官者猶淺之乎罪言官也乃言官今日之箝口不言者有五大罪焉陛下不郊天有年矣曾不能援故典排闥以諍是陷陛下之不敬天者罪一陛下不享祖有年矣曾不能開至誠牽裾以諍是陷陛下之不敬祖者罪二陛下輟朝不御停講不舉言官言之而不能卒復之是陷陛下不能如祖宗之勤政罪三陛下去邪不決任賢不篤言官言之而不能強得之是陷陛下不能如祖宗之用人罪四陛下好貨成癖御下少恩胕腋之間叢怨蓄變言官俱慮之而卒不能批鱗諫止是陷陛下甘棄初政而弗獲克終罪五言官負此大罪陛下肯奮然勵精而以五罪罪之豈不當哉奈

何責之箝口不言者不於此而於彼也日者廷臣交章論救不惟不肯還職而且落職爲民夫諸臣本出草莽今還初服亦復何憾獨念朝廷之過舉不可遂大臣之忠懇不可拂陛下不聽閣疏之救改降級而爲雜職則輔臣何顏是自離其腹心也不聽部疏之救改雜職而爲編氓則九卿何顏是自戕其股肱也夫君臣一體元首雖明亦賴股肱腹心耳目之用今乃自塞其耳目自離其腹心自戕其股肱陛下將誰與共理天下事乎夫人君受命於天與人臣受命於君一也言官本無大罪一日震怒罪以失職無一敢抗命者旣大失人心必上拂天意萬一上天震怒以陛下之不郊不禘不朝不講不惜才不賤貨咎失人君之職而赫然降非常之災不知陛下爾時能抗天命否乎臣不能抗君君不能抗天此理明甚陛下獨不思自爲社稷計乎疏上帝大怒亦貶三秩出之外

明紀卷第四十三

明紀卷第四十四

賜進士出身工部候補主事虞衡司行走陳鶴纂
卹贈知府銜給雲騎尉世職內閣候補中書孫男克家參訂

神宗紀六（起萬曆二十四年丙申訖萬曆二十七年己亥凡四年）

二十四年春正月給事中林熙春等上疏曰陛下怒言官緘默斥逐三十餘人臣等不勝悚懼今御史經綸慷慨陳言竊意必温旨褒嘉顧亦從貶斥是以建言罪耶抑以不言罪耶臣等不能解也前所罪者既以不言之故今所罪者又以敢言之故令臣等安所適從哉陛下誠以不言爲溺職臣等不難進憂危之苦詞誠以直言爲忤旨臣等不難效喑默之成習但恐廟堂之上率諂佞取容非君上之福也臣等富貴榮辱之念豈與人殊然寧爲此不爲彼者毋亦沐二百餘年養士之恩不負君父且不負此生耳陛下奈何深怒痛疾而折辱至是哉御史鹿久徵等亦上疏言陛下以軍政一事譴斥徧於言官

謂其不言耶間多向之敢言者謂其目睹考察不言耶間多奉使在外者是陛下以不言爲罪之名以言爲罪之實外以不言之罪罪今日內實以言之罪罪往日也亦何以服諸臣之心示天下後世哉帝得疏益怒謫熙春鹽茶判官久徵澤州判官加貶經綸爲典史二疏列名凡數十人盡奪俸已南京御史林培疏陳時政言徐維濂不當謫陝西織花絨購回青擾民宜罷湖廣以魚鮓江南以織造並奪撫按官俸蘇州通判至以織造故褫官皆不可訓又力詆沈思孝江東之言孫丕揚杜門半載辭疏十上必得請而後已思孝則杜門未幾近見從吾運泰等罷謂朝廷不難去言官五六人以安我此人不去爲朝端害疏上謫福建鹽運司知事因追怒經綸斥爲民　先是卜失兔復入塞掠八日而還順義王撦力克約之納款不從二月戊申李汶大集兵萬五千人以游擊閻逢時等出紅山爲中軍參將師以律等出萬家堡神木孤山爲左軍參將孫朝梁等出定邊安邊平山

爲右軍麻貴以大軍當一面銜枚疾趨踰塞六十里寇莫知所防大潰斬四百九級獲馬畜器械數千　三月乙亥乾清坤寧兩宮災敕修省壬辰下詔自責陳於陛請面對不報乞罷亦不許　火落赤真相昆都魯歹成宅卜囊等掠番窺內地臨洮總兵官劉綎遣參將周國柱等擊之於莽剌川腦斬一百三十六級獲馬牛雜畜二萬　謫張誠奉御司香孝陵籍其家弟姪皆削職治罪　沈惟敬抵釜山私奉平秀吉蟒玉翼善冠地圖武經良馬而李宗城紈袴子所至索貨賄婦女有謝隆者與宗城爭道宗城欲殺之隆詭其左右言倭將行刺宗城恐夏四月己亥棄璽書變服夜遁比明失路縊於樹追者解之遂奔慶州事聞詔逮宗城下獄敕兵部議戰守時言者蜂起並劾趙志皐石星章併下部侍郎李禎等言今所議惟戰守封三事封則李宗城雖儆楊方亨尚在若遽議罷無論中國數百人淪於異域而我兵食未集勢難遠征宜令方亨靜候闕白來迎則封不迎則止我

以戰守爲實務而相機應之且朝鮮素守禮王師所屯宜嚴禁擾掠因言志皐星當去得旨如議而責禎止令議戰守事何擅及大臣去留姑勿問志皐自是不悅禎　帝以夙望用孫丕揚然不甚委信有所推舉率用其次數請起廢輒報罷丕揚以志不行懷去志及與沈孝思等相攻杜門踰半歲疏十三上帝溫諭勉留乃復起視事　五月戊辰河套部青把都兒犯甘肅總兵官楊濬副總兵何崇德禦之斬首六百餘級　李宗城之逋也楊方亨揭言倭情無變正使自爲奸人誤耳庚午復議封倭帝惑石星言欲遣給事中一人充使因察視情實廷臣多諫止乃擢方亨都督僉事充正使加沈惟敬神機營銜副之畿輔屯田御史曹學程馳疏言邇者封事大壞陛下特敕廷臣議戰守策是已洞見前策之非而決之衆論矣乃旋有詔遣風力科臣與副使方亨往封是又惑方亨之揭謂封事有緒也星方亨表裏應和安足倚信且李宗城揭稱關白執惟敬要求七事本不爲封

雖未顯言大要可覩倭貪冒無厭得封不已必求入貢入貢不已必求互市互市不已必求和親和親不已必求朝鮮納賦納賦不已必求割地割地不已必將席捲朝鮮西渡鴨綠而薊遼危矣惟敬使倭之始業已歃盟卽不盡許七事亦已輕諾二三顧養謙封貢一疏李如松與惟敬一札情形破敗不在今日不然朝鮮日本一葦可杭悠悠年餘何難一決此其故不難於一封而難於七事不辨可知也科臣攻擊卽以科臣往封儻執以爲質肆彼要求雖仗蘇武之節效眞卿之忠無救於損威而辱國也故爲今日計遣科臣往勘則可往封則不可星很很自用趙志皋碌碌依違東事之潰裂豈得辭其責哉疏入帝大怒謂有暗屬關節逮下錦衣衛嚴訊榜掠無所得移刑部定罪尚書蕭大亨請宥帝不許命坐逆臣失節罪斬給事中侯廷珮等訟其冤志皋及陳于陛沈一貫言尤切皆不納　六月振福建饑

秋七月丁卯孫丕揚請發推補官員章疏不報未幾文選郎中唐

伯元言諸疏留中賢愚同滯朝野咨嗟由臣擬議不當所致乞賜罷斥帝不懌特允其去而諸疏仍留不下　丁丑彗星見西北如彈丸入翼長尺餘西北行　戊寅仁聖皇太后崩　先是寧夏用兵費帑金二百餘萬及朝鮮之役繼起所費益鉅乾清坤寧兩宮災營建乏資計臣束手府軍前衛副千戶仲春請開礦助大工帝即命戶部錦衣官各一人同春開采給事中程紹言嘉靖中采礦費帑銀三萬餘得礦銀二萬八千五百得不償失因罷其役給事中楊應文繼言之皆不納乙酉始遣中官開礦於畿內自是廢弁白望獻礦峒者日至無地不開中使四出真定則王虎昌黎則田進昌平則王忠遼東則高淮山東則陳增河南則魯坤山西則張忠陝西則趙欽湖廣則陳奉江西則潘相浙江則曹金後代以劉忠廣東則李敬雲南則楊榮皆給以關防并偕原奏官往礦脈微細無所得勒民償之姦人假開采名乘傳橫索民財陵轢州縣有司卹民者罪以阻撓淮至遼東即

劾參將梁心逮繫詔獄　閏八月乙丑朔日有食之　丁卯趙志皐請視朝發章奏罷采礦不報　初南京主事趙學仕者趙志皐族弟也坐事議調唐伯元輒注饒州通判俄學仕復以前事被訐給事中劉道亨因劾吏部附勢語侵孫丕揚博士周獻臣有所陳論亦頗侵之丕揚疑道亨受同官周孔教指獻臣又孔教宗人益疑之復三疏乞休最後貽張位書懇其擬旨允放位如其言丕揚聞則大恚謂位逐己上疏詆位道亨孔教獻臣及沈思孝甚力帝得疏不直丕揚位疏辨求退陳于陛沈一貫並爲位解位得旨慰留而丕揚再被責讓許致仕去　河南僉事邢雲路言治曆之要無踰觀象測景候時籌策四事今丙申年日至臣測得乙未日未正一刻而大統推在申正二刻相差九刻且今年立春夏至立冬皆適直子半之交臣推立春乙亥而大統推丙子夏至壬辰而大統推癸巳立冬己酉而大統推庚戌相隔皆一日若或值元日於子半則當退履端於月窮而朝賀

大禮在月正二日矣豈細故耶閏八月朔日食大統推初虧巳正二刻食幾既而臣候初虧巳正一刻食止七分餘大統實後天幾二刻則閏應及轉應交應各宜增損之矣欽天監見雲路疏甚惡之監正張應侯奏詆謂其僭妄惑世范謙言曆爲國家大事士夫所當講求律例所禁乃妄言妖祥者耳監官拘泥成法不能修改合天幸有其人不宜妬忌乞以雲路提督欽天監事督率官屬精心測候以成鉅典不報　九月乙未楊方亨沈惟敬至日本平秀吉不受封以朝鮮遣使爲辭語惟敬曰若不思二子三大臣三都八道悉遵天朝約付還今以卑官微物來賀辱我耶辱天朝耶其留石曼子兵於彼候天朝處分方亨遂徒手歸　乙卯葬孝安莊皇后梓宮發引帝稱疾不送遣官代行吏部侍郎孫繼皐抗疏爭之帝怒抵其疏於地吏部員外郎王就學言人子於親惟送死爲大事於此不用其情恐難以宣諸詔諭書諸簡冊已給事中戴士衡言山陵竣事願陛下扶杖出迎

神主庶少尉聖母之靈答臣民之望帝皆不省　著力兔阿赤兔火落赤合兵犯平虜橫城寧夏總兵官李如柏督諸軍邀擊副總兵馬孔英參將鄧鳳力戰敗之斬首二百七十有奇　趕兔偕部長倒布犯黑谷頂敗而去王保度其再至分營开連口及橫河兒寇果馳橫河官軍夜半疾抵石塘嶺襲其營寇大驚潰乘勢追出塞已復犯羅文峪保復敗卻之　炒花犯廣寧守將擊卻之　河決黃堌口　冬十月丙子停刑　乙酉始命中官榷稅通州是後各省皆設稅使高寀於京口暨祿於儀真孫隆於蘇杭劉成於浙江李道於湖口李鳳於廣州沈永壽於廣西邱乘雲於四川梁永於陝西孫朝於山西馬堂於臨清張曄於盧溝橋而密雲河南東昌荊州則以王忠魯坤陳增陳奉兼領凡店租市舶珠榷木稅船稅鹽茶魚葦及門攤商稅油布雜稅無不領於中使又納姦民賄給指揮千戶劄用為爪牙水陸行數十里即樹旗建廠視商賈懦者肆為攘奪沒其金貲負載行李

亦被搜索又立土商名目窮鄉僻塢米鹽雞豕皆令輸稅羣小藉勢誅索礦稅交橫吸髓飲血以供進奉大率入公帑者不及什一而天下騷然生靈塗炭廷臣諫者無慮數十百疏皆置不省識者以爲明亡蓋兆於此　時內閣四人皆同年生遇事無齟齬而帝拒諫益甚上下否隔陳于陛憂形於色在直廬數太息視日影十二月乙亥病卒贈少保謚文憲終明世父子爲宰輔者惟南充陳氏世以比漢韋平焉　左副都御史張養蒙言邇來殿廷希御上下不交或疑外臣不可盡信或疑外事不可盡從君臣相猜政事積廢致市猾得以猜意旨左右得以播威權惟利是聞禍將胡底謹以三輕二重之說進一部院之體漸輕或虛其位而不補或用其人而不任如冬官一曹亞卿專署已爲異事乃冢宰何官數月虛位法司議劉世延罪竟爾留中主事劉冠南疏入卽發何小臣聽而大臣不聽單疏下而公疏不下哉以至戶部三疏諫開礦臣部九疏催行取皆置不報議大事

則十疏而九不行遇廷推則十人而九不用夫大臣師表百僚奈何輕之至此一科道之職漸輕五科都給事中久虛不補御史曹學程一繫不釋考選臺諫屢請屢格乃至服闋補任亦皆廢閣是不欲言路之充也夫政無缺失何憚人言徒使唯諾風成謇諤意絕國是將何定乎一撫按之任漸輕如開礦一事撫按有言咸蒙切責於是鄭一麟以千戶而妄劾孫鑛王虎以中官而妄劾李盛春夫閹人武弁得以制巡撫之命紀綱不倒置乎一璫得志諸璫效尤撫按斂手何有於監司從此陛下之赤子將無人拊循矣一進獻之途漸重下僚捐俸儒士獻貲名爲助工實爲覬幸甚者百戶王守仁以謀復世爵妄構楚府而使陛下恩薄於懿親主簿張以述以求復舊秩妄獻白鹿而使陛下德損於玩物部臣糾之不聽言官糾之不聽業已明示好惡大開受獻之門將見媚子宵人投袂競起今日獻靈瑞明日貢珍奇究使敗節文官債軍武帥憑藉錢神邀求故物不至如嘉靖末

年之濁亂不止也一內差之勢漸重中使紛然四出乞請之章無日不上批答之旨無言不溫左右藉武弁以營差武弁藉左右以網利共構狂言誑惑天聽陛下方厭外臣阻撓謂欲辦家事必賴家奴於是有言無不立聽豈武弁皆急君而朝紳盡誤國乎今奸宄實繁有徒采礦不已必及采珠皇店不止漸及皇莊繼而營市舶繼而復鎮守內可以謀坐營外可以謀監軍正德敝風其鑒不遠凡此三輕二重勢每相因德與財不並立中與外不相勝惟陛下早見而速圖之不報

二十五年春正月戴士衡極陳天下大計言方今事勢不可知者三天意也民心也氣運也大可慮者五紀綱廢弛也戎狄侵陵也根本動搖也武弁疏略也府藏殫竭也其切要而當亟正者一則君心也陛下高拱九重目不睹師保之容耳不聞丞弼之議美麗當前燕婧自佚即欲殫聰明以計安社稷其道無由誠宜時御便殿召執政大

臣講求化理則心清欲寡政事自修不報　南京刑部侍郎謝杰疏陳十規言前此兩宮色養維一今則定省久曠慶賀亦疏孝安太后發引並不親送前此太廟時饗皆躬親今則皆遣代前此經筵臨御聖學日勤今則講官徒設講席久虛前此披星視朝今則高拱深居累年不出前此歲旱步禱郊壇今則圜丘大報久闕齋居宸宮告災亦忘修省前此四方旱澇多發帑金今則采礦榷稅前此用財有節今則歲進月輸而江右之瓷江南之紵西蜀之扇關中之絨悉取之逾額前此樂聞讜言今則封事甫陳嚴綸隨降但經廢棄永不賜環前此撫卹宗室恩義有加今則楚藩見誣中璫旋出以市井奸宄間骨肉懿親前此官盛任使下無曠鰥今則大僚屢虛庶官不補是陛下孝親尊祖好學勤政皆不克如初矣不報　趙志皋以皇長子年十六請舉冠婚禮帝命禮官具儀不果行　張位沈一貫陳經理朝鮮事宜請於開城平壤建置重鎮練兵屯田通商惠工省中國輸輓

且擇人爲長帥分署朝鮮八道爲持久計事下朝鮮議其君臣慮中國遂幷其土疏陳非便乃寢　遼東副總兵李如梅與參政楊鎬謀從鎮西堡出塞潛襲敵營失利損部將十人士卒百六十人如梅以血戰重創免罪　楊方亨報去年於釜山渡海倭於大版受封即回和泉州日本遣使齎表文二道隨至其一謝恩其一乞天子處分朝鮮廷議取表文進案驗潦草前折用豐臣圖書不奉正朔無人臣禮而寬佃副總兵馬棟報清正擁二百艘屯機張營丙辰朝鮮使鄭期遠痛哭求援方亨知事敗遂直陳本末委罪沈惟敬幷呈石星前後手書帝大怒二月丙寅復議征倭罷星以李禎署部事丙子前都督同知麻貴爲備倭總兵官統南北諸軍張位力薦楊鎬才請付以朝鮮軍務又薦兵部侍郎邢玠爲總督帝皆從之三月乙巳進鎬僉都御史經略朝鮮軍務己未玠兵部尚書總督薊遼保定軍務經略禦倭鎬奏陳十事請令朝鮮官民輸粟得增秩授官贖罪及鄉吏奴丁

免役又以朝鮮君臣隱藏儲蓄不饟軍劾奏其罪由是朝鮮多怨
夏五月刑部侍郎呂坤疏陳天下安危其略曰竊見元旦以來天氣昏黄日光黯淡占者以爲亂徵今天下之勢亂象已形而亂勢未動天下之人亂心已萌而亂人未倡今日之政皆撥亂機使之動助亂人使之倡者也臣敢以救時要務爲陛下陳之自古幸亂之民有四一曰無聊之民飽温無由身家俱困因懷逞亂之心冀緩須臾之死二曰無行之民氣高性悍玩法輕生居常愛玉帛子女而不得及有變則淫掠是圖三曰邪說之民白蓮結社徧及四方教主傳頭所在成聚儻有招呼之首此其歸附之人四曰不軌之民乘釁蹈機妄思雄長惟冀目前有變不樂天下太平陛下約己愛人損上益下則四民皆赤子否則悉爲寇讎今天下之蒼生貧富可知矣自萬曆十年以來無歲不災催科如故臣久爲外吏見陛下赤子凍骨無兼衣饑腸不再食垣舍弗葺苫藁未完流移日衆棄地猥多留者輸去者之

糧生者承死者之役君門萬里孰能仰訴今國家之財用耗竭可知矣數年以來壽宮之費幾百萬織造之費幾百萬寧夏之變幾百萬黃河之潰幾百萬今大工采木費又各幾百萬矣土不加廣民不加多非有雨菽湧金安能爲計今國家之防禦疏略可知矣三大營之兵以衛京師也乃馬半羸敝人半老弱九邊之兵以禦外寇也皆勇於挾上怯於臨戎外衛之兵以備征調資守禦也伍缺於役占家累於需求皮骨僅存折衝奚賴設有千騎橫行兵不足用必選民丁以怨民鬭怨民誰與合戰人心者國家之命脈也今日之人心惟望陛下收之而已關隴氣寒土薄民生實艱自造花絨比戶困趣逼提花染色日夜無休千手經年不成一匹他若山西之紬蘇松之錦綺歲額既盈加造不已至饒州磁器西域回青不急之須徒累小民敲骨陛下誠一切停罷而江南陝西之人心收矣以采木言之丈八之圍非百年之物深山窮谷蛇虎雜居毒霧常多人煙絕少寒暑饑渴瘴

癘死者無論矣乃一木初臥千夫難移儻遇阻艱必成傷殞蜀民語曰入山一千出山五百哀可知也至若海木官價雖一株千兩比來都下爲費何止萬金臣見楚蜀之人談及采木莫不哽咽苟損其數增其直多其歲月減其尺寸而川貴湖廣之人心收矣以采礦言之南陽諸府比歲饑荒生氣方蘇菜色未變自責報殷戶而半已驚逃自供應礦夫工食官兵口糧而多至累死自都御史李盛春嚴旨切責而撫按畏罪不敢言今礦砂無利責民納銀而奸人仲春復爲攘奪侵漁之計朝廷得一金郡縣費千倍誠敕戒使者毋散砂責銀有侵奪小民若仲春者誅無赦而四方之人心收矣官店租銀收解自趙承勳造四千之說而皇店開自朝廷有內官之遣而事權重夫市井之地貧民求升合絲毫以活身家者也陛下享萬方之富何賴於彼且馮保八店爲屋幾何而歲有四千金之課課既四千徵收何止數倍不奪市民將安取之今豪家遣僕設肆居民尙受其殃況特遣

中貴賜之敕書以壓卵之威行竭澤之計民困豈顧問哉陛下撤還內臣責有司輸課而畿甸之人心收矣天下宗室皆九廟子孫王守仁王錦襲蓋世神奸籍隔數千里而冒認王弼子孫事隔二百年而妄稱受寄財產中間僞造絲綸假傳詔旨明欺聖主暗陷親王有如楚王銜恨自殺陛下何辭以謝高皇帝之靈乎此兩賊者罪應誅殛乃止令回籍臣恐萬姓驚疑誠急斬二賊以謝楚王而天下宗藩之心收矣崇信伯費甲金之貧十箱珠寶之誣皆通國所知也始誤於科道之風聞嚴追猶未爲過今真知其枉又加禁錮實害無辜請還甲金革去之祿復五城廠衛降斥之官而勳戚之人心收矣法者所以平天下之情其輕其重太祖既定爲律列聖又增爲例如輕重可以就喜怒之情則例不得爲一定之法臣待罪刑部三年矣每見詔獄一下持平者多拂上意從重者皆當聖心如往年陳恕王正甄常照等獄臣等欺天罔人已自廢法陛下猶以爲輕俱加大辟然則律

例又安用乎誠俯從司寇之平勉就祖宗之法而囹圄之人心收矣自古聖明之君豈樂誹謗之語然而務求言賞諫者知天下存亡係言路通塞也比來驅逐既多選補皆罷天閽遂密法座崇嚴若不廣達四聰何由明照萬里今陛下所聞皆衆人之所敢言也其不敢言者陛下不得聞矣一人孤立萬乘之上舉朝無犯顏逆耳之人快在一時憂貽他日陛下誠釋曹學程之繫還吳文梓等官凡建言得罪者悉分別召用而士大夫之心收矣朝鮮密邇東陲近吾肘腋平壤西鄰鴨綠晉州直對登萊儻倭夷取而有之籍衆爲兵就地資食進則斷我漕運退則窺我遼東不及一年京城坐困此國家大憂也乃彼請兵而二三其說許兵而延緩其期力窮勢屈不折入於倭不止陛下誠早決大計幷力東征而屬國之人心收矣四方輸解之物嘗辦既苦轉運尤艱及入內庫率至朽爛萬姓脂膏化爲塵土儻歲一稽覈苦窳者嚴監收之刑朽腐者重典守之罪一整頓間而一年可

備三年之用歲省不下百萬而輸解之人心收矣自抄沒法重株連數多坐以轉寄則並籍家資誣以多贓則互連親識宅一封而雞豚大半餓死人一出則親戚不敢藏留加以官吏法嚴兵番搜苦少年婦女亦令解衣臣曾見之掩目酸鼻此豈盡正犯之家重罪之人哉一字相牽百口難解奸人又乘機恐嚇挾取貲財不足不止半年之內擾徧京師陛下知之否乎願慎抄沒之舉釋無辜之繫而都下之人心收矣列聖在御之時豈少宦官宮妾然死於箠楚者未之多聞也陛下數年以來疑深怒盛廣廷之中狠籍血肉宮禁之內慘戚啼號厲氣冤魂乃聚福祥之地今環門守戶之衆皆傷心側目之人外表忠勤中藏險毒既朝暮不能自保即九死何愛一身陛下臥榻之側同心者幾人暮夜之際防患者幾人臣竊憂之願少霽威嚴慎用鞭扑而左右之人心收矣祖宗以來有一日三朝者有一日一朝者陛下不視朝久人心懈弛已極奸邪窺伺已深守衛官軍祇應故事

今乾清修造偪近御前軍夫往來誰識面貌萬一不測何以應之臣望發宮鑰於質明放軍夫於日昃自非軍國急務慎無昏夜傳宣章奏不答先朝未有至於今日強半留中設令有國家大事邀截實封揚言於外曰留中矣人知之乎願自今章疏未及批答者日於御前發一紙下會極門轉付諸司照察庶君臣雖不面談而上下猶無欺蔽臣觀陛下昔時勵精爲治今當春秋鼎盛曾無夙夜憂勤之意惟孜孜以患貧爲事不知天下之財止有此數君欲富則天下貧天下貧而君豈獨富今民生憔悴極矣乃采辦日增誅求益廣斂萬姓之怨於一言結九重之讎於四海臣竊痛之使六合一家千年如故卽宮中虛無所有誰忍使陛下獨貧今禁城之內不樂有君天下之民不樂有生怨讟愁歎難堪入聽陛下聞之必有食不能咽寢不能安者矣臣老且衰恐不得復見太平籲天叩地齋宿七日敬獻憂危之誠惟陛下密行臣言翻然若出聖心警悟者則人心自悅天意自回

苟不然者陛下他日雖悔將何及耶疏入不報坤遂稱疾乞休中旨許之戴士衡劾坤機深志險謂石星大誤東事孫鑛濫殺不辜坤顧不言曲爲附會無大臣節劉道亨言往年孫丕揚劾張位位疑疏出坤手故使士衡劾坤位奏辨帝以坤既罷悉置不問　邢玠至遼東行長建樓清正布種島倭窖水索朝鮮地圖玠遂決意用兵麻貴望鴨綠江東發所統兵僅萬七千人請濟師玠以朝鮮兵惟嫺水戰乃疏請募兵川浙并調薊遼宣大山陝兵及福建吳淞水師劉綎督川漢兵聽勦貴密報宣大兵至乘倭未備掩釜山則行長禽清正走玠以爲奇計乃檄楊元屯南原吳惟忠屯忠州六月倭數千艘泊釜山戮朝鮮郡守安宏國漸逼梁山熊川沈惟敬帥營兵二百出入釜山玠陽爲慰藉檄楊元襲執之縛至貴營惟敬執而嚮導始絕　戊寅火起歸極門延皇極中極建極三殿文昭武成二閣周遭廊房一時俱燼趙志皐在告張位沈一貫請面慰不許乃請帝引咎頒赦勸朝

講發章奏躬郊廟建皇儲錄廢棄容枉直宥細故補缺官減織造停礦使撤稅監釋繫囚志皋亦疏陳定國本罷礦稅等十一事帝皆優詔報聞而不能盡用位又言臣等請停礦稅非遽停之也蓋欲責成撫按使上不虧國下不累民耳給事中張正學劾位逢迎遷就宜斥帝亦不省　張養蒙上疏曰近日之災前古未有自非君臣交儆痛革傲風恐虛文相謾大禍必至臣請陛下躬謁郊廟以謝嚴譴立御便殿以通物情早建國本以繫人心停皇店銀礦之役杜四海亂階減宦官宮妾之刑弭蕭牆隱禍然此皆應天實事猶非應天實心也罪己不如正己格事不如格心陛下平日成心有四一曰好逸朝享倦於躬臨章奏倦於省覽古帝王乾健不息似不如此一曰好疑疑及近侍則左右莫必其生疑及外庭則寮寀不安於位究且謀以疑敗奸以疑容古帝王至誠馭物似不如此一曰好勝奮厲威嚴以震羣工喜諂諛而惡鯁直厭封駁而樂順從古帝王予違汝弼似不如

此一日好貨以聚斂爲奉公以投獻爲盛節古帝王四海爲家似不如此願陛下戒此四者亟圖更張庶天意可回國祚可保帝亦不省時大臣自陳皆慰留獨孫繼皐致仕去　癸未罷修國史　秋七月癸巳誡諭羣臣丁酉詔赦天下　庶吉士劉綱上疏曰去歲兩宮災詔示天下略無禹湯罪己之誠文景蠲租之惠臣已知天心之未厭矣比大工肇興伐木榷稅采石運甓遠者萬里近者亦數百里小民竭膏血不足供費絕筋骨不足任勞鬻妻子不能償貸加以旱魃爲災野無青草人情胥怨所在如讎而天不悔禍三殿復災五行志曰君不思道厥災燒宮陛下試自省晝之爲夜之息思在道乎不在道乎比年以來簡禋祀罷朝講棄股肱閟耳目斷地脈忽天象君臣有數載之隔堂陛若萬里而遙陛下深居靜攝所爲祈天永命者何狀即外庭有不知上天寧不見耶今日之災其應以類天若曰皇之不極於誰會歸何以門爲朝儀久曠於誰稟仰何以殿爲元宰素餐有

汚政地何以闇爲其所以示警戒勸更新者至深切矣尚可因循玩愒重怒上帝哉臣聞五行之性忌積喜暢積者災之伏也請冒死言積之狀皇長子冠婚册立久未舉行是曰積典大小臣僚以職事請強半不報是曰積牘外之司府有官無人是曰積缺罪斥諸臣槪不錄敘是曰積才關外有揚帆之醜中原起揭竿之徒是曰積寇守邊治河諸臣虛詞罔上恬不爲怪是曰積玩諸所爲積陛下不能以明斷決元輔志皋不能以去就爭天應隨之毫髮不爽陛下何不召九卿臺諫面議得失見兔顧犬未爲晚也若必專任志皋處堂相安小之隳政事而羞士類大之叢民怨而益天怒天下大計奈何以此匪人當之此不可令關白諸酋聞也帝得疏恚甚將罪之以方遘殿災留中不報　魏允貞言三殿之災咎在輔臣歷數趙志皋張位罪且曰前二臣以二月加恩踰月兩宮災今年又加恩而三殿復災天意昭然志皋位疏辨求罷帝慰留責允貞邊臣不當言朝事因屢推不

用遂肆狂言奪俸五月　時有詔起廢吏部尚書蔡國珍列三等人品正大心術光明者文選郎中王教等二十四人才有足錄過無可棄者給事中喬允等三十三人因人詿誤釁非己作者給事中耿隨龍等三十六人並請錄用竟報寢既而魏允貞疏舉遺賢請召還王家屏陳有年沈鯉李世達王汝訓及小臣史孟麟張棟萬國欽馬經綸顧憲成趙南星鄒元標等不報　楊應龍之自松坎歸也其子可棟旋死應龍痛恨促喪歸不得檄完贖大言曰吾子活銀即至矣擁兵驅千餘僧招魂去分遣土目置關據險厚撫諸苗名其健者爲硬手州人稍殷厚者沒入其貲以養苗苗咸願爲出死力應龍遂殘餘慶掠大阡都壩焚劫草塘餘慶二司及興隆都勻各衛團黃平戮重安長官家流劫江津及南川臨合江索其仇袁子升磔之會王士琦調征倭應龍益統苗兵大掠貴州洪頭高坪新村諸屯已又侵湖廣四十八屯阻塞驛站調宋世臣羅承恩等挈家匿偏橋衛襲破之大

索城中戮其父母淫其妻女備極慘酷　倭奪梁山三浪入慶州侵閑山統制元均兵潰倭遂入閑山邢玠急檄旅順水兵三千守王京西之漢江大同江扼天津登萊海道兼防饋運八月丁丑清正圍南原楊元告急於全州守將陳愚衷愚衷不敢救清正乘夜猝攻元棄城遁愚衷聞亦遁麻貴遣游擊牛伯英赴援與愚衷合兵屯公州倭遂犯全慶逼王京貴欲棄王京退守鴨綠江海防副使蕭應宮以爲不可自平壤兼程趨王京止之貴乃遣副將解生守稷山朝鮮亦遣都體察使李元翼由烏嶺出忠清道遮賊鋒玠身赴王京以鎮之人心稍定　甲申京師地震　帝聞南原閑山破大怒九月壬辰逮前兵部尚書石星下獄論死妻子皆戍瘴鄉星直節震天下然無算略事初起語光祿寺丞蔡悉曰苟不濟繼之以死悉曰中樞係天下安危奈何輕言死在所用得人耳星果以誤倚小人敗後二年竟死獄中　邢玠召李應試問計應試問廟廷主畫云何玠曰陽戰陰和陽

勦陰撫政府八字密畫無泄也應試曰然則易耳倭叛以處分絕望其不敢殺楊元猶望處分也直使人諭之曰沈惟敬不死則退矣玠然之倭進至漢江楊鎬遣張貞明持惟敬手書往責其動兵有乖靜俟處分之實解生及參將彭友德亦先後破賊行長乃退屯井邑清正還慶州麻貴報稷山青山大捷蕭應宮揭言倭以惟敬手書退稷山青山幷未接戰何得言功玠鎬怒劾應宮恇怯不親解惟敬應宮遂被逮

黎維潭圖恢復名不欲以莫登庸自處無束身入關意又不肯割高平居莫氏遂至關而遁楊寅秋及陳大科再遣官諭之維潭聽命復至譯者詰以六事首擅殺莫茂洽曰復讎急不遑請命次維潭宗派曰世孫也祖暉天朝曾錫命次鄭松曰黎氏世臣也問何以脅遁曰以儀物之不戒非遁也何以用王章曰權倣爲之立銷矣惟割高平地猶相持不決復諭之曰均貢臣也黎昔可棲漆馬江莫獨不可棲高平乎乃聽命授以款關儀節維潭帥其下入關謁御幄

一如登庸舊儀退謁寅秋請用賓主禮不從四拜成禮而退冬十月
甲戌詔授維潭安南都統使頒曆奉貢如故事初黎利及登庸進代
身金人皆囚首面縛維潭以恢復名正獨立而肅容當事嫌其倨乃
爲俯伏狀鐫其背曰安南黎氏世孫臣黎維潭不得蒲伏天門恭進
代身金人悔罪乞恩自是安南復爲黎氏有而莫氏但保高平一郡
禮部尚書范謙卒　山東巡撫都御史萬象春疏論礦稅之害會
福山知縣韋國賢忤陳增被侵辱象春力保持之增遂劾國賢阻撓
象春黨庇詔逮國賢下詔獄奪其職停象春俸象春遂引疾歸　初
百戶王守仁言遠祖定遠侯弼楚王楨妃父也遺瓌寶數百萬寄楚
帑爲嗣王侵匿詔遣中官清核楚王華奎奏辨且請避宮搜掘皆不
報久之繫鞫王府承奉等無所得諸璫方以搜括希上意不欲暴守
仁罪帝頗悟罷其事華奎乃奏上二萬金助三殿工　邢玠大會諸
將分兵爲三協副將高策將中軍李如梅將左李芳春解生將右楊

鎬麻貴督左右協專攻清正使李大諫通行長約勿往援又使中軍屯宜城東援天協西扼行長十二月諸軍至慶州清正退屯蔚山貴遣黃應暘賄清正約和而帥大兵奄至其營營依山險中一江通釜寨其陸路由彥陽亦通焉貴乃於彥陽左右多張疑兵又遣將遏其水路己卯如梅偕參將楊登山騎兵先進設伏海濱游擊擺賽以輕騎誘倭入伏斬首四百有奇倭南奔島山築三柵城外以自固庚辰游擊茅國器以浙兵先進游擊陳寅冒矢石奮呼上連拔兩柵斬馘六百五十倭焚死者無算寅進攻第三柵垂拔楊鎬素與如梅昵不欲寅功出其上遽鳴金收軍倭乃閉城堅守以待援島山視蔚山高城新築以石堅甚將士仰攻多損傷諸將乃議曰倭艱水道饟難繼第坐困之清正可不戰縛也遂四面圍之地泥淖時際窮冬風雪裂膚倭日夜發礮用藥煑彈遇者輒死而倭亦饑覘我兵懈僞約降緩

攻襲敗生兵

二十六年春正月戊子行長救兵大至張旗幟江上若將繞出軍後鎬大懼不及下令狼狽先奔諸軍遂潰倭前襲擊死者無算吳惟忠茅國器斷後倭乃退鎬挈貴奔慶州盡撤兵還王京與玠謀詭以捷聞諸營上軍籍士卒死亡殆二萬鎬大怒屏不奏止稱百餘人鎬遭父喪張位請令奪情視事許之御史汪先岸劾鎬他罪位等庇之擬旨褒鎬旨久不下　前吏部尚書陳有年卒贈太子太保諡恭介有年風節高天下兩世膴仕無宅居其妻孥至以油幙障漏其歸江西故廬火乃僦一樓居妻孥而身居僧舍其刻苦如此　邢玠以前役乏水無功乃益募江南水兵議海運爲持久計二月總兵官陳璘以廣兵劉綎以川兵副將鄧子龍以浙直兵先後至玠分兵三協爲水陸四路路置大將中路李如梅東路麻貴西路綎而水路則璘戰艦數百分布忠清全羅慶尙諸海口賊始懼不敢於海中往來時賊亦分三窟東路則清正據蔚山西路則行長據粟林曳橋建砦數重中

路則石曼子據泗州而行長水師番休濟饟往來如駛我師約日並進　三月壬子蔡國珍倡廷臣詣文華門請舉皇長子册立冠婚言必得請方退帝遣中官諭曰此大典稍需時耳何相挾若是乃頓首出　夏四月全椒知縣樊玉衡言男女之欲雖上智不免元子今已十七萬一情欲之感稍介乎容儀萋斐之嫌或成乎貝錦陛下何辭以謝天下且陛下愛貴妃當圖所以善處之今天下無不以册立之稽歸過貴妃者而陛下又故依違以成其過陛下何以託貴妃於天下哉由元子而觀則不慈由貴妃而觀則不智無一可者願早定大計册立冠婚諸典次第舉行使天下以元子之安爲貴妃功豈不並受其福享令名無窮哉疏奏帝及貴妃怒甚旨一日三四擬禍且不測趙志皋等力救言自帝卽位未嘗殺諫臣帝乃焚其疏忍而不發　丁卯土蠻寇遼東總兵官李如松帥輕騎遠出擣巢中伏力戰死帝痛悼令具衣冠歸葬贈少保寧遠伯立祠謚忠烈其弟如梅代爲

總兵官授長子世忠錦衣衞指揮使仍充寧遠伯勳衞復廕一子本衞指揮使世襲皆特恩也邢玠乃以董一元代如梅督中路　壬申京師旱敕修省　初孫丕揚罷張位欲援同己者爲助以蔡國珍鄉人汲引甚力國珍至一守成憲不爲位用位惡之戴士衡劾文選郎白所知贓私國珍爲辨且求罷帝不聽除所知名況上進因論國珍八罪國珍遂稱疾累疏乞休會帝命甄別吏部諸郎貶黜王就學等二十二人因責吏科朋比貶都給事中劉爲緝一秩與給事中楊廷蘭張正學林應元戴士衡並調外國珍求去益力許之自宋纁至國珍皆力與內閣抗身不見容惟丕揚閱二年餘卒未浹歲陳有年既卒有詔起南京右都御史故事吏部尚書未有以他官起者唐濂掌都察院楊博嚴清掌兵部皆以原銜領有年獨否蓋帝欲用之而閣臣陰抑之也時咸議閣臣忮而惜纁等未竟其用國珍既罷頃之廷推代者七人帝特用前工部尚書李戴時大僚既九卿類奏吏部諸

曹郎亦命九卿推舉尚書不得自擇其屬在外府佐及州縣正佐官盡用掣籤法部權益輕幸無過而已　改貴州銅仁長官司爲銅仁縣　楊鎬之敗也贊畫主事丁應泰詰鎬咨後討鎬示以張位沈一貫手書并所擬未下旨揚揚詡功伐應泰憤抗疏盡列敗狀言鎬當罪者二十八可羞者十與麻貴李如梅按律悉當斬張位與鎬密書往來朋黨欺妄鎬拔擢由賄位得之沈一貫亦扶同作奸因封鎬較改陳亡兵馬簿籍以進帝覽之震怒下廷議欲行法位皇恐奏辨一貫亦引罪趙志皐復爲營救六月丁巳詔罷鎬聽勘責貴以功贖慰留位一貫置如梅不問　戊午奸人李本立請采珠廣東帝命中官李敬偕往給事中包見捷極論其害不聽　給事中徐觀瀾趙完璧交章論張位位窘丙寅奏言羣言交攻孤忠可憫臣心無纖豪媿惟上矜察帝怒曰楊鎬由卿密揭屢薦故奪哀授任今乃朋欺隱慝辱國損威何云無媿遂奪職閒住　丙子巡撫天津僉都御史萬世德

經略朝鮮　時小人蠭起言利千戶李仁請稅湖口商舟命中官李
道往鴻臚寺主簿田應璧請賣兩淮沒官餘鹽秋七月丙戌命稅使
魯保監理包見捷並力爭頃之令道保節制有司見捷又陳不便者
數事皆不報保既視事遂議開存積鹽楊俊民言明旨核沒官鹽存
積非沒官也額外加增必虧正課御史馬從聘亦爭之不聽保乃開
存積八萬引引重五百七十斤越次超掣壓正鹽不行商民大擾
初太監陳矩奉詔收書籍中有呂坤所著閨範圖說帝以賜鄭貴妃
妃自爲序鋟諸木戴士衡再劾坤謂潛進圖說結納宮闈坤馳疏力
辨己或撰閨範圖跋名曰憂危竑議言坤書首載漢明德馬后由宮
人進位中宮意以指妃而妃之刊刻實藉此爲立己子地坤與張養
蒙魏允貞程紹劉道亨白所知吏部員外郎鄧光祚貴妃從父鄭承
恩等共相羽翼匿其名託朱東吉爲問答語極妄誕蓋言妖也承恩
大懼以士衡嘗再糾坤樊玉衡直斥貴妃遂妄指士衡爲之玉衡與

其謀帝震怒貴妃復泣訴不已夜半傳旨逮下錦衣獄拷訊比明命
丞戍士衡廉州玉衡雷州御史趙之翰言是書非出一人主謀者張
位奉行者士衡同謀者右都御史徐作禮部侍郎劉楚先主事萬建
崑國子監祭酒劉應秋及楊廷蘭也諸臣皆位心腹爪牙宜并斥帝
亦疑位怨望有他志遂入之翰言下其章於吏部都察院署事侍郎
裴應章副都御史郭惟賢力爲作等解不聽奪楚先作官出應秋於
外謫廷蘭建崑遠方斥位爲民遇赦不宥位有才果於自用任氣好
矜其敗也廷臣莫之救既卒亦無湔雪之者　劉綎以行長壕砦深
固欲誘執之遣使請與期會使者三反綎皆單騎候道中行長覘之
信乃期以八月朔定約至期綎部卒洩其謀行長大驚逸去綎進攻
失利監軍參政王士琦怒縛其中軍綎懼力戰破賊賊退不敢出
丁丑京師地震　九月壬辰免浙江被災田租　陳增既劾韋國賢
守令多屈節如屬吏益都知縣吳宗堯獨具賓主禮增黨程守訓宗

堯邑子也惡其奸不與通驛丞金子登說增開孟坵山礦宗堯叱其欺罔子登懼構於增日徵千人鑿山多捶死又誣富民盜礦三日捕繫五百人宗堯乃盡發增不法事且言願以一身易萬人命帝得疏意動持不下包見捷因請盡罷礦稅無已先撤增帝益心動責增令檢下給事中郝敬言開采不罷則明旨不過愚弄臣民之虛文乞先停采礦然後以宗堯所奏下撫按勘覈正增不法之罪帝不悅下宗堯疏責其狂逞要名頃之山東巡撫尹應元劾增背旨虐民二十大罪帝遂發怒切責應元削宗堯籍敬復抗疏言帝失衆心帝益怒奪俸一年并奪應元俸增遂劾宗堯阻撓礦務且誣訐其贓私詞連青州一府官寮旁引商民吳時奉等請皆籍沒帝可之遣使逮宗堯敬及同官侯慶遠御史劉景辰力爭皆不聽使者至山東民大譁欲殺增宗堯行民哭聲震地遂下錦衣衛獄拷訊　趙志皋數被論輒疏辨求退帝輒慰留先嘗譴言者以謝之後言者益衆則多寢不下而

留志皐益堅石星張位相繼敗志皐自如冬十月志皐病痹不能視事乞休疏復累上帝令在京邸養病固留之　諸軍分道進兵乙卯劉綎攻行長陳璘帥舟師協堵麻貴擊清正於蔚山並有斬獲董一元由中路進先拔晉州下望晉乘勝濟江連毀永春昆陽二寨賊退保泗州老營一元攻下之游擊盧得功陣没一元進逼新寨寨三面臨江一面通陸引海爲濠海艘泊寨下千計築金海固城爲左右翼乃分馬步夾攻游擊彭信古用大棓擊寨碎其數處衆軍遂逼濠毀其柵忽營中礮裂烟燄漲天賊乘勢衝擊固城倭亦來援游擊馬呈文郝三聘先奔一元等遂敗還晉州綎等亦多不利事聞詔斬呈文三聘落信古等職充爲事官一元亦貶秩與綎等皆戴罪立功時平秀吉死倭各有歸志十一月戊戌清正先遁貴遂入島山西浦綎夜半攻奪粟林曳橋行長走順天大城璘遣副將鄧子龍朝鮮統制使李舜臣邀倭釜山南海子龍年七十餘意氣彌厲直前奮擊倭死無

算他舟誤擲火器入子龍舟舟中火賊乘之子龍戰死舜臣赴救亦死副將陳蠶金軍大至副總兵吳廣與相掎角遂焚賊舟賊大敗脫登岸者又爲陸路所殲焚溺死者萬計璘遂以舟師夾攻順天焚其舟百餘石曼子西援行長璘邀之半洋擊殺之殲其徒三百行長遂棄順天乘小艘遁餘賊退保錦山遂渡匿乙山官軍挑之不出崖深道險將士莫敢進十二月璘夜潛入圍其巖洞比明礮發倭大驚奔後山將士殊死攻賊復遁走璘分道追擊賊無脫者朝鮮平　田樂以火落赤等居松山屢爲兩鎭患乃與李汶決策恢復遣副將甘州馬應龍涼州姜河永昌王鐵塊等分道襲擊達雲督之寇遠竄盡拔其巢攘地五百里　先是陝西山西地震南都雷火西寧鐘自鳴紹興地湧血署禮部事侍郎余繼登因歲終類奏請罷一切誅求開采之害民者時不能用　時稅使四出奸民張禮等僞爲官吏羣小百十人分據近京要地稅民間雜物弗予捶至死太常寺少卿傅好禮

極論其害因言自朝鮮用兵畿民富者貧貧者死思亂已久奈何又虐征之國家縱貧亦不當頭會箕斂括細民續命之脂膏況奸徒所得千萬輸朝廷者什一耳陛下何利爲之奏入四日未報好禮復具疏請帝大怒傳旨鐫三級出之外大理寺卿吳定疏救帝益怒謫好禮大同廣昌典史定鐫三級調邊方言官復交章論救斥定爲民已帝思好禮言下其疏命廠衛嚴緝逮禮等二十八人詔獄其害乃除

天津稅使王朝死天津巡撫汪應蛟及包見捷並疏請勿遣代忤旨切責以馬堂代朝見捷又劾堂及魯保劉忠帝不納益遣高寀暨祿李鳳等並專敕行事　漕舟南還乘風揚帆入湖口李道欲榷其貨遣卒急追之舟覆有死者道遂遣吏至南康捕漕卒知府吳寶秀拒不發道怒

二十七年春正月劾寶秀及星子知縣吳一元青山巡檢程資阻撓稅務詔俱逮治給事中楊應文等請下撫按公勘沈一貫李戴及國

子監祭酒方從哲交章爲言俱不報戴乃帥九卿上疏曰陳增開礦山東而吳宗堯逮李道抽分湖口而寶秀等又逮天下爲增道者何限有司安所措手足且今水旱頻仍田里蕭耗重以東征增兵益鑲而西事又見告矣民不聊生奸宄方竊發奈何反爲發其機速其變哉不報　京察謫編修劉綱中書舍人丁元薦南京評事龍起雷官時議頗不直李戴故事翰林與政府聲氣相屬綱直攻趙志皋短故假察典中之明世以庶吉士專疏建言者綱及鄒智劉之綸三人而已皆四川人也　二月壬子分遣中官領浙江福建廣東市舶司又以奸人閻大經言命高淮兼徵遼東稅包見捷言遼左神京肩臂視他鎮尤重奸徒敢爲禍首陛下不急懲以三尺罷開采則遼東必不可爲而國步且隨之矣遼東撫按及山海主事吳鍾英相繼爭皆不納未幾見捷又帥同官極論礦稅之害謫貴州布政司都事餘奪俸一年趙完璧等疏救亦奪俸　貴州巡撫江東之令都司楊國柱部

卒三千勦楊應龍奪三百落賊陽敗以誘官軍至飛練堡殲焉國柱及指揮李廷棟等皆死事聞罷東之以郭子章代之三月己亥起前兵部侍郎李化龍總督川湖貴州軍務調東征諸將劉綎吳廣陳璘等南討應龍　松山既復達雲築邊垣分屯置戍寇走據賀蘭山後連青海諸部寇鈔不已雲俱擊破之　吳寶秀之被逮也妻陳氏慟哭請偕行寶秀不可乃括餘貲及簪珥付其妾曰夫子行以爲路費夜自經死寶秀至京下錦衣衛獄趙志皐言頃臣臥病聞中外人情洶洶皆爲礦稅一事南康守吳寶秀逮繫時其妻至投繯自盡闔郡號呼幾成變亂事關民心向背宗社安危臣不敢以將去之身隱默而不言星子民陳英者方廬墓約儒士熊應鳳等走京師伏闕訟寶秀冤乞以身代撫按及南北諸臣論救者疏十餘上帝皆不省一日司禮田義彙諸疏進御前帝怒擲諸地義從容拾起復進之叩首曰閣臣跪候朝門外不奉處分不敢退帝怒稍平取閱閣臣疏命移獄

刑部　夏四月甲戌御門受倭俘　帝命天津稅監馬堂兼轄臨清
又命陳增兼徵山東店稅增遂與堂相爭帝和解之使堂稅臨清增
稅東昌堂始至諸亡命從者數百人白晝手鋃鐺奪人產抗者輒以
違禁罪之僮告主者畀以十之三中人之家破者大半遠近爲罷市
州民萬餘譟而逐堂縱火焚其署斃其黨三十七人皆黥臂諸偷也
事聞詔捕首惡株連甚衆有王朝佐者素仗義慨然出曰首難者我
也臨刑神色不變知府李士登卹其母妻臨清民立祠以祀　閏月
丙戌以倭平詔告天下除東征加派田賦又敕諭朝鮮王昖曰倭奴
平秀吉肆爲不道蹂躪爾邦朕念王世篤忠貞深用憫惻七年之中
日以此賊爲事始行薄伐繼示包容終加嚴討蓋不殺乃天之心而
用兵非予得已安疆靖亂宜取蕩平捷書來聞憂勞始釋惟王雖還
舊物實同新造振彫起敝爲力倍艱倭雖遁歸族類尚在茲命邢玠
振旅歸京量留萬世德等分布戍守王宜臥薪嘗膽無忘前恥已諭

諸將功以陳璘爲首劉綎次之麻貴又次之並進官予世廕贈鄧子
龍都督僉事亦予世廕立廟朝鮮　己丑久旱敕修省　丙申以諸
皇子婚詔取太倉銀二千四百萬戶部告匱命嚴覈天下積儲　戶
部尚書楊俊民致仕五月卒贈少保俊民在位礦稅使四出不能力
爭時議以此咎之　邢玠陳善後十事請留馬步水陸兵三萬四千
有奇馬三千四每年鑲銀九十一萬八千米豆十三萬石及留中都
海防道裁鑲司重將領添巡捕分汛地議操練責成本國廷議言數
年疲耗今始息肩自宜內固根本不當更爲繁費況彼國兵荒之後
不獨苦倭兼苦我兵故今日善後事宜仍宜商之彼國先量彼鑲之
贏絀始可酌我兵之去留至增馬添兵創立巡捕及管鑲府佐悉宜
停止帝命督撫及國王酌奏　初潘季馴議開黃河上流循商虞而
下歷丁家道口出徐州小浮橋卽元賈魯所浚故道也朝議以費鉅
未果已河漕侍郎劉東星復以爲請乃濬曲里鋪至三仙臺抵小浮

橋又濬漕渠自徐邳至宿遷六月工竣費僅十萬工部主事胡瓚益
治汶泗間泉數百尋源竟委令一夫濬一泉各有分地省其勤惰而
賞罰之冬則養其餘力不征於官著泉河史上之　楊應龍乘大兵
未集勒兵犯綦江己亥奄至城下時賊兵八萬而城中新募兵不滿
三千參將房嘉寵游擊張良賢戰死城遂陷賊盡殺城中人投屍蔽
江水爲之赤僞軍師孫時泰請直取重慶擣成都劫蜀王爲質應龍
遷延聲言爭地界冀曲赦如曩時李化龍以徵兵未至亦謬爲好語
縻之　秋八月甲午陝西狄道城東山崩其下衝成一溝山南耕地
湧大小山五高二十餘丈楊天民言平地成山惟唐垂拱間有之而
唐遂易爲周今虎狼之使吞噬無窮狗鼠之徒攘敓靡厭不市而征
稅無礦而誅銀甚且毀廬壞冢籍人貲產非法行刑自大吏至守令
每被譴逐郡邑不肖者反助虐交歡藉潤私橐嗷嗷之衆益無所歸
命懷樂禍心有土崩之勢天心仁愛亟示譴告陛下尚不覺悟翻然

與天下更始哉不報　初帝命陳奉榷荊州江稅奉故移之市又倍
蓰征之稍與辨輒毆擊破面商賈怖匿負擔者不敢出其塗推官華
鈺自巡按御史曹楷嚴戢之又以事笞其僕奉欲榷沙市稅沙市人
數千譟於塗競擲瓦礫擊之奉走免已欲榷黃州團風鎮稅復爲鎮
民所逐奉疑鈺及黃州經歷車重任所使遂上疏極論二人阻撓罪
并劾楷及襄陽知府李商耕黃州知府趙文煥荊門知州高則巽等
數十人帝切責楷貶商耕等三人官鈺重任皆被逮　皇太后聞陳
氏之死從容爲帝言九月釋吳寶秀吳一元程資爲民寶秀歸踰年
卒南康士民先建祠特祀陳氏乃合寶秀祀之　辛卯太白經天禮
部尚書余繼登言頃者星躔失度水旱爲沴太白晝見天不和也鑿
山開礦裂地求砂致狄道山崩地震地不和也閭閻窮困更加誅求
帑藏空虛復責珠寶奸民蟻聚中使鴟張中外壅隔上下不交人不
和也戾氣凝而不散怨毒結而成形陵谷變遷高卑易位是爲陰乘

陽邪干正下叛上之象臣子不能感動君父言愈數愈厭故天以非常之變警悟陛下尙可恬然不爲意乎不省　辛亥太白太陰同見於午吏部侍郞馮琦草疏偕李戴上之曰近見太陰經天太白晝見已爲極異至山陷成谷地湧成山則自開闢以來惟唐垂拱中有之而今再見竊惟上天無私惟民是聽欲承天意當順民心比來天下賦額視二十年以前十增其四而民戶殷足者則十減其五東征西討蕭然苦兵自礦稅使出而民間之苦更甚加以水旱蝗災流離載道畿輔近地盜賊公行此非細故也諸中使銜命而出所隨奸徒動以千百陛下欲通商而彼專困商陛下欲愛民而彼專害民蓋近日神奸有二其一工伺上意具有成奏假武弁上之其一務剝小民晝有成謀假中官行之運機如鬼蜮取材盡錙銖遠近同嗟貧富交困貧者家無儲蓄惟恃經營但奪其數錢之利已絕其一日之生至於富民更蒙毒害或陷以漏稅竊礦或誣之販鹽盜木布成詭計聲勢

赫然及其得財寂然無事小民累足屏息無地得容利歸羣奸怨萃朝宁夫以刺骨之窮抱傷心之痛一呼則易動一動則難安今日猶承平民已洶洶脫有風塵之警天下誰可保信者夫哱拜誅關白死此皆募民丁以爲兵用民財以爲饟若一方窮民倡亂而四方應之於何徵兵於何取饟哉陛下試遣忠實親信之人采訪都城內外閭巷歌謠令一一聞奏則民之怨苦居然可覩天心仁愛明示咎徵誠欲陛下翻然改悟坐弭禍亂迺禮部修省之章未蒙批答而奸民搜括之奏又見允行如納何其賢妄說令偏解天下無礙官銀夫四方錢穀皆有定額無礙云者意蓋指經費羨餘近者征調頻仍正額猶逋從何得羨此令一下促督嚴急必將分公帑以充獻經費罔措還派民間此事之大不可者也又如仇世亨奏徐爾掘墳一事以理而論爲有一墓藏黃金巨萬者借使有之亦當下撫按覈勘先正其盜墓之罪而後沒墓中之藏未有罪狀未明而先沒入貲財者也片紙

朝入嚴命夕傳縱抱深冤誰敢辨理不但破此諸族又將延禍多人
但有株連立見敗滅輦轂之下尚須三覆萬里之外止據單詞遂令
狡猾之流操生殺之柄此風一倡孰不效尤已同告緡之令又開告
密之端臣等方欲陳訴而奸人之奏又得旨矣五日之內搜取天下
公私金銀已二百萬奸內生奸例外創例臣等前猶望其日減今更
患其日增不至民困財殫激大亂不止伏望陛下穆然遠覽亟與廷
臣共圖修弭無令海內赤子結怨熙朝千秋青史貽譏聖德不報
禮部郎鮑應鼇等言於沈一貫曰南康守吳寶秀已得安居牖下吳
宗堯何獨不然一貫揭入釋爲民　土蠻犯錦州　冬十月壬午振
京城饑民　帝聞綦江破大怒追褫前四川貴州巡撫譚希思江東
之職而賜李化龍劍假便宜討賊丙戌以播州用兵加四川湖廣田
賦戊子安疆臣以戕殺安定事爲有司所按科臣劾其逆節漸萌詔
不問許殺賊自贖疆臣疏言播警方殷臣心未白帝優詔報之楊應

龍溢結九股生苗及黑脚苗等爲助屯官[illegible]聲窺四川遂焚東坡爛
橋湖貴路梗　朝鮮王李昖請留水兵八千以資戍守其撤回官兵
駐劄遼陽備警　十一月己酉免河南被災田租　癸酉振畿輔及
鳳陽等處饑　保定巡撫汪應蛟言天津屯兵四千費饟六萬俱斂
諸民間留兵則民告病卹民則軍不給計惟屯田可以足食今荒土
連封蒿萊彌望若開渠置堰規以爲田可七千頃頃得穀三百石近
鎮年例可以兼資非獨天津之饟足取給也因條畫墾田丁夫及稅
額多寡以請得旨允行已請廣興水利略言臣境內諸川易水可以
溉金臺滹水可以溉恆山溏水可以溉中山滏水可以溉襄國漳水
來自鄴下西門豹嘗用之瀛海當諸河下流視江南澤國不異其他
山下之泉地中之水所在而有咸得引以溉田請通渠築防量發軍
夫一準南方水田之法行之所部六府可得田數萬頃歲益穀千萬
石畿民從此饒給無旱潦之患卽不幸河漕有梗亦可改折於南取

糴於北工部尚書楊一魁亟稱其議帝亦報許然卒不能行也　先是興國州奸人漆有光訐居民徐鼎等掘唐相李林甫妻楊氏墓得黃金巨萬騰驤衛百戶仇世亨奏之帝令陳奉括進內庫奉因毒拷責償且悉發境內諸墓巡按御史王立賢言所掘墓乃元呂文德妻奸人訐奏語多不讎請罷不治而停他處開掘不報奉每託巡歷鞭笞官吏剽劫行旅商民恨刺骨十二月丁丑武昌漢陽民變擊傷奉南京吏部主事吳中明言奉嚇詐官民僭稱千歲其黨至直入民家奸淫婦女或掠入稅監署中王生之女沈生之妻皆被逼辱以致士民公憤萬餘人甘與奉同死撫按三司護之數日僅而得全而巡撫支可大曲爲蒙蔽天下禍亂將何所底沈一貫言奉入楚始而武昌一變繼之漢口黃州襄陽武昌寶慶德安湘潭變經十起幾成大亂乞撤回以收楚民之心帝皆置不問帝寵愛諸稅監自趙志皐及一貫而下諫疏悉寢不下而諸稅監有所糾劾朝上夕下輒加重譴李

道復劾降臨江知府顧起淹九江府經歷樊圃充饒州通判沈榜貶官僉緣潘相得留張忠以夏縣知縣韓薰忤己奏調之僻地程紹極言榜留非法薰不當調帝怒斥紹為民給事御史李應策李炳等爭之併薰斥為民遼東委官廖國泰虐民激變高淮誣繫諸生數十人巡按御史楊宏科救之不報參隨楊永恩婪賄事發奉旨會勘卒不問梁永畜馬五百匹招致亡命用千戸樂綱出入邊塞陳增黨內閣中書程守訓中軍官仝治等自江南北至浙江大作奸弊稱奉密旨搜金寶募人告密誣大商巨室藏違禁物所破滅什伯家殺人莫敢問其橫如此　高淮誣劾山海同知羅大器順天巡撫李頤言內監外僚初無統攝且遼陽礦稅何預薊門若皆效淮所為有司將無遺類陛下奉天之權制馭宇內今盡落宦豎手朝奏夕報如響應聲縱所劾當罪尚非所以為名何況無辜暴加摧折不報　戊子振京師就食流民　諸軍征播州者大集李化龍移駐重慶檄水西兵三萬

守貴州斷招苗路乃分兵爲八路川師四路總兵官劉綎由綦江總兵官馬孔英由南川總兵官吳廣由合江副將曹希彬受廣節制由永寧黔師三路總兵官童元鎮由烏江參將朱鶴齡受元鎮節制統宣慰使安疆臣由沙溪總兵官李應祥由興隆楚師一路分兩翼總兵官陳璘由偏橋副總兵陳良玭受璘節制由龍泉每路兵三萬官兵三之土司七之貴州巡撫郭子章駐貴陽湖廣巡撫支可大駐沅州帝以湖廣地遼闊擢山西按察使江鐸僉都御史巡撫偏沅湖廣設偏沅巡撫自鐸始也化龍以綦江爲最要故令綎當之而孔英道南川獨險遠去賊巢海龍囤六七百里監紀推官高折枝勇而有謀請獨當一面乃與參將周國柱以石砫宣撫馬千乘兵三千人先進千乘妻秦良玉別統精卒五百裹糧自隨拒賊鄧坎

明紀卷第四十四

明紀卷第四十五

賜進士出身工部候補主事虞衡司行走陳鶴纂

卹贈知府銜給雲騎尉世職內閣候補中書孫男克家參訂

神宗紀七（起萬曆二十八年庚子訖萬曆三十二年甲辰凡五年）

二十八年春正月賊乘官軍宴夜襲營千乘良玉擊敗之追入賊境連破金筑等七寨綎亦督諸將克丁山銅鼓嚴村賊遣子惟棟及其黨楊珠等五道並出焚龍泉走都指揮楊惟忠李化龍劾諸大帥不用命者沈尚文逮治元鎮綎皆革職充爲事官　御史吳達可請因始和布令舉皇長子冊立冠婚禮簡輔臣補臺諫撤礦稅中使不報時都御史溫純御史馮應鳳及楊天民並以冊立冠婚爲言皆不報已乃命營慈慶宮以居皇長子　二月戊寅京師地震　丙戌李化龍大誓文武趣諸道進師高折枝督酉陽宣撫冉御龍敗賊於官壩與馬孔英先師期一日入真州用土官鄭葵路麟爲鄉導別遣邊兵

千扼明月關諸軍鼓行前連破四寨次赤崖抵清水坪封寧關破賊營十數逼桑木關關內民降者日千計折枝設三大砦處之禁殺掠降者日衆劉綎進擣楠木山羊簡臺三峒峒絕險賊衆數萬連營固守綎分兵攻其三面大戰於李漢壩綎左持金右挺劍大呼曰用命者賞不用命者齒劍士鬭死者四十人餘益奮賊大敗奔入峒乘勢焚之盡克三峒生擒賊魁吳尚華穆照賊以兵二萬屬其子朝棟曰爾破綦江馳南川盡焚積聚彼無能爲也朝棟由松坎魚渡分道出綎伏萬人羅古待松坎賊以萬人伏營外待魚渡賊而別以一軍策應賊果至伏盡起綎帥部下轉戰斬首數百追奔五十里賊聚守石虎關綎亦掘塹守桑木關爲賊要害山險箐深賊憑高拒折枝令馬千乘與御龍出關左右周國柱擣其中賊用標槍藥矢銳甚官軍殊死戰奪其關逐北至風坎關賊復大敗連破九杵黑水諸關苦竹羊崖銅鼓諸寨國柱攻金子壩無一人疑有伏焚空砦十九嚴兵以待

賊果突出擊敗之孔英乃留王之翰兵守白玉臺衞鑲道平茶邑梅兵守桑木關而親提大軍營金子壩陳璘軍次白泥賊衆迎戰璘分兩翼躡其後賊少挫追奔至龍溪山賊合四牌賊共拒四牌在江外與江內七牌皆五司遺種九股惡苗素助賊者也璘廣招撫乃進軍偵知賊有伏令游擊陳策用火器擊之賊據險矢石雨下璘先登斬小校退者以徇把總吳應龍等陷陳賊大潰四牌賊保兒囤璘遣二裨將逼之中伏乃募死士從應龍等奮擊賊潰夜由山後遁追敗之袁家渡四牌賊遂盡李應祥未受事副將陳寅連克數囤拒賊四牌高囤下別遣兵從間道直擣龍水囤他將蔡兆吉自乾坪抵箐岡敗賊首謝朝俸俘其妻子吳廣屯二郎壩大行招徠賊驍將郭通緒迎戰襲走之陶洪安村羅村三砦並降他部來歸者數萬廣擇其壯者從軍通緒扼穿崖囤廣督土漢軍擊破之賊聞桑木關破大懼遣弟世龍及楊珠以銳卒劫之翰營之翰走殺鑲卒無算平茶兵來援賊

始退孔英還擊世龍復卻裨將劉勝奮擊賊乃奔官軍進朗山口由朗山進蒙子橋深箐蓊翳賊處處設伏悉勦平之賊遣其黨詐降謀爲內應折枝盡斬之伏以待珠果夜劫營伏發賊驚潰追奔至高坪廣分四哨進攻崖門別遣永寧女土官奢世續等督夷兵二千扼桑木埡諸要害以防饟道諸將連破數囤進營母豬塘賊令通緒盡發關外兵拒敵廣伏礮手五百於磨槍埡外南岡下而遣裨將趙應科挑戰埡兩山夾中甚隘通緒橫槊衝應科應科陽北通緒追出埡遇伏急旋馬中礮墜方躍上他馬伏兵攢刺之殪餘賊大奔官軍逐北盡降之遂薄崖門或言水西佐賊化龍詰之安疆臣斬賊使二氏交遂絕賊聞諸路兵益進頓足曰不用孫時泰計今死矣議分兵守時泰曰兵分則力薄乘官軍未集先破其弱者餘可退也賊善之閩童元鎮發烏江喜曰此易與耳謀縱之渡江密以計取監軍按察使楊寅秋言烏江去播不遠宜俟諸道深入與俱進元鎮不從永順兵先

奪烏江賊遣千餘人沿江叫罵以誘之諸軍既濟復奪老君關參將謝崇爵督泗城及水西兵進抜河渡關三月望賊以步騎數千衝水西軍軍中驅象出戰賊多傷俄駕象者斃象反走擲火器者又誤擊己營陳亂泗城兵先走崇爵亦走爭浮橋橋斷殺溺死者數千人是日璘亦渡江聞謝朝倖與張佑石勝倖等營七牌野豬山遂夜發抵苦練坪分軍夾擊賊敗走之遂入苦菜關河渡既敗烏江相去六十里猶未知明日參將楊顯以永順兵三百出哨道遇賊數萬咸爲水西裝永順兵不之疑賊掩殺三百人亦襲其裝直趨烏江烏江軍亦不之疑遂爲賊所破爭先渡江賊先斷浮橋士卒多溺死顯及二子與焉三萬人不存十一將校止崇爵等三人江水爲不流貴陽聞警居民盡避入城遠近震動　魏允貞疏陳時政缺失言行取諸臣幾經論薦陛下猶不輕予一官彼詹坤馬堂高淮孫朝輩試之何事舉之何人乃令其銜命橫行生殺予奪恣出其口廷臣所陳率國家大

計一皆寢閣甚者嚴譴隨之彼報稅之徒悉無賴奸人鄉黨不齒顧乃朝奏夕報如響應聲臣不解也胥徒入鄉民閭猶擾況緹騎四出如虎若狼家室立破如吳寶秀華鈺諸人禍至慘矣而陛下曾不一念及錢穀出入上下相稽猶多奸弊敕使手握利權動逾數萬有司不敢問撫按不敢聞豈無吮膏血以自肥者而陛下曾不一察及金取於滇不足不止珠取於海不罄不止錦綺取於吳越不極奇巧不止乃元老聽其投閒直臣幾於永錮是陛下之愛賢士曾不如愛珠玉錦綺也疏奏不省

諸軍聞烏江敗斂兵不進者旬日陳璘請退師李化龍不可用尚方劍斬謝崇爵益徵兵檄鎮雄土官隴澄邀賊歸路劉綎先被調南京右府僉書欲謝事化龍固留之力薦於朝綎乃復受事踰夜郎舊城攻克滴淚三坡瓦窰坪石虎諸隘直抵婁山關關爲賊前門萬峯插天叢箐中一徑纔數尺賊設木關十三座排柵置深坑百險俱備綎分奇兵爲左右路閒道攀藤趨關後而自督

大軍仰攻奪其關追至永安莊兩路軍亦會綎慮賊衝突聯諸營一據婁山關爲老營一據白石口爲腰營一據永安莊爲前營都指揮王芬者勇而寡謀每戰輒請爲前鋒連勝有輕敵心獨營松門埡之衝距大營數里穆照遣使洩其狀四月朔賊襲殺芬守備陳大綱天全招討楊愈亦死亡士卒二千人綎聞帥騎卒往救賊帥諸苗決死戰綎親勒騎衝其中堅部將周以德周敦吉分兩翼夾攻賊始大奔楊應龍幾被獲追奔至養馬城而還綎乃移營近關堅壁請濟師馬孔英已奪賊養馬城抵海龍第二關下賊守兵益多孔英軍已深入而諸道兵未有至者酉陽延綏兵皆退賊躡殺官兵六十人居數日綎進克後水囤營於冠子山乃合兵連克海崖海門諸關進逼海龍囤賊上囤死守吳廣攻崖門徑小止容一騎賊衆萬餘出關拒戰曹希彬懸賞千金士攀崖競進追至第四關關上男婦盡哭賊黨自殺其魁羅進恩帥萬餘人出降其第一關猶拒不下廣乘夜疾進奪其

關關內民爭獻牛酒廣聞綎孔英已入關遂合希彬軍連戰紅碗水土崖分水關進營水牛塘賊知廣孤軍謀欲襲之遣人詐降廣測知其詐堅壁以待賊擁衆三萬直衝大營諸將殊死戰三日他將來援賊乃退廣進逼海龍囤賊令婦人乞降哭囤上又報應龍仰藥死廣信之已知其詐急燒第二關奪三山絕賊樵汲路璘進營楠木橋次湄潭賊悉聚青蛇長坎瑪瑙保子四囤地皆絕險而青蛇尤甚璘議同日攻則兵力弱止攻一囤則三囤必相助乃先攻長坎等三囤陳良玭師亦來會令伏囤後別以一軍守板角關防賊逸璘督諸將力攻三日並克之青蛇四面陡絕璘圍其三面購死士從瑪瑙後附葛至山背舉礮賊惶駭諸軍進攻焚其茅屋賊退入囤內木石交下將士冒死上毀大柵二重前後擊之賊大敗斬首一千九百有奇七牌之賊亦盡乃分兵六道攻克大小三渡關乘勝抵海龍囤下隴澄先遣部將劉岳王嘉猷攻拔苦竹關及半壩嶺烏江敗二將移新站賊

伏兵大水田別以五千人來襲敗還嘉猷乃揚聲擣大水田而潛以一軍拔大夫關直抵馬坎斷賊歸路與安疆臣合會都指揮徐成將兵至合泗城土官岑紹勳兵再克河渡關賊將張守欽袁五受據長箐萬丈林永順兵擊破之生禽守欽攻清潭洞復禽五受會朝議責元鎮敗狀逮下獄論死令李應祥幷將其軍陳寅取他道渡河潛爲浮橋以濟師賊失險乞降者相繼應祥悉受之賊死守黃灘關俄石勝倖等帥萬餘人降告曰去黃灘三十里有三關入播門戶也先襲破之則黃灘孤難守應祥然其計令寅帥精卒四千夜抵關下勝倖以數十騎誘開門殲其戍卒黃灘賊懼寅督諸將渡河攻關前勝倖由墳林暗渡襲關後賊遂大敗疆臣亦帥所部奪落濛關至大水田焚桃溪莊八路師大集海龍囤遂築長圍更番迭攻會化龍聞父喪詔以墨縗視師化龍念前囤險不能越令孔英帥勍兵併力攻其後水西兵受賊重賄多與通且潛以火藥遺賊璘知之與監軍者謀令

疆臣退一舍璘移其處置鐵牌百餘距囤丈許賊強弩無所施又為
瓠板於柵前賊每夜出劫為釘傷不敢復出諸軍相持四十餘日天
苦雨將士馳泥淖中苦戰六月乙亥天始霽綎進攻土月二城部卒
龔萬祿先登克之賊益迫散金募死士拒戰無應者丁丑璘以夜四
鼓從囤後銜枚上賊鼾睡斬其守關者樹白幟鳴礮賊大驚潰廣軍
亦登應龍起提刀巡壘見四面皆火光倉皇謂妻子曰各自為計不
復能顧若矣與二愛妾闔室自縊因命人焚其室廣獲其子朝棟急
覓應龍屍出之烈焰中廣中毒矢失聲絕而復甦播州平計出師百
十有四日斬級二萬餘生禽自朝棟以下百餘人化龍露布以聞乃
乞終制去播州自唐乾符中入楊氏二十九世八百餘年至是始絕

張忠孫朝誅求百方魏允貞每事裁抑會忠杖死太平典史武三
傑朝使者逼殺建雄縣丞李逢春允貞疏暴其罪朝怒劾允貞抗命
沮撓帝留允貞疏不下而下朝疏於部院李戴等力稱允貞賢請下

允貞疏平議山西軍民數千恐允貞去相率詣闕愬冤兩京言官亦連章論救帝乃兩置不問　升廣西永康縣爲州省思同州入焉
禮部尚書余繼登自署部事請元子册立冠婚疏累上以不得請鬱鬱成疾每言及輒流涕曰大禮不舉吾禮官死不瞑目病滿三月連章乞休不許請停俸亦不許秋七月卒贈太子少保謚文恪繼登樸直愼密寡言笑當大事言議侃侃居家廉約學士曾朝節嘗過其里蓬蒿滿徑及病革視之擁麤布衾羊毳覆足而已　辛亥旱敕修省
給事中張問達言礦稅諸閹一朝銜命輒敢糾彈郡守甚且糾撫按重臣而孫朝至誣詆清介絕俗之魏允貞所攜程守訓陳保輩至箠殺命吏毀室廬掘墳墓不一按問若萬方怨恫何不報　刑部主事謝廷讚言閣員當補臺省當選礦稅當撤冠婚册立當速詔令當信持疏跪文華門候命踰時帝震怒遣田義詰責　八月辛未慈慶宮成命內閣草敕傳示禮官上册立冠婚及諸王分封儀比敕上留

不下沈一貫疏趣之帝曰朕因小臣謝廷讚乘機邀功故中輟俟皇
長子移居後行之其命諸司靜俟遂斥廷讚爲民奪尙書蕭太亨侍
郎邵杰董裕俸一歲貶郎中徐如珂員外郎林燿主事鍾鳴陛曹文
偉三秩調極邊　丙子罷朝鮮戍兵　九月甲寅停刑　炒花犯遼
東副總兵解生等敗沒巡按王業宏劾巡撫李植及諸將失律植以
卻敵聞且詆業宏業宏再疏劾植欺蔽詔解植官聽勘　初湖貴之
交有皮林苗與九股苗相接洪州司特峒寨吳國佐桀黠知書爲諸
苗所服其從父大榮以叛誅國佐收其妾黎平府持之急遂反自稱
天皇上將其黨石纂太稱太保合攻上黃堡誘敗參將黃冲霄追至
永從縣殺守備張世忠而噉之掠屯堡七十餘焚五開南城陷永從
圍中潮所時方征播州未暇討也冬十月辛未命陳璘等移師討之
　丙子楊榮妄奏阿瓦孟密諸番願內屬其地有寶井可歲益數十
萬願賜敕領其事帝許之温純言緬人方伺隙寶井一開兵端必起

不聽榮又誣劾尋甸知府蔡如川趙州知州甘學書皆下錦衣獄已又誣劾雲南知府周鐸下法司提問　陳增數窘辱長吏巡撫鳳陽都御史李三才以氣淩之裁抑其爪牙肆惡者密令死囚引爲黨輒捕殺之增爲奪氣民以礦稅故多起爲盜浙人趙一平挾妖術竄徐州易號古元妄稱宋後與其黨孟化鯨馬登儒輩聚亡命署僞官期明年二月諸方並起謀洩皆就捕一平亡之寶坻見獲三才言陛下愛珠玉民亦慕溫飽陛下愛子孫民亦戀妻孥奈何陛下欲崇聚財賄而不使小民享升斗之需欲綿祚萬年而不使小民適朝夕之樂自古未有朝廷之政令天下之情形一至於斯而可幸無亂者今闕政猥多而陛下病源則在溺志貨財臣請渙發德音罷除天下礦稅欲心既去然後政事可理已又言臣爲民請命月餘未得請聞近日章奏凡及礦稅悉置不省此宗社存亡所關一旦衆畔土崩小民皆爲敵國風馳塵鶩亂衆麻起陛下塊然獨處卽黃金盈箱明珠填屋

誰爲守之皆不報　給事中田大益極陳礦稅六害廷臣交章請罷
諸監帝皆不省　李鳳劾逮廣東鄉官通判吳應鴻等梁永趙欽肆
虐富平知縣王正志捕其黨李英杖殺之因極論二人罪欽亦以英
事訐奏帝命逮正志給事中陳惟春言正志劾欽罪多宜提訊欽所
劾正志事宜下撫按覈實免其逮繫御史李時華言近日所逮吳應
鴻勞養魁蔡如川甘學書及正志等俱宜敕下撫按勘虛實不得以
一人單詞枉害良善皆不報未幾永疏訐正志帝命諸抗違欺隱者
悉指名劾奏重治之宦官益張　鄭貴妃弟國泰疏請皇長子先冠
婚後冊立署禮部事侍郎朱國祚言本朝外戚不得與政事冊立大
典非國泰所宜言況先冊立後冠婚其儀仗冠服之制祝醮敕戒之
辭升降坐立之位朝賀拜舞之節因名制分因分制禮甚嚴且辨一
失其序名分大乖違累朝祖制背皇上明綸犯天下清議皆此言也
楊天民亦斥其非國泰懼委罪都指揮李承恩奪其俸　十二月乙

未御午門受播州俘沈一貫請陪侍賜面對不許磔楊朝棟等於市剉應龍屍　初大西洋意大里亞人利瑪竇汎海抵廣東香山澳爲萬國全圖言天下有五大洲第一曰亞細亞洲凡百餘國而中國居其一第二曰歐羅巴洲凡七十餘國而意大里亞居其一第三曰利未亞洲亦百餘國第四曰亞墨利加洲地更大以境土相連分爲南北二洲最後得墨瓦臘尼加洲爲第五而域中大地盡矣其人悉奉天主耶穌教言耶穌生於如德亞在亞細亞洲中西行教於歐羅巴其生在漢元壽二年皆荒渺不可考及是馬堂以其方物進獻禮部言會典止有西洋瑣里國無大西洋其真僞不可知又寄居二十年方行進貢所貢天主及天主母圖神仙骨諸物皆屬不經及奉旨送部又不赴部審譯而私寓僧舍不知何意乞給賜冠帶還國勿令潛居兩京與中人交往別生事端不報已帝嘉其遠來賜之居第芻米頗厚利瑪竇遂留不去中國有天主教自此始　陳奉掊克萬端伐

冢毀屋刳孕婦溺嬰兒會有諸生妻被辱訴上官市民從者萬餘哭聲動地蠭涌入奉廨諸司馳救乃免僉事馮應京捕治其爪牙奉怒陽饟食置金其中應京復暴之奉益慚恨

二十九年春正月置酒邀諸司以甲士千人自衛遂舉火箭焚民居民羣擁奉門奉遣人擊之多死碎其屍擲諸塗支可大噤不敢出聲應京乃抗疏列奉九大罪奉亦誣奏應京撓命淩敕使帝命貶應京邊方雜職給事中田大益御史李以唐等交章劾奉乞宥應京帝乃除應京名先是奉開穀城礦脅其庫金爲縣民所逐已奉又開棗陽礦知縣王之翰以顯陵近執不可奉乃劾之翰及襄陽通判邸宅推官何棟如帝斥宅之翰爲民而逮棟如俄以給事中楊應文論救并逮應京宅之翰奉又誣劾武昌同知卞孔時抗拒孔時亦被逮　壬子以播州平詔天下蠲四川貴州湖廣雲南加派田租逋賦除官民詿誤罪　陳良玭攻吳國佐失利江鐸移駐靖州命陳璘帥副將李

遇文等分七道進剿潛師奪隘禽苗酋銀貢等游擊宋大斌攻破特峒縱火焚之國佐逃天浦四十八寨復入古州毛洞追獲之石纂太逃廣西上巖山指揮徐時達誘縛之賊黨楊永祿帥衆萬餘屯白冲游擊沈宏猷等夾攻生禽永祿皮林苗賊悉平　二月甲戌振宣府大同饑　張忠以夏縣知縣袁應春抗禮劾貶之魏允貞請留應春不報渭南知縣徐斗牛廉吏也梁永責賂箠斃縣吏卒斗牛憤恨自縊死巡撫賈待問奏之帝反令永會勘永遂劾西安同知宋賢并劾待問有私請皆勘帝從之而宥待問永又請兼鎮守職銜又請帥兵巡花馬慶陽諸鹽池徵其課緣是帥諸亡命具旌蓋鼓吹巡行諸縣盡發歷代陵寢搜摸金玉旁行劫掠所至知縣皆逃杖死縣丞鄭思顏指揮劉應聘諸生李洪遠等縱其黨肆爲淫掠私宮良家子數十人稅額外增耗數倍藍田等七關七歲得七十萬　皇長子移居迎禧宮　馮應京素有惠政緹騎抵武昌民知應京獲重譴相率擁檻

車痛哭陳奉大書應京名列其罪榜之通衢士民益憤聚數萬人圍
奉廨誓必殺奉奉窘逃匿楚王府衆遂執奉爪牙耿文登等六人投
之江以支可大護奉助虐焚其轅門可大不敢出奉潛遣參隨三百
人引兵追逐射殺數人傷者不可勝計日已晡衆猶紛拏未散應京
囚服坐檻車曉以大義乃稍稍解散奉匿楚王府逾月亟請還京沈
一貫極言奉罪請立代還給事中姚文蔚等亦以爲請李戴偕同列
言自去夏六月不雨至今路殣相望巡撫汪應蛟所奏饑民十八萬
人加以頻值寇警屢興征討之師按丁增調履畝加租賦額視二十
年前不啻倍之矣瘡痍未起而采榷之害又生不論礦稅有無概勒
取之民閒此何理也天下富室無幾奸人肆虐何極指其屋而恐之
曰彼有礦則家立破矣彼漏稅則橐立罄矣持無可究詰之說用無
所顧畏之人蚩蚩小民安得不窮且亂也湖廣激變已數告而近日
武昌尤甚此輩寧不愛性命哉變亦死不變亦死與其吞聲獨死無

寧與雛俱糜故一發不可遏耳陛下可視爲細故耶田大益言陛下驅率狼虎飛而食人使天下之人剝膚吸髓重足累息以致天災地坼山崩川竭釁自上開憤由怨積奈何欲塗民耳目以自解釋謾曰權宜哉今楚人以奉故沈使者不返矣且欲甘心巡撫大臣矣中朝使臣不敢入境偵緩急踰兩月矣四方觀聽惟在楚人臣意陛下必且曠然易慮立罷礦稅以靖四方奈何猶戀戀不能自割也天下至貴而金玉珠寶至賤也今陛下遇楚事而無變志四方萬姓必且羣起爲變此時卽盡戮諸璫以謝天下寧有濟耶帝皆不聽夏四月乙酉李道自江西奏奉水沮商舟陸截販賈徵三之一病國剝民帝乃召奉還隸其事於承天守備杜茂頃之東廠言緹騎有死者帝愠甚手詔內閣欲究主謀一貫力言民心宜靜請亟遣重臣代可大拊循因薦侍郎趙可懷帝從之褫可大官奉在湖廣二年慘毒備至及行珍寶財物鉅萬計可懷大懼爲民所掠遣兵護之出境可懷至亦如之

初吳宗堯吳寶秀不久卽釋及華鈺王正志等下獄帝益思痛加折辱以懼來者遂長繫不釋獄有鳥類鶴而小怪鳴則被逮者至一夕烏鳴甚哀鈺起坐候之乃應京也武昌漢陽黃州父老相率詣闕訴應京冤襄陽人亦爲何棟如訟皆不省給事中郭如星陳維春連章請正奉罪亦不聽貶如星維春邊方雜職正志及王之翰竟瘐死

升貴陽府爲軍民府石阡府之龍泉坪爲縣分播州地改宣慰司爲遵義軍民府長官司爲遵義縣與府同徙治白田壩以舊夜郎縣望草地置桐梓縣改真州長官司爲真安州復舊綏陽縣地爲綏陽縣以舊懷陽縣地置仁懷縣並屬遵義府隸四川布政司改平越衛爲軍民府黃平安撫司爲州餘慶長官司爲縣甕水安撫司爲甕安縣以湄潭地置湄潭縣與清平興隆二衛凱里安撫司楊義長官司並屬平越府隸貴州布政司　山西巡撫魏允貞以父年九十餘歲乞歸養疏二十上廷議以礦稅使害民非允貞不能制固留之允貞請

益力五月聽歸士民立祠祀之　鄭國泰迫羣議請冊立冠婚並行沈一貫再草敕請下禮官具儀不報楊天民偕同官王士昌御史周盤等公疏極諫謫天民士昌邊方雜職餘奪俸一年士昌宗沐子也蘇杭織造兼榷稅太監孫隆激蘇州民變殺參隨數人徧焚諸札委稅官家隆急走杭州以免有司捕亂者民葛誠獨承論死　六月京師自去年六月至是月乙亥始雨山東山西河南皆大旱振畿內饑　丁亥法司請熱審不報　遼東總兵官馬林好文學能詩工書時譽籍甚嘗陳邊務十策語多觸文吏寢不行高淮横恣林力與抗八月淮遂劾罷林以侯先春論救改林戍烟瘴謫先春雜職沈一貫言李成梁雖老尚堪將兵乃命成梁再鎮遼東年已七十有六矣時土蠻長昂及把兔兒已死開原廣寧又開馬木二市諸部爭就款遼左少安林芳之子也　初給事中楊廷蘭因黄堌之決請復開泇河楊應文及直隸巡按御史佴祺相繼言之劉東星力任其役時黄河

南徙李吉口淤澱日高東星所開趙家圈旋亦淤塞徐邳間三百里河水尺餘糧艘阻塞九月壬寅開封歸德大水河漲商邱決蕭家口全河盡南注河身變爲平沙商賈舟膠沙上南岸蒙牆寺徙置北岸商虞多被淹沒河勢盡趨東南而黃堌斷流巡撫曾如春以聞張問達言蕭家口在黃堌上流未有商舟不能行於蕭家口而運艘能行於黃堌以東者帝從其言命東星勘議會東星病卒問達復言全河奔潰入淮勢及陵寢宜急補河臣早定長策沈一貫及給事中桂有根皆以爲言御史高舉請濬黃堌口舊河江北巡按御史吳崇禮又請開蒙牆寺西北直河且濬李吉口至堅城集淤道三十餘里楊一魁是崇禮議帝乃命急挑舊河塞決口而兼挑泇河以備用　趙志皋臥病四年於罷礦稅建儲諸大政數力疾草疏爭帝歲時恩賜亦如故志皋病轉篤丁未卒於邸舍贈太傅諡文懿　冊立議久不決廷議復有欲先冠婚者沈一貫不可曰不正名而苟成事是降儲君

爲諸王也會帝意頗悟壬子漏下二鼓詔下命卽日舉行中官掌司設監者言期迫供費不給禮部尚書馮琦曰今日禮爲重不可與爭其弟戶部主事瓊適輦饟銀四萬出京琦立追還給費既而帝復悔令改期一貫封還詔書言萬死不敢奉詔帝乃止　癸丑振貴州饑

廷推閣臣帝欲用馮琦朱國祚又慮大臣植黨欲用林居及久廢者會沈一貫密揭言琦國祚年未及五十盍少需之先用老成之士帝意遂決戊午前禮部尚書沈鯉朱賡並兼東閣大學士預機務

中允黃輝爲皇長子講官聞內侍云王恭妃病幾殆皇后亦多疾左右多竊意后崩鄭皇妃正中宮位其子爲太子以告王德完曰此國家大事旦夕不測書之史冊謂朝廷無人德完乃屬輝具疏草冬十月上之言道路喧傳謂中宮役使僅數人伊鬱致疾阽危弗自保臣不勝驚疑宮禁嚴秘虛實未審臣卽愚昧決知其不然第臺諫之官得風聞言事果中宮不得於陛下以致疾與則子於父母之怒當號

泣幾諫果陛下眷遇中宮有加無替與則子於父母之謗當昭雪辨明衡是兩端皆難緘默敢效袁盎卻坐之議陳其愚誠疏入帝震怒立下錦衣獄拷訊李戴周盤等連疏論救忤旨切責御史奪俸有差沈一貫亦爲德完解帝不聽旋廷杖百除其名復傳諭廷臣諸臣爲皇長子耶抑爲德完耶如爲皇長子愼無瀆擾必欲爲德完則再遲冊立一歲廷臣乃不復言輝周旋橐饘不避險阻或危之輝曰吾陷人於禍可坐視乎　己卯立皇長子常洛爲皇太子封諸子常洵福王常浩瑞王常潤惠王常瀛桂王詔赦天下壬辰加上慈聖皇太后尊號曰貞壽端獻　十一月以黎平府屬湖廣布政司　十二月辛未詔復朵顏馬市　時倭國內亂對馬島主平義智悉遣降人還朝鮮遺書乞和且揚言平秀吉故將源家康將輸數十萬石爲軍興資以脅朝鮮朝鮮素畏倭欲與通款又懼開罪中國乃以倭衆求款來請命兵部以事難遙度請令總督萬世德酌議詔可　江西浮梁景

德鎮民變焚稅監廠房饒州通判陳奇可諭散之潘相劾奇可逮下獄

三十年春正月己未以四方災異敕修省　二月己卯帝不豫急召諸大臣至仁德門俄獨命沈一貫入啓祥宮後殿西煖閣皇后貴妃以疾不侍側皇太后南面立稍北帝稍東冠服席地坐亦南面太子諸王跪於前一貫叩頭起居訖帝曰先生前朕病日篤矣享國已久何憾佳兒佳婦付與先生惟輔之爲賢君礦稅事朕因殿工未竣權宜采取今可與江南織造江西陶器俱止勿行所遣內監皆令還京法司釋久繫罪囚建言得罪諸臣皆復其官給事中御史即如所請補用朕見先生止此矣言已就臥一貫哭太后太子諸王皆哭一貫復奏今尚書求去者三請定去留帝留戶部陳蕖兵部田樂而以工部楊一魁先爲總河不塞黃堌口致祖陵衝決削其籍一貫復叩首出擬旨以進是夕閣臣九卿俱直宿朝房漏三鼓中使捧諭至具如

帝語一貫者諸大臣咸喜翌日帝疾瘳悔之中使二十輩至閣中取
前諭言礦稅不可罷釋囚錄直臣惟卿所裁一貫欲不予中使輒搏
顙幾流血一貫惶遽繳入李戴等力諫不聽戴乃與温純議釋罪起
廢二事即如詔奉行頒示天下蕭大亨謂釋罪囚須具疏再請遲迴
數日太僕寺卿南企仲以二事久稽劾戴大亨不能將順請罷二人
而敕二部亟如前詔行帝大恚并二事停止落企仲一官給事中蕭
近高御史李培余懋衡再疏請信明詔帝益怒並奪其俸且命益重
前貶謫官鄒元標等罰一貫力爭得止給事中張鳳翔希指劾企仲
他事斥為民戴引罪求罷不許方帝欲追還前諭田義力爭帝怒欲
手刃義義言愈力而中使已持前諭至後義見一貫唾曰相公稍持
之礦稅撤矣何怯也自是大臣言官疏請者日相繼皆不復聽礦稅
之害遂終帝世　甲申重建乾清坤寧二宮　初河套部永邵卜等
相繼犯順罷貢市十餘年比復松山築邊城諸部長恐益侵軼連為

杜桐達雲等所敗官軍又數出擄巢諸部長益懼於是吉囊卜莊等乞款於延綏巡撫王見賓著宰亦請於寧夏巡撫楊時寧見賓等以聞桂有根請聽邊臣自主會見賓以妄奏捷爲楊天民論罷時寧亦遷去代者孫維城黃嘉善二人並申約束閏月丙申復河套諸部貢市維城又條善後六事嘉善亦議上七事款事復堅　初李贄爲姚安知府一旦自去其髮冠服坐堂皇上官勒令解任耿定向在黃安招與講學贄小有才機辨定向不能勝贄遂日引士大夫好禪者與之游雜以婦女專崇釋氏卑侮孔孟已北游通州乙卯張問達上疏劾之逮下獄懼罪不食死　清口水涸阻漕李三才議自鎮口閘至磨兒莊二百里間建六閘以節宣汶濟需費二十萬請留漕粟濟之倉場侍郎趙世卿力爭三才遂引疾求去帝惡其委避許之淮揚巡按御史崔邦亮巡漕御史李思孝給事中曹于汴御史袁九皋交章乞留御史史學遷言陛下以陳增故欲去三才託詞解其官年來中

使四出海內如沸李盛春之去以王虎魏允貞之去以孫朝前漕臣李誌之去亦以礦稅事他監司守令去者不可勝數今三才復繼之淮上軍民以三才罷欲甘心於增增避不敢出三才不當去可知帝皆不報三才遂去淮之徐州連疏請代　戊午河州黃河竭馮琦言陳奉以虐民撤還而遼東高淮山東陳增廣東李鳳陝西梁永雲南楊榮肆虐不減於奉乞並徵還不報　戶部尚書陳蕖以疾乞罷詔侍郎張養蒙署事會養蒙亦有疾在告固辭給事中夏子陽劾其托疾避事三月帝罷蕖養蒙進趙世卿尚書召還部而以侍郎謝杰督倉場李三才尚未得代杰請留之帝乃命三才供事俟代者亦竟不遣代也　雲南人恨楊榮入骨甲申騰越民變燔稅廠殺委官張安民榮弗悛恣行威虐杖斃數千人　夏四月辛丑振順天永平饑五月乙亥法司請熱審不報　初潘相勘礦洞於上饒知縣李鴻戒邑人敢以食物市者死相竟日飢渴憊而歸相乃誣宗人宗達劫礦

繫之又毆折輔國將軍謀圯肢而劾鴻主使帝奪鴻官切責謀圯等巡按御史吳達可言宗人無故受刑又重之以詰責將使天潢人人自危鴻無辜不當黜願亟正相罪復鴻官御史湯兆京極論相罪且言高淮梁永陳增李鳳楊榮皆元惡爲民害不可一日留趙世卿蕭近高亦請治相擅捕繫宗室罪帝皆不聽相又請開廣信銅塘山采取大木鑿泰和斌姥山石膏達可復極諫不可閣臣亦爭之乃寢沈鯉屢辭新命不允沈一貫以士心夙附鯉欲其弗赴召貽書李三才曰歸德公來必奪吾位將何以備之三才答書言鯉忠實無他腸勸一貫與同心一貫遂弃憾三才秋七月鯉至具陳道中所見礦稅之害朱賡亦撰守成遺使權宜三論與一貫鯉共上之帝皆弗能用歸德鯉所居邑也　初關稅所入歲四十餘萬自稅使四出商賈不行數年間減三之一四方雜課亦如之歲入益寡而內供日繁歲增金花銀二十萬宮帑日充羡辛巳趙世卿言國用不支邊儲告匱請

復金花銀百萬故額罷續增數不許世卿乃請發內庫銀百萬及太
僕馬價五十萬以濟邊儲復忤旨切責命嚴催積逋　奸人張嶷等
言呂宋機易山素產金銀采之歲可得金十萬銀三十萬帝卽納之
命下舉朝駭異溫純言近中外諸臣爭言礦稅之害天聽彌高今楊
榮汙辱婦女六十六人私運財賄三十大舟三百大扛勢必見戮於
積怒之衆何如及今撤之猶不失威福操縱之柄緬酋以寶井故提
兵十萬將犯內地西南之蠻岌岌可憂而閩中奸徒又以機易山事
見告此其妄言真如戲劇不意皇上之聰明而誤聽之異時變興禍
起其患有不可勝言者臣聞海澄市舶高寀已歲徵三萬金決不遺
餘力而讓利卽機易越在海外亦決無徧地金銀任人采取之理不
過假借朝命闌出禁物句引諸番以逞不軌之謀而已昔年倭患正
由於此況以朝命行之害當彌大諸奸效汪直曾一本輩故智必爲
國家大患乞急置於理用消禍本給事中御史金忠士湯兆京曹于

汴朱吾弼等亦連章力爭皆不聽　緬阿瓦擁衆犯蠻莫宣撫司言奉開采使命殺宣撫思正以開道路蠻莫陷思正奔騰越賊追至有司殺正以謝賊始解去　冬十月戊戌振江北災　丙辰停刑　十一月朝鮮王昖言倭使頻來要挾和款兵端漸露乞選將帥兵督同本國訓練修飭帝曰會留將士教習成法具在毋容再遣因命其使臣齎勅誡勵　張嶷等至福建守臣遣海澄縣丞王時和百戸干一成偕嶷等往勘呂宋人聞之大駭華人流寓者謂之曰天朝無他意特奸徒橫生事端今遣使者按驗俾奸徒自窮便於還報耳其酋意稍解命諸僧散花道旁若敬朝使而盛陳兵衛迓之時和等入酋爲置宴問曰天朝欲遣人開山山各有主安得開且樹生金豆是何樹也時和不能對數視嶷嶷曰此地皆金何必問豆所自酋大笑留嶷欲殺之諸華人共爲解乃釋歸時和還卽病悸死守臣以聞請治嶷等妄言罪而呂宋人疑中國將襲取其地諸流寓者爲內應潛謀殺

之
三十一年春雲南巡按御史宋興祖言稅使內監楊榮欲責麗江土知府木增獻地聽開采竊以麗江自太祖令木氏世官限石門以絕西域守鐵橋以斷吐蕃雲南藉爲屏藩今使退地聽采必失遠蠻之心卽令聽諭已使國家歲歲有吐蕃之防倘或不聽豈獨有傷國體疏上事得寢　三月戊午吏部奏天下郡守闕員不報時兩京缺尚書侍郎十科道九十四天下缺巡撫三布按監司六十六知府二十五田大益力請簡補亦不聽　禮部尚書馮琦卒遺疏請厲明作發章奏補缺官推誠接下收拾人心語極懇摯帝悼惜之贈太子少保　播州遺賊吳洪盧文秀等惡有司法嚴而遵義知縣蕭鳴世失衆心洪等遂稱楊應龍有子聚衆爲亂四川總兵官李應祥偕副使傅光宅捕之盡獲　夏四月丁亥朔日有食之署禮部事侍郎郭正域言禮當祭日食牲未殺則廢朔旦宜專救日詰朝享廟從之臺官上

日食占曰日從上食占爲君知佞人用之以亡其國沈一貫怒而罷之正域曰宰相憂盛危明顧不若瞽史耶一貫聞之怒　先是秦王誼漶以嫡子久未生請封其庶長子爲世子屢詔趣議馮琦長禮部持不上已誼漶復請封其他子爲郡王沈一貫使大璫以帝命脅郭正域正域榜於門曰秦王以中尉進封庶子當仍中尉不得爲郡王妃年未五十庶子亦不得爲世子一貫無以難　黎平府還屬貴州

五月丙辰朔閣臣請熱審不報　方澤陪祀者多託疾郭正域言祀事不虔繇上不躬祀所致請下詔飭厲冬至大祀上必親行帝然之而不能用　戊寅京師地震鳳陽大雨雹毀皇陵殿脊　河決單縣蘇家莊及曹縣縷堤又決沛縣四鋪口太行堤灌昭陽湖入夏鎮橫衝運道魚臺豐縣間皆被浸督河侍郎李化龍甫至與李三才議再開泇河屬之邳州直河以避河險給事中侯慶遠言泇河成則他工可徐圖第毋縱河入淮淮利則洪澤水減而陸自安矣又言估費

太少責期太速請專任責成從之　郭正域請嚴謚典議奪者許論黃光昇呂本范謙等四人應得而改者陳瓚一人應補者伍文定吳悌詹穆楊繼宗鄒智楊源陳有年等七人沈一貫朱賡以本同鄉寢其議未幾御史張邦俊請以呂柟從祀孔子廟廷而補雍泰魏學曾等十四人謚部議久之共彙題先後七十四人留中不發　初楚恭王薨遺腹宮人胡氏孿生子華奎華壁或云內官郭綸以王妃兄王如言妾尤金梅子爲華奎妃族人如綍奴王玉子爲華壁儀賓汪若泉嘗訐奏之事下撫按王妃持甚堅得寢華奎嗣王華壁亦封宣化王鎮國將軍華越者素強禦忤王其妻如言女也遣人訐華奎異姓子不當立沈一貫屬通政使沈子木格其疏勿上月餘華奎劾華越欺罔四罪疏至乃上之命下部議未幾華越入都訴通政司邀截實封及華奎行賄狀楚宗與名者凡二十九人東安王英燧武岡王華增江夏王華塇等皆言僞跡昭著行賄有據子木懼召華越令更易

日月以上旨幷下部郭正域請敕撫按公勘從之初沈一貫屬正域毋言通政司匿疏事及華越疏上正域行勘一貫言親王不當勘但當體訪華奎又遣人奉百金爲正域壽且屬無竟楚事當酧萬金正域嚴拒之已而趙可懷及巡按應朝卿勘上言詳審無左驗而華越妻持之甚堅諸郡主縣主則云罔知眞僞乞特遣官再問詔公卿雜議於西闕門日晏乃罷議者三十七人各具一單言人人殊李廷機以左侍郎代正域署部事正域欲盡錄諸人議廷機以辭太繁先撮其要以上一貫遂嗾楊應文御史康丕揚劾禮部壅閼羣議不以實聞正域疏辨且發子木匿疏一貫阻勘及華奎饋遺狀一貫益恚謂正域遣家人導華越上疏給事中錢夢皐遂希指論正域以沈鯉右正域幷及之應文又言正域父懋嘗笞辱於楚恭王故因事陷之正域再疏辨不報一貫鯉以楚事皆求去趙世卿嘗爲楚府長史力言王非僞與一貫合尙書謝杰祭酒黃汝良皆主其說廷機請再問帝

以楚王嗣位二十餘年何至今始發且夫訐妻證不足憑遂罷楚事
勿按六月黜華趆爲庶人錮鳳陽諸宗人皆切責罰祿削爵有差
中官王朝言近京采煤歲可獲銀五千遂帥京營兵劫掠西山諸處
煤戶洶洶朝以沮撓聞有旨逮治皆入都城訴失業狀沈一貫等急
請罷朝且擬敕諭撫按田大益言國家大柄莫重於兵朝擅役禁軍
請急誅之爲無將之戒楊應文及給事中白瑜御史沈正隆亦疏諫
俱不納俄用中官陳永壽奏乃召朝還　高淮帥家丁三百餘張飛
虎旗金鼓震天聲言欲入大內謁帝住廣渠門外田大益姚文蔚及
同官孫善繼言淮搜括士民取金至數十萬招納諸亡命降人意欲
何爲李戴蕭大亨皆劾淮擅離信地挾兵潛住京師乃數百年未有
之事御史袁九皋劉世科孔貞一給事中梁有年等各疏劾淮巡撫
趙楫言淮無故箠死指揮張汝立皆不報淮因上疏自稱鎮守協同
關務兵部斥其妄帝心護淮謬曰朕固命之矣淮自是益募死士時

時出塞射獵發黃票龍旂走朝鮮索冠珠貂馬數與邊將爭功鬭內外咸被其毒　郭正域四疏乞休秋八月許之去楚王華奎疏劾正域如楊應文指且訐其不法數事請褫正域官詔下部院集議李廷機微刺正域而謂其已去可無苛求張問達則謂藩王欲進退大臣不可訓乃不罪正域令巡按御史勘王所訐以聞　初御史顧龍禎巡按廣東與布政使王泮語不合起毆之泮卽棄官去溫純劾罷龍禎御史于永清按陝西貪懼純舉奏倡同列救龍禎顯與純異以脅制純又與姚文蔚比而傾純純不勝憤上疏盡發永清交構狀並及文蔚語侵沈一貫一貫等各疏辨帝下永清文蔚等二疏而純疏留不下純益憤三疏論之因力求去帝爲謫永清一貫滋憾純給事中陳治則鍾兆斗遂希指劾純湯兆京不平疏斥其妄純求去章二十上杜門者九閱月帝雅重純諭留之純不得已強起視事　九月甲子江北盜起睢州賊楊思敬等作亂李三才言乃者迅雷擊陵大風

拔木洪水滔天天變極矣趙古元方礫於徐李大榮旋梟於亳而睢
州巨盜又復見告人離極矣陛下每有徵求必曰內府匱乏夫使內
府果乏是社稷之福也所謂貌瘦而天下肥也而其實不然陛下所
謂匱乏者黃金未徧地珠玉未際天耳小民饔飧不飽重以徵求箠
楚無時桁楊滿路官惟丐罷民惟請死陛下寧不惕然警悟耶陛下
毋謂臣禍亂之言爲未必然也若旣已然矣將置陛下何地哉不報
冬十月甲申停刑　丙申官軍討楊思敬禽之　時朝政大非上
下否隔甚沈一貫小有救正大率依違其間物望漸減一貫又與沈
鯉不相能郭正域以文章氣節爲鯉所重一貫嘗爲正域教習師正
域薄之不執弟子禮又數以職事與執爭一貫愈恨十一月甲子昧
爽自朝房至勳戚大臣門各有匿名書一帙名曰續憂危竑議託鄭
福成爲問答鄭福成者謂鄭氏子福王當成也大略言帝於東宮不
得已而立他日必易其特用朱賡內閣實寓更易之義賡與戎政尚

書王世揚三邊總督李汶保定巡撫孫瑋少卿張養志錦衣都督王之楨千戶王名世王承恩等共結連宮掖謀易太子詞尤詭妄人皆謂之妖書東廠太監陳矩獲之以聞賡於己邸門得書大懼立疏乞避位帝大怒敕東廠錦衣衛五城巡視御史等大索而慰諭賡初順天諸生皦生光僞作富商包繼志詩有鄭主乘黄屋句以脅繼志及鄭國泰金生光亦抵罪及是人多疑之百戶蔣臣捕之至巡城御史康丕揚又先後捕僧達觀醫者沈令譽等廠衛捕可疑者一人曰毛尙文之楨等則訐錦衣指揮周嘉慶同知胡化又告妖書出教官阮明卿手時大獄猝發株連甚衆數日閒鋃鐺旁午都城人人自危而一貫欲因是陷正域鯉與丕揚及錢夢皐等張皇其事令譽故嘗往來正域家達觀亦時時游貴人門嘗爲正域所榜逐尙文則正域僕也一貫爲帝言此臣下有相傾者爲之以微動帝意夢皐遂言妖書播刊不先不後適在楚王疏入之時蓋郭正域乃沈鯉門徒沈令譽

又正域食客胡化則正域同鄉同年羣結奸爲死黨乞窮治根本定
正域亂楚首惡之罪又羅織鯉奸贜數事請勒令閑住不揚則爲生
光訟冤言妖書楚獄同一根柢請少緩其獄賊兄弟可授首闕下意
指正域及其兄國子監丞正位也諸人遂使邏卒日夜操兵圍守鯉
邸正域方登舟未行亦發卒圍之楊村皆鈴柝達旦又聲言正域且
逮使人風之自裁正域曰大臣有罪當伏尸都市安能自辱野外耶
帝知鯉誣不問令正域仍還籍聽勘以不揚爲庇反賊斥爲民而詔
急嚴訊諸所捕者一貫力爲不揚解得免之楨使人屬矩欲坐嘉慶
一貫則請引鯉正域矩俱正色拒之嘉慶者李戴甥也比會鞫戴不
忍其榜掠爲引避帝聞而惡之搜令譽篋得刑部郎中于玉立致吏
部郎中王士騏書中及其起官事下吏部按問十二月丙戌帝召見
皇太子於啓祥宮賜手敕慰諭玉立士騏皆奏辨帝怒褫玉立官責
戴不能鉗其屬戴引罪而疏紙誤用印復被誚讓令致仕嘉慶以治

無驗革任回籍達觀拷死令譽幾死不承法司迫化引正域及歸德
化大呼曰明卿我仇也故訐之正域舉進士二十年不通問何由同
作妖書我亦不知誰爲歸德者帝知化枉釋之都督陳汝忠掠訊尙
文盡捕正域之婢媼及傭書者男女十五人與生光雜治終無所得
汝忠以錦衣告身誘尙文曰能告賊卽得之令引令譽且以乳媼龔
氏十歲女爲徵矩詰女曰汝見妖書版有幾曰盈屋矩笑曰妖書僅
二三紙版顧盈屋耶詰尙文曰令譽語汝刊書何日尙文曰十一月
十六日王世揚曰妖書以初十日獲而十六日又刊將有兩妖書耶
拷生光妻妾及十歲兒皆身無完膚又以鍼刺指爪必欲引正域皆
不應生光仰視夢皋不揚大罵曰死則死耳奈何教我迎相公指妄
引郭侍郎乎温純等力爲正域鯉辨事漸解鯉嘗置小屏閣中列書
謹天戒卹民窮開言路發章奏用大僚補庶官起廢棄舉考選釋冤
獄撤稅使十事而上書天啓聖聰撥亂反治八字每入閣輒焚香拜

禱或指爲詛呪帝取入視之曰此豈詛呪耶讒者曰彼詛呪語固不
宣諸口帝知鯉深不聽　致仕大學士王家屏卒贈少保謚文端
三十二年春二月壬寅閣臣請補司道郡守及遣巡方御史不報
三月甲子乾清宮成　蘇松稅監劉成以水災請暫停米稅帝以歲
額六萬米稅居半不當盡停令以四萬爲額趙世卿言鄉者既免米
稅旋復再征已失大信於天下今成欲免稅額之半而陛下不盡從
豈惻隱一念貂璫尚存而陛下反漠然不動心乎不報　夏四月辛
巳朔日有食之張問達言比年日食皆在純陽之月其變尤大疏請
修省語極危切帝終不納　妖書獄久不具皇太子數語近侍曰何
爲欲殺我好講官諸人聞之皆懼詹事唐文獻偕其僚楊道賓周如
砥陶望齡往見沈一貫曰郭公將不免人謂公實有意殺之一貫跼
蹐酹地若爲誓者文獻曰亦知公無意殺之也第臺省承風下石而
公不早訖此獄何辭以謝天下一貫斂容謝之望齡見朱賡不爲救

正色責以大義願棄官與正域同死賡在告再貽書一貫請速具獄無株連陳矩念皦生光即冤然前罪已當死且獄無主名帝必怒甚恐輾轉攀累無已李廷機亦以生光前詩與妖書詞合與御史沈裕涂宗濬俱署名上趣定獄絕株連蕭大亨具爰書猶欲坐正域郎中王述古抵橐於地大亨乃止丁未磔生光於市釋諸波及者正域始得歸　李化龍大開泇河自直河至李家港二百六十餘里是月工成盡避黃河之險遂爲漕渠永利　五月癸酉雷火焚長陵明樓時礦稅使久不撤沈鯉語沈一貫朱賡各爲奏俟時上之一日大雨鯉曰可矣一貫賡問故鯉曰帝惡言礦稅事疏入多不視今吾輩冒雨素服詣文華奏之上訝而取閱亦一機也一貫賡從之帝得疏曰必有急事啓視果心動然不爲罷　六月丙戌以陵災命補闕官卹刑獄釋華鈺車重任爲民　丁酉昌平大水壞長泰康昭四陵石梁妖蟲蝕樹帝下詔咨實政趙世卿上疏言今日實政孰有切於罷礦稅

者古明主不貴異物今也聚悖入之財斂蒼生之怨節儉之謂何是爲君德計不可不罷者一多取所以招尤慢藏必將誨盜鹿臺鉅橋足致倒戈之禍是爲宗社計不可不罷者二古者國家無事則預桑土之謀有事則議金湯之策安有鑿四海之山榷三家之市操弓挾矢戕及良民毀室踰垣禍延雞犬經十數年而不休者是爲國體計不可不罷者三貂璫漁獵翼虎炰烋毀掘冢墓則枯骨蒙殃奸虐子女而良家飲恨人與爲怨讙譟屢聞此而不已後將何極是爲民困計不可不罷者四國家財賦不在民則在官今盡括入奸人之室故督逋租而逋租絀稽關稅而關稅虧搜庫藏而庫藏絕課鹽筴而鹽筴薄徵贖鍰而贖鍰消外府一空司農若掃是爲國課計不可不罷者五天子之令信如四時三載前嘗曰朕心仁愛自有停止之時今年復一年更待何日天子有戲言王命委草莽是爲詔令計不可不罷者六且陛下服食宮室以至營造征討上何事不取之民民何事

不供之上嗟此赤子曾無負於國乃民方讙呼以供九重之欲而陛下不少遂其欲民方奔走以供九重之勞而陛下不少慰其勞民方竭蹷以赴九重之難而陛下不少卹其難返之於心必有不自安者矣陛下勿謂蠢蠢小民可駕馭自我生殺自我而不足介意也民之心卽天之心今天譴頻仍雷火妖蟲淫雨疊至變不虛生其應非遠故今日欲回天意在卹民心欲卹民心在罷礦稅無煩再計而決者帝優答之而不行　秋七月庚戌京師大雨壞城垣辛酉振被水居民　福建人李錦潘秀郭震久居大泥與和蘭人習其酋麻韋郎欲通貢市錦爲畫策奪彭湖嶼而守之因賄高寀使上請於天子酋善之錦乃爲大泥國王書移寀及守將俾秀震齎以來守將陶拱聖大駭白當事繫秀於獄震不敢入而酋已駕三大艘直抵彭湖伐木築舍爲久居計錦亦潛入漳州偵探當事亦繫之獄已乃令三人諭其酋還國將校詹獻忠持檄與俱獻忠多攜幣帛食物覲酋厚酬錦等

又依違其詞酋不肯去寀已遣人索賄三萬金許爲代奏會都司沈有容自請往諭有容負膽智大聲論說其下人露刃相詰有容盛氣與辨無所懾酋心折乃曰我從不聞此言時巡撫徐學聚嚴禁奸民下海犯者必誅接濟路窮酋無所得食卽索取所予寀金揚帆去錦等皆伏罪　八月田大益極陳君德缺失言陛下專志財利自私藏外絶不措意中外羣工因而泄泄君臣上下曾無一念及民空言相蒙人怨天怒妖祲變異罔不畢集乃至皇陵爲發祥之祖而災孝陵爲創業之祖而災長陵爲奠鼎之祖而亦災天欲躝我國家章章明矣臣觀十餘年來亂政亟行不可枚舉而病源止在貨利一念今聖諭補缺官矣釋繫囚矣然礦稅不撤而羣小猶恣橫閭閻猶朘削則百工之展布實難而罪罟之羅織必衆缺官雖補繫囚雖釋曾何益哉陛下中歲以來所以掩聰明之質而甘蹈貪愚暴亂之行者止爲家計耳不知家之盈者國必喪自夏桀以來覆轍相尋昭然可鑒倘

一旦變生陛下何以自託於天下哉不省　時中外爭請罷礦稅帝終不聽溫純憂懼不知所出辛丑偕諸廷臣伏文華門泣請帝震怒降旨詰責問誰倡者對曰都御史臣純帝爲霽威遣人慰諭曰疏且下已而卒不行　初工部尚書姚繼可請於六座樓苑家樓二路開河分黃以殺水勢與泇河工一時並舉丙午李化龍言分水河成糧艘由泇者三之二化龍以憂去總河侍郎曹時聘終其事條上善後六事自是每年三月開泇河壩由直河口進九月開召公壩入黃河糧船及官民船悉以爲準　九月戊申振畿南六府饑　乙丑有星如彈丸色赤黃見尾分有詔修省廷臣復請釋繫囚乃釋馮應京邸宅何棟如等惟卞孔時繫如故應京志操卓犖學求有用不事空言爲淮西士人之冠出獄三年卒武昌三郡人爭祀之　閏月庚辰鞏昌及醴泉地一日十餘震城郭民居並摧白陽吳泉界地裂三丈溢出黑水搏激丈餘南京給事中金士衡言往者湖廣冰雹順天晝晦

豐潤地陷四川星變遼東天鼓震山東山西牛妖人妖今甘肅又天鳴地裂山崩川竭矣陛下明知亂徵而泄泄從事是以天下戲也宜急出內帑濟邊饟罷撤稅使毋事掊克以鹿臺西園爲戒不省　楚王華奎輸賄入都武昌宗人遮奪之趙可懷屬有司捕治宗人蘊鈐等方恨可懷治楚獄不平辛丑大鬨毆可懷死巡按吳楷以楚叛告沈一貫擬發兵會勦命未下諸宗人悉就縛　河決豐縣由昭陽湖穿李家港口出鎮口閘縣決口亦潰魚臺濟寧閒平地成湖　冬十月甲寅始敘平播州功　先是呂宋酋聲言發兵侵旁國厚價市鐵器華人貪利盡鬻之酋乃下令錄華人姓名分三百人爲一院入即殲之事稍露華人羣走菜園酋發兵來攻衆無兵仗死無算奔大崙山酋復來攻衆殊死鬬蠻兵少挫酋乃遣使議和斂衆入城華人飢甚悉下山攻城伏兵發華人敗先後死者二萬五千人酋令諸所掠華人貲悉封識貯庫移書閩中守臣言華人將謀亂不得已先之請

令死者家屬往取其孥與帑徐學聚告變於朝帝驚悼下法司議奸徒罪十二月議上帝曰張嶷等欺誑朝廷生釁海外致二萬商民盡膏鋒刃損威辱國死有餘辜即梟首傳示海上呂宋酋擅殺商民撫按官議罪以聞學聚乃移檄呂宋數以擅殺罪令送死者妻子歸竟不能討也　程守訓所至恣橫獨畏李三才不敢至淮三才劾治之得贓數十萬陳增懼爲己累幷搜獲其奇珍異寶及僭用龍文服器幷其黨械入京鞫治伏法遠近快之　桂林平樂猺獞據險肆亂殺知縣張士毅焚劫無虛月總兵官鎮遠侯顧寰僉事茅坤等進勦禽斬四百八十四俘獲男女三百四十牛馬器械甚衆　復置廣西上映州屬思恩府以山西沁州直隸布政司

明紀卷第四十五

明紀卷第四十六

賜進士出身工部候補主事虞衡司行走陳鶴纂

卹贈知府銜給雲騎尉世職內閣候補中書孫男克家參訂

神宗紀八 起萬曆三十三年乙巳訖萬曆三十七年己酉凡五年

三十三年春正月重修京師外城　庚辰銀定歹成連兵寇鎮番達雲遣副將柴國柱馳救斬首二百有奇獲馬駝甲仗無算　大計京朝官沈一貫欲庇其私人錢夢皐鍾兆斗等憚吏部侍郎楊時喬方正欲令兵部尚書蕭大亨主之沈鯉持不可一貫又屬檢討劉一燝俾請諸其兄考功郎一焜一燝亦謝不應時喬乃與温純力爲澄汰夢皐及御史張似渠于永清輩咸在察中又以年例出兆斗於外一貫大愠密言於帝留察疏不下初南京御史朱吾弼極陳時政闕失因言郭正域疾惡嚴居己峻不可以楚事棄御史林秉漢以楚宗人戕殺巡撫亦請詳勘且言王既非假何憚於勘夢皐遂訐秉漢爲正

域鷹犬語侵鯉及時喬純謂藉京察爲正域驅除帝意果動特留夢皐貶秉漢貴州按察使檢校已盡留科道之被察者而嚴旨責時喬等報復察疏仍留不下時喬等皆疏辨求去是時南京吏部尚書曾同亨與考功郎中徐必達亦持正不撓必達與給事中儲純臣同領察事純臣受贓吏賕當大計日必達進狀請黜純臣面揖之退一座大驚察疏及同亨自陳疏亦久不下　夏四月辛亥斬楚宗人蘊鈐等二人勒華俊等四人自盡錮英燋等二十三人於高牆禁蘊鈁等二十三人於遠地自是無敢言楚事者　五月丙申鳳陽大風雨毀陵殿神座　庚子雷擊圜丘望燈高竿六月乙巳以雷警敕修省李廷機帥同列條上修省事宜復言今日闕失莫如礦稅宜罷撤不報錢夢皐鍾兆斗既得留連章訐溫純謂楚事曲庇叛人且誣以納賄廷臣大駭爭劾夢皐等夢皐等亦再疏劾純求勝并侵楊時喬時喬純皆求去前南京職方郎中劉元珍言沈一貫自秉政以來比暱

憸人叢聚奸慝假至尊之權以售私竊朝廷之恩以市德罔上不忠孰大於是近見夢皐有疏每以黨加人從古小人未有不以朋黨之說先空善類者所關治亂安危之機非細故也一貫亟自辨乞明示獨斷之意以釋羣疑夢皐又詆元珍爲純鷹犬皆不報未幾敕諭廷臣以留用言官之故貶元珍一秩調邊方一貫疏救侯慶遠及同官葉永盛等亦爭之不從朱吾弼復疏直元珍請黜夢皐因力詆一貫員外郎賀燦然亦疏論京察事主事龐時雍劾一貫欺罔者十誤國者十且曰一貫之富貴日崇陛下之社稷日壞頃南郊雷震正當奏請須行敕諭之時意者天厭其奸以警悟陛下俾早除讒慝乎帝得疏怒命幷元珍燦然貶三秩調極邊奪吾弼俸一貫數被糾謝病不出會同亨給由入都引疾乞致仕許之帝諭朱賡欲幷留南京被察諸臣賡言北察之留旨從中出人猶咎臣等今若出自票擬則二百餘年大典自臣罷之臣死不敢奉詔帝又遣中使傳諭欲去純賡言

大臣去國必采公論豈可於劾疏報允會南京給事中陳嘉訓等極論夢皋兆斗陰有所恃朋比作奸當亟斥之而聽純歸以全大臣之體秋七月帝竟批夢皋等前疏予純致仕南北察疏亦下夢皋兆斗皆引去時喬以與純共事復疏請貶黜不報慶遠及御史李楠等再疏救元珍時雍燦然帝益怒降旨誚讓謂祖宗朝亦常留被察科道何今日猜疑君父誣詆輔臣因責諸臣朋比令夢皋策勵供職而謫元珍等極邊雜職俄御史周家棟指陳時政語過激帝遷怒元珍等除其名時喬歎曰主察者逐爭察者爭察者亦竄矣尚可靦顏居此乎九疏引疾竟不得請純清白奉公五主南北考察澄汰悉當肅百僚振風紀時喬亦清嚴自持與沈鯉郭正域皆為一貫所嫉由是黨論漸興浙人與公論忤由一貫始　八月己巳停刑　大理寺評事姜志禮以囚多瘐死疏言犴狴之閒一日斃十五人積日而計亦何紀極又況海內小民罹災祲而轉死溝壑及為礦稅所羅織貂璫所攫噬含

冤畢命者又復何限乞爲矜宥勿久淹繫且盡除礦稅毋使宵人竊弄魁柄賊虐蒸黎不報　九月甲午昭和殿災　丙申京師地震者再自東北向西南行官軍於盔甲廠支火藥藥年久凝如石用斧劈之火突發聲若震霆刀槍火箭迸射百步外軍民死者無數　河之決豐單也給事中宋一韓詆李化龍開泇之失化龍言豐之失由巡守不嚴單之失由下埽不早而皆由蘇家莊之決南直山東相推諉至年來緩隄防而急挑濬隄壞水溢不咎守隄之不力惟委濬河之不深夫河北岸自曹縣以下無入張秋之路而荆隆口銅瓦廂則不可不防也南岸自虞城以下無入淮之路而孫家渡野雞岡蒙牆寺不可不防也泇河既成起直河至夏鎮與黃河隔絕獨朱旺口以上決單則單沼決曹則曹魚及豐沛徐邳魚碭皆命懸一綫隄防請西自開封東至徐邳無不守之地上自司道下至府縣無不守之人帝爲敕曹時聘申飭已時聘言蘇莊一決全河北注者三年初汎豐沛

繼沼單魚今且上灌金濟旁侵運道臣親詣曹單上視王家口新築之壩下視朱旺口北潰之流知河之大可憂者三而機之不可失者二請濬王家口以達朱旺新導之河疏其下流以出小浮橋度長三萬丈有奇估銀八十萬兩公儲虛耗乞多方處給疏上留中時聘乃大挑朱旺口冬十一月興工用夫五十萬　辛巳免淮陽被災田租

冬至沈一貫在告沈鯉朱賡謁賀仁德門帝賜食司禮太監陳矩侍小璫數往來竊聽且執筆以俟鯉極言礦稅害民狀矩戚然鯉曰小民猶可奈虧聖躬何矩曰何也鯉曰自礦使出破壞天下名山大川靈氣盡矣聖躬安得無虧矩歎息還具奏之帝悚然遣矩咨鯉所以補救者鯉曰此無他急停開鑿則靈氣自復帝聞爲首肯沈一貫偵知狀急草疏上之帝不懌復止十二月壬寅詔罷天下開礦以稅務歸有司歲輸所入之半於內府半戶工二部猶以鯉言故也　丙午免河南被災田租　乙卯以皇長孫生詔赦天下開宗室科舉入

仕倒罷采廣東珠池雲南寶井　詔既下中官請徵茶蠟㕔逋沈鯉以㕔詔旨再執奏竟報寢帝乳母翊聖夫人金氏其夫官都督同知沒請以從子繼鯉言都督非世官乃已真人張國祥謂皇孫誕生已有祝釐功乞三代誥命且世襲詹事府主簿鯉力斥其謬乃賚以金幣　工部請營三殿時方濬河繕城朱賡力請俟諸異日從之　時稅務歸有司而稅使不撤潘相擅移景德鎮請專理窯務帝卽可之蕭近高力爭不得相遂劾有司輸稅悉由己李道亦詭稱有司固卻稅務請如舊便南贛巡撫李汝華極論相違詔帝竟從相道請且推行之四方　改貴州水德江長官司爲安化縣　致仕禮部尙書陸樹聲卒年九十七贈太子太保謚文定　初楊相以內難走水西客死安萬銓挾之索水烟天旺地聽還葬及置遵義府四川總督王象乾命安疆臣歸所侵地郭子章言侵地始於萬銓而非疆臣安氏取於楊相喪亂之時而不取於應龍蕩平之日且臣嘗許其裂土今反

奪其故地臣無面目以謝疆臣乞罷去象乾言疆臣征播殲楊惟棟不實首功可知至陽敗棄陳送藥往來欺君助逆跡已昭然令還侵地不咎既往已屬國家寬大若因其挾而予之彼不爲恩我且示弱疆臣既無功不予之地正所以全撫臣之信也於是清疆之議累年不決南北言官交章詆象乾貪功啓釁象乾執疆臣所遣入京行賄之人與金以聞於朝而四川巡按御史李時華復言疆臣征播有功不宜以土地之故傷字小之仁兵部尚書蕭大亨主其議以其地歸疆臣水西尾大之患於是乎不可制矣　初鄭恭王薨世子載堉言鄭宗之序盟津爲長前王見濍既復爵錫謚矣爵宜歸盟津後累疏懇辭禮臣言世子雖深執讓節然嗣鄭王已三世無中更理請以其子翊錫嗣載堉執奏如初

三十四年春命祐橏之孫載壐嗣封鄭王載堉翊錫以世子世孫祿終其身子孫仍東垣王　帝惑中官言將察核畿輔牧地諭沈鯉撰

敕鯉言近年以來百利之源盡籠於朝廷常恐勢極生變況此牧地豈真有豪右隱占新墾未科者奸民所傳未足深信乃止　二月庚戌加上皇太后徽號曰慈聖宣文明肅貞壽端獻恭熹皇太后進封恭妃王氏爲皇貴妃　辛亥沈鯉朱賡請補六部大僚不報時中外缺官多不補而羣臣省親養病給假及建言詿誤被譴者充滿林下楊時喬備列三百餘人三疏請錄用又以皇孫生恩詔列上遷謫鄒元標等九十六人削籍范儁等一百十人皆不報　巡按湖廣御史史學遷勘上楚王所訐郭正域事無狀給事中顧士琦請召還正域不報　梁永用奸人胡奉言索咸陽縣冰片五十斤羊毛一萬斤麝香二十斤知縣宋時際弗與咸寧人道行遇盜跡之稅使役也知縣滿朝薦捕得之永誣時際朝薦劫稅銀帝命逮時際鐫朝薦一秩陝西巡撫顧其志盡發永奸且言秦民萬衆共圖殺永沈鯉朱賡請械永歸以安衆心帝皆不報而釋時際勿逮復朝薦官　楊榮怒指揮

使樊高明後期榜掠絶筋枷以示衆又以求馬不獲繫指揮使賀瑞鳳且言將盡捕六衛官於是指揮賀世勛韓光大等帥冤民萬人焚榮第殺之投火中并殺其黨二百餘人三月己卯事聞帝甚怒爲不食者累日欲逮問守土官沈鯉揭爭具陳榮罪狀陳矩亦爲帝言乃止誅世勛等而貸其餘已雲南巡撫陳用賓請命四川邱乘雲兼領雲南稅務給事中汪若霖言用賓養成榮惡今不直請罷稅而倡議領於四川負國甚乞亟斥用賓追寢前命不報　真定順德廣平大名災丁酉蠲振有差　初誠意伯劉世延屢犯重辟廢爲庶人錮原籍不奉詔久居南京益不法妄言星變將勒兵赴闕南京御史孫居相疏發其奸并及勳臣子弟暴橫狀得旨下世延吏安遠東寧忻城諸侯伯子弟悉按問時諸司多缺官居相兼攝七差署諸道印事皆辦治　李三才以恩詔不盡行疑沈一貫尼之上疏言恩詔已頒旋復中格道路言前日新政不過乘一時喜心故旋開旋蔽又謂一貫

慮沈鯉朱賡逼己既忌其有所執爭形己之短又恥其事不由己欲壞其成行賄左右多方蠱惑致新政阻格帝得疏震怒嚴旨切責奪俸五月　貴州東西路仲家苗盤踞貴龍平新閒爲諸苗巨魁與水硍山苗等剽掠無虛日郭子章請於朝夏四月令陳璘軍萬人攻水硍游擊劉岳督安疆臣兵萬人攻西路並克之璘乃移新添攻克東路生獲酋吳老喬阿倫阿皆等十二人斬首三千餘級招降萬三千餘人部內遂靖　癸亥曹時聘濬河工成自朱旺口達小浮橋延袤百七十里渠廣堤厚河歸故道　自正月不雨至於是月汪若霖言臣稽洪範傳言之不從是謂不乂厥罰恆暘今郊廟宜親朝會宜舉東宮講習宜開此下累言之而上不從者也又有上言之而中變者稅務歸有司權璫猶侵奪起廢有明詔啓事猶沈閣是也有上屢言之而久不決下數言之而上不斷者中外大僚之推補被劾諸臣之進退是也凡此皆言不從之類積鬱成災天人恆理陛下安得漠然

而已哉　五月癸酉河套部犯安邊懷遠延綏總兵官杜松大破之木邦罕襤約暹羅攻緬甸緬甸恨之以三十萬衆圍其城請救於內地不至六月癸卯城陷罕襤被擄緬甸僞立孟密思禮領其衆木邦遂亡　畿內大蝗　沈一貫稱疾杜門章奏多即家擬旨沈鯉力言非故事一貫愈恨且慮己去後鯉在或爲後患欲與俱去密傾之帝亦嫌鯉方鯁不欲令爲首輔秋七月陳嘉訓孫居相連章劾一貫奸貪一貫憤益求去鯉亦乞休癸卯帝黜嘉訓奪居相俸允一貫鯉致仕朱賡疏乞留鯉不報一貫輔政十有三年當國者四年枝拄清議好同惡異楚宗妖書京察三事獨犯不韙論者醜之雖其黨不能解免也一貫鯉既去賡獨當國年七十有二矣朝政日弛中外解體賡疏揭月數上十不能一下應天巡按御史宋燾首諷切賡汪若霖繼之賡緣二人言力請帝更新庶政於增閣臣補大寮充言路三事語尤切帝優詔答之而不行賡乃素服詣文華門懇請終不得命

南京戶工二部缺尚書禮部缺侍郎廷推故尚書徐元泰貴州巡撫郭子章故詹事范醇敬汪若霖言三人不足任且舉者不能無私請自今廷推勿以一人主持衆皆畫諾宜籍舉主姓名復祖宗連坐之法詔申飭如若霖言所推悉報寢　曹學程繫獄十年數遇赦不原子正儒朝夕不離犴狴見父憔悴骨立歐血仆地久之乃甦刺血書奏乞代父死廷臣亦多言學程母年九十餘哭子待斃帝皆不省會陳矩奉詔慮囚署刑部事侍郎沈廷文合院寺之長以書抵矩請出學程矩謝不敢比會審奏上矩密啓於帝慈聖太后亦憐學程母老以爲言九月謫戍湖廣寧遠衞　甲午詔陝西嚴敕邊備　給事中王元翰極陳時事敗壞言輔臣心膂也朱賡輔政五載猶未一覲天顏可痛哭者一九卿彊半虛懸甚者闔署無一人監司郡守亦曠年無官或一人綰數符事不切身政自苟且可痛哭者二兩都臺省寥寥幾人行取入都者累年不被命庶常散館亦越常期御史巡方事

竣遣代無人威令不行上下胥玩可痛哭者三被廢諸臣久淪山谷近雖奉詔敘錄未見連茹彙征更閱數年日漸銷鑠人之云亡邦國殄瘁可痛哭者四九邊歲饟缺至八十餘萬平居凍餒脫巾可虞有事怨憤死綏無望塞北之患未可知也京師十餘萬兵歲糜饟二百餘萬大都市井負販游手而已一旦有急能驅使赴敵哉可痛哭者五天子高拱深居所恃以通下情者祗章疏耳今一切高閣慷慨建白者莫不曰吾知無濟第存此議論耳言路惟空存議論世道何如哉可痛哭者六榷稅使者滿天下致小民怨聲徹天降災召異方且指殿工以爲名借停止以愚衆是天以回祿警陛下陛下反以回祿剝萬民也衆心離叛而猶不知變可痛哭者七郊廟不親則天地祖宗不相屬朝講不御則伏機隱禍不上聞古今未有如此而天下無事者且青宮輟講亦已經年親宦官宮妾而疏正人端士獨奈何不爲宗社計也可痛哭者八不省　冬十月丙申停刑　十一月己巳

朵顏長昂糾韃靼班不什白言台吉等以萬騎入犯道石門闞山海關京東民盡逃入通州總兵姜顯謨禦寇卻之長昂復以三千騎窺義院界薊鎮總兵官尤繼先出關寇已縱掠寧前去總督蹇達怒繼先不追擊而繼先方收召降丁八百人欲倚爲用達乃疏言番情難馭恐遺後憂請調繼先別鎮俾降丁隨往部議以杜松與繼先換鎮巡撫劉四科爭之達亦再疏劾繼先給事中宋一韓等力主達議且劾繼先他事繼先遂罷　十二月壬子南京妖賊劉天緒謀反事覺伏誅　初李成梁移建寬奠等六堡自是生聚日繁至六萬四千餘戶及是成梁以地孤懸難守與蹇達趙楫建議棄之盡徙居民於內地居民戀家室則以大軍驅迫之死者狼籍成梁等皆以招復逃人功受賞　奢崇周之死也效忠弟子崇明當立奢世統送之永寧世續遺以氊馬許出印給之事已定而部目閻宗傳等自以昔從世續逐世統殺沙卜懼崇明立復前恨欲立安疆臣妻弟阿利鎮雄隴澄

者疆臣弟堯臣也隴氏垂絶堯臣入贅冒隴姓與平播州恃功有據
鎮雄制永寧心陰助世續崇明襲幾一載世續竟匿印不與巡撫遣
都司僉書張神武執世續索印神武與永寧參將周敦吉盡掠其積
聚子女宗傳乃以求主母爲名大掠永寧赤水普市摩尼數百里成
邱墟　蒙古喀爾喀諸部悉歸我
大清　青海寇大掠鎮羌黑古城諸堡守備楊國珍不能禦柴國柱
急帥游擊王允中等擊走之生禽其長沙賴　故事正郎不奉使巡
按必俟代至是官方多滯郎中俸深多借差以出江西巡撫許宏綱
以父憂不俟代徑歸廣西巡撫楊芳亦以憂乞免代
三十五年春正月辛未給事中翁憲祥極言其非制宏綱貶官芳亦
被責憲祥又論掣籤之法使盡付之無心則天官之職一吏可代苟
爲不然則地本預擬何必於大廷爲掩飾之術請亟停罷時不能從
大計外吏楊時喬與署都察院事副都御史詹沂主之居數日帝

忽命趙世卿代時喬遂中輟蓋去冬所批察疏帝誤發之也朱賡謂非體力言於帝帝亦覺其誤卽日收還時喬堅辭不肯任給事中陳治則劾其怨懟無人臣禮有旨詰責時喬乃再受事　二月戊戌安南賊武德成犯雲南總兵官沐叡禦卻之　會試天下舉人張瑞圖策言古之用人者初不設君子小人之名分別起於仲尼得中式殿試以第三人及第其悖妄如此　夏四月戊戌銀定歹成犯涼州達雲督副總兵官秉震柴國柱等逆戰於紅崖大破之斬首百三十有奇賊遁去雲尋以秋防卒於軍贈太子太保雲爲將先登陷陳所至未嘗挫衄名震西陲爲一時邊將之冠　壬子順義王撦力克卒朝鮮王昖復言源家康求和蕭大亨等議聽朝鮮自計由是私款不絕　李廷機遇事有執尤廉潔帝雅重之然性刻深又不諳大體其教習師則沈一貫也一貫去王元翰等慮廷機且入輔數陰詆之朱賡以老屢引疾閣中空無人帝諭簡閣臣廷臣慮帝出中旨如往年

趙志皋張位故事賡力疾請付廷推衆多推廷機曹于汴宋一韓御史陳宗契持不可楊時喬卒從衆議列廷機及前禮部尚書于慎行南京吏部侍郎葉向高等七人以上五月戊子帝命慎行廷機向高並禮部尚書兼東閣大學士預機務已又特加王錫爵少保遣官召之廷機三辭始視事元翰及給事中胡忻以廷機之用賡實主之疏詆廷機並侵賡賡疏辨帝爲切責元翰忻奪其俸　六月湖廣徽州寧國太平嚴州大水　三邊總督徐三畏言河套之部與河東之部不同東部事統於一約誓定歷三十年不變套部分四十二枝各相雄長卜失兔徒建空名於上西則火落赤最狡要挾無厭中則擺言太以父明安之死無歲不犯邊東則沙計爭爲監市與炒花朋逞西陲搶攘非一日矣然衆雖號十萬分爲十二枝多者不過二三千騎宜分其勢納其款俾先順者獲賞後至者懼勦閏月辛巳復河套諸部貢市　南京刑部主事謝廷諒言李廷機才弱而閣王錫爵氣高

而揚均不宜用又曰儲君之立爲王也自錫爵始舉人之有考察也自廷機始巡按之久任也自趙世卿始章疏之留中也自申時行始年例之不舉考察之不下也自沈一貫始此皆亂人國者也疏入不報廷諒廷讚之兄也　梁永輦私物於畿輔役人馬甚衆巡按御史余懋衡奏之永大恨使樂綱賄膳夫毒懋衡再中毒不死拷膳夫獲所予賄及餘蠱懋衡屬滿朝薦治其獄而訟於朝言官攻永者數十疏帝皆不省永帥衆擐甲入縣庭吏卒早爲備無所掠而去城中數夜驚言永反御史王基洪具陳永斬關及殺掠吏民狀或謂永宜自明永乃下教自白不反狀諸亡命稍稍散其渠魁王九功石君章等齎重寶輜軿盈路詐爲上供物持劍戟弓弩結陣以行而永所遣解馬者乘傳先發九功等後至無驗行且急朝薦疑爲盜邏兵與格鬬追至渭南殺數人盡奪其裝懋衡以捕盜殺傷聞永大窘秋七月用綱謀使人繫疏髮中馳奏九功等各貢名馬金珠睛綠諸寶物朝薦

承余御史指伏兵遮劫巒君章等帝怒曰御史酖無恙而朝薦代爲報復且劫貢物立遣使逮朝薦繫錦衣獄榜掠而召永還關中始靖　庚子京師久雨刑部請發熱審疏不報　八月辛酉朔彗星見東井指西南漸往西北越二十二日自房歷心滅　丙寅振畿內饑四川巡撫喬璧星銳欲討隴澄與貴州守臣持議不決李廷機力主撤兵乃諭周敦吉張神武死釋耆世續赦閻宗傳等罪訪求隴氏子孫爲鎮雄後並令安疆臣約束澄歸本宗復名堯臣聽遙授職銜不許冒襲隴職堯臣遂請避去宗傳亦降堯臣後襲水西宣慰使　九月甲午停刑　江西參政姜士昌齎表入都上疏言陛下聽沈一貫沈鯉並去輿論無不快一貫而惜鯉夫一貫招權罔利大壞士風吏道恐天下林居貞士與己齟齬一切阻遏以杜將來卽得罪張居正諸臣陛下素知其忠義注意拔擢者皆擯不復用甚則借他事處之其直道左遷諸人久經遷轉在告者一貫亦擯不復用在廷守正不

阿魁磊老成之彥小有異同必巧計罷之且空部院以便於擇所欲用空言路以便於恣所欲爲空天下諸曹與部院言路等使人不疑至於己所欲用所欲爲者又無不可置力而得志所不欲者輒流涕語人曰吾力不能得之上善則歸己過則歸君人人知其不忠夫鯉不肥身家不擇利便惟以衆賢効之君較一貫忠邪遠甚一貫歸財貨如山鯉家徒壁立囊無餘貲較一貫貪廉遠甚一貫患鯉邪正相形借妖書事傾害非陛下聖明幾至大誤臣以爲輔臣若一貫憸邪異常直合古來奸臣盧杞章惇而三矣然竟無一人以鯉一貫之賢奸爲陛下正言別白者臣竊痛之且一貫之用由王錫爵推轂今一貫去以錫爵代首揆是一貫未嘗去也錫爵素有重名非一貫比然器量褊狹嫉善如讎高桂趙南星薛敷教張納陛于孔兼高攀龍孫繼有安希范譚一召顧憲成章嘉禎等一斥不復頃聞錫爵有疏請錄遺佚謂宜如其所請召還諸臣然後敦促就道不然恐錫爵無復

出理也至論劾一貫如劉元珍龎時雍陳嘉訓朱吾弼亦亟宜召復以爲盡忠發奸者之勸至於他臣以觸忤被中傷異同致罷去者請皆以次拂拭用之說者謂陛下於諸臣雖三下明詔意若向用而實未欲用者臣獨以爲不然陛下初嘗罷傅應禎余懋學等十餘人後又嘗謫魏允貞李三才等二十餘人旋皆擢用頃年改調銓曹鄒觀光等六人亦俱漸還清秩而鄒元標起自戍所累蒙遷擢其後未有一言忤旨而謂陛下忽復怒之而調之南而錮不復用豈不復厚誣陛下也哉說者又謂俗流失世敗壞宜用潔清之臣表率之然古今廉相獨推楊綰杜黃裳以其能推賢薦士耳王安石亦有清名乃用其學術驅斥諸賢竟以禍宋爲輔臣者可不鑒於此哉末數語以陰諷李廷機廷機大恚疏辨曰人才起用臣等不惟不敢干至尊之權亦何敢侵吏部職士昌見疏復貽書規之廷機益不悅朱賡亦疏辨如廷機指帝乃下士昌疏命罪之楊時喬詹沂請薄罰不許詔鐫三

秩爲廣西僉事宋纁上疏論救復詆一貫刺廷機帝益怒欲廷杖士昌陳矩諫得已謫纁平定判官士昌與安典史廷機再疏力辨求罷又自陳十宜去帝慰諭有加羣情益憤　冬十月癸酉山東旱饑蠲振有差　先是暨祿死李三才請盡撤天下稅使帝不從命魯保兼之已而保亦死三才令都指揮張可大錄其貲保家饋重財可大卻不受葉向高方赴召過儀真見而異之曰此不特良將且良吏也

山東大饑淮徐兵備參議袁應泰設粥廠哺流民繕城濬濠修先聖廟饑者盡得食更搜額外稅及漕折馬價數萬金先後發振戶部劾應泰擅移官廩應泰已遷副使遂移疾歸　于慎行被命已得疾再辭不允及廷謝拜起不如儀上疏請罪歸臥於家遂草遺疏請帝親大臣錄遺逸補言官十一月壬子卒贈太子太保謚文定慎行學有源委貫穿百家與馮琦並爲詞館之冠　十二月安南賊犯欽州時莫氏宗黨多竄處海隅僭稱公侯伯名號都統使黎維新不能制守

臣檄問數發兵夾勦雖應時破滅而邊方頗受其害　初王元翰嘗言軍國機密不宜抄傳詔幷禁章奏未下者於是中朝政事四方寂然不得聞金士衡力陳其非便不聽　鳳繼祖之誅也姪阿克徒金沙江外及是賊黨鄭舉等誘之作亂遂陰結江外會川諸蠻直陷武定會流官知府攜印之雲南賊以無印難號召執推官進璽雲南索冠帶印信因分兵四出劫掠連陷元謀羅次嵩明諸州縣嵩明吏目葦宗孝出禦而敗合家死之學正龍旌罵賊死賊轉寇祿豐知縣蘇夢暘帥民兵力戰賊退去

三十六年春正月朔夢暘方朝服祝釐賊出不意襲陷其城夢暘不屈死陳用賓沐叡以調兵未集懼使使以府印與賊賊退入武定立阿克爲知府　河南江北饑　二月戊辰京師地震　朝鮮國王李昖卒光海君琿自稱署國事遣陪臣來訃且請謚帝惡其擅不允令其國人公議以聞時我

大清兵征服哈達輝發烏喇諸部漸近朝鮮兵部議令撫大修武備整飭邊防并請敕遼左督撫鎮臣遣官宣達毋相侵犯之意從之未幾李三才極陳朝政廢壞請帝奮然有爲與天下更始且力言遼左阽危必難永保狀不省　夏四月禮部主事鄭振先劾朱賡十二大罪并及李廷機且言賡與沈一貫王錫爵爲過去見在未來三身帝怒貶振先三秩調邊方用俄以言官論救再貶二秩　高淮扣除軍士月糧前屯衛軍甲而譁誓食淮肉六月錦州松山軍復變淮懼奔入關誣同知王邦才參將李獲陽逐殺欽使劫奪御用錢糧邦才獲陽皆逮問邊民益譁蹇達再疏暴淮罪乃召還以通灣稅監張曄兼領其事獲陽竟死獄中　乙卯南畿大水署禮部事侍郎楊道賓疏陳時政略言宮中夜分方寢日旰未起致萬幾怠曠請夙興夜寐以圖治功時御便殿與大臣面決大政章奏及時批答毋輒留中及從內降帝優旨報聞而不能用　李成梁之徙六堡民也宋一韓極言

棄地非策下巡按御史覆勘及是御史熊廷弼具得棄地驅民狀劾
成梁趙楫罪及先任巡按何爾健康丕揚黨庇一韓復連章極論帝
眷成梁厚留諸疏不下而召之還以杜松代　秋七月丁酉京師地
震　先是考選科道吏部擬上七十八人知縣新建汪元功進賢黃
汝亨南昌黃一騰與焉汪若霖以元功汝亨為給事中陳治則所推
轂上疏劾二人囂競吏部因改擬部曹治則怒劾一騰交搆帝以言
官紛爭留部疏踰年不下朱賡及廷臣屢疏趣之命乃下而責若霖
首倡煩言並元功汝亨一騰各貶一級出之外諸人列言路方欲見
風采而若霖先嘗忤賡及是見黜適當賡病起入直時衆謂賡修郤
治則又與同官姚文蔚文選郎王永光儀制郎張嗣誠並擢京卿皆
平日阿附政府者於是攻訐四起先後論賡者至五十餘人給事中
喻安性為賡上疏言今日政權不由內閣盡移於司禮言者交章劾
安性復侵賡李廷機被劾奏辨言入仕以來初無大謬御史馬孟禎

駁之曰廷機在禮部昵邪妄司官彭遵古而聶雲翰建言忤時則抑之至死秉政未幾姜士昌宋燾鄭振先皆得罪姚文蔚等濫授京堂陳用賓等屢擬寬旨猶不謂之謬哉廷機累疏乞休杜門數月不出言者疑其僞數十人交章力攻王錫爵方累疏辭召命因進密揭力詆言者中有上於章疏一概留中特鄙夷之如鳥獸之音之語言者聞之大憤南京給事段然首劾之孟禎及金士衡給事中胡嘉棟等論不已錫爵遂不出　郴州礦賊起　雲南兵既集分五路進勦武定元謀羅次祿豐嵩明諸州縣並復阿克奔四川八月癸亥治失事諸臣罪陳用賓沐叡下獄論死　庚辰振南畿及嘉興湖州饑　皇太子輟講已四年楊道賓極諫引唐宦官仇士良語爲戒不聽　帝委楊時喬銓柄又不置右侍郎時喬獨理部事銓敘平允絕請謁謝交遊止宿公署苞苴不及門而是時堂陛扞格曠官廢事日甚一日中朝議論方囂動見掣肘時喬官位未崇又自溫純去久不置都御

史益無以鎮壓百僚上下淩替紀綱日紊言路得收其柄時喬先推李廷機入內閣尋又推黃汝良全天敘爲侍郎汝良廷機邑人天敘朱賡同鄉也王元翰遂極論會推之弊與胡忻交章劾時喬時喬疏辨力求罷帝不許時喬乃力請簡用尚書而兩京兵部尚書蕭大亨孫鑛次當推元翰復疏論大亨鑛并言職方郎申用懋爲大亨謀主太常少卿唐鶴徵爲鑛謀主亦當斥帝不報而念孫丕揚廉直九月召起故官丕揚屢辭不允　甲午喬璧星奏禽阿克於東川與其黨俱送京師磔於市武定平遂悉置流官王元翰言阿克小醜亂易平也雲南大害莫甚貢金榷稅二事民不堪命至殺稅使而徵榷如故貢金請減反增益之衆心憤怒使亂賊假以爲名賊首縱撲滅虐政不除滇之爲滇猶未可保也不報　冬天鼓鳴楊道賓言天之視聽在民今民生顛躓無所赴愬天若代爲之鳴宜急罷礦使更張闕政以和民心不聽　封李暉爲朝鮮國王　朱賡寢疾乞休疏二十餘

上言者慮其復起攻不已王元翰因災異乞亟罷賡及蕭大亨詹沂
且言近更有二大變大小臣工志期得官不顧嗤笑此一變也陛下
不卹人言至天地譴告亦悍然弗顧此又一變也有君心之變然後
臣工之變因之在今日輓天地洪水寇賊之變易輓君心與臣工之
變難又言陛下三十年培養之人才半掃除於申時行王錫爵半錮
禁於沈一貫及賡十一月壬子賡卒遺疏陳時政語極悲切贈太保
謚文懿御史彭瑞吾復疏詆賡胡忻請停其贈謚帝不聽賡醇謹無
大過與沈一貫同鄉相比而暱陳治則姚文蔚等以故蒙詬病　十
二月戊午再振南畿免稅糧　朱賡既卒李廷機堅臥不起葉向高
遂獨相初向高入閣卽請補缺官罷礦稅見帝不能從又陳上下乖
離之病兩疏乞罷比獨相又請增閣臣帝皆不聽向高用宿望居相
位憂國奉公每事執爭效忠藎帝心重之體貌優厚然其言大抵格
不用所救正十二三而已　起顧憲成南京光祿寺卿憲成力辭不

就時恩詔已閱三年止用憲成等四人給事中何士晉請大起廢籍
不聽　析貴州新貴縣及定番州地置貴定縣爲貴陽府治　兵部
自二十七年後左右侍郎皆缺及蕭大亨致仕帝命戎政尚書李化
龍掌部事會長昂之子賴暈歹與從父蟒金潛入薊鎮河流口大掠
去
三十七年春正月京師訛言寇至民爭避匿邊民逃入都門者亦數
萬九門晝閉葉向高言兵部惟尚書一人何以應猝變不報遼戰士
二萬餘皆老弱化龍請增兵萬人又條上兵食款戰之策亦不報
二月吏部侍郎楊時喬卒篋餘一敝裘同列賻襚以殮詔贈本部尚
書謚端潔時喬受業永豐呂懷最不喜王守仁之學闢之甚力　禮
部侍郎楊道賓卒贈尚書謚文恪道賓及楊時喬相繼卒吏禮二部
長貳遂無一人兵部止一尚書養疴不出戶刑工三部都察院堂上
官俱以人言註籍通政大理亦無見官翁憲祥言九卿俱曠甚傷國

體因陳補缺官起遺佚數事報聞　賴暈歹結黃台吉謀犯喜峯口薊遼總督王象乾令杜松潛擣黃台吉帳松從寧遠中左所夜馳至哈流兔掩殺拱兔部落百四十餘級以大捷聞邀重賞副使馬拯謂拱兔內屬不當勦彼且復讎與松相訐松忿邀賞愈急詔予之拱兔果以無罪見勦怒小歹青又數邀之三月辛卯拱兔以五千騎攻陷大勝堡執守將耿尚仁支解之深入小淩河肆焚掠游擊于守志遇於山口大敗死千餘人守志亦重創松駐大淩河不敢救遼人多咎松朝議謂松前僅抵錦州邊十里未嘗出塞所殺乃保塞部落悉縛殺之非陳斬熊廷弼亦言防邊以守爲上繕垣建堡有十五利奏行之松愈忿言撫按附會拯害其奇功自帥兵出塞將擣巢以雪前恥而所得止五級士馬多陷大淩河松益慚憤數欲自經盡焚其鎧冑器仗置疆事弗問乃勒松歸里以王威代　王元翰居諫垣四年力持清議摩主闕拄貴近世服其敢言然銳意搏擊毛舉鷹鷙舉朝咸

畏其口陳治則與元翰不相能御史鄭繼芳治則門人也劾元翰盜庫金尅商人貲奸贓數十萬卽潛遣人圍守元翰家元翰憤甚辨疏詆繼芳北鄙小賊語過激於是劉文炳王紹徽劉國縉等十餘疏連攻元翰而史記事胡忻史學遷張國儒馬孟禎陳于廷吳亮金士衡高節劉蘭等連章論救己酉葉向高請盡下諸疏敕部院評曲直罪其議論顛倒者一二人以警其餘不報元翰乃盡出其筐篋舁置國門縱吏士簡括慟哭辭朝而去吏部坐元翰擅離職守謫刑部檢校繼芳以所劾贓無有謂寄之記事家囂爭久不息亮中行之子也

夏四月倭寇温州　五月歷城高苑牛產犢皆兩首兩鼻署禮部事侍郎吳道南請盡蠲山東諸稅召還內臣又因災異言貂璫斂怨乞下詔罪己與天下更新皆不報初礦稅興以助大工爲名後悉輸內庫不以供營繕而四方采木之需多至千萬費益不貲署工部事侍郎王汝訓請發帑佐工不報　詹沂請告已久帝命倉場侍郎孫瑋

兼署都察院事進戶部尚書督倉如故秋九月癸卯沂封印於署拜疏出城候旨　丁未停刑　福建浙江江西大水湖廣四川河南陝西山西旱畿內山東徐州蝗　冬沙計及猛克什力犯波羅神木延綏總兵官張承廕擊卻之追斬八十餘人沙計欲修貢守臣惡其反覆拒之沙計益徙近邊以數千騎犯雙山堡承廕擊走之俘斬百二十有奇承廕臣之子也　十二月己巳留畿內山東諸省稅銀三分之一振饑民　徐州賊殺如皋知縣張藩　日本以勁兵三千人入琉球執其國王尚寧遷其宗器大掠而去浙江總兵官楊宗業以聞乞嚴飭海上兵備從之

明紀卷第四十六

明紀卷第四十七

賜進士出身工部候補主事虞衡司行走陳鶴纂

卹贈知府銜給雲騎尉世職內閣候補中書孫男克家參訂

神宗紀九 起萬曆三十八年庚戌訖萬曆四十二年甲寅凡五年

三十八年春大計外吏吏部尚書孫丕揚主之黜陟咸當又奏舉廉吏布政使汪可受王佐張偲等二十餘人詔不次擢用　會試天下舉人庶子湯賓尹越房取中五人其門人韓敬與焉他考官效之競相搜取又得十三人吳道南知貢舉不可賓尹與盛氣相詬誶遂強總裁侍郎蕭雲舉王圖錄敬爲第一榜發士論大譁道南欲奏之以雲舉圖資深嫌擠排前輩隱不發及廷對賓尹爲敬賄緣得第一人

夏四月丁丑正陽門樓災　辛卯以旱災異常諭羣臣各修職業勿彼此攻訐吳道南言天下人情鬱而不散致成旱災如東宮天下本不使講明經術練習政務久置深閨聰明隔塞鬱一也法司懸

缺半載讞鞫無人囹圄充滿有入無出愁憤之氣上薄日星鬱二也內藏山積而閭閻半菽不充曾不發帑振救坐視其死亡轉徙鬱三也釁臣滿朝薦卡孔時時稱循吏因權璫構陷一繫數年鬱四也廢棄諸臣實堪世用一斥不復山林終老鬱五也陛下誠渙發德音除此數鬱不崇朝而雨露徧天下矣不省　顧憲成之講學東林也好臧否人物于玉立黃正賓輩附麗其間頗有輕浮好事名李三才撫淮久結交徧天下與憲成相得尤深三才揮霍有大略以折稅監得民心淮徐歲祲又請振卹蠲馬價淮人愈德之三才屢加至戶部尙書內閣缺人建議者謂當參用外僚意在三才及都御史缺需次內召由是忌者日衆謗議紛然工部郎中邵輔忠首劾三才大奸似忠大詐似直列其貪僞險橫四大罪御史徐兆魁繼之三才四疏力辨且乞休給事中馬從龍御史董兆舒及彭端吾金士衡相繼爲三才辨葉向高言三才已杜門待罪宜速定去留爲漕政計帝皆不報已

而南京兵部郎中錢策給事中王紹徽徐紹吉周永春姚宗文朱一桂李瑾御史劉國縉喬應甲南京御史張邦俊王萬祚復連章劾三才胡忻曹于汴段然史學遷史記事馬孟禎王基洪又交章論救朝端聚訟數月未已憲成乃貽書向高力稱三才廉直又貽書孫丕揚力辨之吳亮以兩書附刻邸抄中由是議者益譁應甲復兩疏攻三才列其十貪五奸帝皆不省王元翰之去也論者猶未息及是左右元翰者又往往左右三才而湯賓尹爲祭酒與諭德顧天埈各收召朋徒干預時政謂之宣黨崑黨以賓尹宣城人天埈崑山人也御史劉光復房壯麗及兆魁應甲紹徽紹吉鄭繼芳等與之聲勢相倚力排異己遂指三才元翰及從龍忻等併憲成謂之東林黨向高欲調劑羣情輯和異同而齊楚浙三黨且以向高嘗右東林指目之爲黨魁諸人以帝一無所問益植黨求勝朝端鬨然　辛丑振畿內山東山西河南陝西福建四川饑　五月工部侍郎王汝訓卒贈尚書謚

恭介汝訓在部歲餘力清夙弊中官請乞輒執奏不予節冗費數萬
河南賊陳自管等作亂有司討擒之　趙世卿素勵清操當官盡
職帝雅重之嘗言楚王非僞與沈一貫合又力推李廷機廷臣疑其
黨比給事中杜士全鄧雲霄何士晉胡忻御史蘇爲霖馬孟禎等先
後劾之世卿杜門乞去章十餘上不報秋世卿拜疏出城候命　冬
十月辛丑停刑　十一月壬寅朔日有食之欽天監推日食分秒及
虧圓之候職方郎中范守己疏駁其誤署禮部事侍郎翁正春等請
博求知曆學者令與監官晝夜推測庶曆法靡差於是五官正周子
愚言大西洋歸化遠臣龐迪莪熊三拔等攜有彼國曆法多中國典
籍所未備者乞視洪武中譯西域曆法例取知曆儒臣同監官譯上
以資采擇正春等覆從之並召邢雲路及南京工部員外郎李之藻
使參預曆事　丁卯以軍饟乏諭廷臣陳足國長策不得請發內帑
鄭繼芳巡按浙江有僞其書與王紹徽劉國縉者中云欲去福清

先去富平欲去富平先去耀州兄弟又云秦䏲斬斷吾輩可以得志
福清謂葉向高富平謂孫丕揚耀州兄弟謂王國王圖國巡撫保定
圖以吏部侍郎掌翰林院與孫丕揚皆秦人故曰秦䏲其書達丕揚
所丕揚不為意圖先與郭正域劉曰寧並爲時論所歸正域逐曰寧
卒向高獨相久圖旦夕且入閣忌之者甚衆會將京察惡東林及李
三才王元翰者設詞惑丕揚令發單咨是非將陰爲鉤黨計圖急言
於丕揚止之羣小益恨紹徽故湯賓尹門生而與圖同郡吳道南之
欲糾韓敬事也紹徽極譽賓尹於圖言道南之黨欲傾賓尹并及圖
宜善為計圖正色卻之賓尹先歷翰林京察應圖注考與紹徽謀先
發御史金明時居官不職亦慮見斥賓尹乃令明時劾圖子寶坻知
縣淑抃贓私鉅萬且謂國素疾三才圖爲求解國怒詈之圖遂欲以
拾遺去國又詆史記事徐縉芳謂爲圖心腹國圖縉芳皆抗疏力辨
明時再劾圖因及繼芳僞書事國縉疑書出縉芳及李邦華李炳恭

徐艮彥周起元手目爲五鬼五人皆選授御史候命未下者也繼芳列其語疏中起元憤上章自明帝一無所問忌者復僞爲淑抃劾國疏播之邸抄圖上疏言狀帝爲下詔購捕乃已　四川巡按御史鄧渼言蜀之東川偪處武定尋甸諸郡只隔一嶺諸苗出沒無時朝發夕至其酋長祿壽祿哲兄弟安忍無親日尋干戈其部落以劫殺爲生不事耕作蜀轄遼遠法紀易疏滇以非我屬內號令不行以是驕蹇成習目無漢法宜敕滇撫兼制便因條三利以進詔從之以東川土司並聽雲南節制　李三才力請罷疏至十五上久不得命

三十九年春二月自引去帝亦不罪也　庚子河套部犯甘州之紅崖青湖官軍禦卻之　三月大計京官孫丕揚與侍郎蕭雲舉副都御史許宏綱領其事考功郎中王宗賢吏科給事中曹于汴河南道御史湯兆京喬允升佐之故御史康丕揚徐大化故給事中鍾兆斗陳治則宋一韓姚文蔚主事鄭振先張嘉言及湯賓尹顧天埈劉國

縉咸在察中黜降有差亦坐王元翰浮躁再貶其官又奏黜錢夢皋等十人以年例出王紹徽喬應甲於外羣情翕服初計典將舉北京謂金明時必出疏要挾丕揚怒先期止明時過部考察特疏劾之旨下議罪而明時辨疏復犯御諱帝怒褫其職其黨大譁謂明時未嘗要挾北京以劾王圖疏實之爲圖報復刑部主事秦聚奎上疏力攻丕揚爲賓尹大化國縉紹徽應甲嘉言辨時部院察疏尚未下丕揚奏趣之因發聚奎前知績溪吳江時貪虐狀帝方向丕揚亦褫聚奎職黨人益憤謂丕揚果以僞書故斥紹徽國縉且二人與應甲嘗攻三才元翰故代爲修隙議論洶洶　夏四月京師旱　戊子怡神殿災馬孟禎言二十年來郊廟朝講召對面議俱廢通下情者惟章奏而疏入旨出悉由內侍其徹御覽與果出聖意否不得而知此朝政可慮也臣子分流別戶入主出奴愛憎由心雌黃信口流言蜚語騰入禁庭此士習可慮也畿輔山東山西河南比歲旱饑民間賣女鬻

兒食妻啖子鋌而走險急何能擇一呼四應則小盜合羣將爲豪傑之藉此民情可慮也不省　丙申遼東巡按御史翟鳳翀請設常平倉括贖鍰節公費易粟備荒帝善其議命推行於諸邊　南京刑部尙書李禎引疾不俟報徑歸帝怒葉向高言禎實病不可深責十餘年來大臣乞休得請者百無一二李廷機趙世卿皆羈留數載疏至百餘上今尙書孫丕揚李化龍又以考察軍政疏不下相率求去若復踵禎轍實傷國體諸臣求去約有數端疾病當去被言當去不得其職當去宜曲體其情可留留之不可留則聽之帝竟奪禎職閑住

秦聚奎既黜其黨羣起力攻湯兆京亦十餘疏應之其詞直曹于汴亦持之堅喬允升三疏別白其故且劾蕭雲舉佐察行私而許宏綱見羣小橫甚畏之累疏請竣察典語頗示異羣小藉以撼丕揚人情杌隉慮事中變禮部主事丁元薦甫抵官抗章責宏綱持議不宜前卻因盡發崑宣黨構謀狀於是朱一桂鄭繼芳周永春徐兆魁等

爭擊元薦爲金明時等訟冤葉向高以大體持之五月察疏下給事中彭惟成南京給事中高節御史王萬祚曾陳易猶攻訐不已不揚宏綱王圖皆求去不揚之再起也年七十有八矣帝以其老成清德眷遇甚隆而不揚自以白首趨朝非薦賢無以報國先後推轂沈鯉呂坤郭正域邱度蔡悉顧憲成趙南星鄒元標馮從吾于玉立高攀龍劉元珍龐時雍姜士昌范淶歐陽東鳳輩又請起故御史錢一本等十三人故給事中鍾羽正等十五人又薦鯉坤正域爲天下三大賢都御史缺又屢疏推坤且言臣以八十老臣保坤冀臣得親見用坤之效不效甘坐失舉之罪死且無憾帝皆不納不揚遂懷去志及是堅臥不起向高特疏請留翁憲祥言一時賢者直道難容相率引避國是如此可爲寒心皆不報向高亦引疾屢諭乃出視事已又言臣屢求去輒蒙恩諭留顧臣不在一身去留而在國家治亂今天下所在災傷死亡畿輔中州齊魯流移載道加中外空虛人才俱盡罪

不在他人臣何可不去且陛下用臣則當行臣言今章奏不發大僚
不補起廢不行臣微誠不能上達留何益誠用臣言不徒縻臣身臣
溘先朝露有餘幸矣不省　黨人既指東林爲黨爭欲以顧憲成爲
口實壬寅徐兆魁劾憲成黨李三才陰持計典且謂滸墅有小河東
林專其稅爲書院費關使至憲成輒以書招之即不赴必致厚饋講
學所至僕從如雲縣令館穀供億非二百金不辦會時必談時政郡
邑行事偶相左必令改圖又受黃正賓賄其言絕無左驗光祿寺丞
吳炯上疏爲一一致辨因言憲成貽書救三才誠爲出位臣嘗咎之
憲成亦自悔今憲成被誣天下將以講學爲戒絕口不談孔孟之道
國家正氣從此而損非細事也行人劉宗周言東林憲成講學處高
攀龍劉永澄姜士昌劉元珍皆賢人于玉立丁元薦較然不欺其志
有國士風諸臣摘流品可也爭意見不可攻東林可也黨宣崑不可
太常寺少卿洪文衡言今兩都九列強半無人仁賢空虛識者浩歎

所堪選擇而使者祇此起廢一途今憲成尙在田間已臇羅網俾聖
心愈疑連茹無望貽禍賢者流毒國家實兆魁一疏基之帝皆不報
黨人益大譁宗周遂請告歸　廣西廣東大水　六月自徐州北至
京師大水河決狠矢溝葉向高言自閣臣至九卿臺省曹署皆空南
都九卿亦止存其二天下方面大吏去秋至今未嘗用一人陛下萬
事不理以爲天下長如此臣恐禍端一發不可收也不省　停熱審
秋萬壽節翁正春獻八箴曰清君心遵祖制振國紀信臣僚寶賢
才謹財用䘏民命重邊防不省　王圖連章求去出郊待命九閱月
遂予致仕國亦乞休去　初守陵中官李浚誣軍民盜陵木逮繫無
虛日湯兆京巡按宣府奏之浚亦誣訐兆京帝遣使按驗事已白而
諸被繫者久未釋會兆京復出按順天諸府悉縱遣之　冬十月丁
卯趙世卿拜疏乘柴車徑去廷臣以聞帝不罪　甲申停刑閣臣請
釋輕犯不報翁憲祥請推緩刑德意宥纍臣矜楚獄馬孟禎亦訟李

獲陽之冤因請貸卞孔時王邦才滿朝薦李嗣善等且言楚宗一獄死者已多今被錮高牆者誰非高皇帝子孫乃令至是皆不報　十二月兵部兼戎政尚書李化龍卒年七十贈少師謚襄毅化龍有文武才既卒帝命孫瑋兼署兵部戎政事瑋言陛下以纍纍三印悉畀之臣豈真國無人耶臣所知大僚則有呂坤劉元震汪應蛟庶僚則有鄒元標孟一脈趙南星姜士昌劉九經臺諫則有王德完馮從吾輩皆德立行修足備任使苟更閱數年不可得矣弗聽　泰寧炒花久爲邊患邊將畏戰但以增歲賞爲事遼東總兵官麻貴因其要賞令將士出不意擊之拔營遁徙額力素居焉其地忽天鳴地震炒花驚懼再徙渡老河去邊幾四百里其第三子色特哂之南移可可毋林伺隙入犯貴伏兵敗之追北至白雲山斬馘三百四十有奇色特憤復糾卜言顧伯要兒哈喇漢乃蠻合犯清河皆潰去以兒鄧等懼乃代炒花求款邊境遂寧

四十年春正月葉向高以歷代帝王享國四十年以上者自三代迄今止十君勸帝力行新政因復以用人行政請不報　孫丕揚乞去不已疏復二十餘上二月癸未拜疏徑歸葉向高聞之急言於上詔令乘傳且敕所司存問　三月丙午振京師流民　夏四月丙寅南京各道御史言臺省空虛諸務廢墮帝深居二十餘年未嘗一接見大臣天下將有陸沈之憂不報　五月甲午朔日有食之　戶部主事李朴以朝多朋黨清流廢錮疏請破奸黨錄遺賢因爲顧憲成于玉立李三才孫丕揚辨謗而薦呂坤姜士昌鄒元標趙南星不聽

初元裔打來孫駐牧宣府塞外俺答方強懼爲所併乃東徙插漢兒地號插漢兒王子收福餘雜部數入掠薊西四傳至虎墩兔益盛及是以三萬騎掠穆家堡麻貴遣參將郎名忠等禦之斬首四十餘級乃遁去貴尋以病乞罷詔乘傳歸貴果毅驍捷善用兵東西並著功伐子弟多將才人以方李成梁曰東李西麻　麻貴之去也遼東巡

撫楊鎬力薦李如梅爲大帥至以死爭給事中麻僖御史楊州鶴力持不可乃用張承廕承廕未至鎮遠堡失事已寧前守將祖天壽出獵蟒金諸部圍之曹莊將士死者二百三十人被掠者六百餘人天壽以數騎免鎬皆不以實聞僖再疏劾之鎬引去天壽論死承廕以初至不罪　葉向高志不行無月不求去帝輒優旨勉留向高言臣進退可置不問而百寮必不可盡空臺諫必不可盡廢諸方巡按必不可不代中外離心輦轂肘腋間怨聲憤盈禍機不測而陛下務與臣下隔絕帷幄不得關其忠六曹不得舉其職舉天下無一可信之人而自以爲神明之妙用臣恐自古聖帝明王無此法也先是向高疾章奏就其家擬旨者一月及是向高堅臥益久卽家擬旨如前論者以爲非體向高亦自言其非堅乞去帝卒不命他相遣鴻臚官慰留方向高之杜門也閣中虛無人六卿止刑部尚書趙煥一人又兼署吏部吏部無復堂上官兵部自李化龍卒召王象乾未至亦不除

侍郎戶禮工三部各止一侍郎都察院自温純去八年無正官煥累乞除補帝皆不報秋八月始改煥爲吏部尚書除諸部侍郎四人向高至萬壽節始起視事　河決徐州三山衝縷堤二百八十丈遥堤百七十餘丈黎林鋪以下二十里正河悉爲平陸邳睢河水耗竭總河都御史劉士忠開韓家壩小渠引水壩以東始通舟楫　李廷機乞休疏百二十餘上九月庚戌陛辭出都待命葉向高言廷機已行不可再輓乃加太子太保賜道里費乘傳以行人護歸廷機繫閣籍六年秉政止九月無大過言路以其與申時行沈一貫輩密相授受故交章逐之輔臣以齮齕受辱屏棄積年而後去前此未有也　故事給事中五十人御史一百十人至是皆不過十人考選命二年不下葉向高懇請至數十疏冬十月始得請補給事中十七人御史五十人言路稱盛　甲申停刑　皇貴妃王氏病革皇太子請旨得往省宮門閉抉鑰而入妃目眚手太子衣泣曰兒長大如此我死何恨

遂甍葉向高言皇太子毋妃甍禮宜從厚不報復請乃得允謚溫肅端靖純懿皇貴妃葬天壽山　御史李邦華陳法祖用人十事曰內閣不當專用詞臣曰詞臣不當專守館局曰詞臣不當教習內書堂曰六科都給事中不當內外間陞曰御史陞遷不當槪論考滿曰吏部乞假不當積至正郎曰關倉諸差不當專用舉貢任子曰調簡推知不當驟遷京秩曰進士改教不當槪從內轉曰邊方州縣不當盡用鄉貢不報　趙煥素有清望驟起田間於朝臣本無所左右顧雅不善東林諸攻東林者乘間入之所舉措往往不協清議先後爲御史李若星給事中孫振基所劾帝皆優詔慰留已兵部主事卜履吉爲署部事都御史孫瑋所論煥以履吉罪輕擬奪俸三月給事中趙興邦劾煥徇私煥疏辨再乞罷葉向高言今國事艱難人才日寡在野者既賜環無期在朝者復晨星無幾乃大小臣工日尋水火甚非國家福也臣願自今以後共捐成心憂國事議論聽之言官主張聽

之當事使大臣得展布而毋苦言官之掣肘言官得發舒而毋患當事之摧殘天下事尚可爲也因請諭煥起視事煥乃出　進士鄒之麟分校鄉試私舉子童學賢爲御史馬孟禎給事中陳伯友等所發御史孫居相幷發湯賓尹韓敬科場事詔禮部會吏部都察院議之麟學賢罪不及賓尹敬孫振基抗疏請並議未得命翁正春等議黜學賢謫之麟亦不及賓尹敬振基謂議者庇之再疏論劾帝乃下廷臣更議御史王時熙劉策馬孟禎亦論賓尹南京給事中張篤敬證尤力而趙興邦及給事中亓詩教亦劾正春不議鄉試主考官爲徇私正春求去不許　言官既多攻擊紛起帝心厭之章悉留中葉向高言大臣者小臣之綱今六卿止一趙煥而都御史十年不補彈壓無人人心何由戢帝但責言官妄言而大僚迄不補十二月外計期迫始命孫瑋以兵部尚書掌左都御史事　駙馬都尉冉興讓壽寧公主壻也爲掌家宮人梁盈女中官彭進朝毆辱公主三奏不達興

讓掛冠長安門去御史楊鶴疏請東宮講學因幷及其事陳伯友亦請置奄豎於法不報　奸人劉世學者誠意伯劉藎臣從祖也疏詆顧憲成御史周起元憤力斥其謬藎臣遂劾起元益詆憲成起元再疏極論其同官翟鳳翀余懋衡徐良彥魏雲中李邦華王時熙潘之祥亦交章論列且下令捕世學世學遂遁去　琉璃中山王尙寧遣使報歸國復修貢禮官言其國殘破已甚請十年一貢從之然寧事中國謹比年修貢如故　敖克等犯中後所張承廕遣兵拒之斬其長二人虎墩兔再舉入塞守將梁汝貴襲破其營乃糾諸部連犯中後所連山驛副總兵李繼功等力戰殪其魁餘引去自是虎墩兔所屬貴英哈等三十餘部悉奉約束　四川建昌猓亂起劉綎爲總兵官討之　福王府第成工部以之國請葉向高擬旨上帝改明春及期迫向高請先飭儀衛舟車帝不納

四十一年春正月廷臣交章請復諭改明春湯兆京倡給事御史伏

闕固請卒不得命　庚申諭朝鮮練兵防倭　翁正春會九卿趙煥等給事中御史翁憲祥余懋衡等六十三人議湯賓尹換卷事坐韓敬不謹落職閒住御史劉廷元董元儒過庭訓敬同鄉也謂敬關節果真罪非止不謹執不署名意欲遷延爲敬地正春等不從持初議上敬黨大恨廷元遂疏劾正春等公議益憤孫振基孫居相張篤敬魏雲中等連章論列給事中商周祚亦敬同鄉議并罪吳道南馬孟禎以道南發奸不當罪再疏糾駮帝竟如廷元等言敕部更勘亓詩教再疏劾正春首鼠兩端正春疏辨益求去帝慰留之頃之改吏部掌詹事府以侍養歸　南畿提學御史熊廷弼嚴明有聲顧雅與湯賓尹善初賓尹家居嘗奪生員施天德妻徐氏爲妾徐不從投繯死生員馮應祥芮永縉等訟於官爲徐建祠賓尹恥之及是永縉又發生員梅振祚宣祚朋淫狀廷弼乃判牒言此施湯故智陰爲賓尹解又以所司報永縉及應祥行劣杖殺永縉巡按御史荆養喬劾廷弼

殺人媚人疏上徑自引歸廷弼亦疏辨事下都察院孫瑋議鑴養喬
秩令廷弼解職候勘而南北給事御史互有所左右孫振基馬孟禎
魏雲中劉策麻僖陳伯友李邦華李若星翟鳳翀潘之祥徐良彥及
給事中李成名御史崔爾進等持勘議甚力而給事中官應震姜性
吳亮嗣梅之煥御史黃彥士南京御史周遠及張篤敬亓詩教趙興
邦等駮之疏凡數十上振基等再疏極論幷斥應震等黨庇帝竟納
瑋言解廷弼職調浙江巡按御史呂圖南代之應震亮嗣等皆大恨
連章劾瑋瑋累疏乞休帝皆慰留　呂圖南之調南畿督學也周永
春上疏劾之圖南棄官歸湯兆京王時熙及御史汪有功爲圖南申
雪語侵永春及趙煥永春煥連章辨未幾煥用亓詩教言以年例出
時熙及孫振基魏雲中於外故事科道年例外遷必會都察院吏科
協議煥不移咨都察院兆京遂力爭且詆煥孫瑋亦以失職求去益
力疏十餘上煥屢疏訐辨杜門不出詔慰起煥奪兆京俸兆京以不

得其職投劾徑歸李邦華孫居相周起元及戶部郎中賀烺交章劾煥擅權請還振基等於言路帝奪邦華等俸貶烺官以慰煥　陳伯友陳時政四事言擬旨必由內閣昨科臣曾六德之處分閣臣葉向高之典試悉由內降而福王之國之旨亦於他疏批行非獨褻天言抑且貽隱禍法者天下所共黔國公沐昌祚請令其孫啓元代鎮已非法矣乃撫按據法請勘而以內批免之疑中有隱情御史呂圖南改提學此爭爲賢彼爭爲不肖盍息兩家戈矛共圖軍國大計福王久應之國今春催請不下數百疏何以忽易期不報時帝命向高典會試閣中無人章奏俱送闈中云　御史張至發疏陳內降之弊因言陛下惡結黨而秉揆者先不能超然門戶外頃讀科臣疏云日來慰諭輔臣溫旨輔臣與司禮自相參定方聽御批果若人言天下事尚可問耶時黨人勢盛有齊楚浙三方鼎峙之名齊則亓詩教周永春及御史韓浚楚則官應震吳亮嗣浙則姚宗文劉廷元而湯賓尹

輩陰爲之主其黨給事中趙興邦張延登徐紹吉商周祚御史駱駸
曾過庭訓房壯麗牟志夔唐世濟金汝諧彭宗孟田生金李徵儀董
元儒李嵩輩與相倡和排擊善類至發齊黨也葉向高顧右東林故
首疏刺之帝亦不報　夏五月己巳諭吏部都察院年來議論混淆
朝廷優容不問遂益妄言排陷致大臣疑畏皆欲求去甚傷國體自
今仍有結黨亂政者罪不宥　先是有旨言福王常洵之國非莊田
足四萬頃不行廷臣大駭李邦華首疏諫葉向高言田四萬頃必不
能足王之國且無日明旨又不信於天下矣且王疏引祖制而祖制
無有是事惟世宗時景王有之景王久不之國皇考在裕邸危疑不
安此何可效也帝報曰莊田自有成例且今大分已定何猜向高言
皇考時名位雖未正然講讀不輟情意通今東宮輟講八年且不奉
天顏久而福王一日兩見以故不能無疑惟堅守明春期而無以莊
田籍口天下疑自釋帝報常洵無一日兩見事會錦衣百戶王曰乾

與孔學趙宗舜趙思聖等相訐告將抵罪六月上變告學等與鄭妃
內侍姜嚴山用妖人王三詔為厭勝術詛呪皇太后皇太子擁立福
王帝震怒繞殿行半日曰此大變事宰相何無言中官卽跪上向高
奏奏言此事大類往年妖書然妖書匿名難詰今兩造具在一訊卽
得情陛下當靜處之稍張皇則中外大擾至其詞牽引貴妃福王尤
可痛恨臣與九卿所見皆同敢以聞帝讀竟太息曰吾父子兄弟全
矣明日向高又言曰乾疏不宜發發則上驚聖母下驚東宮貴妃福
王皆不安宜留中而別諭法司治諸奸人罪且速定明春之國期以
息羣喙則天下帖然無事帝悉用其言貴妃終不欲常洵之國言明
年冬皇太后七十壽宜留慶賀帝令內閣宣諭向高留上諭弗宣請
今冬預行慶壽禮王如期之國帝遣中官至向高私邸必欲下前諭
向高言外廷喧傳陛下欲假賀壽名留福王約千人伏闕請今果有
此諭人情益疑駴將信王曰乾妖言朝端必不靜聖母聞之必不樂

是非壽聖母乃爲聖母累也且潞王聖母愛子亦居外藩何惓惓福王爲因封還手諭署禮部事侍郎孫愼行合廷臣力請太后亦以爲言議乃定　初撦力克死其孫卜失兔當襲求婚於忠順夫人忠順拒之所部素囊台吉五路台吉等各不相下封號久未定至是卜失兔始婚於忠順東西諸部長皆具狀爲請封忠順夫人旋卒乙未詔封卜失兔爲順義王而以把漢比吉素效恭順封忠義夫人時卜失兔少衰所制止山大二鎭外十二部其部長五路素囊及兀愼台吉等兵力皆相埒宣大總督涂宗濬言於朝各予陞賞如例　秋七月甲子孫瑋稽首文華門出城候命　滿朝薦王邦才卞孔時繫獄久中外論救者百十疏會萬壽節將屆葉向高復以爲請乃釋歸爲民

劉策上疏力爭熊廷弼行勘湯賓尹科場事諸黨人必欲十七人並罪以寬韓敬孫愼行復集廷臣議仍坐敬關節而爲十七人昭雪疏竟留中　初代王鼐鈞嫡妃無子從姬裴生子鼎渭已請名矣裴

死次妃張生子鼎莎有寵奏以爲嗣李廷機署禮部覆從之廷臣謂鼎莎母雖封不得稱嫡爭者百餘疏翁正春孫愼行相繼請更正帝皆不報及是鼎莎卒鼐鈞請以其弟嗣愼行復力持帝乃錫鼐鈞祿鼎渭始得嗣　葉向高請增置閣臣章至百餘上九月壬申吏部左侍郎方從哲前禮部左侍郎吳道南並禮部尚書兼東閣大學士預機務時道南在籍事多決於向高向高引退優詔不允　庚辰趙煥叩首闕前出城待命帝猶遣諭留李成名復劾煥伐異黨同煥遂稱疾篤堅不起冬十月帝乃許煥及孫瑋致仕　十一月皇太子妃郭氏薨　十二月以宋儒羅從彥李侗從祀孔子廟廷　兩畿山東江西河南廣西湖廣遼東大水　戶部郎中李朴言朝廷設言官假之權勢本責以糾正諸司舉刺非法非欲其結黨逞威挾制百僚排斥端人正士也今乃深結戚畹近侍威制大僚日事請寄廣納賂遺褻衣小車遨游市肆狎比倡優或就飲商賈之家流連山人之室身則

鬼蜮反誣他人此蓋明欺至尊不覽章奏大臣柔弱無爲故猖狂恣肆至於此極臣謂此輩皆可斬也孫瑋湯兆京李邦華孫居相周起元各爭職掌則羣攻之今或去或罰惟存一居相猶謂之黨夫居相一人耳何能爲彼浙江則姚宗文劉廷元輩湖廣則官應震吳亮嗣黃彥士輩山東則亓詩教周永春輩四川則田一甲輩百人合爲一心擠排善類而趙興邦輩附麗之陛下試思居相一人敵宗文輩百人孰爲有黨耶攻東林者今日指爲亂政明日目爲擅權不知東林居何官操何柄在朝列言路者反謂無權而林下投閒杜門樂道者反謂有權此不可欺三尺豎子而乃以欺陛下哉至若黃克纘贓私鉅萬已敗猶見留顧憲成清風百代已死猶被論而封疆坐死如陳用賓科場作奸如韓敬趨時鬻爵如趙煥殺人媚人如熊廷弼猶爲之營護爲之稱冤國典安在哉望俯察臣言立賜威斷先斬臣以謝諸奸然後斬諸奸以謝天下宗社幸甚帝雅不喜言官得朴疏心善

之而宗文及其黨力詆弁侵居相一甲且羅織朴贓私葉向高方從
哲亦謂朴言過當乃下部院議罰朴再疏發亮嗣應震彥士一甲贓
私及宗文廷元庇敬與邦媚煥狀且言詩教爲羣凶盟主實社稷巨
蠹陛下尤不可不察詩教方從哲門生而趙煥鄉人也勢尤張故朴
云然帝下詔切責言官略如朴指黨人益怒排擊無虛日署戶部事
侍郞李汝華亦以屬吏出位妄言劾朴部院議鐫朴三級調外任帝
持不下　南京太僕寺少卿參預曆事李之藻奏上西洋曆法略言
臺監推算日月交食時刻虧分之謬而力薦龐迪我熊三拔龍華民
陽瑪諾等所論天文曆數有中國昔賢所未及者不徒論其度數又
能明其所以然之理所製窺天窺日之器種種精絕乞敕禮部開局
取其法譯爲成書給事中姚永濟亦以爲言時庶務因循未暇行其
言也　劉綎偕四川參政王之機督諸將分八道進攻叛蠻而己居
中節制

四十二年春正月乙丑克桐槽沈渣阿都廈卜越北諸砦大小五十六戰斬馘三千三百有奇諸猓巢穴一空　二月辛卯慈聖皇太后李氏崩命禮臣從優具儀略如大喪禮潞王翊鏐聞哀悶悲慟廢寢食未幾亦薨　己酉振畿內饑　三月丙子福王常洵之國歷年稅使礦使所進奉明珠異寶文毳錦綺及搜括羸羨億萬計悉以資之臨行出宮門召還數四期以三歲一入朝下詔賜莊田四萬頃李汝華偕廷臣力爭呂坤在籍上書言其不便常洵亦奏辭得減半中州腴土不足取山東湖廣田益之又奏乞張居正所沒產及江都至太平沿江荻洲雜稅並四川鹽井榷茶銀伴讀承奉諸官假履畝爲名乘傳出入河南北齊楚間所至騷動內使閹時詰汝州督租杖二人死汝華請遵祖制隸有司盡撤還使者官應震姚宗文等亦屢疏諫帝皆不聽常洵又請淮鹽千三百引設店洛陽與民市中使至淮揚支鹽乾沒要求輒數倍中州舊食河東鹽以改食淮鹽故禁非王肆

所出不得鬻河東引遏不行邊饟由此愈絀廷臣請改給王河東鹽且無與民市帝又不聽又令福藩使通籍中左門一日數請朝上夕報可四方奸人亡命探風旨走利如鶩如是者終帝世而瑞王常浩年二十有五惠王常潤桂王常瀛年二十皆未選婚羣臣交章請率不報且索部帑爲冠婚費以實宮中凡數十萬珠寶稱是戶部不能給　工部尙書劉元霖卒　夏四月丙戌以皇太后遺誥赦天下減稅額三之一免近京畸零小稅蠲各運司浮課楚宗人英燨蘊鈁等禁錮既久中外多言其冤孫愼行白其非叛乃亦以遺誥釋之　高寀居閩十餘年廣肆毒害嘗薦布政使陳性學帝立擢爲巡撫及是萬衆洶洶欲殺寀寀帥甲士二百餘人入巡撫袁一驥署露刃劫之令諭衆退復挾副使李思誠僉事呂純如等至私署要盟始釋一驥而拘同知陳豸於署事聞帝召寀還命出豸一驥亦由此罷　吏部奉詔起廢李朴名與焉黨人大譁再起攻朴并及文選郎郭存謙存

謙引罪攻者猶未已朴益憤復陳浙人空國之由追咎沈一貫而詆
姚宗文毛一鷺甚力頃之再疏劾宗文一鷺及其黨董定策帝皆置
不問六月用閣臣言下部院疏謫朴州同知　甲午葬孝定皇太后
於昭陵別祀崇先殿帝將建靈應宮崇奉太后何士晉以非禮力爭
且曰聖母所注念者東宮出講諸王早婚與遺賢之登進乃諸臣屢
請不應而不時內降者非中貴之營求即鬼神之香火何也不省
福王常洵遣中官徐進督山東賦勢甚張登萊參政姜志禮言臣所
轄二郡民不聊生且與倭鄰不宜有藩府莊田以擾茲土也明甚且
自高皇帝迄今累十餘世封王子弟多矣有賜田二萬頃延連數十
郡者乎況國祚靈長久且未艾嗣是天家子姓各援今日故事以請
臣恐方內土田不足供諸藩分裂也帝大怒貶志禮三秩調廣西僉
事　湯賓尹韓敬有奧援外廷又多助之議久不決張篤敬復上疏
論敬陰詆諸黨人諸黨人益恨會吏部缺侍郎廷議改右侍郎李誌

於左而以孫愼行爲右命未下過庭訓言誌未履任何以推愼行亓詩教和之愼行四疏乞歸秋八月甲午出城候命帝乃許之　葉向高乞歸益數章十餘上癸卯允其去加少師兼太子太師賜白金百彩幣四表裏大紅坐蟒一襲遣行人護歸向高嘗上言今天下必亂必危之道蓋有數端而災傷寇盜物怪人妖不與焉廊廟空虛一也上下否隔二也士大夫好勝喜爭三也多藏厚亡必有悖出之釁四也風聲氣習日趨日下莫可輓回五也非陛下奮然振作簡任老成布列朝署取積年廢弛政事一舉新之恐宗社之憂不在敵國外患而即在廟堂之上也帝知其忠愛不能行　方從哲請召還舊輔沈鯉不允從哲遂獨相御史錢春言今天下人材則朝虛野實貨財則野虛朝實從哲不能救正而第於福王無事不曲從臣嘗歎陛下有爲堯舜之資而輔佐無人僅得王家屏沈鯉又俱不信用其餘大抵庸惡陋劣奸回媢嫉之人不意至從哲而風益下臣聞從哲每向人

言輒云內相之意是甘爲萬安焦芳曾趙志臯沈一貫之不若也從
哲疏辨乞去帝慰留之責春妄言瀆奏出爲福建參議春一本之子
也　初御史徐縉芳巡鹽兩淮頗通賓客賂遺劉文炳疏劾之因言
劉策入葉向高幕干票擬策同官陳一元向高姻親顧權利時策按
宣大一元按江西策疏言文炳爲湯賓尹死友代韓敬反噬昔年發
奸如孫振基王時熙輩今皆安在向高亦以策無私交爲辨雪文炳
策屢疏相詆南京御史吳良輔言文炳一疏而彈御史縉芳一元策
及李若星再疏而彈詞臣蔡毅中焦竑及監司李維楨他波及尚多
人材摧殘甚易清品如策雅望如竑不免詆斥天下寧有完人策復
詆文炳倚方從哲爲冰山苟一時富貴不顧清議一元亦自江西上
疏極詆帝皆不省策憤謝病去　吏部尚書鄭繼之素有清望然年
八十餘耄而憒倚信文選郎中王大智且一聽黨人意指以年例出
潘之祥張篤敬及給事中張鍵御史宋槃於外皆嘗攻湯賓尹熊廷

弼者不令都察院吏科與聞冬考選科道中書舍人張光房知縣趙運昌張廷拱曠鳴鸞濮中玉當預而持議頗右于玉立李三才遂改授部曹大智同官趙國琦以爲言大智怒構於繼之逐國琦去孫居相周起元及同官張五典等援年例故事以爭且爲光房等五人稱枉吏科給事中李瑾亦以失職抗疏劾大智御史唐世濟則右吏部詆居相等居相瑾怒交章劾世濟過庭訓李徵儀趙興邦周永春姚宗文吳亮嗣及御史劉光復汪有功王萬祚等羣起助世濟排擊居相居相連疏搘拄尋引疾去馬孟禎言光房等不宜抑且云廷弼聽勘一事業逐去一總憲兩言官矣獨介介於之祥敬科場一案亦去兩侍郎兩言官矣復斷斷於篤敬毋乃已甚乎由是黨人益忌孟禎

李三才家居忌者慮其復用劉光復劾三才盜皇木營建私第至二十二萬有奇且言三才與于玉立遙執相權意所欲用銓部輒爲推舉三才疏辨請遣中官按問劉文炳李徵儀工部郎中聶心湯大

理寺丞王士昌助光復力攻三才徵儀心湯三才嘗舉吏也三才憤甚自請籍其家署工部事刑部侍郎林如楚言宜遣使覆勘光復再疏言三才侵奪官廠爲園囿劉廷元帥同列繼之潘汝楨特疏論劾既而巡按御史顏思忠亦上疏如光復指三才益憤請諸臣會勘又請帝親鞫乃詔徵儀偕吳亮嗣往　猛克什力寇懷遠及保寧延綏總兵官官秉忠等隨所向以勁騎遮擊先後斬首二百二十級有奇

王森徒李國用别立教用符呪召鬼兩教相仇事盡露森復爲有司所攝越五年死於獄

明紀卷第四十七

西元二〇一六年六月一日重製一版

明紀 冊三（清陳鶴撰 清陳克家續成）

平裝四冊基本定價參仟捌佰元正
（郵運匯費另加）

發行人　張敏君

發行處　中華書局

臺北市內湖區舊宗路二段一八一巷八號五樓（5FL., No. 8, Lane 181, JIOU-TZUNG Rd., Sec 2, NEI HU, TAIPEI, 11494, TAIWAN）

客服電話：886-2-87978396

公司傳真：886-2-87978909

匯款帳戶：華南商業銀行西湖分行
179100026931

印　刷：維中科技有限公司
海瑞印刷品有限公司

No. N1031-3

國家圖書館出版品預行編目(CIP)資料

明紀 / (清)陳鶴撰 ; (清)陳克家續成. -- 重製一
版. -- 臺北市 : 中華書局, 2020.04
冊 ; 公分
ISBN 978-986-5512-08-8(全套 : 平裝)

1.明史

626.02 109003713